精說窮通寶鑑

精說窮通寶鑑

1판 1쇄 / 2008. 3. 31.
1판 4쇄 / 2018. 4. 5.
監　　修 / 金用淵 敎授
編　　著 / 如常 金昇辰
발 행 인 / 이 창 식
발 행 처 / 안암문화사
등　　록 / 1978. 5. 24.(제2-565호)
　　　　　　06370 서울시 강남구 밤고개로 21길 25
　　　　　　　　　래미안 포레APT 311동 807호
　　　　　　전화 (02)2238-0491
　　　　　　Fax (02)2252-4334
　　　　　　E-mail anam2008@naver.com
　　　　　　　　　(책 주문은 이메일로 받습니다)

ISBN 978-89-7235-038-5 03150

欄江網精解

精說窮通寶鑑

圖書出版 安岩文化社

서문에 대신하여

命學를 공부하려는 初學者가 반드시 기본적으로 熟讀해야 할 책이 있으니 子平과 滴天隨 그리고 窮通寶鑑이라는 데는 易學을 공부하는 學人으로서는 이의를 제기 할 사람은 없을 것이다.

그중에 窮通寶鑑은 前書와 달리 번잡한 格局과 神煞의 吉凶에 얽매이지 않고 理氣의 進退와 氣勢의 旺衰에 따른 生剋制化에 의한 十干의 喜用神 관계를 탁월하게 밝혀놓은 책이다.

窮通寶鑑의 原名은 欄江網으로 어느 시대에 누가 썼는지 알려지지 않은 책으로 다만 明代 때 無名之士에 의해 쓰인 책으로 추측될 뿐이다. 文脈의 표현이 세련되지 못하고 字句가 중복되어 내용파악이 어려워 세상 사람들의 주목을 받지 못하였던 것을 余春台에 의해 刊行되어 전해 내려오다가 근래에 그 진가가 세상에 널리 알려진 命理學書다.

欄江網은 無名術士가 풍부한 실제 경험에 의거해 자필로 저술한 책이므로 실제 감정함에 있어서 불필요한 이론은 제하고 十干의 性情만을 기준으로 삼아 一年 十二個月 중 각각의 월별, 日干과 관계에 의한 理氣의 進退를 판별하고 이에 의해 喜用神을 정하여 각각 月別 喜用神을 일목요연하게 정리하였다.

欄江網을 깊이 探究하면, 예를 들어 木이 用神이라도 甲木을 用神으로 쓰는 경우와 乙木을 用神으로 쓰는 경우 格局의 차이를 세밀히 따져 그에 따른 格局의 高下와 富貴貧賤의 高下, 學識의 高下와 인간내면의 性情까지 세밀히 鑑定할 수 있을 것이다.

天地萬物은 四時의 寒暖濕燥의 變化로 인해 生長消滅하는 것이다. 欄江網의 주된 理論은 四時의 변화를 중시하여 格局의 高下를 논하였다. 예를

들면 水火旣濟를 主로 삼아 水火로 調候를 삼고 金木土를 從으로 삼아 補
佐한다.

간략히 예를 들면 水가 旺하여 寒冷하면 火로 調候하고 만약 火가 不足
하면 木으로 補佐하는데 補佐하는 木이 甲木이냐 乙木이냐에 따라 격국의
高下가 다르고 때에 따라 庚金이 있는 것과 없는 경우에 따라 格이 다르며
土로 制水하여야 하는가에 따라 格의 高下가 다르다. 또한 火가 旺하여 炎
熱하면 水로 調候하고 水가 弱하면 金으로 補佐하며 다시 金이 弱하면 土
로서 金을 補佐하여야 한다.

이와 같이 欄江網의 大綱은 水火로 人間의 精神을 삼아 喜用의 主體로
삼고 金木土를 補佐로 삼는 一貫된 論理로 구성되어 있다.

그와 같이 調候上 필요한 것과 각 日干과 月令과의 官階에 의한 氣勢의
旺衰를 보아 格局의 高下와 性情의 변화를 판단하는 것이니, 비록 初學者
에게는 내용이 다소 복잡하게 느낄 수 있으나 熟讀하여 전체를 鳥瞰하면
이치를 깨달을 수 있을 것이니 多讀을 권한다.

다만 앞에서 언급했듯이 文筆이 세련되고 明瞭하지 못하고 用喜에 대해
설명하였으니 天干地支 중 地藏干과 地支 그리고 透干與否 등 어느 곳에
喜用이 머물러 있는 것이 합당한지에 대한 세부적인 설명은 없다. 그럼에
도 불구하고 欄江網이 탁월한 易書라는 점에 대해서는 이의가 없다. 그러
므로 초학자들은 반복적으로 정독하고 실전에의 응용을 통해 깊은 내용을
心得해야 할 것을 권한다.

이미 서점에 窮通寶鑑을 번역한 뛰어난 책들이 많이 출간되었음에도 불
구하고 번잡하게 또 하나의 窮通寶鑑을 출간하려는 의도는 기존의 책에는

번역자의 주관이 삽입된 경우가 많아 原文에 충실한 번역책도 필요하지 않을까 해서 출간을 결심하였다.

또한 앞에서도 언급하였듯이 命理의 태두인 子平書을 지나치고 欄江網을 공부할 수는 없는 것이니 子平書를 熟讀하고 欄江網을 공부하는 것이 순서라 생각한다.

낮과 밤으로 충실한 번역을 하려 노력하였으나 원래 學識이 부족하고 비루하여 誤譯되고 빠진 글이 있을까 두렵다. 독자 여러분의 많은 叱正을 바란다.

끝으로 이 책을 출간하는데 한없는 격려를 보내주시고 비단 易學에 대한 智識뿐 아니라 術客으로서 갖추어야할 良識과 智慧까지 아낌없이 가르쳐 주신 역학계의 거목이신 神算 金用淵 선생님께 깊은 감사드립니다. 그리고 부족한 글을 받아주시고 출간하기 위해 애써주신 安岩文化社 李昌植 社長님께 감사드립니다.

戊子年 初春

自 序

　궁통보감의 원래 이름은 난강망이다. 이 책을 지은 사람이 어느 시대 누구였는지 알 수 없으나 인용된 명조들을 보면 명대의 재상이나 관리들 이름이 많은 것을 봐서 이 책이 명대의 사람이 저작한 것을 짐작할 수 있을 뿐이고 이 판본은 靑代의 余春台가 간행한 것으로 되어 있다. 책 이름이 속되고 문장의 의미 전달이 안 되고 비슷한 글자를 잘못 쓴 경우가 많아 제대로 읽기가 어려워서 세상에 알려진지 오래되었음에도 불구하고 세상 사람들이 중요하게 여기지 않았다. 나 역시 서점에서 우연히 이것을 얻었으나 미처 이 책이 뛰어난 것인지 모르고 있다가 후에 명리학을 연습하든 중에 명조(命造)가 이해가 안 되는 것이 있어서 난강망의 용신(用神)을 적용하여 보니 쉽게 풀리는 것이었다. 그때서야 이 책의 뛰어남을 알게 되었다.

　이런 후로 이 책을 가까이 하여 반복하여 읽고 연구하여 보니 탄식과 감탄을 금할 수 없었다.

　무릇 세상에 뛰어난 재주를 가지고 있고 진실로 정성스러워도 말이 어눌하면 당대의 세상 사람들이 중요히 보지 않는다. 모든 것이 그와 마찬가지로 깊이 탐구하여 저술하였다 해도 부족한 표현력이나 또는 문필이 소박하면 내용이 정교한 이치와 오묘한 의미를 담고 있다 해도 잠겨서 빛을 보지 못하고 마는 것이다.

　一 이 책은 과거의 명서(命書)의 구태의연한 격국(格局)들과 신살(神煞)의 길흉(吉凶) 등 번잡하게 가로막고 있는 이론들을 버리고 전적으로 십간(十干)의 성정(性情)에 따른 이기(理氣)의 진퇴(進退)를 배합으로써 희기를 삼아 격국(格局)의 고하(高下)를 정하였는데 그 법은 경험에 의해

나왔다. 이는 전대의 사람들이 밝혀내지 못한 내용으로 義理의 정수가 깊어 드러내 밝히기가 쉽지 않았고 문장 표현력이 부족하고 또한 이 책을 읽는 사람이 그 참뜻을 이해하기에는 그 문장이 너무 간략하였다.(이 책의 원명은 난강망(欄江網)인데 책 이름이 속된 것으로 보아 강호 술사가 자필한 것임을 알 수 있다. 그리고 임상경험은 풍부하나 문필이 완벽에 미치지 못하였으나 그 내용을 보면 비본(秘本)이다. 만약 余春台가 이 책을 간행하지 않았다면 잃어버린 지 오래였을 것이다.)

― 이 책은 원래 십간을 12개월에 나누어 배열하고 매월마다 각각 약간의 조항이 있는데 열거된 것이 경험으로 심득한 것이다. 余春台 선생이 편찬하여 책을 만들면서 번거롭고 자잘한 것은 빼고 핵심만 추려내어 책을 완성했다. 의미가 앞뒤로 중복되어 나오고 字句가 중첩되어 의미가 잘 통하지 않아 밝혀내기 어려웠다. 이 책은 착자(錯字)와 누자(漏字)가 하나 둘이 아니다. 아마 명대에서 청대에 이르기까지 수백 년 동안 지나면서 진귀한 비전(秘傳)이라 하여 베껴가는 과정에서 원문에 오자가 없기는 어려웠을 것이다.(原序에서 魯魚亥豕라고 말한 것을 보면 원문에 오자가 대단히 많았음을 알 수 있다.)

이에 단락을 구분지어 나누고 간략하게 평주를 덧붙이니 그 의미가 통하여 의리를 드러냈지만 그래도 미진한 부분이 있어 심히 부끄럽기 짝이 없다.(간혹 어색한 곳이 있을 것이나 원래의 면목을 잃지는 않았다.)

目　錄

第1章　　**論　　木**　　… 15

第1節　甲木論 ……… 20

　　甲木喜用提要 ……… 20

　　1. 三春甲木總論 ……… 23

　　　　1) 三春甲木 ……… 24

　　　　2) 三夏甲木 ……… 39

　　2. 三秋甲木總論 ……… 52

　　　　1) 三秋甲木 ……… 57

　　　　2) 三冬甲木 ……… 72

第2節　乙木論 ……… 83

　　乙木喜用提要 ……… 83

　　1. 三春乙木總論 ……… 85

　　　　1) 三春乙木 ……… 86

　　2. 三夏乙木總論 ……… 97

　　　　1) 三夏乙木 ……… 99

　　　　2) 三秋乙木 ……… 108

　　　　3) 三冬乙木 ……… 121

第2章 　　**論　　火**　　… 133

第1節　丙火論 ……… 139
丙火喜用提要 ……… 139

　1. 三春丙火總論 ……… 142
　　1) 三春丙火 ……… 143

　2. 三夏丙火總論 ……… 156
　　1) 三夏丙火 ……… 158
　　2) 三秋丙火 ……… 169
　　3) 三冬丙火 ……… 178

第2節　丁火論 ……… 188
丁火喜用提要 ……… 188

　　1) 三春丁火 ……… 191
　　2) 三夏丁火 ……… 200
　　3) 三秋丁火 ……… 213
　　4) 三冬丁火 ……… 219

第3章 　　**論　　土**　　… 225

論四季月之土 ……… 232

第1節　戊土論 ……… 233
戊土喜用提要 ……… 233

　1. 三春戊土總論 ……… 235

1) 三春戊土 ········ 236

2) 三夏戊土 ········ 245

3) 三秋戊土 ········ 255

4) 三冬戊土 ········ 265

第2節 己土論 ········ 272

己土喜用提要 ········ 272

1) 三春己土 ········ 274

2) 三夏己土 ········ 283

3) 三秋己土 ········ 287

4) 三冬己土 ········ 293

第4章　　論　　金 ··· 299

第1節 庚金論 ········ 305

庚金喜用提要 ········ 305

1) 三春庚金 ········ 308

2) 三夏庚金 ········ 320

3) 三秋庚金 ········ 330

4) 三冬庚金 ········ 340

第2節 辛金論 ········ 348

辛金喜用提要 ········ 348

1) 三春辛金 ········ 351

2) 三夏辛金 ········ 362

3) 三秋辛金 ········ 369

4) 三冬辛金 ········ 384

| 第5章 | 論　水 | ··· 393 |

第1節　壬水論 ········ 399

壬水喜用提要 ········ 399

1) 三春壬水 ········ 401

2) 三夏壬水 ········ 410

3) 三秋壬水 ········ 419

4) 三冬壬水 ········ 429

第2節　癸水論 ········ 438

癸水喜用提要 ········ 438

1) 三春癸水 ········ 441

2) 三夏癸水 ········ 450

3) 三秋癸水 ········ 457

4) 三冬癸水 ········ 463

第1章 論 木

木性騰上而無所止, 氣重則欲金任使, 木有金則有惟高惟斂之德. 仍
목성등상이무소지 기중칙욕금임사 목유금칙유고유렴지덕 잉
愛土重, 則根蟠深固, 土少則有枝茂根危之患, 木賴水生, 少則滋潤,
애토중 칙근반심고 토소칙유지무근위지환 목뢰수생 소칙자윤
多則漂流, 甲戌·乙亥·木之源, 甲寅·乙卯·木之鄕, 甲辰·乙
다칙표류 갑술 을해 목지원 갑인 을묘 목지향 갑진 을
巳·木之生, 皆活木也, 甲申·乙酉·木受剋, 甲午·乙未·木自
사 목지생 개활목야 갑신 을유 목수극 갑오 을미 목자
死. 甲子·乙丑·金剋木, 皆死木也, 生木得火而秀, 丙丁相同, 死
사 갑자 을축 금극목 개사목야 생목득화이수 병정상동 사
木得金而造, 庚辛必利, 生木見金自傷, 死木得火自焚, 無風自止,
목득금이조 경신필리 생목견금자상 사목득화자분 무풍자지
其勢亂也, 遇水返化其源, 其勢盡也, 金木相等, 格謂斲輪, 若向秋
기세란야 우수반화기원 기세진야 금목상등 격위착륜 약향추
生, 反爲傷斧, 是秋生忌金重也.
생 반위상부 시추생기금중야

木은 위로 오르려는 性質을 가지고 있으며 그칠 줄을 모르니 氣가 重
하면 金이 맡아 다스려주기를 바란다. 木은 金이 있어야 비로소 높이
자라도 結實을 거두어들이는 德이 있게 된다. 또한 土의 重함을 사랑
하니 뿌리를 깊게 감아 돌아주어야 堅固하게 된다. 土가 적으면 가지
가 茂盛해질 때 뿌리가 危殆로워질 憂慮가 있다.

木은 水에 依支하여 生하니 水가 적으면 북돋아 潤澤해지지만 많으면
木이 떠내려가게 된다. 甲戌·乙亥는 木의 根源이며, 甲寅·乙卯는 木
의 故鄕이다. 甲辰·乙巳는 木의 生地이니 모두 活木이 된다. 甲申·
乙酉는 木이 剋을 받으며, 甲午·乙未는 木이 스스로 죽는다. 甲子·

乙丑은 金이 木을 剋하니 모두 死木이다. 生木은 火를 얻으면 빼어나게 되니 丙火와 丁火가 한가지이다. 死木은 金을 얻으면 만들어 세울수 있으니 庚辛金이 반드시 利롭다. 生木은 金을 보면 자연히 損傷하게 되고 死木은 火를 만나면 스스로 타버린다. 바람이 없으면 스스로 그치니 그 勢力이 어지럽다.

水를 만나면 되돌아 와서 그 根源으로 化하니 그 勢力이 다한다. 金과 木의 氣勢가 서로 對等하면 格이 이른바 수레바퀴를 깎는다 한다. 萬若 가을에 生하면 오히려 도끼에 傷하게 된다. 그러므로 가을에 生하면 金이 重함을 꺼린다.

木性을 總論하면 木은 陽和한 氣運이 있어서 그 性質이 위로 오르려고만 하고 멈출 줄을 모른다. 그러므로 木이 盛하면 金의 氣運으로 거두어주는 것을 기뻐하니 이른바 높으면 오직 收斂하는 德이 있다. 또한 土가 두터우면 뿌리를 감싸주니 기쁘지만 土가 적을 경우 가지가 茂盛해지면 뿌리가 위태로워진다.

甲戌·乙亥는 木氣가 처음 生하고, 甲寅·乙卯는 木의 旺地가 되며, 甲辰·乙巳는 木의 餘氣다. 그러므로 살아있는 나무(活木)라 한다. 甲申·乙酉는 木氣가 끊기고(絶), 甲午·乙未는 木氣가 죽는다(死). 甲子·乙丑은 納音으로 金(海中金)이 되니 모두 죽은 나무다.

活木은 火를 얻으면 꽃이 피게 되니 丙丁火를 보면 木火가 서로 通하여 밝아진다(木火通明). 그러나 庚辛金을 보면 生氣를 損傷당하게 된다. 死木은 火를 보면 스스로 타버리게 되나 金을 보면 오히려 그릇으로 만들어질 수 있다. 그러므로 活木은 火를 기뻐하고 金을 싫어하며 반대로 죽은 나무(死木)는 火를 싫어하고 金을 좋아한다.

金과 木이 서로 制御하여 格을 이루면 이른바 착륜(斲輪)이라 한다. 만약 가을에 生하면 마땅히 火가 있어서 金을 制御해야 한다. 그와 같으면 金에 의해 木이 除去되는 것을 꺼려하지 않는다. 火로 金

을 制御하는 것은 연장을 만들기 위한 것이니 그래야만 비로소 능히 나무를 깎아내어 材木을 만들 수 있는 연장이 된다.

　三秋는 金은 旺하고 木은 마르니 가지가 죽고 잎이 떨어지므로 金으로 가지를 잘라주는 것을 기뻐하기 때문에 火를 얻어서 金을 制御해주어야 木性을 다치지 않게 되며 서로 制御가 되어 中和된 곳으로 돌아오게 된다. 따라서 가을의 木은 金을 좋아하니 官煞을 말하지 말라. 그러므로 모두 火를 얻는 것이 마땅한 것이니 곧 貴格을 이룬다. 바르다함은 이것을 이르는 것이다.

斲輪 : 나무를 깎아 수레바퀴를 만든다는 뜻

木生於春, 餘寒猶存, 喜火溫暖, 則無盤屈之患, 藉水資扶, 而有舒
목 생 어 춘　여 한 유 존　희 화 온 난　칙 무 반 굴 지 환　자 수 자 부　이 유 서
暢之美, 春初不宜水盛, 陰濃濕重則根損枝枯, 春木陽氣煩燥, 無水
창 지 미　춘 초 불 의 수 성　음 농 습 중 칙 근 손 지 고　춘 목 양 기 번 조　무 수
則葉槁根枯, 是以水火二物, 旣濟方佳, 土多而損力, 土薄則財豊,
칙 엽 고 근 고　시 이 수 화 이 물　기 제 방 가　토 다 이 손 력　토 박 칙 재 풍
忌逢金重傷殘剋伐, 一生不閑, 設使木旺, 得金則良, 終生獲福,
기 봉 금 중 상 잔 극 벌　일 생 불 한　설 사 목 왕　득 금 칙 량　종 생 획 복

木이 봄에 태어나면 남은 寒氣가 아직 있으니 火로 따뜻이 하는 것을 기뻐한다. 그와 같이 되면 밑동이 굽어지고 휘어질 謹審이 없다.
水가 바탕이 되어 도우면 뻗어나가는 아름다움이 있다. 그러나 이른 봄에는 水가 旺盛함이 마땅하지 않으니 陰氣가 짙어지고 濕氣가 많으면 뿌리를 損傷하고 잎이 마르게 된다. 春木은 陽氣가 뻗치고 乾燥하니 水가 없으면 잎이 말라죽고 뿌리가 마른다. 그러므로 水와 火 두 가지가 旣濟되어야 비로소 아름답게 된다.
土가 많으면 힘을 消耗하고 土가 엷으면 才가 豊富하게 된다. 꺼리는 것은 金이 重하여 傷殘과 剋伐하는 것이니 一生이 한가롭지 못하다. 그러나 설령 木이 旺하여도 金을 얻으면 뛰어나게 되니 終身토록 福을 얻는다.

봄의 木은 火氣의 溫暖함을 기뻐하니 火를 쓰는데 水가 부족해서는 안 되고 水를 쓸 경우도 火가 없어서는 안 된다. 가장 좋은 것은 火가 透干하고 水가 감춰지는 것으로 그와 같으면 旣濟의 格을 이룬다. 그러므로 土를 쓰거나 金을 쓰면 모두 上格이 아니다. 아래를 詳細히 보라.

夏月之木, 根乾葉燥, 盤而且直, 屈而能伸, 欲得水盛而成滋潤之力,
하월지목 근건엽조 반이차직 굴이능신 옥득수성이성자윤지력
誠不可少, 切忌火旺而招焚化之憂, 故以爲凶, 土宜在薄, 不可厚重,
성불가소 절기화왕이초분화지우 고이위흉 토의재박 불가후중
厚則反爲災咎, 惡金在多, 不可欠缺, 缺則不能琢削, 重重見木, 徒
후칙반위재구 악금재다 불가흠결 결칙불능탁삭 중중견목 도
以成林, 疊疊逢華, 終無結果,
이성림 첩첩봉화 종무결과

夏月의 木은 뿌리가 乾燥해지고 잎이 시들며 밑동이 장차 곧아지고 굽었던 것도 능히 펼쳐지므로 水가 盛해서 滋潤하여 힘을 얻기를 원한다. 그러므로 진실로 水가 적어서는 안 되며 絶對로 꺼리는 것은 火가 旺한 것으로 木이 타게 될 憂慮가 있으니 그와 같이 되면 凶하다.
또한 土는 마땅히 있어야 하되 엷어야 좋으며 두텁고 重하면 不可하니 두터우면 오히려 災殃과 허물이 있다. 金이 많아도 나쁘고 모자라고 이지러져도 不可하니 缺損되면 能히 쪼고 깎지 못하게 된다. 木이 重重하면 무리지어 숲만 이루고 疊疊하면 華麗해지나 끝내 結果가 없다.

여름의 木이 水를 기뻐함은 火가 旺한 때를 만나 뿌리와 잎이 마르기 때문이다. 그러므로 반드시 水를 얻어야만 비로소 滋潤의 功을 이루게 된다. 그러나 水를 쓸 때도 火를 떼어 놓을 수 없다. 그러므로 水와 火가 균형을 이루어야 비로소 旣濟를 이룬다. 水가 많으면 火로서 用神을 삼으니 木火通明이 된다. 그러나 절대 꺼리는 것은 水는 없는데 火만 旺한 것으로 乾燥함에 치우쳐 잎이 마르게 된다.

土를 쓰든 金을 쓰든 配合되는 것이 중요하다. 그러나 上格은 아니다.

秋月之木, 氣漸凄凉, 形漸凋敗, 初秋之時, 火氣未除, 尤喜水土以
추월지목 기점처량 형점조패 초추지시 화기미제 우희수토이
相, 中秋之令, 果以成實, 欲得剛金而脩削. 霜降後不宜水盛, 水盛
상 중추지령 과이성실 욕득강금이수삭 상강후불의수성 수성
則木漂, 寒露節又喜火炎, 火炎則木實, 木多有多材之美, 土厚無自
칙목표 한로절우희화염 화염칙목실 목다유다재지미 토후무자
任之能,
임지능

秋節의 木은 氣運이 점점 凄凉해지고 形相도 점점 시들어 간다. 초가을에는 火氣가 아직 除去되지 않았으니 水土가 서로 滋潤함을 매우 기뻐한다. 中秋에는 열매가 成熟해지므로 剛한 金을 얻어 다듬고 깎아주기를 願한다.
霜降 後에는 水가 盛함은 마땅치 않으니 水가 盛하면 木이 漂流하게 된다. 寒露節에는 火炎을 기뻐하니 火炎하면 木이 實해진다. 木이 많으면 材木으로서 아름다움이 많고 土가 두터우면 스스로 勘當할 能力이 없다.

三秋의 木은 木性이 거두어들여져 生氣가 뿌리로 내려간다. 가장 기쁜 것은 剛金으로 가지를 쳐주는 것이니 木도 旺하고 金도 强하면 火로 制御해주면 반드시 上中에 上의 格局을 이룬다. 寒露 節에는 寒氣가 점점 增加하니 火로 溫暖하게 하면 生氣를 되살리는 功을 이룬다. 水로 金을 化하여 쓸 경우도 火의 溫暖함을 떼어 놓을 수 없으니 오로지 水만 써도 안 되고 역시 오로지 土만 써도 안 된다.

冬月之木, 盤屈在地, 欲土多而培養, 惡水盛而忘形. 金總多不能剋
동월지목 반굴재지 욕토다이배양 악수성이망형 금총다불능극
伐, 火重見溫暖有功, 歸根復命之時, 木病安能輔助, 須忌死絶之地,
벌 화중견온난유공 귀근부명지시 목병안능보조 수기사절지지

20

只宜生旺之方.
지 의 생 왕 지 방

冬月의 木은 밑동이 굽고 휘어져 땅에 있으므로 土가 많아서 培養해주기를 願하고 水가 盛하면 形相을 다하니 싫어한다. 金이 많아도 剋伐하지 못하며 火의 重함을 보면 溫暖하게 해주는 功이 있다. 뿌리로 되돌아가서 命을 回復하는 때이다. 木이 괴로우므로 安定되게 輔助해야 하니 모름지기 꺼리는 것은 死絶의 地이고 다만 마땅한 것은 生旺의 方이다

겨울에 木氣가 말라비틀어지니 가장 마땅한 것은 火를 써서 氣候를 調和롭게 하면 生氣를 되살리는 功을 이룰 수 있다. 水가 旺하면 土를 써서 水를 制御하여야 하니 마땅히 쫓아야할 配合이고 金과 水는 마땅치 않다. 다시 運이 東南의 生旺한 방향으로 가는 것이 좋고 西北의 死絶地는 절대로 꺼린다.

第1節　甲木論

甲木喜用提要

正月 丙癸 調和氣候爲要, 丙火爲主, 癸水爲佐
정월 병계 조화기후위요　병화위주　계수위좌

正月은 丙火와 癸水를 쓴다. 安定되고 和合하는 氣候가 必要하니 丙火를 爲主로 하고 癸水로 輔佐한다.

二月 庚丙丁戊己 陽刃架殺, 專用庚金, 以戊己滋殺爲佐, 無庚用丙
이월 경병정무기 양인가살 전용경금 이무기자살위좌 무경용병
丁洩秀, 不取制殺
정설수 불취제살

二月은 庚金과 丙丁火와 戊己土를 쓴다. 陽刃架殺해야 하므로 오로지
庚金을 쓰며 戊己土로 殺을 滋潤하고 輔佐한다. 庚金이 없으면 丙丁으
로 洩氣하여야 빼어나게 되며 이때는 制殺을 取하지 않는다.

三月 庚丁壬 用庚金必須丁火制之, 爲傷官制殺, 無庚用壬
삼월 경정임 용경금필수정화제지 위상관제살 무경용임

三月은 庚金과 丁火와 壬水를 쓴다. 庚金을 쓸 때 반드시 丁火로 制御
해야 하며 이를 傷官制殺한다고 한다. 庚金이 없으면 壬水를 쓴다.

四月 癸丁庚 調和氣候, 癸水爲主, 原局氣潤, 庚丁爲用
사월 계정경 조화기후 계수위주 원국기윤 경정위용

四月은 癸水와 丁火와 庚金을 쓴다. 氣候가 安定되고 和合하기 위해 癸
水를 爲主로 하여 原局의 氣를 潤澤하게 한다. 庚金에는 丁火를 쓴다.

五月 癸庚丁 木性虛焦, 癸爲主要, 無癸用丁, 亦宜行運北地, 木盛
오월 계경정 목성허초 계위주요 무계용정 역의행운북지 목성
先庚, 庚盛先丁
선경 경성선정

五月은 癸水와 庚金과 丁火를 쓴다. 木性이 虛하고 마르니 癸水를 主
로 하고 癸水가 없으면 丁火를 쓴다. 이 때는 運이 北地로 가야 한다.
木이 盛하면 庚金을 먼저 쓰고 庚金이 盛하면 丁火를 먼저 써야 한다.

六月 癸庚丁 上半月同五月用癸, 下半月用庚丁
육월 계경정 상반월동오월용계 하반월용경정

六月은 癸水와 庚金과 丁火를 쓴다. 上半月은 쓰는 것이 五月과 같은

22

理致이고 下半月은 庚金과 丁火를 쓴다.

七月 庚丁壬 傷官制殺, 無丁用壬, 富而不貴
칠월 경정임 상관제살 무정용임 부이부귀

七月은 庚金과 丁火와 壬水를 쓴다. 傷官制殺해야 한다. 丁火가 없으면 壬水를 써야 하는데 富는 있으나 貴는 없다.

八月 庚丁丙 用丁制殺, 用丙調候, 丁丙並用爲佐
팔월 경정병 용정제살 용병조후 정병병용위좌

八月은 庚金과 丁火와 丙火를 쓴다. 丁火로 制殺하고 丙火로 調候한다. 丁丙火를 並用하여 輔佐한다.

九月 庚甲壬癸丁 土旺者用甲木, 木旺者用庚金, 丁壬癸爲佐
구월 경갑임계정 토왕자용갑목 목왕자용경금 정임계위좌

九月은 庚金과 甲木과 壬癸水와 丁火를 쓴다. 土가 旺한 경우는 甲木을 쓰고 木이 旺한 경우는 庚金을 쓴다. 丁火와 壬癸水로 輔佐한다.

十月 庚丁丙戊 用庚金, 取丁火制之, 丙火調候, 水旺用戊
십월 경정병무 용경금 취정화제지 병화조후 수왕용무

十月은 庚金과 丁丙火와 戊土를 쓴다. 庚金을 쓰고 丁火를 取하여 庚金을 制御한다. 丙火로 調候하고 水가 旺하면 戊土를 쓴다.

十一月 丁庚丙 木性生寒, 丁先庚後, 丙火爲佐, 必須支見己寅, 方爲貴格
십일월 정경병 목성생한 정선경후 병화위좌 필수지견기인 방위귀격

十一月은 丁火와 庚金과 丙火를 쓴다. 木性이 차가워지니 丁火를 먼저 쓰고 庚金을 뒤에 쓰고 丙火로 輔佐한다.
반드시 地支에 己土와 寅木이 나타나야 비로소 貴格이 된다.

十二月 丁庚丙 丁火必不可少, 通根己寅, 甲木爲造, 用庚劈甲引丁
십 이 월 정 경 병 정 화 필 불 가 소 통 근 기 인 갑 목 위 조 용 경 벽 갑 인 정

十二月은 丁火와 庚金과 丙火를 쓴다. 반드시 丁火가 적어서는 안 된다. 己土와 寅木에 通根하여야 甲木이 調和가 생긴다. 庚金을 써서 甲木을 쪼개어 丁火를 引火해야 한다.

1. 三春甲木總論

春月之木, 漸有生長之象, 初春猶有餘寒, 當以火溫暖, 則有舒暢之
춘 월 지 목 점 유 생 장 지 상 초 춘 유 유 여 한 당 이 화 온 난 칙 유 서 창 지
美, 水多變剋, 有損精神. 重見生旺, 必用庚金斲鑿削, 可成棟樑, 春
미 수 다 변 극 유 손 정 신 중 견 생 왕 필 용 경 금 착 착 삭 가 성 련 량 춘
末陽壯水渴, 藉水資扶, 則花繁葉茂. 初春無火, 增之以水, 則陰濃
말 양 장 수 갈 자 수 자 부 칙 화 번 엽 무 초 춘 무 화 증 지 이 수 칙 음 농
氣弱, 根損枝枯, 不能華秀, 春末失水, 增之以火, 則陽氣太盛, 燥渴
기 약 근 손 지 고 불 능 화 수 춘 말 실 수 증 지 이 화 칙 양 기 태 성 조 갈
相加, 枝枯葉乾, 亦不華秀. 是以水火二物, 要得時相濟爲美.
상 가 지 고 엽 건 역 불 화 수 시 이 수 화 이 물 요 득 시 상 제 위 미

봄의 나무는 점점 生長하는 象이나 초봄에는 아직 찬 기운이 남아 있으니 火로 溫暖하게 하면 뻗어나가 펼쳐져 아름답게 되지만 水가 많으면 오히려 剋으로 變하여 精神을 傷하게 한다. 木이 거듭되어 나타나 生旺하면 庚金으로 다듬어 뚫고 깎아야 가히 棟梁을 이룬다. 늦은 봄에는 陽氣가 盛하여 水가 枯渴되니 水가 바탕이 되어 부축하고 도와주면 꽃은 繁盛하고 잎은 우거지게 된다.

初春에는 火氣가 없으므로 水가 불어나면 陰氣가 짙어지고 氣가 弱해지니 뿌리를 損傷하고 가지가 마르며 華麗하게 꽃을 피우지 못 한다. 늦은 봄에는 물이 없으니 火가 불어나면 陽氣가 지나치게 盛해져서 乾燥하여 갈증이 나니 亦是 가지가 마르고 잎이 乾燥해지므로 또한 華麗하게 꽃을 피우지 못 한다. 그러므로 重要한 것은 이 水와 火 두 가지가 때에 따라 서로 어울려야만 아름답게 된다.

24

　三春의 甲木은 반드시 水와 火를 用神으로 삼는다. 초봄에는 火가 좋고 늦봄에는 水가 적당하니 이는 모두 甲木의 性情이 그와 같은 것을 기뻐하기 때문이다. 庚金을 쓰는 경우는 甲木이 重疊되게 나타나서 生旺한 경우에 限해서 쓰는 것이고, 土를 쓰는 경우도 壬癸水가 대단히 旺한 경우에 限해서다. 그러나 모두가 配合을 위한 것이지 上格은 못된다.

　水는 木을 生하지만 초봄에는 남은 寒氣가 아직 풀어지지 않았으니 水가 많으면 陰氣가 짙고 축축함이 많으니 生한다는 것이 도리어 剋이 되고 만다. 水가 泛濫함에 이르지 않더라도 精神을 損傷하는 것을 면할 수 없으니 마땅한 것이 아니다.

1) 三春甲木

正月甲木, 初春尙有餘寒, 得丙癸透, 富貴雙全. 癸藏丙透, 名寒木向
정월갑목 초춘상유여한 득병계투 부귀쌍전 계장병투 명한목향
陽, 主大富貴. 倘風水不及, 亦不失儒林俊秀. 如無丙癸, 平常人也.
양 주대부귀 당풍수불급 역불실유림준수 여무병계 평상인야

　正月의 甲木은 이른 봄이라 하나 오히려 寒氣가 남아 있으니 丙火와 癸水의 透干을 얻으면 富貴雙全한다. 癸水는 감추어지고 丙火가 透出하면 이르기를 언 나무가 양기를 求한다 하여 富貴하며 或是 風水環境이 좋지 않아도 亦是 儒林으로 俊秀하게 됨을 잃지 않는다. 當然히 丙火나 癸水가 모두 없으면 平凡한 사람이다.

寒木向陽 : 추위에 언 나무가 陽氣를 救한다는 뜻이다.

　正月의 甲木은 水火旣濟가 定石이고 나머지는 모두 變形된 局이다. 단 丙火와 癸水가 透干하면 서로 나란할 수 없는 것이니 사이에 間隔이 있어서 丙火와 癸水가 서로 障礙가 없게 하여야 한다. 또한

癸水가 숨고 丙火가 透干하면 역시 서로 障礙가 없는 것이다. 대개
水火旣濟는 配合할 때 가장 중요하게 救하는 것이다. 그러므로 水가
旺하여 火를 쓰거나 火가 많아 水를 쓰거나 水火를 나란히 쓰지 않
는다.

丙火가 透干하고 癸水가 숨으면 支에서 印으로 相生하므로 丙火
인 食神을 用神으로 삼으니 추운 나무가 陽氣를 救하고 調候하는 用
神이 있으면 능히 木의 秀氣를 洩하므로 木火通明의 象이 된다.

正二月甲木, 素無取從才從殺從化之理
정 이 월 갑 목　소 무 취 종 재 종 살 종 화 지 리

正月과 二月의 甲木은 本來 從財, 從殺, 從化의 理致를 取하는 것이 없다.

正月과 二月의 甲木은 月令에 祿旺하니 자연히 從化하는 理致가
없다.

或一派庚辛, 主一生勞苦, 剋子刑妻, 再支會金局, 非貧卽夭.
혹 일 파 경 신　주 일 생 로 고　극 자 형 처　재 지 회 금 국　비 빈 즉 요

或 한 무리의 庚辛金을 만나면 一生동안 勞苦하며 子息을 剋하고 妻를
刑한다. 다시 地支에 金局을 지으면 貧困하거나 夭壽한다.

이는 官煞이 旺한데 剋制하는 것이 없음을 말한 것이다. 正月의
木은 바야흐로 生氣가 만발하여 새싹이 흐드러지게 자라나는 때이
니 자르고 억누르는 것은 마땅치 않다. 그러므로 봄에 木은 金을 쓰
면 上格이 될 수 없다. 따라서 金이 많은데 剋制하는 것이 없으면 貧
困하지 않으면 夭折하게 된다.

> 如無丙丁, 一派壬癸, 又無戊己制之, 名水泛木浮, 死無棺槨.
> 여무병정 일파임계 우무무기제지 명수범목부 사무관곽

丙丁火가 없고 壬癸水가 한 무리를 짓고 또 戊土와 己土의 制剋이 없으면 부르기를 水多木浮라 하여 죽어서도 棺이 없다.

이는 印이 지나치게 旺한 것을 말한 것이다. 正月의 甲木이 비록 丙火와 癸水를 함께 쓴다고 하나 丙火를 위주로 하여야 旣濟의 아름다움이 있는 것이다. 그러므로 한 무리의 水가 있는데 戊己土로 制剋함이 없으면 水가 泛濫하여 木이 뜨게 된다. 그러나 戊己土의 制剋이 있어도 丙丁火가 出干하지 않으면 역시 上格이 아니다.

> 如一派戊己, 支會金局, 爲財多身弱, 富屋貧人, 終生勞苦, 妻晚
> 여일파무기 지회금국 위재다신약 부옥빈인 종생로고 처만
> 子遲.
> 자지

한 무리의 戊己土가 있고 地支에 金이 모여 局을 이루면 財多身弱이라 하여 富室貧人으로 終身토록 勞苦하며 妻子息을 늦게 둔다.

앞의 正月에는 從化의 理致를 취하는 法이 없다는 글을 敷衍한 것이다. 앞에서는 한 무리의 庚辛金에도 從煞하지 않는다고 말한 것이고 여기서는 한 무리의 戊己土가 있고 支에 金이 모여 局을 이루면 月垣의 寅木이 損傷을 입게 되지만 역시 從才를 못하고 才多身弱이 된다고 말하는 것이다.

月垣 : 월령을 뜻한다.
才多身弱 : 사주에 재성이 많아 왕하고 상대적으로 일간은 약한 것을 말한다.

> 或無庚金, 有丁透, 亦屬文星, 爲木火通明之象, 又名傷官生財格,
> 혹무경금 유정투 역속문성 위목화통명지상 우명상관생재격

主聰明雅秀. 一見癸水傷丁, 但作厚道迂儒, 或柱中多癸, 滋助木神,
주 총 명 아 수 일 견 계 수 상 정 단 작 후 도 우 유 혹 주 중 다 계 자 조 목 신
傷滅丁火, 其人奸雄梟險, 曹操之徒, 言淸行濁, 笑裏藏刀.
상 멸 정 화 기 인 간 웅 효 험 조 조 지 도 언 청 행 탁 소 리 장 도

或 庚金이 없고 丁火가 透干하면 亦是 文星에 屬하니 木火通明의 象이
라 하고 또 이르기를 傷官生財格으로 聰明하고 優雅하며 秀麗함을 주
관한다. 그러나 하나의 癸水가 丁火를 傷하면 다만 道만 두텁고 물정
에 어두운 선비가 되며 或 四柱 中에 癸水가 많으면 木神은 滋潤되나
丁火를 傷하고 滅하니 그 사람은 올빼미 같은 陰險한 奸雄이며 조조
같은 무리이니 말은 욕심이 없는 것 같으나 行實이 흐리며 겉은 웃고
있으나 속으로는 칼을 감추고 있다.

앞글에서는 丙火에 대해 말한 것이고 여기서는 丁火에 대해 말한
것이다. 正月의 甲木은 丙丁火를 쓰는 것을 기뻐한다. 丙火가 없고
丁火가 透干하여 있으면 역시 文星에 속하니 木火通明이라 하여 食
神과 傷官을 같은 것으로 본다. 그러나 丁火와 癸水가 나란히 透干
하면 그렇게 볼 수 없으니, 나란히 透干하면 丁火가 傷하게 되므로
겨우 道만 두텁고 세상물정에 어두운 선비에 불과하게 된다. 그러나
癸水가 약간이라도 한 두 개가 地支에 숨어서 潤澤하게 하면 陽氣로
乾燥하고 마르는 것을 면하게 된다. 그러나 四柱 中에 癸水가 많으
면 丁火의 불길이 스스로 꺼지게 된다.

丁火가 丙火와 같지 않은 점은 丙火는 太陽의 火로 丙火와 癸水가
서로 떨어져 있으면 丙火를 傷하게 할 수 없으나 丁火는 부엌의 火
爐의 불이니 木이 축축한데 어찌 불길이 타오를 수 있겠는가? 그러
나 비록 타오를 수 없어도 그 성질(性質)만은 있는 것이므로 用神으
로 삼게 되면 性情은 나타나는데 이는 陰柔하며 奸詐하고 거짓된 부
류가 된다. 春節의 木과 火는 庚辛金이 사이에서 어지럽히는 것이
없으면 淸純하여 貴하게 된다.

若 庚申·戊寅·甲寅·丙寅, 一行金水運, 發進士, 或甲午日庚午
약 경신 무인 갑인 병인 일행금수운 발진사 혹갑오일경오
時, 此人必貴, 但要好運相催, 不宜制了庚丁, 或支成金局, 多透庚
시 차인필귀 단요호운상최 불의제료경정 혹지성금국 다투경
辛, 此又不吉, 號曰木被金傷, 若無丙丁破金, 必主殘疾,
신 차우불길 호왈목피금상 약무병정파금 필주잔질

	時柱	日柱	月柱	年柱	
萬若	丙	甲	戊	庚	
	寅	寅	寅	申	이면

(사주의 年柱 月柱 日柱 時柱는 우측에서 좌측으로 보라)

金水運으로 흐르면 進士는 된다. 萬若 甲午日 庚午時라면 이 사람은 반드시 貴하게 된다. 그러나 重要한 것은 좋은 運이 서로 도와야 한다. 庚金을 丁火가 剋制함이 있으면 마땅치 않다. 或 地支에 金局을 이루고 庚申金이 많이 透出하면 이 또한 不吉하게 되니 부르기를 木被金傷이라 하여 木이 金으로부터 剋을 當하게 된다. 萬若 丙丁火로 金을 剋制하지 못하면 반드시 殘疾이 있다.

앞글에서는 金이 없어야 貴한 경우이고 여기서는 木이 旺하면 金을 보아야 貴를 얻을 수 있는 것을 말한다. 七煞은 剋制하는 것이 없으면 안 되지만 身이 旺하고 煞이 가벼운데 原局에서 剋制를 심하게 하면 運이 煞과 印으로 가야 좋다. 위의 庚申生 四柱는 寅木 中의 丙火와 戊土가 나란히 透干하니 申金 中의 壬水를 써서 金을 洩氣하여 木을 生한다. 原局 內에 丙火가 木의 秀氣를 洩하고 金水運으로 가니 進士가 되었다. 甲午日 庚午時라면 火가 旺하고 金이 모자라고 木은 燥熱하게 되니 역시 金水運의 도움이 있어야 한다.

마땅하지 않은 것은 制了庚丁하는 경우이니 金이 가벼우면 食傷이 庚金을 剋하여 除去하는 것을 꺼리는 것이다. 水運을 기뻐하나 子水를 보게 되면 午火 中의 丁火를 沖하여 除去하게 되어 좋지 않

다. 이는 庚金을 쓸 경우 좋지 않다는 것이다. 특히 原局에서 庚金을 보고 丙丁火가 있어 剋制하면 역시 貴만 얻을 뿐이다. 이는 아래 글에 "地支에 木局을 이루고 庚金을 얻으면 貴하게 된다."는 글과는 意味가 다르다. 만약 支에 金局을 이루고 庚申金이 많이 透干하면 日柱는 반드시 弱해지니 木이 金에 損傷당하게 되어 下格이 된다. 丙火가 出干하여 救해주면 겨우 殘疾은 면할 수 있다.

或支成火局, 洩露太過, 定主愚懦, 常有啾唧災病纏身, 終有暗疾.
혹지성화국 설로태과 정주우나 상유추즐재병전신 종유암질

혹 地支에 火局을 이루면 泄氣가 지나치니 반드시 어리석고 懦弱하며 恒常 시끄럽고 두런거리고 災難과 疾病이 몸을 떠나지 않으며 끝내는 痼疾病이 있다.

正月의 甲木은 火가 부족해서는 안 된다. 木火傷官格을 이루면 聰明하고 빼어나게 된다. 그러나 支에 火局을 이루면 洩氣가 지나치니 반드시 支에 癸水가 있어서 木을 북돋고 潤澤하게 해주어야 비로소 짝을 얻어 中和를 얻게 된다. 그렇지 않으면 火가 旺하여 木이 타게 되니 乾燥함에 치우친 局이 되어 항상 疾病이 있게 되니 木이 旺하면 마땅히 洩氣를 시켜야 한다. 그러나 역시 氣가 中和를 이루지 못하는 것을 싫어하니 武人으로 많이 貴하게 된다.

支成木局, 得庚爲貴, 無庚必凶, 若非僧道, 男主鰥孤, 女主寡獨.
지성목국 득경위귀 무경필흉 약비승도 남주환고 녀주과독

地支에 木局을 이루고 庚金을 얻으면 貴하게 되고 庚金이 없으면 반드시 凶하게 되니 萬若 僧道가 아니면 男子는 홀아비로 孤獨하고 女子는 寡婦로 孤獨하게 된다.

正月의 甲木이 支에 木局을 이루고 四柱에 庚辛金이 없으면 대저 曲直仁壽格이라 한다. 만일 格을 이루지 못해도 雨水 後에 生하고 庚金을 얻으면 貴하게 되니, 이른바 木이 거듭 나타나서 旺하면 반드시 金을 써서 뚫고 깎아 다듬으면 棟梁을 이룬다는 것이 이것이다. 특히 春木이 金을 쓸 때는 火가 부족해서는 안 되니 原局에 制剋함이 있어야 하고 才와 煞運으로 가면 반드시 發展하게 된다. 그러나 앞글에 煞이 가볍고 剋制함이 强하다고 한 것과 마땅히 이 경우의 煞印과 같지 않다.

> **支成水局, 戊透爲貴, 如無戊制之, 不但貧賤, 且死無棺木.**
> 지성수국 무투위귀 여무무제지 불단빈천 차사무관목

地支에 水局을 이루고 戊土가 透干하면 貴하게 되나 戊土로 剋制함이 없으면 비단 貧賤할 뿐 아니라 또 죽어서도 棺이 없다.

支에 水局을 이루고 戊土가 그것을 制止하지 않으면 水가 泛濫하여 木을 뜨게 하니 印이 많으면 반드시 才로써 救해야 한다. 救해줌이 있으면 貴하게 되나 救해줌이 없으면 가난하게 된다.

> **故書曰 甲木若無根, 全賴申子辰, 干得才殺透, 平步上靑雲.**
> 고서왈 갑목약무근 전뢰신자진 간득재살투 평보상청운

古書에 이르기를 甲木이 뿌리가 없으면 전적으로 申子辰에 依支하니 天干에 財殺이 나타나면 平步로 靑雲에 오른다 했다.

윗글을 이어서 支가 水局인 경우를 말한 것으로 반드시 才煞로 救해야 한다. 正月의 甲木은 從化하는 理致가 없으니 뿌리가 없는 경우는 전적으로 申子辰의 印이 生해주는 것에 의지한다. 그러나 뿌리가 있는 경우는 이와 같이 論하지 않는다.

凡三春甲木, 用庚者, 土爲妻, 金爲子. 用丁者, 木爲妻, 火爲子.
범삼춘갑목 용경자 토위처 금위자 용정자 목위처 화위자

무릇 三春의 甲木으로 庚金을 쓰면 土가 妻요 金이 子息이다. 丁火를
쓰면 木이 妻요 火가 子息이다.

庚金을 쓰는 것은 煞을 用神으로 삼는 것이니 才를 妻로 보고 官
煞을 子息으로 본다. 丁火를 쓰는 경우는 傷官을 用神으로 삼는 것
이니 比劫을 妻로 보고 食傷을 子息으로 본다.

總之正二月甲木, 有庚戊者上命. 如有丁透, 大富大貴之命也.
총지정이월갑목 유경무자상명 여유정투 대부대귀지명야

總論하면 正 二月 甲木은 庚金과 戊土가 있는 것이 上命이며 丁火가
透出하여 있으면 크게 富貴할 命이다.

總體的으로 앞글의 結論을 내면 초봄은 氣가 차가우니 丙火와 癸
水로서 上格의 命이 되고 봄이 깊어지면 木이 成熟하니 庚金과 戊土
로서 上格의 命이 된다. 煞을 쓰는데 身弱한 경우는 印으로써 化煞
해야 한다. 그러나 身과 煞이 같이 强한 것만 못하다. 만일 이와 같
으면 食傷으로 煞을 制御하면 貴하게 된다. 그러므로 丁火가 透干하
면 最上의 命이 된다.

二月甲木, 庚金得所, 名陽刃架殺, 可云小貴, 異途顯達, 或主武職,
이월갑목 경금득소 명양인가살 가운소귀 이도현달 혹주무직
但要財資之. 柱中逢才, 英雄獨壓萬人. 若見癸水, 困了才殺, 主爲
단요재자지 주중봉재 영웅독압만인 약견계수 곤료재살 주위
光棍, 重刃必定遭凶. 性情凶暴.
광곤 중인필정조흉 성정흉폭

二月 甲木은 庚金을 얻으면 陽刃架殺이라 하여 小貴하고 異途로 顯達

한다. 或 武職을 가지기도 하는데 但 重要한 것은 財가 밑바탕이 되어야 되는데 命局 中에 財를 만나면 英雄으로 홀로 萬人을 다스린다. 萬若 癸水를 보면 財殺과 通하지 못하게 되니 棍杖을 맞는 命이다. 陽刃이 重하면 반드시 凶함을 만나게 되고 性情이 凶暴하다.

앞글에 봄이 깊으면 나무가 成熟하게 되니 이는 庚金과 戊土를 써야 上格의 命造가 된다 하였는데, 二月의 甲木은 봄이 깊어져 成熟하게 되니 雨水 後의 木과 같이 본다. 특히 正月의 甲木은 丁火로 煞을 剋制하여야 最上의 命이 되나 二月에는 庚金을 쓰되 丁火로 制剋하지 않는다.

대개의 경우 二月은 陽刃加煞이니 煞과 刃이 暗合하여 情이 있다. 그러나 仲春이니 庚金이 休囚되어 氣가 없으므로 반드시 才가 있어서 煞을 북돋아주어야만 비로소 크게 貴하게 되지 그렇지 않으면 약간의 貴에 그치고 만다. 일반적으로 煞刃格은 食傷으로 制煞하는 것은 좋지 않고 運이 身旺地로 가는 것이 좋다. 그렇게 되어야 假煞이 勢力을 부릴 수 있다.

乙	甲	己	乙	
亥	申	卯	亥	蕭耀南 命造가 이와 같다.

만약 癸水를 보면 비록 煞印相生은 되어도 봄의 木이 陰氣가 짙고 축축함이 심해지는 것을 꺼린다. 이와 같으면 困窮해진 才와 煞이 煞刃格의 쓰임을 잃게 된다. 또한 才로 煞을 도와주는 것이 필요하지 煞이 重複되어 나란한 것은 필요하지 않으니 하나의 煞로 勢力을 부리는 것이 좋다. 만약 庚金이 重複되어 陽刃이 가벼워지면 正月에 「한 무리의 庚辛金節」의 내용과 같게 되니 주로 勞苦하며 가난하거나 夭折하게 된다.

重刃이라는 것은 地支에 卯木이 重複하여 나타나는 것을 말하는 것이지 天干에 乙木이 重複되어 透干한 것을 重刃이라 하지 않는다.
刃은 祿과 동일한 것이니 地支를 論한 것이다. 書에서 말하기를 刃
이 旺하고 다시 刃의 地로 가면 祿이 나가고 才를 얻는 곳인 藥石 사
이에서 반드시 죽는다고 하였다. 즉 煞이 旺한데 다시 煞地로 가면
建業立功을 위한 곳에서 반드시 刀劍 아래에서 죽는다. 이 말은 매우
증험하다. 二月 甲木은 正月 雨水 後의 甲木과 쓰는 法이 대개는 같
으나 같지 않은 것은 煞刃格 한 가지 뿐이다.

仲春 : 봄의 한가운데를 말하니 二月을 뜻한다. 이하 仲夏, 仲秋, 仲冬도 그와 같은
뜻이다.

書曰, 木旺宜火之光輝, 秋爲可試. 木向春生, 處世安然有壽. 日主
서왈 목왕의화지광휘 추위가시 목향춘생 처세안연유수 일주
無依, 却喜運行才地.
무의 각희운행재지

書에 이르기를 木旺하면 火로 빛나게 하는 것이 마땅하니 가히 科擧及
第하여 大闕門을 드나든다. 木이 봄에 나면 處世가 安然하고 壽命 또
한 그렇다. 日主가 依支할 곳이 없으면 도리어 財運으로 行함을 기뻐
한다.

二月의 木이 旺하고 庚金의 剋이 없으면 火를 써서 洩氣시켜야 한
다. 木은 仁을 주관하니 仁은 壽다. 그러므로 處世에 壽가 있다. 運
이 才地로 가는 것을 기뻐하니 食傷으로 才를 生하기 때문이다. 才
地로 가면 부유하게 되고 食傷으로 旺한 木의 秀氣를 洩하면 木火通
明이 되어 이 사람은 반드시 聰明함이 남다르니 科擧에 及第할 수
있다. 《月談賦》에 이르기를 木火傷官格은 끝내는 顯達한다 하였으
니 春木은 火를 기뻐하고 마땅히 그로인해 貴하게 된다.

丁	甲	丁	甲
卯	寅	卯	午

乏庚, 富而不貴, 運入南離凶, 兩干不雜, 木火通明, 爲人淸雅, 子多而賢

丁火를 끌어다가 用神으로 쓰는데 애석한 것은 四柱에 印이 숨어 있지 않은 것으로 富裕 할 수는 있었으나 貴하지는 못했다. 初運이 戊辰, 己巳 才地로 가니 火의 氣를 洩하여 吉하게 되었다. 만약 四柱 中에 한 점의 癸水가 숨어 있고 運이 南으로 들어 갔어도 역시 凶하지 않았을 것이다.

乙	甲	甲	戊	孝廉
亥	辰	寅	寅	

이 命造는 비록 正月에 生하였으나 앞의 命造와 類似하다. 寅木 中의 丙火로 才를 生하니 用神으로 삼는다. 支에 亥水가 있고 辰土 中에 癸水가 숨어 있어서 氣의 象이 中和를 이루었으나 애석한 것은 丙火가 透干하지 못하였고 寅木이 空亡에 떨어진 것이다. 그러므로 用神이 무력하여 작은 貴만 했을 뿐이다.

庚	甲	丁	己
午	戌	卯	未

庚丁兩透, 選拔定然, 爲人色重招殃, 兄弟無力

庚	甲	丙	甲	茂才
午	寅	寅	申	

위의 두 命造는 庚金 煞을 用神으로 삼는다. 애석한 것은 丙丁火가 함께 透干하여 庚金을 剋하여 除去한 것이다. 劫刃이 放恣하고 旺盛하므로 형제가 무력하다. 庚金이 寅卯月에 生하여 絶地가 되고 午火에 임하니 모름지기 才를 用神으로 삼아 弱한 煞을 북돋워 줘야 한다. 마땅치 않은 것은 丙丁火가 함께 나타난 것으로 弱한 煞을 지

나치게 制剋한 것이다.

三月甲木, 木氣相竭. 先取庚金, 次用壬水. 庚壬兩透, 一 傍堪圖,
삼월갑목 목기상갈 선취경금 차용임수 경임량투 일 방감도
但要運用相生, 風水陰德, 方許富貴.
단요운용상생 풍수음덕 방허부귀

三月 甲木은 木氣가 다하니 먼저 庚金을 取하고 다음으로 壬水를 쓴다.
庚金과 壬水가 더불어 透干하면 科擧及第한다. 그러나 重要한 것은 運
路가 相生하여야 하고 風水의 陰德이 있으면 비로소 富貴가 可能하다.

三月은 木氣가 成熟하니 重疊되어 나타나면 生旺하게 되므로 마
땅히 庚金을 쓰고 火로 金을 制御하면 가히 棟梁을 이룬다. 陽氣가
盛하면 木이 갈증이 나니 마땅히 壬水를 써서 庚金을 洩하고 木을
潤澤하게 하면 枝葉이 繁盛하여 茂盛하게 된다. 그러므로 金과 水는
配合을 위해 부족하거나 적어서는 안 되는 물건이다.

或見一二庚金, 獨取壬水. 壬透靑秀之人, 才學必富.
혹견일이경금 독취임수 임투청수지인 재학필부

或 한 두 個의 庚金이 나타나면 오로지 壬水만을 取하여 쓰니 壬水가
透干하면 淸秀한 사람으로 才造와 學識이 있고 반드시 豊富하다.

이것은 用神을 取하는 法을 말한 것으로 四柱 中에 한 두 개의 庚
金을 보고 辰土 中에 癸水가 透干하면 癸水를 써서 煞을 化하면 氣
運이 가장 빼어나게 된다.
(原文에 辰土中壬水透出로 되어 있는데 誤記인 것 같다. 아니면
壬辰月을 말하는 것으로 天干의 壬水를 地藏干의 癸水로 換置해서
보는 것 같다. - 譯者註)

36

或天干透出二丙, 庚藏支下, 此鈍斧無鋼, 富貴難求, 若有壬癸破火,
혹 천 간 투 출 이 병　경 장 지 하　차 둔 부 무 강　부 귀 난 구　약 유 임 계 파 화
堪作秀才.
감 작 수 재

惑 天干에 두 개의 丙火가 透出하고 庚金이 地支 아래에 숨으면 이는
날이 없는 무딘 도끼가 되어 鋼함이 없으니 富貴를 求하기 어렵다. 萬
若 壬癸水가 있어서 丙火를 剋하면 秀才는 될 수 있다.

三月의 木이 堅固하여 金이 이지러지니 七煞로 制過함이 不可하
다. 天干에 두 개의 丙火가 透干하고 庚金이 地支 아래에 숨어 있으
면 煞이 制剋을 지나치게 당하니 救助가 있으면 吉하고 救助가 없으
면 凶하다.

或柱中全無一水, 戊己透干, 支成土局, 又作棄命從才, 因人而致富
혹 주 중 전 무 일 수　무 기 투 간　지 성 토 국　우 작 기 명 종 재　인 인 이 치 부
貴, 妻子有能.
귀　처 자 유 능

或 命局 中에 단 하나의 水도 없고 戊己土가 透干하고 地支에 土局을
이루면 또한 棄命從財格을 지은 것이니 사람으로 因해 富貴하게 되고
妻와 子息이 有能하다.

從格은 印을 보면 안 된다. 印이 있게 되면, 즉 木의 뿌리가 된다.
대개 辰土는 水의 墓庫가 되고 木의 餘氣가 되니 印이 透出하면 바
로 木을 生해주게 된다.

或見戊己, 及比劫多者, 名爲雜氣奪才, 此人勞碌到老, 無馭內之權,
혹 견 무 기　급 비 겁 다 자　명 위 잡 기 탈 재　차 인 로 록 도 로　무 어 내 지 권
女命合此, 女掌男權, 賢能內助, 若比劫重見, 淫惡不堪,
녀 명 합 차　녀 장 남 권　현 능 내 조　약 비 겁 중 견　음 악 불 감

或 戊己土가 있는데 比劫까지 旺하면 이르기를 雜氣奪財格이라 하여
이는 늙도록 헛수고가 많으며 말 한 마리 부릴 權限도 없다. 그러나 女
人의 命局이 이와 같으면 男子의 權利를 쥐고 賢明한 內助를 하나 比
劫이 거듭 나타나면 淫亂하고 醜惡함을 이루 말할 수 없다.

比劫이 많은데 才를 본 것이니 반드시 食傷을 軸으로 通關해야 한
다. 食傷이 없으면 群劫爭才가 된다. 原局에 食傷이 없으면 반드시
운에서라도 食傷地로 가는 것이 좋다. 이른바 通關이라는 것이 이것
이다.

群劫爭才 : 比劫이 무리를 이루었는데 官煞로 制剋함이 없거나 食傷으로 通關하지
않으면 比劫이 才를 다투어 剋하게 되는 것을 말한다.

或支成金局, 方可用丁, 不然, 三月無用丁之法. 惟有先庚後壬取用,
혹지성금국 방가용정 불연 삼월무용정지법 유유선경후임취용
書曰, 甲乙生寅卯, 庚辛干上逢, 離南推富貴, 坎地脚爲凶.
서왈 갑을생인묘 경신간상봉 리남추부귀 감지각위흉

或 地支에 金局을 이루면 丁火를 써야 하며 이 경우 외에는 三月에 丁
火를 쓰는 法이 없다. 오직 먼저 庚金을 쓰고 다음으로 壬水를 취하여
써야 한다. 書에 이르기를 甲乙木이 寅卯에 나고 庚辛金이 透干하면
上達하고 運이 南離方에 이르면 富貴하게된다고 보고 坎地로 가면 도
리어 凶하게 된다.

地支에 金局을 이룬다 함은 이른바 官煞이 太旺한 것이다. 三月에
木은 堅固하며 金은 絶이 되고 火는 旺相하게 되니 만일 한 두 개의
庚金을 보면 壬水인 印으로 化煞함이 아름답다. 그러나 地支에 金局
을 이루지 않고 官煞이 太旺한 경우 丁火를 써서 制煞하는 法이 없
다(二月 己未 甲申 두 命造를 參考하여 살펴보라). 그러나 이른바
丁火를 취하여 쓸 수 없다는 것은 아니다. 또한 三月은 木氣가 장차

38

마르니 반드시 壬水가 있어야 한다. 그러나 丁火를 쓸 때 壬水와 丁火가 서로 장애가 되지 않아야 한다. 아래의 丙寅生의 命造를 보면 自明하게 된다. 甲乙木이 春節에 生하고 天干에 庚辛金을 보면 運이 南方으로 가는 것이 좋고 北方을 꺼리는데 이는 春木이 官煞을 꺼리기 때문이다. 그와 같은 경우는 마땅히 火로 制剋해야 한다.

坎地 : 水運을 말한다.

| 丙 | 甲 | 庚 | 乙 | 此命乏丁, 喜運入南方, 富貴不大之命 |
| 寅 | 申 | 辰 | 丑 | |

乙木과 庚金이 서로 合하고 申金에 祿을 얻으니 煞이 旺하므로 마땅히 制剋하여야 한다. 특히 丙火로 煞을 制剋하는것이 丁火가 가진 힘보다 못하다. 三月은 土가 旺하고 金이 무디니 마땅히 洪爐의 火가 마땅한 것이다. 또한 이는 女子의 命局으로 運이 南方으로 順行한다.

| 庚 | 甲 | 壬 | 丙 | 尙書命 |
| 午 | 辰 | 辰 | 寅 | |

이 命造는 地藏干에 丙丁火가 감추어지고 月令에 壬水가 透干하였다. 그러므로 壬水인 印을 써서 化煞하므로 歸命이다.

| 丁 | 甲 | 壬 | 丙 | 此命用丁. 乏丁常人也 |
| 卯 | 辰 | 辰 | 寅 | |

이 命造는 月干에 壬水가 透干하고 丁火와 壬水의 사이에 甲木이 있으므로 印이 身을 生하고 丁火로 身의 秀氣를 洩하니 丁火를 用神으로 삼는다.

| 戊 | 甲 | 甲 | 壬 | 四柱木旺金缺, 非僧道, 卽無子 |
| 辰 | 寅 | 辰 | 午 | |

身旺하여 才를 用神으로 쓰니 午中의 丁火가 멀리 年支에 있고 또한 壬水가 사이를 막고 있으니 土를 生하지 못한다. 대개 比劫이 많으면 才를 쓰는데 반드시 丙丁火를 軸으로 삼아 通關을 해야 한다.

2) 三夏甲木

四月甲木退氣, 丙火司權, 先癸後丁,
사 월 갑 목 퇴 기 병 화 사 권 선 계 후 정

四月의 甲木의 氣가 물러가고 丙火가 權勢를 부리니 먼저 癸水를 쓰고 다음으로 丁火를 쓴다.

이는 四月의 甲木을 取用하는 法을 全體的으로 말한 것이다. 木性이 말라비틀어지니 調候가 急하다. 그러므로 먼저 癸水를 쓰는 것이다. 만일 原局에 木이 强하고 뿌리가 윤택하면 그 氣를 洩하는 것이 좋다. 이와 같으면 木火通明을 이루니 丁火를 그 다음으로 쓴다.

四月에 庚金은 長生이 되니 만약 庚金 七煞이 透出하면 身弱하므로 水를 쓰는 것이 좋다. 그러면 金氣를 洩하여 木을 生하게 된다. 身强하면 火를 쓰는 것이 좋다. 金의 날카로운 氣를 제어하여야 勸力이 될 수 있다. 이처럼 癸水와 丁火로 輔佐를 삼는다. 그러므로 四月의 甲木은 癸水와 丁火를 떼어 놓을 수 없다.

庚金太多, 甲反受病. 若得壬水, 方配得中和, 此人性好淸高, 假裝
경 금 태 다 갑 반 수 병 약 득 임 수 방 배 득 중 화 차 인 성 호 청 고 가 장
富貴, 卽蔭襲顯達, 終日好作禍亂, 善辨巧談, 喜作詩文. 此理最驗.
부 귀 즉 음 습 현 달 종 일 호 작 화 란 선 변 교 담 희 작 시 문 차 리 최 험

庚金이 지나치게 많으면 오히려 甲木에 病이 든다. 萬若 壬水를 얻으면 짝을 이루니 中和는 되나 사람의 性質이 淸高하고 富貴한 것처럼

假裝하나 암암리에 뒷거래로 顯達하고 終日 禍亂짓기를 즐기고 巧談한 時文짓기를 좋아 한다. 이 理致가 항상 잘 맞았다.

四月의 甲木은 기운이 물러가므로 剋制가 지나친 것은 좋지 않다. 金이 많으면 病을 얻게 된다. 丙火가 權勢를 부리니 木氣가 洩氣되어 弱해지므로 뿌리와 잎이 말라비틀어진다. 그러므로 반드시 壬水를 써야하니 비로소 짝을 얻어 中和를 이루게 된다. 그러나 성질이 淸高함을 좋아 하나 富貴 等을 假裝하는 性情이 있다.

四月에 庚金이 長生한다. 또한 寅月은 丙火가, 申月은 壬水가, 亥月은 甲木이 長生하나 같은 경우가 아니다. 寅申亥月은 丙火와 壬水와 甲木이 當旺의 氣를 얻어 相生하는 것이지만 四月에는 丙火와 戊土가 權勢를 부리니 마른 戊土가 金을 生하지 못하므로 氣가 不和協한다. 그러므로 높은 것만 좋아하는 病이 있게 된다. 壬水를 바탕에 깔면 調和를 이룰 수는 있으니 壬水는 곧 印이다. 그러므로 어두운 뒷거래로 顯達한다고 하는 것은 庚金이 陽金이 되고 庚金을 洩하므로 壬水를 쓰는 것을 말한다.

> 如一庚二丙, 稍有富貴. 金多火多, 又爲下格.
> 여일경이병 초유부귀 금다화다 우위하격

하나의 庚金과 두 개의 丙火면 어느 정도의 富貴를 이루나 금도 많고 火도 많으면 下格이 된다.

四月은 丙火의 氣가 當旺하니 庚金은 하나인데 丙火가 두 개면 庚金을 剋하여 除去하게 된다. 《滴天髓》에 이르기를 庚金이 비록 強하다고 하나 力量은 능히 鍛鍊되어야 된다고 하였다. 그러나 오로지 丙火를 쓰면 木性이 말라비틀어지게 되니 氣勢가 調和롭고 潤澤하

지 못하는 까닭이다. 그러므로 비록 用神이 得令하였으나 약간의 富
貴가 있을 뿐이지 顯達은 못한다. 만일 金이 많고 火가 많으면 剋과
洩氣가 交叉하니 下格이 된다.

或癸丁與庚齊透天干, 此命可言科甲, 卽風水淺薄, 亦有選拔之才,
혹 계 정 여 경 제 투 천 간 차 명 가 언 과 갑 즉 풍 수 천 박 역 유 선 발 지 재
癸水不出, 雖有庚金丁火, 不過富中取貴異途官職而已, 壬透可云一
계 수 불 출 수 유 경 금 정 화 불 과 부 중 취 귀 이 도 관 직 이 이 임 투 가 운 일
富, 若全無點水, 又無庚金丁火, 一派丙戊, 此無用之人也.
부 약 전 무 점 수 우 무 경 금 정 화 일 파 병 무 차 무 용 지 인 야

或 癸水와 丁火가 庚金과 더불어 나란히 天干에 透出하면 이 命은 科
甲을 한다고 말할 수 있고 風水가 淺薄하다 해도 亦是 選拔될 定度의
才操는 있다. 癸水가 出干되지 않고 오직 庚金과 丁火만 있으면 富로
貴함을 얻음에 不過하니 異途로 官職을 할 뿐이다. 壬水가 透出하면
가히 一富는 可能하며 萬若 한 점의 水도 없고 庚金과 丁火도 없이 한
무리의 丙火와 戊土만 있으면 이는 쓸모없는 사람이다.

癸水와 丁火와 더불어 庚金이 天干에 나란히 透干한 경우는 水가
四月에 이르러 절지가 되니 만일 庚金이 生함이 없으면 水가 나오는
根源이 없는 것이니 흐르다 멈추어 말라버리게 된다. 그러나 年과
月에 庚金과 癸水가 相生하면 甲木이 윤택함을 얻고, 時에 丁火가
透干하여 秀氣를 洩하면 配合이 좋은 것이니 어찌 貴하지 않겠는가.
만약 癸水가 支에 감추어지면 天干에 나타난 境遇가 아니므로 작
은 淸純함만 있게 되어 약간의 富한 中에 貴를 얻어서 異途의 官職
을 할 뿐이다라고 한 것이다. 그러나 癸水는 雨露의 水이니 透干하
면 天然의 潤澤함을 얻은 것이므로 貴를 取할 수 있다. 壬水는 江湖
의 水이니 비록 庚金을 洩氣 하나 겨우 富를 취할 뿐이다.

42

여름의 木을 전체적으로 論하면 調候가 急한데 만약 壬癸水가 없으면 丙火와 戊土가 當令한 때이나 戊土나 丙火가 透干하면 아름답게 될 수 없다. 丙火가 透干하면 身强하고 祿에 임하였으므로 用神으로 삼을 수 있다. 그러나 丙火와 戊土가 나란히 透干하면 火는 불타오르고 土는 乾燥하니 運이 水로 간다 해도 救濟하기가 어려우니 이는 쓸모없는 사람이 된다는 것이다.

乙	甲	乙	丁	明府
亥	寅	巳	卯	

甲木이 寅木에 臨하여 祿地에 앉아 身旺하고 亥水 中에 壬水가 祿을 얻어 甲木이 長生이 되니 木이 旺하고 潤澤하므로 丁火로서 秀氣를 洩해야 한다.

庚	甲	乙	丁	庚丁兩透, 進士
午	辰	巳	卯	

甲木이 辰土에 앉고 印의 墓庫에 뿌리를 두어 마르지 않는다. 그러므로 능히 淸貴하였다.

甲	甲	癸	丙	大貴
子	戌	巳	午	

癸水가 出干하고 時支에 뿌리를 내렸으며 子水와 戌土가 중간에 亥水를 拱하니 丁卯生과 비교해 볼 때 格이 더 높다. 丙火가 司令하니 食神을 用神으로 삼는다.

拱 : 拱挾格을 말한다. 예를 들어 四柱에 戌土와 子水가 있으면 四柱 中에는 없어도 亥水가 中間에 끼여 있다고 보는 것이다.

丙	甲	癸	丙	此命火土熬乾癸水, 行午運損目, 後作乞丐
寅	子	巳	午	

앞의 命造는 子水와 戌土가 亥水를 拱하였으나 이 命造는 丑土 貴人을 拱하였다. 그러므로 하나는 貴하게 되고 하나는 賤하게 되었으니 天淵의 特殊함이므로 八字의 所重함을 나타낸 것으로 配合을 얻는 것이 重要하다. 여름의 木은 調候가 急한데 丑土 貴人이 子水를 合하여 없애니 오히려 火土가 끓어올라 命局이 乾燥하게 되었으니 星辰이 空盒으로 不足해진 根據이다. 나타나는 것이 그러하니 맞게 보인다.

五六月甲木, 木性虛焦, 一理共推, 五月先癸後丁庚金次之, 六月三伏生寒, 丁火退氣, 先丁後庚, 無癸亦可, 或五月乏癸, 用丁亦可, 要運行北地爲佳.

五 六月의 甲木은 木性이 虛하고 지치는 것은 한 가지 이치로 미루어 짐작할 수 있다. 五月에는 먼저 癸水를 쓴 後에 丁火를 쓰고 庚金을 그 다음으로 쓴다. 六月은 三伏에 寒氣가 生하기 시작하니 丁火의 氣運이 물러가므로 먼저 丁火를 쓴 後에 庚金을 쓰니 癸水는 없어도 된다. 或 五月에 癸水가 없으면 丁火를 쓸 수 있다. 그러나 重要한 것은 運路가 北方으로 行해야 아름답게 된다.

五月 甲木이 用神을 取하는 法은 夏至를 分界로 삼으니 夏至 前에는 四月과 같이 보며, 木性이 虛하고 마르니 調候가 急하므로 癸水가 없으면 안 된다. 夏至 後는 六月과 같이 보니 이미 一陰이 生하고 丁火의 氣가 점점 물러가므로 癸水가 없어도 된다. 그러므로 五六月은 전체적으로 火가 타오르는 乾燥한 時期에 該當한다. 그러나 原局

에 癸水가 없으면 부득이 丁火를 써야하니 이 경우는 運이 北方水地
로 가는 것이 좋으나 단, 地支의 水가 좋지 天干의 水는 좋지 않다.

總之五六月用丁火, 雖運行北地, 不致於死, 却不利運行火地, 號曰
총지오륙월용정화 수운행북지 불치어사 각불리운행화지 호왈
木化成灰必死, 行西程又不吉, 號曰傷官遇殺, 不測災來, 惟東方則
목화성회필사 행서정우불길, 호왈상관우살 불측재래 유동방칙
吉, 北方次之, 此五六月用丁之說也.
길 북방차지 차오륙월용정지설야

整理하면 五 六月은 모두 丙火를 使用하면 비록 行運이 北地로 行하여
도 죽음에 이르지 않는다. 行運이 南으로 가면 도리어 不利하니 이르
기를 木이 재로 變한다 하므로 반드시 죽는다. 또한 運이 西方으로 가
면 이르기를 傷官이 殺을 만난다하여 不測의 災殃을 當하게 되니 오직
東方이 吉하고 北方은 그 다음으로 吉하다. 이것이 五六月에 丁火를
쓰는 法에 대해 설명한 것이다.

五六月은 丁火가 秉令한다. 그러나 그 用法이 春木과 秋金이 같
지 않은 것은 氣候가 하나같이 重한 關係 때문이니 兼해서 생각하
지 않으면 안 된다(여름의 火와 겨울의 水는 마땅히 氣候와 더불어
서 생각하는 것이다). 用神은 旺한 것을 기뻐하고 衰絶을 꺼린다.
그러나 유독 여름의 木은 火를 쓰는데 南方 火旺地로 가면 木이 재
(灰)로 化하니 반드시 죽게 되고 北方은 死絶地이나 도리어 죽지 않
게 된다.

여름의 木이 火를 쓰면 木火眞傷官格이 되니 西方으로 가면 木은
絶이 되고 火는 死가 되니 傷官이 官을 보면 不測의 災殃을 당하게
되므로 오직 東北地가 吉하다. 原局에 癸水가 透干하면 東方이 좋고
癸水가 없으면 東北水木地도 마땅하니 局의 配置에 따라야 한다.

凡用神太多, 不宜剋制, 須洩之爲妙.
범 용 신 태 다　불 의 극 제　수 설 지 위 묘

대체로 用神이 지나치게 많으면 剋制하는 것은 마땅치 않고 洩氣해주
는 것에 妙함이 있다.

用神이 많은 경우란 用神이 二 三 개인 것을 말하는 것이 아니고
用神이 重疊되어 보이는 것을 많다고 하는 것이다. 傷官 用神을 예
로 들면 八字 中에 三 四 개로 중첩되어 傷官이 나타나면 이것을 지
나치게 많다고 하는 것이다. 이는 才로 洩氣하면 빼어나게 되지만
만약 印綬로 剋制하면 도리어 좋지 못하다.

五六月甲木, 木盛先庚, 庚盛先丁. 五月癸庚兩透, 爲上上之格, 六
오 륙 월 갑 목　목 성 선 경　경 성 선 정　오 월 계 경 량 투　위 상 상 지 격　륙
月庚丁兩透, 亦爲上上之格, 用神旣透, 木火通明, 自然大富大貴,
월 경 정 량 투　역 위 상 상 지 격　용 신 기 투　목 화 통 명　자 연 대 부 대 귀
或丁火太多, 癸水亦多, 反作平人,
혹 정 화 태 다　계 수 역 다　반 작 평 인

五六月 甲木은 木盛하니 먼저 庚金을 쓰지만 庚金이 많으면 丁火를 먼
저 쓴다. 五月에는 癸庚이 더불어 透干 하면 最上의 格이 되고 六月에
는 庚金과 丁火가 모두 透干하면 亦是 上上의 格이 된다. 用神이 이미
透出하였으면 木火通明한 것이니 自然히 大富大貴한다. 或 丁火가 지
나치게 많고 癸水 亦是 많으면 오히려 凡人이 된다.

甲木이 지나치게 盛하면 庚金으로 剋制하는 것이 마땅하다. 단 지
나치게 庚金이 많으면 五月은 癸水와 庚金이 나란히 투간하여 癸水
로서 庚金을 洩하여 木을 生해주어야 좋다. 즉 앞글에서는 用神이
지나치게 많으면 洩해야지 剋을 하면 좋지 않다는 理致를 말한 것이
다. 五月은 丁火가 權勢를 부리는 때이므로 火는 타오르고 木은 마

르니 아울러 潤澤함을 取하고 調候를 하라는 뜻이고, 그와 같으면 上上의 格이 된다. 六月은 三伏에 寒氣가 生하니 庚金이 많으면 丁 火를 써서 制剋하여야 木火通明이 되어 역시 上上의 格이 된다.

　五六月 甲木은 癸水를 쓰는 것이 正法이나 특히 六月 中에 癸水가 없으면 丁火를 써도 貴하게 될 수 있다. 그러나 반드시 丁火를 써야 만 아름답게 되는 것은 아니고 木이 盛하면 庚金을 먼저 쓰고 庚金 이 盛하면 丁火를 먼저 쓰는 것이 보통의 用法이다. 그러므로 五月 과 六月이 같지 않은 것이다. 만약 丁火와 癸水가 섞여 出干하면 癸 水는 庚金을 洩하고 丁火는 庚金을 剋하게 되므로 剋과 洩氣가 같이 나타나니 도리어 平凡한 사람이 되고 말 뿐이다.

若柱中多金, 名曰殺重身輕, 先富後貧, 運不相扶, 非貧卽夭, 或庚
약주중다금　명왈살중신경　선부후빈　운불상부　비빈즉요　혹경
多, 有一二丙丁制伏, 又有壬癸透干, 泄金之氣, 此又爲先貧後富.
다　유일이병정제복　우유임계투간　설금지기　차우위선빈후부

四柱 中에 金이 많으면 이르기를 殺重身輕이라하여 先富後貧하게 된 다. 또 運이 도와주지 않으면 貧困하지 않으면 夭折한다. 或 庚이 많으 면 한 두 개의 丙丁이 制伏하는데 또 壬癸가 透干하면 金의 氣를 泄하 게 되는데 이와 같으면 先貧後富하게 된다.

　앞에서 말하기를 木이 盛하면 金을 쓴다 하였는데 여기서는 木은 衰하고 金이 많은 것을 말한 것이다. 木이 五六月에 다다르면 本性 이 死絶地가 되고 庚金은 進氣가 되니 만약 壬癸水 印이 金을 洩하 고 木을 生함이 없으면 부르기를 殺重身輕이라 하고 運이 다시 財運 을 만나면 煞이 무리를 이루게 되어 貧困하지 않으면 夭折하게 된 다. 만약 庚金이 많고 身强하며 丙丁火가 있어서 庚金을 制伏하거나 (食傷) 身弱한데 壬癸水가 있어서 滋潤하고 도와주면(印綬) 이는 先

貧後富할 징조라 한다.

或滿柱丙火, 又加丁火, 不見官殺, 謂之傷官傷盡最爲奇, 反成淸貴,
혹만주병화 우가정화 불견관살 위지상관상진최위기 반성청귀
定主才學過人, 科甲有望, 但歲運不宜見水, 若柱中有壬水, 運又逢
정주재학과인 과갑유망 단세운불의견수 약주중유임수 운우봉
水, 必貧天死.
수 필빈요사

或 사주에 온통 丙火로 가득한데 다시 丁火가 더하고 官殺이 나타나지
않으면 일컫기를 傷官傷盡格이라 하여 最高로 奇異하니 도리어 淸貴
를 이룬다. 반드시 才操와 學文이 사람들 中에 뛰어난 사람이니 科甲
이 有望하다. 但 歲運에서 水를 보는 것은 마땅하지 않다. 萬若 四柱에
壬水가 있고 또한 운에서 水를 만나면 반드시 貧困하고 天死한다.

만약 局에 丙丁火가 가득하고 官煞(金)이 없으면 從兒格을 이루
니 土運으로 가면 旺한 火의 氣運을 洩하므로 앞글에서 말한 用神이
지나치게 많은 경우에 해당하여 剋制하는 것은 좋지 않고 洩氣해야
빼어나게 된다. 局勢가 치우치게 旺하면 그 旺한 勢力을 거스르는
것은 좋지 않으며 水를 보면 마치 한 잔의 물로 수레에 붙은 불을 끄
려는 것과 같으니 되레 그 불길을 충동질하여 激하게 할뿐이다. 만
약 사주 中에 水의 뿌리가 있고 運 또한 水를 만나면 水와 火가 서로
싸우는 相이니 반드시 貧困하고 天死한다.

> 傷官傷盡 : 傷官을 制剋하여 傷官의 氣運이 절(絶)되었다는 뜻.
> 傷官傷盡을 하는 이유는 官이 중요할 때와 日干이 弱한데 傷官이 日干의
> 氣運을 도설(盜洩)할 때이다.

但凡木火傷官者, 聰明智巧, 却是人同心異, 多見多疑, 雖不生事害
단범목화상관자 총명지교 각시인동심이 다견다의 수불생사해

48

인 매 기 투 지 상 녀 명 일 리 동 추

무릇 木火傷官格은 聰明하고 知慧가 巧妙하지만 다만 사람은 같으나 마음만은 한결같지 않으니 많이 보기도 하지만 疑心도 많으며 비록 사람을 害치는 일을 하지는 않지만 매사에 猜忌心과 嫉妬心이 많다. 女命도 한 가지 理致로 同一하게 미루어 본다.

무릇 傷官이라는 것은 秀氣가 흘러나오는 것이어서 사람이 반드시 聰明하고 知慧가 巧妙하니 적지 않은 木火通明이 그와 같다. 그러나 여름만은 木火가 旺하여 木性이 타므로 壬癸水로 配合 中和됨이 없으면 偏枯함을 못 면하여 性情이 疑心이 많아지므로 꺼린다. 《滴天髓》에 이르기를 「五行이 어그러짐이 없으면 性情이 清和하나 濁氣에 偏枯하면 性情이 거꾸로 어그러진다.」 하였는데 바로 이것을 이른다.

或四柱多土, 干上有乙木, 切勿作棄命從才,
혹 사 주 다 토 간 상 유 을 목 절 물 작 기 명 종 재

或 命局 中에 土가 많고 天干에 乙木이 있으면 絶對로 棄命從財로 보지마라.

木이 午月에 이르면 陽氣가 極盛하여 陰氣가 生하는 곳이 된다. 未月에 이르면 木의 庫地라 하니 甲木이 자신의 庫地에 通根하고 만약 재차 天干에 乙木이 나타나면 從才를 할 수 없다.

時月兩透己土, 名二土爭合, 男主奔流, 女主淫賤, 見二甲則不爭矣,
시 월 량 투 기 토 명 이 토 쟁 합 남 주 분 류 녀 주 음 천 견 이 갑 칙 불 쟁 의
亦屬平庸之輩, 或四柱有辰, 干見二己二甲, 此人名利雙全, 大富
역 속 평 용 지 배 혹 사 주 유 진 간 견 이 기 이 갑 차 인 명 리 쌍 전 대 부
大貴,
대 귀

時나 月에 二個의 己土가 兩透하면 이르기를 爭合이라하여 男子는 奔走히 떠돌게만 되고 女子는 淫亂하고 賤하게 된다. 두 개의 甲木이 나타나면 爭合은 아니나 平常人에 不過하다. 或 柱中에 辰土가 있고 天干에 두 개의 甲木과 두 개의 己土가 있으면 이는 名利雙全하고 크게 富貴한다.

이것은 甲己化土格을 말하는 것으로 하나의 甲木과 두 개의 己土면 爭合 또는 妒合하게 되고 두 개의 甲木에 두 개의 己土는 爭妒를 하지 않는다. 단, 火가 뜨겁게 타오르고 土가 乾燥하게 되니 비록 化氣가 格을 이루었어도 역시 平庸한 무리에 不過하다. 만약 四柱 中에 辰土가 있으면 辰土는 축축한 土이니 龍을 만나 潤澤함을 얻은 것이고 化氣가 眞이 되니(보통 化氣는 반드시 辰土를 보아야만 한다. 辰土를 보면 化의 元神이 透出하였다 하고 만약 甲己合化한 土가 辰土를 보면 遁干하여 戊辰이 된다. 滴天髓徵義를 자세히 보면 此處更帶潤澤의 뜻이다.) 비로소 大富大貴한 格이 된다.

爭合 : 하나의 천간이 두 개의 합을 보는 것을 말한다.

若在六月, 見辰支, 名爲逢時化合格. 以癸水爲妻, 丁火爲子, 若二
약재륙월 견진지 명위봉시화합격 이계수위처 정화위자 약이
己一甲爭合. 取支中比劫爲用. 以甲爲用者, 壬癸爲妻, 甲乙爲子,
기일갑쟁합 취지중비겁위용 이갑위용자 임계위처 갑을위자

萬若 六月 地支에 辰을 보면 이르기를 逢時化合格이라 하여 癸水를 妻로, 丁火를 子息으로 본다. 萬若 두 개의 己土와 하나의 甲木이 爭合하면 地支 中의 比劫을 取하여 用神을 삼는다. 甲木이 用神이면 壬癸水를 妻로 보고 甲乙木을 子息으로 본다.

무릇 化氣格은 반드시 化氣를 生하는 것을 用神으로 삼으니 甲木과 己土가 土로 化한 경우는 반드시 丁火를 用神으로 쓴다. 用神이

50

子息이 되니 丁火가 子息이 되고 化神이 剋하는 것이 妻가 된다. 그러므로 癸水가 妻가 되는 것이다(誤記인 듯하다. 食傷이 子息이 되니 用神을 生하는 比劫인 木을 妻로 봐야 한다. - 譯者註). 두 개의 己土가 爭合하면 才는 旺하고 身은 弱하니 比劫으로써 用神을 삼으니 比劫을 子息으로 보고 用神을 生하는 印을 妻로 본다. 그러므로 甲乙木은 子息으로 보고 壬癸水는 妻로 본다. 나머지도 이에 依據하라.

> 其餘用庚者, 土妻金子. 用丁者, 木妻火子,
> 기여용경자　토처금자　용정자　목처화자

그 나머지 庚金을 用神으로 쓰는 者는 土를 妻로, 金을 子息으로 보고 丁火를 用神으로 하면 木이 妻고 火를 子息으로 본다.

庚金을 쓰는 경우는 煞이 用神이 되니 才를 妻로 보고 官煞을 子息으로 본다. 丁火를 쓰는 경우는 食神이 用神이 되니 比劫을 妻로 보고 食神을 子息으로 본다.

> 女命以妻作夫, 用作子, 十干皆同,
> 녀명이처작부　용작자　십간개동

女命은 妻를 夫로 보고 用神을 子息으로 보는데 十干이 모두 이와 같다.

女命도 男命과 더불어 한 가지 예로 같은데 특히 妻星을 夫星과 바꾸면 된다. 男命은 나를 生하는 神이 妻가 되고 用神이 子息이 된다. 女命은 나를 生하는 用神이 夫가 된다. 世俗에서는 才를 妻로 보고 官을 子息으로 보는데 古法에서는 오로지 才와 官만을 重要하게 여겨 알지 못하였던 것이다. 그래서 官이 用神이면 才를 妻로 보았

던 것이니 만약 古法에만 구애되어 집착하면 어찌 잘못됨이 없겠는
가. 이와 같은 이치를 本書에서 밝혀 놓은 것이다.

> 或是己土, 不見戊土, 乃爲假從, 其人一生縮首, 反畏妻子, 若無印
> 혹시기토　불견무토　내위가종　기인일생축수　반외처자　약무인
> 綬, 一生貧苦, 六月尤可, 五月決不可,
> 수　일생빈고　륙월우가　오월결불가

혹시 己土만 있고 戊土가 안 나타나면 이는 假從格이라 하니 그 사람
은 一生 머리를 들지 못하고 오히려 妻子를 두려워한다. 萬若 印綬가
없으면 一生 貧苦하고 六月이면 더욱 그러하다. 五月에는 그와 같지
않다.

　이것은 從格을 말한다. 앞글에서 天干에 乙木이 나타나면 從才가
되지 못한다고 論하였는데 이것은 乙木을 보지 않아야 되는 것을 말
한 것이다. 사주에 己土가 많고 戊土가 없으면 이는 假從이라 한다
(六月 乙木을 찾아보라.). 왜냐하면 甲木이 自身의 庫地에 通根하였
기 때문이다. 五月에 生하면 陽이 極에 이르러 陰을 生하는 地이니
역시 이와 같다고 論한다. 才多身弱은 富屋貧人이고 四柱에서 다시
印綬가 依支할 곳이 없으면 반드시 一生이 貧困하게 된다. 六月은
자신의 庫地에 微細하게라도 뿌리가 있으면 가히 依支가 된다. 五月
은 丁火가 權勢를 잡으므로 印이 없어서는 안 된다.

　假從 : 가종격(假從格)은 사주 중에 인성이나 비겁이 미력하게나마 있으나 무력한
　　　　상태에서 세월을 따라가는 것을 말한다. 진종격(眞從格)은 일간의 세력이 거
　　　　의 전무한 상태로 세력을 따라가는 것을 말한다.

甲	甲	丙	丁
子	寅	午	巳

年月丙丁兩透, 支中有癸, 癸運大發, 官至侍郎

年月에 丙丁火가 더불어 透干하고 支에 癸水가 있으니 癸水 大運에 發福하여 官職이 侍郎에 이르렀다. 子水 中에 癸水를 調候로 쓰니 이른바 속에 숨은 元機를 찾는다 한다.

| 辛 | 甲 | 辛 | 甲 | 兩干不雜, 專用丁火, 一生富貴 |
| 未 | 子 | 未 | 辰 | |

兩干이 不雜하고 通關되는 것이 없으니 重하면서도 輕하다. 좋은 것은 甲木이 子水 위에 앉았으니 官印相生한다. 用과 丁火 두 글자는 당연히 子水를 잘못 적은 것이다. 결코 丁火를 쓸 수 없다.

| 戊 | 甲 | 癸 | 乙 | 支成水局, 困了丁火, 雖主富貴, 乏子 |
| 辰 | 子 | 未 | 巳 | |

| 丙 | 甲 | 辛 | 甲 | 庚金得祿, 官至尙書 |
| 寅 | 戌 | 未 | 申 | |

2. 三秋甲木總論

三秋甲木, 木性枯槁, 金土乘旺, 先丁後庚, 丁庚兩全, 將甲造爲畵
삼추갑목 목성고고 금토승왕 선정후경 정경량전 장갑조위화
戟, 七月甲堪爲戟, 非丁火不能造庚, 非庚不能造甲, 丁庚兩透, 科
극 칠월갑감위극 비정화불능조경 비경불능조갑 정경량투 과
甲定然, 庚祿居申, 殺印相生, 運行金水, 身伴明君, 或庚透無丁, 一
갑정연 경록거신 살인상생 운행금수 신반명군 혹경투무정 일
富而已, 主爲人操心太重, 不能坐享, 或丁透庚藏, 亦主靑衿小富,
부이이 주위인조심태중 불능좌향 혹정투경장 역주청금소부
或庚多無丁, 殘疾之人, 若爲僧道, 災厄可免.
혹경다무정 잔질지인 약위승도 재액가면

三秋의 甲木은 木性이 마르고 金土가 旺하게 오르니 먼저 丁火를 쓰고 庚金을 뒤에 쓴다. 丁火와 庚金이 더불어 透干하면 장차 甲木을 그림 속의 창처럼 다듬을 수 있으니 七月 甲木은 뛰어난 창이 된다.

丁火가 아니면 能히 庚金을 만들 수 없고 庚金이 아니면 能히 甲木을 만들 수 없으니 丁火와 庚金이 더불어 透干하면 科甲이 分明하다. 庚金이 祿인 申金에 머물면 殺印相生이 되니 運이 金水地로 가면 明君과 벗하게 된다. 或 庚金이 透干하고 丁火가 없으면 一個 富者가 될 뿐이니 사람됨이 조심성이 너무 심하여 가만히 앉아서 누리지를 못한다. 或 丁火가 透干하고 庚金이 숨으면 亦是 靑年時節에 작은 富만을 이룬다. 或 庚金이 많고 丁火가 없으면 殘疾이 있는 사람으로 僧侶가 되면 災厄을 勉한다.

三秋의 甲木은 쇠약한 木으로 가지가 마르고 잎이 마르니 마땅히 金으로 잘라내야 비로소 材木을 이룰 수 있으니 金이 알맞게 秉令하고 旺해야 한다. 그러므로 가을의 木은 金을 보아야 하는데 이를 進神을 얻어 쓴다고 하며 貴하게 顯達함이 많게 된다.

여름의 木이 火를 보는 것과, 겨울의 木이 水를 보는 것과, 봄의 木이 木을 보는 것과 달리 가을에 木은 金을 보는 것은 꺼리지 않는다. 단지 配合이 적당해야 하므로 庚金이 甲木을 보면 煞이 되니 丁火로 制御하지 않으면 안 된다. 火와 金이 서로 制御함으로써 그릇을 이루니 모름지기 金은 火의 극을 꺼리지 않는다. 그러므로 庚金과 丁火가 함께 透干하면 科甲이 분명하게 된다. 丙火도 역시 쓸 수는 있으나 丁火의 能力만은 못하다.

대개 丙火는 太陽의 火이니 火가 旺하면 金을 剋去해야하나 丙火는 弱하니 빛을 비추어 따뜻하게 할뿐 金을 달구고 鍛鍊하여 그릇을 이룰 수는 없다. 이와 같이 丙火와 丁火는 쓰임에 차이가 있다. 그러므로 丁火가 없으면 丙火 역시 쓸 수 있으나 격국의 높고 낮음이 있을 뿐이다. 이는 食傷制煞하는 것을 말한 것이다. 庚金이 祿地인 申

金에 머문다고 이르는 것은 四柱에 丙丁火가 없어서 印으로 化煞한다는 말이다. 申金 中에 庚金이 祿을 얻고 壬水가 長生하여 煞印相生하여 金과 水가 모두 得地하고 得氣하니 역시 進神을 얻어 쓰는 것이며 그 勢力이 順에 이른다. 그러므로 運이 金水地로 가면 몸이 明君과 벗을 하게 된다는 것이다(現代命鑑을 參照하라).

庚金이 透干하고 丁火가 없으면 金이 그릇을 이루지 못하니 貴를 얻을 수 없다, 비록 丙火가 있어 煞을 制御한다 해도 그 힘이 부족하므로 일개 富者에 불과하게 되고 또한 헛수고가 많으며 편안하지 못하다(現代命鑑의 蔣驢子의 命造를 參照하여 살펴보라). 丁火가 많은데 庚金이 透干하면 七煞의 制剋이 지나치게 되며 환경에 束縛되어 크게 發展하기가 어려우니 젊어서 작은 富를 이룰 뿐이다. 庚金은 많고 丁火가 없고 이른바 地支에 金局을 이루고 天干에 庚金이 透干하면 木이 金에게 損傷을 당하게 되어 반드시 殘病이 생기고 이내 고통스럽고 가난하니 괴로운 命이 된다.

가을의 木을 전체적으로 論하면 金의 制剋을 기뻐하니 金이 旺한 것을 두려워하지 않으나 木이 旺盛함을 필요로 하며 庚辛金이 天干에 透出해야 하고 四柱에 火가 있어서 金을 制御해주는 것이 필요하다. 그와 같으면 반드시 大富大貴하게 된다. 만약 火가 많으면 剋制가 지나치게 되니 용렬하고 고생이 많은 사람이 된다. 金이 많아 寅으로 化煞하는 경우는 비록 貴하더라도 부족함이 있다. 이 理致는 잘 들어맞았다(現代命鑑을 參照하라).

乘令 : 월령(月令)을 말한다.
進神 : 월이 일간의 세력을 돕는 쪽으로 향해 흘러가는 것을 말한다.
　　　 예를 들어 병화(丙火) 일간에 진월(辰月)이면 다음에 드는 월이 사오월(巳午月)이 되므로 진신(進神)이라 한다.
食傷制煞 : 사주 중에 식상(食傷)으로 왕(旺)한 관살을 제어하는 것을 말한다.
煞印相生 : 사주 중에 관살(官殺)이 왕(旺)한데 인성(印星)이 있어 관살의 기운을 설

기(洩氣)하여 일간을 생하는 것을 말한다.

> 或四柱庚旺, 支內水多, 不作棄命從殺, 見土多可作從才而看.
> 혹 사 주 경 왕 지 내 수 다 불 작 기 명 종 살 견 토 다 가 작 종 재 이 간

或 命局에 庚金이 旺해도 地支에 水가 많으면 棄命從殺이 되지 않으며 土가 많으면 從財를 지었다고 본다.

앞글은 庚金이 많고 丁火가 없는 것을 이어 말하는 것으로 七月에 生하면 申金宮은 壬水의 長生地다. 그러므로 종살이 될 수 없으니 殺印相生하기 때문이다. 그러나 土가 많으면 도리어 從才를 하게 되니 이는 土가 능히 水를 制剋하기 때문이다.

三秋의 甲木은 氣勢가 絶에 이르니 從殺과 從才는 이치가 근본적으로 같으나 從殺은 殺印相生이 되어 불가능한 것이다. 그러므로 從才는 될 수 있어도 從殺은 될 수 없는 것이다.

> 庚多無癸, 而壬水多, 戊己亦多, 此則專用一點丁火, 方可制金以養
> 경 다 무 계 이 임 수 다 무 기 역 다 차 칙 전 용 일 점 정 화 방 가 제 금 이 양
> 群土, 此命大富, 丁藏富小, 不顯, 丁露定作富豪, 得二丁, 不坐死
> 군 토 차 명 대 부 정 장 부 소 불 현 정 로 정 작 부 호 득 이 정 불 좌 사
> 絶, 必然富貴雙全, 卽風水不及, 亦可富中取貴, 納粟奏名, 或癸疊
> 절 필 연 부 귀 쌍 전 즉 풍 수 불 급 역 가 부 중 취 귀 납 속 주 명 혹 계 첩
> 疊制伏丁火, 雖滿腹文章, 終難顯達, 得運行火土, 破癸, 略可假就
> 첩 제 복 정 화 수 만 복 문 장 종 난 현 달 득 운 행 화 토 파 계 략 가 가 취
> 功名, 歲運皆背, 刀筆之徒, 支成水局, 戊己透干, 制去癸水, 存其丁
> 공 명 세 운 개 배 도 필 지 도 지 성 수 국 무 기 투 간 제 거 계 수 존 기 정
> 火又可云科甲, 但此等命, 主爲人心奸巧詐, 好訟爭非, 因貪致禍,
> 화 우 가 운 과 갑 단 차 등 명 주 위 인 심 간 교 사 호 송 쟁 비 인 탐 치 화
> 奸險之徒, 決非安分之人也,
> 간 험 지 도 결 비 안 분 지 인 야

庚金이 많고 癸水는 없으나 壬水와 戊己土가 많으면 이는 오직 하나의 丁火를 쓰면 바야흐로 金을 剋制하여 土의 무리를 기를 수 있으니 이 命局은 크게 富者가 된다. 그러나 丁火가 地藏干에 숨으면 작은 富에 그치고 顯達하지 못하게 되니 반드시 丁火가 드러나야만 富豪가 될 수 있다. 두개의 丁火를 얻고 死絶에 앉지 않으면 반드시 富貴雙全하며 風水가 좋지 않아도 亦是 富中取貴하게되니 財物을 바쳐 벼슬을 얻는다. 或 癸水가 疊疊하여 丁火를 制伏하면 비록 實力이 있어도 끝내 顯達이 어렵다. 運이 火土地로 가서 癸水를 破하면 잠시 나마 어느 정도의 功名을 이루나 世運이 모두 背叛하면 刀筆의 命이다. 地支에 水局을 이루고 戊己土가 透干하여 癸水를 制剋하여 없애주면 丁火만 남으니 科甲을 할 수 있다. 그러나 이 命局의 部類는 偉人이 奸巧하고 거짓됨이 많으며 爭訟과 是非를 좋아하고 貪慾으로 因해 禍가 이르는 奸邪하고 險한 무리이니 결코 便安히 살게 될 사람이 아니다.

三秋는 木氣가 衰하니 만약 才와 官과 印이 모두 갖추어지면 오로지 한 점의 丁火를 쓰는데 특별히 金을 剋하거나 土를 培養하기 위한 것도 되지만 調候를 얻기 위해서 반드시 필요하다. 그와 같으면 配合이 中和를 이루니 반드시 富貴하게 된다.

丁火가 드러나면 반드시 富豪가 되고 丁火가 숨어있어도 配合이 적당하고 丁火가 損傷되지 않으면 반드시 富豪가 된다. 甲木만이 이와 같은 것이 아니고 乙木도 이와 같다. 예를 들어

壬	乙	庚	戊
午	丑	申	子

杜月笙君의 命造인데 乙木이 七月에 生하여 壬水와 戊土와 庚金이 나란히 出干하니 오로지 午火 中의 한 점 丁火를 쓴다. 《現代命鑑》을 살펴보면 만약 原局에 癸水가 丁火를 損傷하면 顯達이 어렵다고 했는데 비록 運이 火土地로 간다 해도 한 두 가지를 구하여 보충

하는 것에 불과하다 하였다. 대개 뿌리가 몸통에 앞서는 것이니 原局의 病을 구할 수 없다. 만약 原局에 戊土가 出干하여 癸水를 剋制하면 病이 있는데 藥이 있는 것으로 貴를 얻을 수 있다.

단 格局이 混雜하게 된 것이니 吉凶이 번갈아 나타난다. 才가 印을 부수면 貪慾으로 인해서 禍를 당하게 되니 끝내는 上等의 格이 못되고 만다. 이상은 甲木을 論한 것이나 乙木 역시 대부분 같다.

納粟奏名 : 나라가 전란(戰亂)이나 천재지변(天災地變) 등으로 인해 제정이 어려울 때 재물을 바쳐 벼슬을 얻는 것을 말한다.

乙	甲	甲	乙	
亥	子	申	未	孝廉, 震運災

이 命造는 子水와 申金이 모여 局을 이룬 것으로 煞이 印으로 化하였다. 水와 木이 서로 生하니 木이 旺한데 丁火로 그 秀氣를 洩함이 없으니 아름다운 命造가 아니다. 辰土 運에 이르러 三合으로 모두 모이니 災殃을 당하게 될 것이다.

1) 三秋甲木

七月甲木, 丁火爲尊, 庚金次之, 庚金不可少, 火隔水不能鎔金, 故
칠월갑목 정화위존 경금차지 경금불가소 화격수불능용금 고
丁火鎔金, 必賴甲木引助, 方成洪爐, 若有癸水 阻隔, 便減丁火, 壬
정화용금 필뢰갑목인조 방성홍로 약유계수 조격 편멸정화 임
水無礙, 且能合丁, 但須見戊土, 方可制水存火,
수무애 차능합정 단수견무토 방가제수존화

七月 甲木은 丁火를 으뜸으로 하고 庚金은 다음이다. 그러나 庚金이 적어서는 안 된다. 火는 水가 가로 막으면 金을 녹일 수 없으므로 반드시 甲木에 依支하니 이끌고 도와주어야 비로소 큰 火爐가 될 수 있다. 萬若 癸水가 있으면 떨어져 있다 해도 丁火를 減하게 된다. 壬水는 가

로막음은 없으나 丁火와 合하게 되니 반드시 戊土가 나타나서 水를 剋制하여야만 비로소 火를 保存할 수 있다.

초가을의 木은 衰하므로 다듬고 制剋해주는 것을 기뻐한다. 庚金七煞이 秉令하니 庚金을 쓰지 않을 수 없으므로 庚金을 쓰는데 이때 丁火가 없어서는 안 된다. 庚金이 透干하고 丁火가 制御하면 안정되게 上格이 된다. 庚金이 적어서는 안 되며 말하기를 天干에 庚金이 없어서는 안 된다 하였으니 만약 申金宮에 庚金이 숨어서 透干이 안되고 丁火를 水가 가로막으면 金을 녹일 수 없게 되니 甲木인 比劫에 依支하여야 비로소 큰 火爐를 이룰 수 있다.

만약 癸水를 보면 비록 사이가 멀지라도 丁火를 부셔버리니 안정되게 顯達하기 어렵다. 그러나 다시 戊土가 나타나 癸水를 剋制하면 다시 이름을 이루게 된다. 위의 삼추의 甲木總論을 보라.

| 丁 | 甲 | 丙 | 丙 | 用庚金, 行戊運連捷, 庚運轉侍郎 |
| 卯 | 寅 | 申 | 午 | |

이는 七煞을 지나치게 制剋하였으나 기쁜 것은 才運이 북돋고 煞이 旺한 運으로 가는 것이다. 身强하고 煞旺하며 丁火가 透干하여 格局이 매우 아름답다.

| 丁 | 甲 | 壬 | 己 | 茂才 |
| 卯 | 戌 | 申 | 亥 | |

丁火와 壬水가 合하여 丁火가 剋을 당하였다. 原局에 病이 있으니 단지 才物만 豊盛하였다.

| 丙 | 甲 | 庚 | 戊 | 縣令, 丑運去官 |
| 寅 | 寅 | 申 | 午 | |

身과 煞이 모두 旺하고 制剋함이 있어 아름다운 格이다. 그러나 哀惜한 것은 丁火가 아니고 丙火가 透干한 것이니 貴가 不足하였다.

八月甲木, 木囚金旺. 丁火爲先, 次用丙火, 庚金再次,
팔월갑목 목수금왕 정화위선 차용병화 경금재차

八月 甲木은 木이 囚되고 金氣가 旺해지니 丁火를 먼저 쓰고 다음으로 丙火를 쓰고 庚金을 그 다음에 쓴다.

八月의 甲木은 木氣가 休囚되고 金이 旺하게 權勢를 잡으니 丁火를 써서 金을 制御해주어야 하고 丙火를 써서 調候를 해주어야 한다. 月令인 金神의 氣가 旺하므로 丁火를 먼저 쓴다. 丁火가 없으면 丙火를 쓴다. 그러나 金을 鍛鍊하는 데는 丁火의 힘이 强하고 調候에는 丙火의 힘이면 滿足하니 각기 장점이 있다.

만약 庚金이 透干하고 丙丁火가 없으면 金을 制剋하기가 불가능하다. 또한 辛金이 비록 官星이라 하나 太旺하면 역시 制剋하는 것이 마땅하다. 만약 比劫이 많이 나타나고 地支에 木局을 이루면 가장 기쁜 것은 金으로 剋制하고 다시 火를 써서 金을 制御하는 것이 마땅하다. 그러므로 이르기를 庚金이 그 다음이라 하였다.

一丁一庚, 科甲定顯, 癸水一透, 科甲不全,
일정일경 과갑정현 계수일투 과갑불전

하나의 丁火와 하나의 庚金이 있으면 科甲이 확실하지만 癸水가 하나만 透出하여도 科甲이 完全치 못하다.

하나의 丁火와 하나의 庚金은 火와 金이 서로 制御가 되니 그릇을 이루게 되므로 科甲이 확실하게 된다. 癸水가 하나라도 透干하면 丁

火를 剋하여 없애버리니 庚金을 制剋하지 못하게 된다. 科甲이 온전하지 못하다는 말은 그릇을 이루기에 부족하다는 것이다. 이외에 富貴貧賤에 대한 것은 별도로 그 配合을 보고 정해야 한다.

丙庚兩透, 富大貴小, 丙丁全無, 僧道之命,
병경량투 부대귀소 병정전무 승도지명

丙火와 庚金이 더불어 透干하면 富는 크나 貴가 적으며 丙火와 庚金이 모두 없으면 僧道의 命이다.

丙火가 庚金을 制剋해도 製鍊하는 힘이 丁火에 못 미치나 調候의 용도로도 함께 쓰이니 富는 크나 貴는 적다.
만약 庚金이 透干하고 丙丁火의 剋制가 없으면 木이 金에게 損傷당하니 僧道의 命이라 한다. 아래의 地支에 金局을 이룬 경우와 같이 본다.

丙透無癸, 富貴雙全, 有癸制丙, 尋常之人, 支成火局, 可許假貴, 戊
병투무계 부귀쌍전 유계제병 심상지인 지성화국 가허가귀 무
己一透, 可作富翁,
기일투 가작부옹

丙火가 透出하고 癸水가 없으면 富貴雙全하며 癸水가 있어서 丙火를 剋制하면 平常人에 不過하다. 地支에 火局을 이루면 잠시나마 貴를 누릴 수 있으며 戊己土가 하나만 透干하면 늙어서도 富裕하게 된다.

丙火가 透干하고 癸水가 없으면 食神을 用神으로 삼으니 木火通明이 되어 富貴를 모두 갖추게 된다. 丙火가 透干하고 癸水가 地支에 숨으면 서로 障礙가 없으니 역시 富貴를 잃지 않는다. 만약 癸水가 透干하여 丙火를 制剋하면 用神이 損傷을 입으니 平常人에 不過

하게 된다. 地支에 火局을 이루면 역시 木火를 쓸 수 있으나 생각보다 丙火가 透干하여 맑게 되는 것에는 氣勢가 못 미친다. 그러나 잠시 동안의 貴는 가능하다. 戊己土가 하나라도 透干하면 食神生才가 되어 富는 구할 수 있으나 치우치게 乾燥한 것이 문제가 되어 貴는 얻을 수 없는 것이다.

或支成金局, 干露庚金, 爲木被金傷, 必主殘疾, 得丙丁破金, 亦主
혹지성금국 간로경금 위목피금상 필주잔질 득병정파금 역주
老來暗疾,
로래암질

或 地支에 金局을 이루고 庚金이 天干에 드러나면 木이 金에게 傷하니 반드시 殘疾이 있고 丙丁火를 얻어 金을 破剋하면 늙어서 暗疾이 온다.

八月의 木氣는 休囚되고 金神이 權勢가 오르니 地支에 金局을 이루고 庚金 七煞이 透干하면 木이 金에게 損傷당하여 夭折하지 않으면 반드시 殘疾이 있게 된다. 金局을 이루지 않고 홀로 庚金이 나타났어도 丙丁火가 없으면 이미 아름다움에서 벗어난 것인데 하물며 金이 또다시 局을 이루면 어찌 되겠는가. 그러므로 비록 丙丁火를 얻어 金을 쳐부순다 해도 싫은 것은 木氣가 보이지 않게 傷하는 것이니 늙어서 疾病을 얻게 되며 運이 丙丁火를 剋制하는 곳으로 가면 반드시 죽게 된다.

或支成木局, 干透比劫, 反取庚金爲先, 次用丁火,
혹지성목국 간투비겁 반취경금위선 차용정화

或 地支에 木局을 이루고 比劫이 透干하면 반대로 庚金을 먼저 取하고 다음으로 丁火를 쓴다.

八月은 가을이 깊어가니 木氣가 衰하여 생기를 안으로 거둬들이
므로 外形은 가지와 잎이 시들어 마르고 생기가 막혀 통하지 못한
다. 이는 도끼를 사용하여 가지를 쳐주는 것이 좋은 시기이다. 그러
므로 地支에 木局을 이루고 比劫이 透干한다 해도 모두 다 쓸모없는
마른가지일 뿐이다. 그러므로 오히려 庚金을 먼저 쓰는 것이다. 이
는 가을 氣運인 殺氣로 生하게 하는 것이다.

단 庚金을 쓰는데 반드시 丁火로 보좌해야 한다. 庚金이 丁火를
얻으면 이는 도끼의 쓰임을 얻은 것이다. 그러므로 身이 뿌리가 있
으며 殺도 旺하고 剋制함이 있으면 반드시 貴格이 된다.

| 丁 | 甲 | 乙 | 乙 | 丁火高照, 太守命 |
| 卯 | 子 | 酉 | 未 | |

丁火가 높이 솟아 비추니 配合이 아름답다고 말한다. 甲木이 子水
印綬에 앉아 癸水의 도움을 받고 丁火가 높이 솟아 비추니 木이 陽
氣의 融和를 얻었다. 그러므로 月令의 官星을 用神으로 삼는다. 運
이 辛巳, 庚辰으로 가니 官星이 得地하였는데 어찌 귀하지 않다 하
겠는가.

| 丁 | 甲 | 乙 | 庚 | 支藏丙火, 時逢乙丁, 參政命 |
| 卯 | 子 | 酉 | 寅 | |

이 命造는 앞의 命造와 같다. 특히 年이 庚寅을 만나고 煞이 天干
에 나오고 支에 많은 것 중 丙火 하나가 重要할 뿐이다. 안에 있어서
參政이 되었고 밖에 있어서 太守가 됐다.

| 甲 | 甲 | 乙 | 乙 | 朱文端公造 |
| 子 | 子 | 酉 | 巳 | |

巳酉丑으로 모여 局을 이루고 甲木이 子水 印에 앉아 煞印相生의

局이 되었다. 좋은 것은 巳火 中의 丙火가 暗藏되어 있는 것이니 어찌 貴하게 되지 않겠는가.

| 丁 | 甲 | 丁 | 丙 | 孝廉, 卯終 |
| 卯 | 寅 | 酉 | 戌 | |

身强하고 丙丁火가 나란히 透干하여 官星이 지나치게 剋을 당하였다. 그러나 다행스러운 것은 運이 金水地로 가는 것이니 죽을 때까지 孝廉을 하였다.

九月甲木, 木星凋零, 獨愛丁火, 壬癸滋扶, 丁壬癸透, 戊己亦透, 此
구 월 갑 목 목 성 조 령 독 애 정 화 임 계 자 부 정 임 계 투 무 기 역 투 차
命配得中和, 可許一榜. 庚金得所, 科甲定然.
명 배 득 중 화 가 허 일 방 경 금 득 소 과 갑 정 연

九月 甲木은 木星이 시들어 零落하니 유독 丁火를 사랑하고 壬癸水로 북돋아 부축하는 것을 좋아한다. 丁火와 壬癸水가 透干하고 戊己土도 亦是 透干하면 이는 命局이 짝을 얻어 中和를 얻으니 가히 及第를 한다. 庚金을 얻는다면 科甲이 確實하다.

九月은 가을이 깊어가고 氣運도 차가워지니 甲木이 시들어간다. 月令 또한 마른 土이니 木의 뿌리를 培養할 수 없다. 그러므로 四柱에 丁火와 壬癸水가 配合되어 있는 것을 기뻐한다. 戊己土가 當令의 神이니 透出하면 用神을 삼지만 富貴하지 못하고 상당한 지위만 있을 뿐이다. 만약 科甲으로 貴하게 顯達하는 것을 묻는다면 庚金이 아니면 얻을 수 없다고 하겠다. 庚金을 얻는 경우 通根하고 制剋함이 있어야 하며 配合이 적당해야 한다. 상세한 것은 아래 글을 보라.

或見一二比肩, 無庚金制之, 平常人也. 倘運不得用, 貧無立錐, 一
혹 견 일 이 비 견 무 경 금 제 지 평 상 인 야 당 운 불 득 용 빈 무 립 추 일

64

命, 甲辰·甲戌·甲辰·甲戌, 身伴明君, 富貴壽考, 此爲天元一
명 갑진 갑술 갑진 갑술 신반명군 부귀수고 차위천원일
氣, 又名一才一用, 遇比用才, 專取季土, 或見庚丙, 可許入泮, 白手
기 우명일재일용 우비용재 전취계토 혹견경병 가허입반 백수
成家, 用火者, 木妻火子, 子肖妻賢,
성가 용화자 목처화자 자초처현

或 한두 개의 比劫이 있고 庚金의 剋制함이 없으면 平凡人이다. 或是
運에서 조차 用神을 얻지 못하면 가난하여 송곳 하나 세울 곳이 없다.
하나의 命局이 甲辰, 甲戌, 甲辰, 甲戌이면 明君과 벗하게 되며 富貴하
고 長壽하게 되니 이를 天元一氣格이라 하며 또한 이르기를 한가지의
財에 한가지의 用神이라 하여 比肩을 만나면 財를 쓰는데 오로지 季土
만을 取한다. 或 庚金과 丙火을 보면 入泮은 하며 白手成家한다.
火를 쓰는 境遇는 木을 妻로 보고 火를 子息으로 보는데 子息과 妻가
賢明하다.

九月의 月建은 戌土宮이니 食神이 墓에 든다. 甲木이 火의 墓庫에
臨한 것이니 木性이 말라비틀어진다. 비록 才星이 當旺하였으나 木
과 土가 無情하다. 比劫이 많이 나타나고 庚金으로 制剋함이 없으면
衣祿이 보통이다.

甲 甲 甲 甲
戌 辰 戌 辰 의 경우

比劫이 많고 庚金의 制剋이 없으나 富貴와 長壽를 누린 경우인데
이는 例外로 常識的인 理致에 안 맞는 경우이다. 比劫이 많으면 才
를 用神으로 쓰는데 오직 季月의 土라야 이와 같은 用法이 가능한
것이다. 比劫이 많아서 才를 쓴 것이 아니고 才가 많아서 比劫을 쓴
것이다. 그러므로 오로지 季土를 취한 것이다.
이 命造는 天干이 하나의 氣로 이루어졌고 甲木이 辰土에 生하니
辰土는 축축한 土로 水의 墓庫이고 木의 餘氣이니 뿌리와 몸통을 애

초부터 滋潤하여 木이 스스로 繁榮하고 나무가 커지며 뿌리가 깊게
된다. 土가 旺하여 權勢를 부리니 比劫을 써서 制剋하여야 하며 한
가지의 才에 한가지의 用神이니 局勢가 淸純하여 마땅히 富貴와 長
壽를 누린 것이다.

이는 例外의 格局이니 만약 보통의 경우 比劫에 才를 用神으로 쓰
는 것을 만나면 반드시 庚金이 있어서 比劫을 制剋해야 하고 丁火와
癸水로 보좌해야 비로소 貴하게 顯達한다. 만약 丙火가 나타나 庚金
을 剋制해도 丁火에 비해 부족하니 貴氣가 不足하나 入泮 정도는 가
능하다. 그러므로 月令에 才가 旺하므로 白手成家한다.

九月의 甲木은 月垣이 戌宮으로 火가 감추어져 있으니 庚金이 나
타나면 火를 取하여 制剋하여야 하므로 이는 火로 用神을 삼아야 한
다. 즉 比劫인 木을 妻로 보고 食傷인 火를 子息으로 본다. 기쁜 것은
火를 보면 金을 제극해주는 것이니 子息이 有能하고 妻가 賢明하다.

季土 : 진술축미(辰戌丑未) 土를 말한다.
入泮 : 국학(國學)을 의미하며 여기서는 "학벌이 있다." 정도로 해석한다.
天元一氣格 : 사주의 간지(干支)가 한 가지 오행(五行)으로만 이루어져 있는 것을 말
　　　　　한다.

或四柱木多, 用丙用丁, 皆不足異. 崑用庚金爲妙. 凡四季甲木, 總
혹사주목다 용병용정 개불족이 단용경금위묘 범사계갑목 총
不外乎庚金, 譬如木爲犁, 能疏季土, 非庚金爲犁嘴, 安能疏土, 雖
불외호경금 비여목위리 능소계토 비경금위리취 안능소토 수
用丙丁, 癸庚決不可少也. 九月却不取土妻金子, 當取水妻木子, 凡
용병정 계경결불가소야 구월각불취토처금자 당취수처목자 범
甲木, 多見戊己, 定作棄命從才而看, 從才格, 取火妻土子,
갑목 다견무기 정작기명종재이간 종재격 취화처토자

或 四柱에 木이 많으면 丙火를 쓰든 丁火를 쓰든 큰 차이없이 滿足하
지만 庚金을 써야 비로소 빼어나게 된다. 무릇 四季의 甲木은 모두가

벗어날 수 없는 것이 庚金이다. 比喩하면 木은 쟁기와 같이 능히 季土를 疎土하는 데 庚金이 아니면 쟁기의 부리를 만들지 못하니 便安히 疎土를 하겠는가. 비록 丙丁火를 써도 癸水과 庚金이 결코 적어서는 안 된다. 九月에는 오히려 土를 妻로 金을 子息으로 取하지 않고 當然히 水를 妻로 木을 子息으로 取한다. 무릇 甲木이 戊己土를 많이 보면 棄命從財格으로 보는데 從財격은 火를 妻로 보고 土를 子息으로 본다.

九月 甲木은 四柱에 比劫이 많고 庚金의 剋制가 없으면 丙丁火로 木氣를 洩하여야 하니 보통의 命造인 경우는 항상 이와 같다. 다만 庚金을 쓸 때의 아름다움에는 미치지 못한다. 庚金이 아니면 貴를 取할 수는 없다. 아래는 반드시 庚金을 써야 하는 理致에 대해 거듭 敍述한 것이다. 비유컨대 木으로 疎土할 때 쟁기의 부리가 없어서는 안 된다 하였는데 이런 비유는 매우 명확하지 않고 중요하게 알아야 할 것은 가을이 깊으면 木이 衰하고 가지가 마르니 쳐서 다듬어 주지 않으면 오히려 生氣가 막힌다.

天地의 生剋하는 이치가 여름에는 木이 盛하고 가을에는 죽으니 가을에는 木氣가 안으로 거두어져 들어가므로 가지와 잎을 쳐서 다듬고 정리해주기를 木은 바라니 殺로서 바로잡아 살게 되는 것이다. 易에서 兌는 萬物의 處所라 말하였으니 바로 이런 理致인 것이다. 그러므로 九月의 甲木은 木이 많으면 火를 써서 洩氣를 한다 해도 配合을 論해야 하니 癸水와 庚金이 모두 없으면 안 된다. 癸水로 그 뿌리와 몸통을 북돋고 潤澤하게해야 하며 庚金으로 그 가지와 잎을 다듬어주어야 비로소 配合이 적당한 것이다.

金으로 木을 剋制하면 이는 바로 金이 用神이 되니 金을 用神으로 쓰는 경우는 당연히 土를 妻로 보고 金을 자식으로 본다. 그러나 九月 甲木이 金을 필요로 하는 것은 그것을 取하여 木이 疎土하는 것을 돕기 위해서일 뿐이니 이는 바로 木이 用神이 되고 金이 用神이 되지 않는 것이다. 月令의 才가 旺하니 반드시 比劫으로 才를 나누기 위해 써야하므로 이는 一定한 理致로써 이는 木이 用神이 되는 境遇이니 당연히 水를 妻로 보고 木을 子息으로 본다.(윗글에 比劫을 만나면 才를 쓴다는 것은 오로지 季土를 取한 局일 때만 比劫을 쓴다는 것이다.)

> 或見一派丙丁傷金, 不過假道斯文, 有壬癸破了丙丁, 技藝之流, 無
> 혹견일파병정상금 불과가도사문 유임계파료병정 기예지류 무
> 壬癸破火, 支又成火局, 乃爲枯朽之木, 有庚亦何能爲力, 定作孤貧
> 임계파화 지우성화국 내위고후지목 유경역하능위력 정작고빈
> 下賤之輩, 男女一理,
> 하천지배 남녀일리

或 한 무리의 丙丁火가 나타나 金을 傷하면 헛된 法으로 글을 쓰는 것에 不過하며 壬癸水가 있어서 丙丁火를 깨버렸다 해도 技藝를 하는 部類다. 壬癸水가 火를 破함이 없고 地支에 火局을 이루면 이는 마르고 썩은 나무이니 庚金이 있다 하여도 어찌 힘이 되겠는가? 반드시 외롭고 가난한 下賤한 무리가 되니 男女가 같은 理致다.

앞글은 配合의 法에 대하여 말한 것으로 비록 丙丁火를 쓰더라도 반드시 癸水와 庚金이 輔佐해야 하고 庚金이 없어서는 안 된다고 이미 앞글에서 보았다. 이것은 다시금 癸水와 庚金이 없으면 안 되는 경우와 없어도 되는 경우에 대한 理致를 말하였다. 가을에 木은 火를 보면 木의 秀氣를 洩하므로 木이 當旺한 시기가 아니니 헛된 법으로 글을 쓰는 것에 불과하다. 설령 壬癸水가 있어 丙丁火를 깨부수고 金을 지킨다 해도 技藝하는 部類에 지나지 않게 된다.

만약 壬癸水가 없어 火를 깨부수지 않고 또한 地支에 火局을 지으면 이는 木이 마르고 썩게 되니 비록 庚金이 있다 해도 소용이 없게

68

된다. 가을에는 木이 氣勢가 없으니 旺한 火를 보면 말라비틀어진 나무가 되기 때문이다. 그러므로 가을의 木을 쓸 때는 반드시 먼저 癸水로 그 뿌리를 북돋아 潤澤하게 하여 生의 기틀을 保存하고 庚金 과 丁火를 써서 마르고 죽은 가지와 잎을 다듬어주어야 한다. 또한 丙火로 氣候를 調和해야 비로소 쓸모 있는 나무가 된다. 만약 한 무 리의 丙丁火를 보면 무슨 쓸모가 있겠는가?

> 或有假傷官, 得地逢生, 此正合甲乙秋生貴元武之說, 用水制傷官
> 혹유가상관 득지봉생 차정합갑을추생귀원무지설 용수제상관
> 者, 以金爲妻, 水爲子.
> 자 이금위처 수위자

或 假傷官格이 있고 地支에 뿌리가 있고 生을 만나면 이는 甲乙木이 秋月에 生하여 貴元武라는 말에 맞아 떨어지니 水를 써서 傷官을 剋制 하면 이는 金을 妻로 보고 水를 子息으로 본다.

여기서 假傷官이란 木火傷官을 말한다. 甲木이 가을에 나고 天干 에 丙丁火가 나타나고 支에 水가 숨어있으면 甲木의 뿌리가 潤澤함 을 얻으니 빼어난 기운이 통하게 되어 甲乙木이 가을에 나면 貴元甲 이라는 理論에 바로 符合된다. 앞글에서 丙丁火가 壬癸水에 의해 부 숴버리면 技藝하는 部類라 하였는데 이는 天干에 水火가 나란히 透 干하면 火는 깨지고 金은 남게 되니 이것이 得地逢生을 말한 것이 다. 그러나 바른 것은 水가 支에 숨고 火는 透干하여 서로가 걸림이 없이 각자의 쓰임을 얻는 것이다.

戊土官은 丁火가 숨는 庫地이니 透出하면 쓰임이 있는데 뿌리 또 한 滋潤함을 얻어서 木이 시들고 마르지 않아야 가히 貴를 얻을 수 있다. 水로 火를 制御하는 경우는 傷官佩印이 되어 印이 用神이 된 다. 그러므로 官煞을 처로 보고 印을 자식으로 본다.

假傷官格 : 월지에 상관(傷官)이 아닌 인성(印星), 비겁(比劫) 등이 놓여 신왕(身旺)
한 사주에 상관(傷官)을 용(用)하는 것을 말한다.
傷官佩印 : 傷官의 도설(盜洩)로 日干이 弱해졌을 때 印綬의 생조(生助)를 받는 것을
말한다. 이때 재성(財星)을 절대 보지 않아야 한다.

或丁戊俱多, 總不見水, 又爲傷官生財格, 亦可云富貴, 此格取火爲
혹정무구다 총불견수 우위상관생재격 역가운부귀 차격취화위
妻, 土爲子.
처 토위자

或 丁火와 戊土가 함께 많고 水가 전혀 안 보이면 이 또한 傷官生財格
이라 하여 亦是 富貴를 한다 하겠다. 이 格은 火를 取하여 妻로 삼고
土를 子息으로 본다.

　　戊土宮에 戊의 氣가 當旺하고 丁火가 入墓의 神이니 透出하면
傷官生才格이다. 身强하면 配合이 적당한 것이니 가히 富貴하게 된
다. 水를 전혀 보지 않는 경우란 이른바 水가 天干에도 透出하지 않
아야 한다는 것이다. 傷官生才格은 才를 用神으로 삼으니 傷官을 妻
로 보고 才를 子息으로 본다.

凡甲多庚透, 大貴, 庚藏, 小貴, 若柱中多庚, 則又以丁爲奇, 富貴人
범갑다경투 대귀 경장 소귀 약주중다경 칙우이정위기 부귀인
也, 如庚申年 · 丙戌月 · 甲申日 · 壬申時, 此主功名顯達, 有文學,
야 여경신년 병술월 갑신일 임신시 차주공명현달 유문학
若無庚丙年月, 又無火星出干, 雖曰好學, 終困名場,
약무경병년월 우무화성출간 수왈호학 종곤명장

무릇 甲木이 많고 庚金이 透出하면 大貴하나 庚金이 숨으면 小貴한다.
萬若 命局 中에 庚金이 많으면 丁火를 사용하여 기특하게 되니 富貴한
사람이다. 如庚申年 · 丙戌月 · 甲申日 · 壬申時면 이는 功名이 顯達하
며 文學에 造詣가 있다.
萬若 庚金과 丙火가 年과 月에 없고 또한 火星도 出干하지 않으면 비

록 學文을 좋아하나 끝내는 가난하지만 名聲은 있다.

앞글을 부연 說明한 것으로 사주에 甲木이 많으면 오로지 庚金을
써야 제 맛이라는 말이다. 그러므로 庚金으로 比劫을 制剋함이 없으
면 평범한 사람이 된다. 또한 庚金으로 剋制하고 다시 庚金이 透干
하면 大貴하게 되나 만약 庚金이 숨으면 小貴만이 있다. 그러나 庚
金이 많으면 丙丁火로 庚金을 制御하는 것이 要求된다.

庚申生의 한 命造는 戌土宮의 火가 透出하여 食神으로 制煞하는
데 쓰니《적천수》에 이르기를 「局 中에 奮鬱의 기틀이 나타나면 神
이 퍼지고 뜻이 확장한다.」하였다. 丙火와 庚金이 透干하면 곧 奮鬱
의 기틀이 되니 功名顯達하게 된다. 그와 같지 않으면 끝에 가서는
가라앉아 묻히게 될 뿐이다.

奮鬱 : 막힌 것을 뚫는 것을 말한다.

九月甲木, 耑用丁癸, 見戊透必貴. 如戊戌 · 壬戌 · 甲子 · 甲申, 支
구월갑목 단용정계 견무투필귀 여무술 임술 갑자 갑신 지
成水局, 干有壬水, 正合貴元武之說. 配得中和, 一榜之命, 家計豊
성수국 간유임수 정합귀원무지설 배득중화 일방지명 가계풍
足. 但庚丁未透出干, 不能館選.
족 단경정미투출간 불능관선

九月 甲木은 먼저 丁火와 癸水를 쓰고 다시 戊土가 透出하면 반드시
貴하게 된다. 例로 戊戌 · 壬戌 · 甲子 · 甲申으로 地支에 水局을 이루
고 壬水가 透干하면 바로 貴元武라는 말에 附合된다. 짝을 이루어 中
和하면 科擧 及第할 命이 되고 家計가 豊足하다. 그러나 庚金과 丁火
가 天干에 透干하지 않으면 館에 選拔되지 못한다.

九月의 甲木은 丁火와 庚金이 북돋고 부축해 주는 것을 좋아한다.

맨 앞 節을 보면 이르기를 戊己土가 出干하고 짝을 얻어 中和를 이루면 가히 科擧及第한다. 戊戌生의 한 命造를 보면 支에 水局을 이루고 壬水가 透干하였다. 水가 많으면 戊土로 剋制하여야 奇特하게된다. 戊土宮의 戊土가 透干하고 才를 써서 印을 덜어주니 짝을 얻어 中和를 이루었으므로 科擧에 及第하게된 命이다. 단 丁火와 庚金이 透干하지 않으면 科甲을 하지도 못하고 貴하게 현달하지도 못한다.

| 庚 | 甲 | 庚 | 壬 | 庚丁兩旺, 一品當朝 |
| 午 | 午 | 戌 | 午 | |

明詹 아무개 丞相의 命造이다. 午火와 戌土가 會局을 이루고 丁火가 會局으로 因해 움직이니 庚金이 透干하여도 午火로 七煞을 制御할 수 있다.

| 辰 | 甲 | 丙 | 庚 | 富而且壽 |
| 辰 | 戌 | 戌 | 戌 | |

이 命造는 丙火와 戊土가 나란히 透干하였으나 다행스러운 것은 地位의 配置가 적절히 잘 맞았다. 그러므로 丙火로 庚金을 除去하고 오로지 戊土 偏在를 쓰니 富者가 되었다. 火와 土가 乾燥함에 치우치니 단지 무상(武庠)에 그치고 말았다.

| 甲 | 甲 | 甲 | 己 | 丁火入墓, 早貧賤, 晚景大發, 但庸人耳 |
| 子 | 子 | 戌 | 丑 | |

이 命造는 甲木이 子水 印에 앉았으니 나무가 成熟하고 뿌리가 潤澤하다. 比肩이 많으나 庚金의 剋制가 없으니 貴를 얻을 수 없다. 또한 丁火가 墓庫에 드니 秀氣를 發散하지 못하므로 어리석고 庸劣한 사람이다. 己土 才를 用神으로 삼으니 늦은 己巳戊辰 運에 才星이 得地하니 致富하였다.

72

甲乙比肩, 又逢比劫運, 主兄弟財劫爭訟, 刑妻損子, 甲乙生正二月,
갑을비견 우봉비겁운 주형제재겁쟁송 형처손자 갑을생정이월
無制無洩, 主長髮師姑
무제무설 주장발사고

甲乙木의 比肩이 또다시 比劫運을 만나면 兄弟가 才物로 因해 소송(訴訟)을 하며 다투게 되고 妻를 害치고 子息을 損傷한다. 甲乙木이 正月과 二月에 生하였는데 制剋하거나 洩氣함이 없으면 머리 깎지 않은 僧侶가 된다.

이것은 己丑生의 命造를 解釋한 것이다. 己丑의 命造는 다행스럽게 才運으로 향하여 致富를 하였다. 만약 다시 比劫운을 만난다면 반드시 兄弟인 劫과 재산문제로 소송으로 다투고 妻를 害하고 子息을 損傷하게 된다.

또한 다행스러운 것은 九月에 生한 것이니 만약 正月이나 二月 生이고 庚金과 丁火가 없으면 머리 깎지 않은 僧侶가 된다고 한 것은 집을 떠나 외롭고 고난스럽게 된다는 말이다.

師姑 : 원래는 여승(女僧)의 별칭.

2) 三冬甲木

十月甲木, 庚丁爲要, 丙火次之. 忌壬水泛身, 須戊土制之.
십월갑목 경정위요 병화차지 기임수범신 수무토제지

十月 甲木은 庚金과 丁火가 重要하며 丙火는 그 다음이다. 壬水가 몸을 뜨게 하는 것을 꺼리니 오로지 戊土로 剋制하여야 한다.

十月의 甲木은 庚金과 丁火와 戊土를 필요로 한다. 亥水宮이 壬水의 祿으로 得地했으므로 木이 비로소 싹을 움트려하니 壬水가 透干

하지 않아야 한다. 水가 旺하면 木이 뜨게 되는 것을 싫어하므로 모름지기 戊土로 制剋해야 한다.

若庚丁兩透, 又加戊出干, 名曰去濁留淸, 富貴之極, 卽乏丁火, 亦
약경정량투 우가무출간 명왈거탁류청 부귀지극 즉핍정화 역
稍有富貴, 或甲多制戊, 庚金無根, 平常人也, 庚戊若透, 雖出比劫,
초유부귀 혹갑다제무 경금무근 평상인야 경무약투 수출비겁
必定富而壽,
필정부이수

萬若 庚金과 丁火가 더불어 透干하고 또한 戊土가 透干하면 부르기를 去濁留淸이라 하여 富貴가 至極하다. 그러나 丁火가 없으면 富貴가 적다. 或 甲木이 많고 戊土를 制剋하는데 庚金이 뿌리가 없으면 平凡人이다. 萬若에 庚金과 戊土가 透干하면 비록 比劫이 透出해도 반드시 富裕하고 長壽한다.

十月 甲木은 秋令의 뒤를 이은 것이니 이는 하나의 丁火와 하나의 庚金이 서로 制剋하면 貴하게 되는 것이 三秋와 같다. 壬水가 當旺하니 戊土가 있으면 去濁留淸이라 한다. 庚金이 있고 丁火가 없으면 富하게는 되나 貴하게는 못된다. 甲木이 많아 戊土를 制剋하면 이를 比劫爭財라 하며 만약 庚金이 出干하여 比劫을 制剋하면 반드시 富貴하고 長壽한다. 庚金이 比劫을 制剋함이 없으면 平常人이 된다.

去濁留淸 : 사주에 탁기(濁氣)와 청기(淸氣)가 혼합되어 있는 경우 탁기(濁氣)한 것은 제거하고 청기(淸氣)만 남긴다는 뜻.

或多比劫, 只一庚出干, 坐祿逢生乃爲捨丁從庚, 略富貴, 或支見申
혹다비겁 지일경출간 좌록봉생내위사정종경 략부귀 혹지견신
亥, 戊己得所, 以救庚丁, 可許科甲, 若單己透, 其力弱小, 不過貢監
해 무기득소 이구경정 가허과갑 약단기투 기력약소 불과공감
而已, 用庚, 土妻金子, 用丁, 木妻火子,
이이 용경 토처금자 용정 목처화자

74

或 比劫이 많고 단지 하나의 庚金만 出干하여 祿地에 앉아 生을 만나면 이는 丁火를 버리고 庚金을 쫓는 것이니 若干의 富貴는 있다. 或 地支에 申金과 亥水를 보고 戊己土를 얻으면 이로써 庚金과 丁火를 救할 수 있으니 科甲을 할 수 있다. 萬若 하나의 己土가 透干하면 그 力量이 弱하여 부족하니 貢監에 不過하게 된다. 庚金을 用神으로 하면 土를 妻로 보고 金을 子息으로 보며 丁火를 用神으로 하면 木을 妻로 보고 火를 子息으로 본다.

比劫이 많고 하나의 庚金이 出干하면 身은 强해지나 煞이 弱하게 되니 才로 弱한 煞을 滋養하여 用神으로 삼는다. 다시 丁火가 煞을 制剋하면 안 되니 丁火를 제거하고 庚金을 따른다. 만일에 申金과 亥水가 나타나면 煞과 印이 뿌리 있는 것이니 戊己土를 얻으면 壬水를 制剋하여 丁火를 보호하여야 科甲을 하게 되나 약간의 富貴를 얻는 것에 그친다. 그러므로 원문에 〈以救庚丁〉이란 庚金과 丁火를 救하는 것으로 庚金과 丁火를 竝用하고 서로 制剋해주면 貴하게 된다는 뜻이다. 그러므로 丁火를 버리고 庚金만 쓰는 것은 부득이 한 法이다. 만일 支에 辛金과 亥水를 보고 天干에 戊己土가 나타나면 반드시 아울러 써야 貴하게 된다. 만약 己土가 홀로 나타나면 力量이 가볍고 弱하니 金을 生하고 水를 제어하여 丁火를 保護하고 甲木을 培養하기에 부족하니 貢監에 불과할 뿐 科甲은 하지 못한다.

用庚, 土妻金子, 用丁, 木妻火子,
용경 토처금자 용정 목처화자

庚金을 쓰면 土를 妻로 보고 金을 子息으로 보며 丁火를 쓰면 木을 妻로 보고 火를 子息으로 본다.

초겨울의 木은 煞을 쓰거나 傷官을 쓰거나 두 가지의 길밖에 없으니 煞을 쓰는 경우는 才를 妻로 보고 煞을 子息으로 본다. 傷官을 쓰는 경우는 比劫을 妻로 보고 食傷을 자식으로 본다.

甲	甲	乙	己	金土得位, 官至一品
子	子	亥	巳	

金과 土가 得位한다는 句節을 곰곰이 생각해 보아야 한다. 이 命造는 水가 旺하여 木이 뜨게 되니 오로지 巳火宮의 丙火와 戊土를 쓰니 才를 써서 印을 덜어주어야 하고 丙火를 써서 調候해야 한다. 그와 같으면 되살아나는 功을 이루게 된다. 中年이후 南方의 運이니 마땅히 富貴한 것이다. 일찍이 金水運에는 貧困함을 못 면하였다 하나 金과 土 두 글자가 혹시 火와 土의 誤字가 아닌가 싶다. 明錢丞相의 命造이다.

丙	甲	辛	壬	耑用戊土, 先貧後富
寅	戌	亥	辰	

辛金과 壬水가 함께 透干하니 水가 旺하여 木이 뜨게 된다. 그러나 기쁜 것은 時干上의 丙火와 寅木이 있는 것이니 寅木宮의 甲木과 丙火와 戊土가 모두 쓰임을 얻으니 食神生才格이 된다. 그러므로 마땅히 利로움이 末年에 있는 것이다.

辛	甲	己	辛	此爲燈火拂劍, 異路恩封, 妻賢子肖
申	辰	亥	丑	

壬申, 癸酉를 칼이라 하니 甲辰, 乙巳 生인 사람이 壬申, 癸酉 時를 얻으면 燈火拂劍이라 한다. 雜格一覽을 보라

乙	甲	癸	戊	
亥	子	亥	辰	
戊出天干, 止流水, 號曰六甲趨乾, 官至封侯				

亥水를 乾宮이라 하니 六甲日 生이 亥月, 亥時에 태어나면 趨乾格이라 한다. 戊土가 天干에 나타나서 흐르는 물을 멈추니 才를 써서 印을 덜어주는 것이다.

己	甲	辛	壬	畧有衣食, 但孤寡多疾
巳	子	亥	辰	

化神은 旺地로 가는 것을 기뻐하니 甲己化土는 반드시 火를 用神으로 삼는다. 壬水와 辛金이 함께 透干하면 水가 많아 土가 쓸려가니 破格이 分明하다.

十一月甲木, 木性生寒, 丁先庚後, 丙火佐之, 癸水司權, 爲火金之
십일월갑목   목성생한   정선경후   병화좌지   계수사권   위화금지
病, 庚丁兩透, 支見巳寅, 科甲有准, 風水不及, 選拔有之, 若癸透傷
병   경정량투   지견사인   과갑유준   풍수불급   선발유지   약계투상
丁, 無戊己輔救, 殘疾之人, 或壬水重出, 丁火全無者, 庸人也, 得丙
정   무무기보구   잔질지인   혹임수중출   정화전무자   용인야   득병
方妙,
방묘

十一月 甲木은 木性이 生하기에 추우니 丁火를 먼저 쓰고 庚金을 뒤에 쓰며 丙火로 輔佐한다. 癸水가 권세를 부리므로 火와 金의 病이 되니 庚金과 丁火가 더불어 透干하고 地支에서 巳火와 寅木을 보면 科甲한다. 風水가 不及하여도 科甲하여 選拔될 수 있다.
萬若 癸水가 透干하여 丁火를 損傷하는데 戊己土로 救해주지 않으면 殘疾이 있다. 或 壬水가 重出하고 丁火가 전혀 없으면 용렬한 사람이고 丙火를 얻어야 비로소 빼어나게 된다.

가을과 겨울의 甲木은 命이 다시 뿌리로 되돌아가는 시기이니 庚金과 丙火를 떼어놓을 수 없다. 庚金으로 甲木을 쪼개어 丁火를 引火하여야 木의 쓰임이 드러난다. 十月은 庚金을 먼저 쓰고 丁火를

나중에 쓰지만 十一月은 丁火를 먼저 쓰고 庚金을 나중에 쓴다. 이는 十一月은 木性이 生하기에 춥기 때문이다. 차가운 木은 陽氣를 願하니 丙火로 輔佐함이 좋다. 丙火는 太陽의 火로 氣候를 調和하여 丁火로 木性을 이끌어 준다. 그러므로 丙火와 丁火를 아울러 써야 아름답게 된다.

十一月은 癸水가 司令하나 癸水가 透干하는 것은 좋지 않으니 癸水가 透干하면 庚金을 洩氣하고 丁火를 剋制하기 때문이다. 이는 火와 金에게 病이 된다. 庚金과 丁火가 透干하고 支에 巳火와 寅木을 보면 木과 火가 모두 通根한 것이니 가히 科甲을 할 수 있다. 癸水가 透干하면 반드시 戊己土로 救해야 한다. 壬水가 透干하면 丁火를 쓸 수 없으니 반드시 丙火가 透干하여야 비로소 빼어나게 된다. 이른바 추운 木은 陽을 願하기 때문이다.

> 或支成水局, 加以壬透, 名爲水泛木浮, 死無棺木.
> 혹지성수국 가이임투 명위수범목부 사무관목

或 地支에 水局을 이루고 더하여 壬水도 透干하면 이르기를 水泛木浮라 하여 죽어도 棺이 없다.

壬水는 넘쳐흘러가는 性品이 있으니 支에 水局을 이루고 壬水가 透干하면 水가 泛濫하여 木이 뜨게 되니 전포(顚沛)를 떠도는 象이다.

> 總之十一月甲木, 爲寒枝, 不比春木淸茂, 峕取庚丁. 透壬無丙, 不過刀筆異途, 武職有驗.
> 총지십일월갑목 위한지 불비춘목청무 단취경정 투임무병 불과도필이도 무직유험

總論하면 十一月 甲木은 추운 나무가 되어 春木의 맑고 茂盛함에 比하지 못하니 오직 庚金과 丁火를 取하여야 하고 壬水가 透出하고 丙火가

78

없으면 刀筆異途에 不過하거나 武職을 하게 되는 것을 많이 본다.

겨울의 木과 봄의 木은 같지 않으니 봄의 木은 陽氣가 和하여 發育하는 時期이니 丙丁火를 보면 木火通明의 象이다. 그러나 겨울의 木은 木性이 거두어져 들어가니 丁火를 써서 庚金을 制御하고 다시 庚金을 써서 甲木을 쪼개주어야 한다. 그러므로 봄의 木은 火를 쓰고 庚金을 꺼리나 겨울의 木은 火와 金을 함께 써야 한다. 따라서 壬水가 透干하면 丁火와 合을 하니 반드시 丙火로 救해주어야 비로소 빼어나게 된다. 만약 壬水가 透干하였는데 丙火가 없으면 비록 庚金과 丁火가 있어도 刀筆異途하거나 또는 武職이 될 뿐이고 淸貴하지 못한다.

用庚, 土妻金子. 用火, 木妻火子.
용경　토처금자　용화　목처화자

庚金을 用神으로 하면 土를 妻로 보고 金을 子息으로 본다. 火를 用神으로 하면 木을 妻로 보고 火를 子息으로 본다.

庚金과 丁火가 서로 剋制하여야 쓸 수 있으나 맞는 先後가 있으니 庚金을 쓰면 丁火로 輔佐하고 丁火를 쓰면 庚金으로 輔佐한다. 庚金을 쓰는 경우는 煞을 子息으로 보고 才를 처로 본다. 丁火를 쓰는 境遇는 食神을 子息으로 보고 比劫을 妻로 본다.

甲	甲	戊	乙	印綬格
子	寅	子	亥	

才로 寅을 덜어주니 用神이 된다. 기쁜 것은 日이 寅木宮에 臨한 것으로 甲木과 戊土가 모두 氣勢가 있다.

| 丁 | 甲 | 庚 | 丙 | 庚丁兩透, 又加丙制寒氣, 官至王侯 |
| 卯 | 午 | 子 | 子 | |

煞刃格이다. 기쁜 것은 日이 午火宮에 坐하여 丙丁火가 뿌리를 내린 것이다. 그러므로 印을 用神으로 삼는다.

| 庚 | 甲 | 戊 | 乙 | 大將軍命 |
| 午 | 辰 | 子 | 巳 | |

庚金이 透干하고 丙丁火가 감추어졌으니 역시 印을 用神으로 삼는다.

| 壬 | 甲 | 戊 | 乙 | 一派水局, 申運溺死 |
| 申 | 辰 | 子 | 巳 | |

壬水가 透干하고 支에 水局을 이루어 水가 泛濫하여 木이 떠내려가는 象이다.

十二月甲木, 天寒氣凍, 木性極寒, 無發生之象, 先用庚劈甲, 方引
십 이 월 갑 목 천 한 기 동 목 성 극 한 무 발 생 지 상 선 용 경 벽 갑 방 인
丁火始得木火有通明之象, 故丁次之. 庚丁兩透, 科甲恩封. 庚透丁
정 화 시 득 목 화 유 통 명 지 상 고 정 차 지 경 정 량 투 과 갑 은 봉 경 투 정
藏, 小貴. 丁透庚藏, 小富貴, 無庚者, 貧賤. 無丁者, 寒儒,
장 소 귀 정 투 경 장 소 부 귀 무 경 자 빈 천 무 정 자 한 유

十二月 甲木은 하늘이 차고 氣가 얼어 있으니 木星이 너무 차가워 發生하려는 象이 없다. 먼저 庚金을 써서 甲木을 쪼개야 비로소 丁火를 이끌어 木火通明의 象을 얻을 수 있다. 그러므로 丁火를 다음으로 쓴다. 庚金이 丁火와 더불어 透干하면 科甲하여 恩封이 있고 庚金이 透干하고 丁火가 숨으면 小貴하며 丁火가 透干하고 庚金이 숨으면 작은 貴富를 이루며 庚金이 없으면 貧賤하고 丁火가 없으면 가난한 선비다.

寒儒 : 학식은 높으나 과거에 합격하지 못한 선비 또는 가난한 선비를 뜻한다.

가을과 겨울의 木은 木性이 볏짚처럼 마르니 庚金으로 甲木을 쪼개지 않으면 丁火를 이끌어낼 수 없다. 丁火를 쓰지 않으면 木性이 활동하지 못하니 발전 가능성이 없다. 그러므로 반드시 庚金과 丁火를 써야 한다. 丁火가 主가 되니 庚金으로 甲木을 쪼개어 도와야 한다. 庚金과 丁火가 함께 투간하면 富貴할 命이다. 그러나 庚金이 없으면 丁火의 힘이 不足하게 되어 貴할 수 없다. 丁火가 없으면 물이 얼고 木이 마르니 貧寒한 命이 된다.

或有丁透重重, 亦是富貴中人, 但須比肩, 能發丁之焰, 自有德業才
혹유정투중중 역시부귀중인 단수비견 능발정지염 자유덕업재
能, 如無比肩, 尋常之士, 稍有衣食而已. 或支多見水, 卽有比肩, 亦
능 여무비견 심상지사 초유의식이이 혹지다견수 즉유비견 역
屬平常,
속평상

或 丁火가 重重하게 透出하면 亦是 富貴中人은 되며 但 比肩이 있으면 能히 丁火의 불꽃을 이끌 수 있게 되니 스스로 德業을 세울 수 있는 才能이 있다. 萬若 比劫이 없으면 平凡한 선비이며 若干의 衣食만 있을 뿐이다. 或 地支에 水가 많으면 比劫이 있더라도 亦是 平常人에 屬한다.

庚金으로 甲木을 쪼개지 않으면 丁火의 힘이 부족해지는 것을 싫어하니 귀를 얻을 수 없다. 만약 丁火가 重重하게 透干하고 比劫이 疊疊하면 스스로 능히 丁火의 불길을 일으키니 庚金이 없어도 역시 貴를 얻을 수 있다. 그러나 丁火만 많이 나타나고 比劫이 없으면 力量이 오히려 가볍게 되므로 싫어한다. 地支에 水가 많이 보이면 木이 축축하게 되어 불길을 당길 수 없게 되니 비록 많아도 有益함이 없다.

總之臘月甲木, 雖有庚金, 丁不可少. 乏庚略可, 乏丁無用, 經云:
총 지 랍월갑목 수유경금 정불가소 핍경략가 핍정무용 경운:

甲木無根, 男女夭壽,
갑목무근 남녀요수

總論하면 섣달의 甲木은 비록 庚金이 있어도 丁火가 적으면 안 된다.
庚金이 없는 것은 可能하나 丁火가 없으면 쓸 것이 없다. 經에 이르기
를 甲木이 뿌리가 없으면 男女가 短命하다고 하였다.

庚金이 없으면 貴를 取할 수 없고 丁火가 없으면 富를 얻을 수 없
다. 그러므로 丙火와 庚金이 반드시 함께 透干해야 한다. 겨울의 계
절은 木性이 볏짚처럼 마르고 생기가 안으로 거둬들여지니 만약 通
根을 못하면 반드시 夭折하게 된다. 天干에 比劫이 나타나도 쓸모가
없으니 같이 얼어버린 木으로 도움이 되지 않는다. 無根이란 글은
坊本을 다시 쓰면서 無庚을 잘못 기록한 것 같다.

臘月: 음력 12월 즉 섣달을 말한다. 납향(臘享)달이라고도 한다.

| 甲 | 甲 | 丁 | 己 | 此命有丁不貴, 因支下多水, 溼木不能生燄 |
| 子 | 辰 | 丑 | 丑 | |

丁火의 뿌리가 없고 축축한 木이 불길을 일으킬 수 없으니 일개
富者에 머물렀다.

| 乙 | 甲 | 癸 | 癸 | 孤貧, 壽至百歲 |
| 乙 | 午 | 丑 | 亥 | |

年과 時가 長生이고 印이 旺地에 머무니 長壽할 사람이다. 哀惜한
것은 午火 中의 丁火가 透干하지 못하고 설령 透干한다 해도 癸水가
그것을 損傷시킬 것이니 외롭고 가난한 象이다.

庚	甲	丁	己	才旺生官格, 庚丁兩透, 火又會局, 鼎甲
午	戌	丑	亥	

午火와 戌土가 모여 局을 이루고 丁火와 己土가 透干하였으니 才가 旺하여 官을 生한다. 추운 나무가 陽氣를 救하니 반드시 貴하게 될 徵兆이다. 이 命造는 비록 生한 것이 十二月이나 才와 官으로 貴하게 된 象이다. 食神이 지나치게 旺하니 반드시 寅을 用神으로 삼는다.

癸	甲	丁	己	癸水傷丁, 貧而且賤
酉	辰	丑	丑	

이 命造는 앞의 己丑生 命造와 비교해 겨우 몇 시간의 차이 밖에 안 나지만 앞의 命造는 丁火를 損傷함이 없으니 傷官生才를 用神으로 쓰고 비록 貴하지는 않았으나 환경이 확실히 여유가 있었다. 그러나 이 命造는 癸水가 丁火를 損傷하고 뿌리에 쇠가 묻혀 있을 뿐이니 貧賤한 象이다.

庚	甲	丁	己	富貴雙全, 由午中丁火幫助月干也
午	辰	丑	丑	

丁火가 뿌리를 午火에 두니 傷官이 氣勢가 있다. 역시 才가 旺하여 官을 生한다.

第2節 乙木論

乙木喜用提要

正月 丙癸 取丙火解寒, 畧取癸水滋潤, 不宜困丙, 火多用癸
정월 병계 취병화해한 략취계수자윤 불의곤병 화다용계

正月은 丙火와 癸水를 쓴다. 丙火를 取하여 추위를 풀고 若干의 癸水를 取하여 滋潤하나 마땅치 않은 것은 丙火가 不足한 것이며 火가 많으면 癸水를 써야 한다.

二月 丙癸 以癸滋木, 以丙洩秀, 不宜見金
이월 병계 이계자목 이병설수 불의견금

二月은 丙火와 癸水를 쓴다. 癸水로 乙木을 滋潤하고 丙火로서 洩氣하여야 하며 庚金이 나타나는 것은 마땅치 않다.

三月 癸丙戊 若地成水局, 取戊爲佐
삼월 계병무 약지성수국 취무위좌

三月은 癸水과 丙火와 戊土를 쓴다. 萬若 地支에 水局을 이루면 戊土로 보좌해야 한다.

四月 癸 月令丙火得祿, 專用癸水, 調候爲急
사월 계 월령병화득록 전용계수 조후위급

四月은 癸水를 쓴다. 月令에 丙火가 得令하였으니 調候가 急하므로 오로지 癸水를 쓴다.

84

五月 癸丙 上半月專用癸水, 下半月丙癸並用
오월 계병 상반월전용계수 하반월병계병용

五月은 癸水와 丙火를 쓴다. 上半月은 오로지 癸水만 쓰고 下半月은 丙火를 並用하여야 한다.

六月 癸丙 潤土滋木, 喜用癸水, 柱多金水, 先用丙火, 夏月壬癸, 切
육월 계병 윤토자목 희용계수 주다금수 선용병화 하월임계 절
忌戊己雜亂
기 무기잡난

六月은 癸水와 丙火를 쓴다. 土를 潤澤하게 하고 木을 滋潤해야 하니 癸水를 쓰는 것이 기쁘다. 四柱에 金水가 많으면 먼저 丙火를 쓴다. 여름의 壬癸水가 절대로 꺼리는 것은 戊己土가 뒤섞여 어지럽히는 것이다.

七月 丙癸己 月垣庚金司令, 取丙火制之, 或癸水化之, 不論用丙用
칠월 병계기 월원경금사령 취병화제지 혹계수화지 불론용병용
癸, 皆己土爲佐
계 개기토위좌

七月은 丙火와 癸水와 己土를 쓴다. 七月은 庚金이 司令하므로 丙火를 取하여 制剋하고 때에 따라 癸水로 化해야 한다. 丙火를 쓰면 癸水를 써야 하는 것은 말할 필요도 없는 것이다. 그리고 己土로 輔佐한다.

八月 癸丙丁 上半月癸先丙後, 下半月丙先癸後, 無癸用壬, 地成金
팔월 계병정 상반월계선병후 하반월병선계후 무계용임 지성금
局, 又宜用丁
국 우의용정

八月은 癸水와 丙丁火를 쓴다. 上半月은 癸水를 먼저 쓰고 丙火를 뒤에 쓰지만 下半月은 丙火를 먼저 쓰고 癸水를 뒤에 쓴다. 癸水가 없으면 壬水를 쓴다. 地支에 金局을 이루면 丁火를 쓰는 것이 마땅하다.

九月 癸辛 以金發水之源, 見甲, 名藤蘿繫甲
구월 계신 이금발수지원 견갑 명등라계갑

九月은 癸水와 辛金을 쓴다. 金으로 水가 나오는 根源을 삼는다. 甲木을 보면 부르기를 藤蘿繫甲이라 한다.

十月 丙戊 乙木向陽, 專取丙火, 水多以戊爲佐
십월 병무 을목향양 전취병화 수다이무위좌

十月은 丙火와 戊土를 쓴다. 乙木이 陽氣를 求하니 오로지 丙火를 쓴다. 水가 많으면 戊土로 輔佐를 삼는다.

十一月 丙 寒木向陽, 專用丙火, 忌見癸水
십일월 병 한목향양 전용병화 기견계수

十一月은 丙火를 쓴다. 추운 木이 陽氣를 求하니 오로지 丙火를 쓴다. 꺼리는 것은 癸水가 나타나는 것이다.

十二月 丙 寒谷回春, 專用丙火
십이월 병 한곡회춘 전용병화

十二月은 丙火를 쓴다. 추운 계곡에 봄이 돌아와야 하니 오로지 丙火를 써야 한다.

1. 三春乙木總論

三春乙木, 爲芝蘭蒿草之物, 丙癸不可離也, 春乙見丙, 卉木向陽,
삼춘을목 위지란호초지물 병계불가리야 춘을견병 훼목향양
萬象回春, 須癸滋養根基, 丙癸齊透天干, 無化合制剋, 自然登科及
만상회춘 수계자양근기 병계제투천간 무화합제극 자연등과급
第, 故書曰乙木根荄種得深, 只須陽地不宜陰, 漂浮只怕多逢水, 剋
제 고서왈을목근해종득심 지수양지불의음 표부지파다봉수 극

制何須苦用金.
제 하 수 고 용 금

三春乙木은 芝蘭蒿草이니 丙癸가 없는 것이 不可하다. 봄의 乙木은 丙
火를 보면 陽氣를 求하는 草木이니 萬物이 回春하는 것이다. 모름지기
癸水가 뿌리를 滋養하니 丙火와 癸水가 天干에 고르게 透干하여 化合
이나 剋制가 없으면 自然 登科及第한다. 그러므로 書에 이르기를 乙木
은 뿌리와 種子를 깊이 뻗어야 하는데 다만 陽地이어야지 陰地는 마땅
하지 않으니 浮漂되는 것이 두렵기 때문인데 많은 水가 있기 때문이
다. 水를 剋制해야 하는데 어찌 고생스럽게 金을 쓰겠는가!

乙木도 木의 性質이 있으므로 三春의 木은 앞 다투어 꽃을 피우는
시기이니 丙火와 癸水가 하나라도 부족해서는 안 된다. 丙火로 따뜻
하게 비추어주면 枝葉이 繁盛하게 되고 癸水로 滋養해주면 뿌리와
그루터기가 潤澤하게 되니 配合이 中和를 이루면 貴하지 않음이 없
다. 그러나 유독 金과 水가 많이 보이는 것을 꺼리니 水가 많으면 陰
氣가 짙어지고 축축함이 심해져 뿌리를 損傷하고 가지가 마르기 때
문이고 金이 많으면 무딘 鐵이 뿌리에 묻히게 되어 뿌리가 마르고
잎이 마르기 때문이다. 그러므로 金과 水를 꺼리는데 둘 중에 金을
더욱 꺼린다.

1) 三春乙木

正月乙木, 必須用丙, 因天氣尤有餘寒, 非丙不暖, 雖有癸水, 恐凝
정월을목 필수용병 인천기우유여한 비병불난 수유계수 공응
寒氣, 故以丙火爲先, 癸水次之.
한기 고이병화위선 계수차지

正月 乙木은 반드시 丙火를 써야 하는데 이는 天氣에 아직 寒氣가 남
아 있으니 丙火가 아니면 따뜻하게 할 수 없기 때문이다. 또한 癸水가

있으면 寒氣가 더욱 뭉치게 되는 것이 두려우니 그러므로 丙火를 먼저 쓰고 癸水를 그 다음으로 쓴다.

甲乙木이 正月에 生하면 그 이치가 서로 같으니 섞어 써도 된다. 太陽이 따뜻하게 비추면 꽃과 나무가 繁榮하게 되고 비로 자주 적시어 滋潤해주면 뿌리가 潤澤해지고 枝葉이 茂盛하게 된다. 火를 쓸 때는 水가 빠져서는 안 되고 水를 쓸 때도 火가 빠져서는 안 된다. 水와 火가 서로 밑바탕이 되면 最上格이 된다.

> 丙癸兩透, 科甲定然, 或有丙無癸門戶闡揚. 或丙多乏癸, 名曰春旱.
> 병계량투 과갑정연 혹유병무계문호천양 혹병다핍계 명왈춘한
> 獨陽不長, 濁富之人.
> 독양불장 탁부지인

丙火와 癸水가 더불어 透干하면 科甲이 확실하고 或 丙火는 있고 癸水가 없으면 門戶를 열어젖혀 올리게 된다. 丙火가 많고 癸水가 乏絶되면 이르기를 봄 가뭄이라 하여 외로운 陽이 오래가지 못하니 돈 밖에 모르는 사람이다.

丙火는 있으나 癸水가 없으면서 支에 寅卯木이 많으면 身이 旺한 것이니 오로지 丙丁火로 木의 秀氣를 洩해야 한다. 주의할 것은 配合의 中和를 잃는 것을 싫어하니 그와 같으면 貴하게 될 수 없다. 그러나 運이 才地로 향하면 富者는 될 수 있으나 돈 밖에 모르는 사람이 된다.

> 或丙少癸多, 又爲困丙, 終爲寒士. 或癸己多見, 爲溼土之木皆下格.
> 혹병소계다 우위곤병 종위한사 혹계기다견 위습토지목개하격

丙火가 적고 癸水가 많으면 丙火가 困苦해지니 끝내는 가난한 선비가 된다. 或 癸水와 己土가 많으면 축축한 흙에 木이 되니 모두가 下格이다.

丙火와 癸水가 나란히 透干하였는데 만약 丙火가 적고 癸水가 많으면 水로 인해 火가 弱해지니 그 쓰임새가 드러날 수 없다. 그런데다가 丙火가 따뜻하게 비추어짐이 없는데 癸水와 己土가 많이 나타나면 그늘지고 축축한 흙이 되니 木을 번영하게 할 수 없으므로 모두 下格이 된다.

用丙者木妻火子, 用癸水見火多者, 金妻水子.
용병자목처화자　　용계수견화다자　　금처수자

丙火를 用神으로 삼으면 木을 妻로 보고 火를 子息으로 보며 癸水를 用神으로 하고 火가 많으면 金을 妻로 보고 水를 子息으로 본다.

丙火를 쓰는 경우는 比劫을 妻로 보고 食神을 子息으로 본다. 또한 癸水를 쓰는 경우는 官煞을 妻로 보고 印綬를 子息으로 본다. 그러나 癸水를 쓰는 경우는 반드시 火가 많아야만 印綬로 食傷을 剋制할 수 있다. 만약 正月의 官煞이 많은데 火의 剋制가 없으면 印綬로 化煞을 해주어야 한다. 그러나 역시 上格은 못된다.

| 丙 | 乙 | 壬 | 丁 | 貴在丙子 尚書 |
| 子 | 卯 | 寅 | 丑 | |

丁火와 壬水가 合을 하니 양쪽을 모두 쓸 수가 없다. 그러나 貴한 것은 時에서 子水를 만난 것으로 丙火가 透干하여도 서로 障礙가 없는 것이다.

| 己 | 乙 | 甲 | 戊 | 貴祿格, 丙癸得所, 官至大學士 |
| 卯 | 亥 | 寅 | 子 | |

寅木과 亥水가 六合을 하고 寅木 中에 戊土가 透干하여 印을 剋制하여 傷官을 보호한다. 四柱 중에 金이 없어 純粹하여 貴하게 되었

다. 丙火와 癸水가 得地하였으니 丙火는 寅木에 長生하고 癸水는 子水에 祿이 있다.

```
庚   乙   丙   甲   御使
辰   卯   寅   寅
```

辰土에 癸水가 감추어져 乙木이 마르지 않으니 食神을 用神으로 삼는다. 時上의 庚金이 病이 되나 기쁜 것은 病을 除去하여 貴하게 되었다. 만약 丙火가 없었다면 明崇禎帝와 命造가 모양이 같은 部類였을 것이다.

> 二月乙木, 陽氣漸升, 木不寒矣, 以丙爲君, 癸爲臣, 丙癸兩透, 不透
> 이월을목 양기점승 목불한의 이병위군 계위신 병계량투 불투
> 庚金, 大富大貴.
> 경금 대부대귀

二月乙木은 陽氣가 漸漸 上昇하여 木이 춥지 않을 것이니 丙火를 君으로 삼고 癸水를 臣으로 삼는다. 丙火와 癸水가 더불어 透干하고 庚金이 透干하지 않아야 크게 富貴한다.

二月의 乙木은 正月의 乙木과 같이 본다. 甲乙木이 초봄에 태어나면 水火로 配合하는 것이 重要하게 要求된다. 丙火는 太陽의 火이고 癸水는 雨露의 水이다. 丙火와 癸水가 갖추어져 있고 合化나 剋制가 없으면 大富大貴의 命造가 된다. 만약 丙火와 癸水가 없고 丁火와 壬水가 보이면 비록 쓸 수는 있으나 그 力量이 비교할 바가 못 되니 貴함에 차이가 있다. 이와 같은 이치는 陰陽配合의 妙함 때문이다. 그러나 庚金이 透干하면 雜格이 된다.

> 或天干透庚, 支下無辰, 不能化金, 得癸透養木亦爲貴, 若見水庫,
> 혹천간투경 지하무진 불능화금 득계투양목역위귀 약견수고

90

則爲假化, 平常人也.
칙 위 가 화　평 상 인 야

或 天干에 金庚이 透干하고 地支에 辰土가 없으면 化金을 못한다. 癸
水가 透干하여 木을 滋養하면 亦是 貴하게 된다. 萬若 水庫를 보면 假
化가 되니 平常人이 된다.

乙木을 부드러운 木이라 한다. 二月은 木의 正氣로 꽃이 피어오르
는 시기이므로 庚金으로 損傷하고 害치면 좋지 않은데 이른바 剋制
한다고 어찌 金을 고통스럽게 쓰겠는가. 그러므로 庚金은 癸水로 官
印相生해야 아름답게 된다. 때가 마땅히 陽氣가 점점 上乘하니 癸水
를 얻어 庚金을 洩氣하고 木을 기르면 貴하게 될 수 있다.
　甲乙木이 正二月에 生하면 從化하는 理致를 取하지 않는다. 그러
나 辰土는 化氣의 元神이니 化氣가 辰土를 보면 비로소 眞化가 된
다. 그러나 二月의 乙木은 月垣에 祿을 얻고 權勢를 타고 우두머리
가 되는 時期이니 결코 庚金을 따라 化하지 않는다. 그러나 辰土를
보면 化의 조건이 갖추어진 것이니 化하려는 경향이 있게 된다. 그
러나 化하고자 하나 안 되고 化하지 않기도 안 되니 딱히 從하지 못
하고 결국은 平常人이 된다. 水의 庫地는 辰土로 化氣의 中心이 되
어 乙木이 庚金으로부터 剋을 받게 되면 從化하기가 가장 쉬우니 그
래서 이르는 것이다.

二月乙木, 耑用丙癸, 或支成木局, 有癸透乃作貴命, 更得丙洩木氣,
이 월 을 목　단 용 병 계　혹 지 성 목 국　유 계 투 내 작 귀 명　경 득 병 설 목 기
上上之命, 但須透癸. 或水多困丙, 多戊化癸, 皆下格.
상 상 지 명　단 수 투 계　혹 수 다 곤 병　다 무 화 계　개 하 격

二月 乙木은 먼저 丙火와 癸水를 쓴다. 地支에 木局을 이루고 癸水가
透干하여 있으면 貴命을 짓는다. 다시 丙火를 얻어 木氣를 泄하면 上

上의 命이 된다. 그러나 癸水가 透干하고 水가 많으면 丙火가 困苦하게 되니 戊土가 많아 癸水와 合化를 한다 해도 모두 下格이다.

二月의 乙木은 丙火와 癸水 두 글자는 配合上에 적거나 빠져서는 안 되는 것이다. 地支에 木局을 이루면 이르기를 曲直仁壽格이라 한다. 그러나 같은 曲直格이라 해도 癸水가 透干한 경우가 貴하며 다시 丙火로 木의 旺한 氣運을 洩氣하면 最上의 命이 된다. 丙火가 透干한 경우라도 癸水가 적어서는 안 되고 丙火와 癸水가 갖추어져도 서로 障礙가 없는 것이 가장 중요한 요건이다. 만약 丙火와 癸水가 나란히 透干하면 丙火가 水로 인해 괴로워지니 비록 戊土가 透干하여 救해 준다해도 역시 下格이 되고 만다.

用丙者, 木妻 · 火子. 用癸者, 金妻 · 水子.
용병자 목처 화자 용계자 금처 수자

丙火를 用神으로 하면 木을 妻로 보고 火는 子息으로 본다. 癸水를 用神으로 하면 金을 妻로 보고 水를 子息으로 본다.

丙 乙 丁 甲	此乃曲直仁壽格, 加丙照癸滋, 官至總兵
子 未 卯 寅	

曲直仁壽格으로 癸水가 감추어지고 丙火가 透干하여 서로 障礙가 없으므로 貴하게 되었다.

庚 乙 乙 癸	曲直仁壽格, 無東方運, 一介寒士, 惜哉
辰 未 卯 亥	

地支가 모두 亥卯未이고 癸水가 透出하여 曲直仁壽格이다. 앞의 命造와 比較하면 더욱 純粹하나 哀惜하게도 時上의 庚金으로 인해 破格이 되었다. 게다가 西北運으로 가니 일개 가난한 선비에 그쳤다.

92

丙	乙	辛	丙	出將入相
子	卯	卯	子	

年上에 丙火는 辛金과 合하여 除去되고 支는 方局이 아니나 氣勢가 純粹하다. 時上의 丙火가 비추고 癸水가 滋潤하니 마땅히 貴하게 된 것이다.

> 亥卯未逢於甲乙, 富貴無疑. 木全寅卯辰方, 功名有准. 活木忌埋根
> 해묘미봉어갑을 부귀무의 목전인묘진방 공명유준 활목기매근
> 之鐵, 支下有庚辛, 戕賊其根, 木則朽矣.
> 지철 지하유경신 장적기근 목칙후의

亥卯未 木局에 甲乙을 만나면 富貴를 疑心하지 않고 木이 전적으로 寅卯辰方으로 行하면 功名을 이룬다. 活木은 뿌리에 金이 묻히는 것을 꺼리니 地支에 庚辛金이 있으면 뿌리를 傷하게 하고 죽이니 木이 썩게 될 것이다.

이는 曲直仁壽格에 대한 말이다. 봄의 木은 形象을 이루니 가장 꺼리는 것은 庚辛金이 格을 깨는 것이다. 앞의 丙子生의 命造를 보면 辛金이 뿌리가 없고 支에도 才의 生이 없으니 떠서 노출되어 있는 金일뿐이라 丙火가 나타나면 除去된다. 만약 支에 金이 보이면 除去할 방법이 없으니 破格이 틀림없다.

> 三月乙木, 陽氣愈熾, 先癸後丙.
> 삼월을목 양기유치 선계후병

三月의 乙木은 陽氣가 더욱 세차니 먼저 癸水를 쓰고 丙火를 나중에 쓴다.

甲木은 陽木이 되니 봄이 깊어지면 木이 盛하게 된다. 그러므로 庚金으로 다듬고 抑制하는 것이 마땅하다. 그러나 乙木은 陰木으로

비록 봄의 계절에 있다고는 하나 庚金을 쓰는 것이 마땅치 않다. 陽氣가 盛하면 癸水로 滋潤하는 것이 마땅하고 木이 盛하면 丙火로 洩氣하는 것이 마땅하다. 이것은 甲木과 乙木이 서로 性質과 剛柔가 같지 않기 때문이다.

> 癸丙兩透, 不見己庚, 玉堂之客, 見己庚者, 平常之人, 或一乙逢庚,
> 계병량투 불견기경 옥당지객 견기경자 평상지인 혹일을봉경
> 不見己者, 亦主小富貴, 但不顯達, 或多水見己, 只恐高才不第, 見
> 불견기자 역주소부귀 단불현달 혹다수견기 지공고재불제 견
> 戊堪發異途, 或庚己混雜, 丙癸全, 則爲下格,
> 무감발이도 혹경기혼잡 병계전 칙위하격

癸水와 丙火가 더불어 透干하고 己土와 庚金이 나타나지 않으면 玉堂을 드나드는 손님이 되고 庚金과 己土를 보면 平常人이다. 或 하나의 乙木이 庚金을 만나고 己土가 없으면 역시 작은 富貴는 이룰 수 있다. 그러나 顯達은 못한다. 만약 水가 많은데 己土를 보면 비록 才操는 높으나 及第를 못할까 두려우며 戊土를 보면 그래도 異途로 發達할 수 있다. 己土와 庚金이 混雜하면 丙火와 癸水가 모두 있어도 下格이다.

三月의 乙木은 傷官佩印을 쓰니 才와 官의 混雜이 없는 경우는 玉堂의 淸貴한 사람이 된다. 乙木은 부드러운 木이므로 滋潤하여 북돋아주는 것은 좋으나 다듬어서 損傷을 주는 것은 좋지 못하다. 그러므로 傷官과 印를 써야 貴하게 되며 才와 官을 쓰면 貴하게 될 수 없다. 丙火와 癸水를 쓰는데 己土와 庚金을 보면 混雜하게 되니 마땅치 않다. 만약 庚金이 있는데 己土가 없으면 印을 써서 化煞해야 한다. 그러나 顯達할 수 없고 작은 富貴는 기약할 수 있다.

만약 己土는 있고 庚金이 없으면 才操는 높으나 及第를 못할 것이 두렵다. 나아가서 물이 많아지면 그것을 戊土로 制剋해야지 己土를 쓰면 마땅치 않다. 이상은 丙火와 癸水를 쓸 때 庚金이나 己土를 보

면 混雜하게 되니 平常人이 된다는 의미를 풀이한 것이다. 水가 많
으면 戊土로 制止해도 역시 異途로 功名을 이룰 뿐이다. 만약 庚金
과 己土와 丙火와 癸水가 모두 나타나면 官, 傷, 才, 印이 混雜하니
반드시 下格이 된다.

玉堂 : 대궐을 뜻한다.

或見水局, 丙戊高透, 亦主科甲, 或柱中全無丙戊, 支合水局, 此離
혹견수국 병무고투 역주과갑 혹주중전무병무 지합수국 차리
鄕之命,
향지명

或 水局에 丙火와 戊土가 높이 透干하면 亦是 科甲은 한다. 或 命局 中
에 丙火와 戊土가 全無하고 地支가 合하여 水局을 이루면 이는 故鄕을
떠날 運命이다.

앞글에 水가 많고 戊土가 있는 경우의 뜻을 이은 것이다. 天干에
水가 많은데 戊土를 보면 異途로 약간은 發展할 수 있다. 만약 地支
에 水局을 이루고 丙火와 戊土가 높이 透干하면 역시 科甲할 수 있
다. 왜냐하면 보통 水局이 戊土의 制剋을 얻으면 水가 泛濫하지 못
하게 하고 도리어 木의 뿌리를 培養하고 丙火로 木의 秀氣를 洩하기
때문이다. 그러므로 丙火와 戊土가 없고 地支에 水局을 이루면 水가
泛濫하여 木이 떠내려가게 되니 故鄕을 등지는 命이라 한 것이다.

或見一派癸水, 又有辛金, 則作旺看, 得一戊己制癸, 亦可云小富貴,
혹견일파계수 우유신금 칙작왕간 득일무기제계 역가운소부귀
若一派壬水, 不特貧賤, 而且夭折, 有一戊己, 方云有壽, 但終爲技
약일파임수 불특빈천 이차요절 유일무기 방운유수 단종위기
術之人,
술지인

或 한 무리의 癸水가 있고 또한 辛金이 있으면 旺함을 지은 것이니 하나의 戊己土를 얻어 癸水를 制剋하면 이르기를 작은 富貴는 할 수 있다 하고. 萬若 한 무리 壬水가 있으면 貧賤하고 또한 夭折한다. 하나의 戊己土가 있어 剋制함이 있어야 비로소 長壽한다고 말한다. 그러나 끝내는 技術職에 종사할 사람일 따름이다.

한 무리의 水가 辛金을 보고 金이 水의 勢力을 따르면 煞印相生이다. 土旺한 季節을 벗어날 수는 없으니 旺함을 지었다고 본다. 보통 辰土는 水의 庫地로 戊土와 未土와는 다르므로 癸水가 旺하고 戊己土의 剋制를 얻으면 도리어 生의 功을 이룬다. 그러나 壬水를 보면 沖하여 흐르는 性質이 있게 된다. 그러므로 戊己土의 剋制가 없으면 長壽를 누리지 못하게 된다.

又或庚辰時月, 名二庚爭合, 乃貧賤之輩. 如年干見丁破庚, 可云從
우 혹 경 진 시 월 명 이 경 쟁 합 내 빈 천 지 배 여 년 간 견 정 파 경 가 운 종
化, 亦不失武職之權.
화 역 불 실 무 직 지 권

또는 或 庚辰時와 庚金月이면 이르기를 二庚爭合이라 하여 이는 貧賤한 무리이다. 萬若 年干에 丁火가 나타나서 庚金을 깨주면 從化格이라 할 수 있으니 亦是 武職의 權勢를 잃지 않는다.

乙木은 부드러운 木이니 庚金의 세력이 旺盛한 것을 보면 從化한다. 庚辰月에 庚辰時이면 두 개의 庚金이 爭合하여 情이 완전하지 못하니 化氣格이 깨지므로 貧賤한 무리가 될 뿐이다. 만약 年干에서 丁火가 나타나면 하나의 庚金을 剋하여 除去하니 從化를 얻을 수 있다. 단, 三春의 木은 氣가 純粹하지 못하니 從化를 하여도 참되지 않다. 그러므로 格을 이루어도 假化格이 되니 運의 旅程에서 도움을 얻으면 武職의 權勢는 잃지 않는다.

用癸者, 金妻水子. 癸多用丙者, 木妻火子.
용계자 금처수자 계다용병자 목처화자

癸水를 用神으로 하면 金을 妻로 보고 水를 子息로 보며 癸水가 많고 丙火가 用神이면 木을 妻로 보고 火를 子息으로 본다.

이것은 癸水를 쓰는 경우는 官煞을 妻로 보고 印을 子息으로 본다. 地支에 水局을 이루고 丙火와 戊土가 뚜렷하게 透干하는 경우는 土로서 水를 制剋하면 도리어 木을 生하게 된다. 그러므로 丙火를 써서 水氣를 洩할 수 있으니 木을 妻로 보고 火를 子息으로 본다.

| 丁 | 乙 | 庚 | 庚 | 此作從化格, 但不逢時, 一富翁耳 |
| 亥 | 酉 | 辰 | 午 | |

乙木이 庚金을 쫓아 合하고 辰土가 酉金을 쫓아 合하니 化를 안할 수 없다. 年과 月에 庚金이 두 개지만 싸우지도 않고 嫉妬하지도 않는다. 年支 午火와 時干의 丁火가 金의 세력을 거스르니 假化格이 된다. 眞化格은 아니다.

丙	乙	戊	甲
子	亥	辰	寅
六乙鼠貴格, 丙火高透, 戊土制水, 官至按院			

子水와 辰土가 水局을 이루니 戊土로 水를 制剋하면 木의 뿌리가 단단하게 되어 되레 木을 生하게 된다. 그러므로 丙火로 木의 水氣를 洩하는데 쓴다. 六乙鼠貴格이라 하여 貴格이다.

甲	乙	甲	丁
申	巳	辰	酉
拔貢, 但刑妻損子, 兄弟全無, 因支中戊土太多			

三月은 陽氣가 치열하게 타올라 旺盛하니 癸水를 用神으로 삼는다. 金을 妻로 보고 水를 子息으로 본다. 地支 中에 火와 土가 많으면 妻를 刑하고 子息을 損傷한다.

2. 三夏乙木總論

三夏乙木, 木性枯焦, 四月專尙癸水, 五六月先丙後癸, 夏至前仍用
삼하을목 목성고초 사월전상계수 오륙월선병후계 하지전잉용
癸水.
계수.

三夏의 乙木은 木性이 말라비틀어지므로 오로지 癸水를 높이 친다. 五月과 六月은 丙火를 먼저 쓰고 癸水를 나중에 쓰는데 夏至 前에만 癸水를 쓴다.

여름의 木은 乾燥하고 마르니 調候가 急하므로 오로지 癸水를 쓴다. 四柱를 配合하기 위해 다른 用神을 取한다 해도 癸水는 없으면 안 된다. 그러므로 五六月은 丙火와 癸水를 나란히 쓴다. 但 仲夏인 六月의 上半月은 陽에 속하니 이는 癸水로 調候해주는 것이 필요하고 下半月은 陽이 極에 달하여 陰이 生하고 三伏에 寒氣가 生하니 비로소 丙火와 癸水를 함께 쓸 수 있다.

先得丙透, 支下又有丙火, 名曰木秀火明. 得一癸透, 科甲中人. 或
선득병투 지하우유병화 명왈목수화명 득일계투 과갑중인 혹
透二丙一癸, 可許採芹.
투이병일계 가허채근

먼저 丙火가 透干하고 地支에 또한 丙火가 있으면 부르기를 木秀火明이라 하니 하나의 癸水가 透干하면 科甲中人이다. 或 두 개의 丙火와

하나의 癸水가 透干하면 衣食은 있다.

이것은 丙火를 쓰는데 癸水가 없어서는 안 된다는 말이니 반드시 癸水의 潤澤함이 있어야만 비로소 食傷으로 秀氣를 洩할 수 있다. 그렇지 않으면 火가 旺하여 木이 마르게 되니 木性이 스스로 타게 되어 쓸 수 없게 된다.

或一派癸水, 有丁無丙, 平常之人. 或一癸透干, 異途顯宦, 難由科
혹일파계수 유정무병 평상지인 혹일계투간 이도현환 난유과
甲. 癸居子辰, 異路小職. 或丙藏支下, 癸透年干, 己出月上, 雖非科
갑 계거자진 이로소직 혹병장지하 계투년간 기출월상 수비과
甲, 異路功名.
갑 이로공명

한 무리의 癸水에 丁火는 있으나 丙火가 없으면 平常人이다. 或 하나의 癸水가 透干하면 異途로 顯達하여 官吏는 되어도 科甲은 어렵다. 癸水가 子辰에 居하면 異路로 작은 職責은 할 수 있고, 或 丙火가 地支 아래에 숨고 癸水가 年干에 透干하고 月上에 己土가 出干하면 비록 科甲은 못 한다 해도 異路로 功名은 이룰 수 있다.

丙火는 太陽의 火이고 癸水는 雨露의 水이다. 丙火와 癸水가 서로 고르면 用神으로 쓸 수 있다. 만약 丙火를 丁火로 바꾸면 顯達하여 榮華롭게 되기가 어렵고 癸水를 壬水로 바꾸면 역시 效用이 뚜렷하지 않다. 丙火가 숨고 癸水가 透干하고 다시 己土가 透干하면 癸水가 剋을 당하게 되니 싫어하나 調候의 쓰임은 완전히 소실되지 않는다. 그러나 만약 戊土가 透干하면 癸水를 合去하니 癸水의 效用이 완전히 없어지고 만다.

又或重重癸水, 或支藏癸水, 由行伍出身得功名.
우혹중중계수 혹지장계수 유행오출신득공명

또한 萬若 癸水가 重重하거나 또는 地支에 癸水가 숨으면 軍陣에서 功
名을 얻는다.

때가 여름에 놓이니 火가 타오르고 土가 乾燥하여 木性이 말라비
틀어진다. 癸水는 雨露의 潤澤함이니 비록 癸水가 많다 해도 木이 떠
내려가지 않으나 局에 丙火가 없으면 氣가 融和되지 않으므로 功名
을 行伍에서 세운다. 만약 壬水라 한다면 이와 같이 말하지 않는다.

行伍 : 줄을 지어 걷는다는 뜻으로 군대(軍隊)를 말한다.

1) 三夏乙木

四月乙木 自有丙火, 耑取癸水爲尊. 四月乙木專用癸水, 丙火酌用,
사월을목 자유병화 단취계수위존 사월을목전용계수 병화작용
雖以庚辛佐癸, 須辛透爲淸.
수이경신좌계 수신투위청

四月의 乙木은 스스로 丙火가 있으므로 먼저 癸水를 쓰는 것이 重要
하다. 四月 乙木은 오로지 癸水를 먼저 쓰고 丙火를 參酌하여 쓴다.
비록 庚辛金이 癸水를 輔佐한다 해도 모름지기 辛金이 透出해야 淸純
해진다.

四月은 丙火가 權勢를 부리므로 月令 中에 이미 丙火가 있다. 그
러므로 오로지 癸水를 쓴다. 단 水가 巳火에 絶地가 되므로 庚辛金
의 生이 없으면 水는 發源이 없는 도랑의 물로, 막혀서 말라버린다.
그러므로 반드시 庚金이나 辛金으로 輔佐해야 하며 특히 庚金은 乙
木과 合할 염려가 있으니 그와 같이 되면 癸水를 도와주는 情이 없

어진다. 그러므로 辛金이 透干하여야 淸하게 되니 이것이 用神을 取하는 法이다.

> 癸透·庚辛又透, 科甲定然, 獨一點癸水·無金, 是水無根, 雖出天
> 계투 경신우투 과갑정연 독일점계수 무금 시수무근 수출천
> 干, 不過秀才小富, 須要大運相扶. 或土多困癸, 貧賤之人. 丙戊太
> 간 불과수재소부 수요대운상부 혹토다곤계 빈천지인 병무태
> 多, 支成火局, 瞽目之流.
> 다 지성화국 고목지류

癸水가 天干에 透干하고 또한 庚辛金이 透干하면 科甲이 確實하다. 한 점 癸水만 홀로 透干하고 金이 없으면 이는 水가 근원이 없는 것이니 비록 天干에 透出하였다 하나 秀才나 小富에 不過하다. 더욱이 重要한 것은 大運의 扶助도 있어야만 한다. 或 土가 많아서 癸水가 困苦하게 되면 貧賤之人이다. 丙火와 戊土가 지나치게 많고 地支에 火局을 이루면 장님이 된다.

癸水는 庚辛金의 生이 없으면 근원이 없는 물이 되어 쉽게 마른다. 그러므로 약간의 富者나 秀才에 不過하게 된다. 모름지기 다시 運이 西北地인 金水運으로 가게 되면 癸水 用神을 도와서 비로소 顯達한다. 만약 原局에 土가 많으면 土가 적은 물을 덮어 말라붙으므로 비록 癸水가 있으나 없는 것과 같으니 반드시 貧賤한 사람이 된다. 또한 運이 火土로 가면 才가 印을 破하게 되니 캄캄해지는 災殃을 당한다. 만약 原局에 丙火와 戊土가 지나치게 많고 支에 火局을 이루고 한 두 점의 癸水만 있으면 역시 소용이 없다. 보통 癸水는 戊土가 나타나면 合化하니 潤澤한 效用을 거둘 수 없다. 그러므로 殘疾이 있는 사람이 된다.

> 用癸者, 金妻水子.
> 용계자 금처수자

癸水를 쓰면 金을 妻로 보고 水를 子息으로 본다.

癸水를 쓰는 경우는 官煞이 妻가 되고 癸水인 印이 子息이 되니 官煞로 印을 生한다.

乙逢雙女木傷殘, 若見辛金壽必難, 不得丙丁來制伏, 豈知安樂不
을봉쌍녀목상잔   약견신금수필난   불득병정래제복   기지안악불
久長.
구 장

乙木이 雙女를 만나면 木이 傷殘하고 萬若 辛金이 透干하면 壽命을 지키는 것이 반드시 어려우니 丙丁火가 와서 制剋해줌을 얻지 못하면 어찌 安樂함이 長久하지 못하게 되는 것을 알겠는가.

雙女는 별의 이름으로 巳宮에 居하며 四月星 다음이다. 書에 이르기를 木은 南으로 달리지 않는다 하였다. 乙木이 四月에 나면 木氣가 洩氣되어 弱해지니 다시 剋伐을 보지 말아야 한다. 만약 하나의 辛金이라도 보았는데 癸水로 引化함이 없거나, 丙丁의 制剋마저 없으면 반드시 夭折하게 된다. 그러므로 어찌 安樂하고 長久할 수 있겠는가.

五月 乙木, 丁火司權, 禾稼俱旱. 上半月屬陽, 仍用癸水. 下半月屬
오월 을목   정화사권   화가구한   상반월속양   잉용계수   하반월속
陰, 三伏生寒, 丙癸齊用. 柱多金水, 丙火爲先, 餘皆用癸水爲先.
음 삼복생한   병계제용   주다금수   병화위선   여개용계수위선

五月乙木은 丁火가 司令하니 심어놓은 穀物에 가뭄이 든 것이며 夏至前 上半月은 陽에 屬하니 癸水를 쓰고 夏至 後 下半月은 陰에 屬하여 三伏에 寒氣가 生하니 丙火와 癸水를 같이 쓴다. 그러나 命局에 金水가 많을 때는 丙火를 먼저 쓰고 나머지는 모두 癸水를 먼저 쓴다.

五月의 乙木은 甲木과 더불어 같으니 夏至를 境界로 나누어 쓰는
法을 取한다. 上半月에는 四月과 같으니 오로지 癸水를 取하고 下半
月은 六月과 같으니 丙火를 兼하여 쓴다. 그러나 四柱에 金水가 많
으면 丙火를 먼저 쓰고 나머지 경우는 모두 癸水를 먼저 쓴다. 木이
三夏에 生하면 하나같이 調候가 急하기 때문이다.

乙木重逢火位, 名爲氣散之文, 支成火局, 洩乙精神, 須用癸滋, 癸
을목중봉화위 명위기산지문 지성화국 설을정신 수용계자 계
透有根, 富貴雙全, 或庚辛年上, 癸透時干, 定許科甲, 無癸者常人,
투유근 부귀쌍전 혹경신년상 계투시간 정허과갑 무계자상인

乙木이 거듭 火를 만나면 부르기를 氣散이라 하는데 地支에 火局을 이루
면 乙木의 精神이 洩氣되니 마땅히 癸水를 써서 滋潤해야 한다. 癸水가
透干되고 뿌리가 있으면 富貴雙全한다. 或 庚辛金이 年上에 透干하고 癸
水가 時干에 透干하면 科甲이 確實하나 癸水가 없으면 平常人이다.

"乙木重逢"이라는 句節은 「繼善篇」을 보면 "木이 南方으로 달리
면 물러지는 것을 두려워 한다." 하였으니 乙木이 巳午未月에 다다
르면 뿌리와 그루터기가 마르고 枯渴되니 木氣가 洩氣되어 죽게 된
다. 그러므로 癸水의 滋潤과 북돋워줌이 아니면 調候를 이룰 수가
없게 되니 偏枯하게 된다. 만약 癸水가 透干하고 뿌리가 있으면 富
貴를 기약할 수 있다. 그러나 水가 金의 生이 없다면 근원이 없는 水
가 되니 庚金이나 辛金이 年月에 透干하고 時에 癸水가 透干하여야
만 貴하게 顯達할 格局이 된다.

若見丙透, 支成火局, 陽焦木性, 此人殘疾, 無癸必夭, 見壬可解. 或
약견병투 지성화국 양초목성 차인잔질 무계필요 견임가해 혹
火土太多, 其人愚賤, 或爲僧道門下閒人.
화토태다 기인우천 혹위승도문하한인

萬若 丙火가 透干하여 나타나고 地支에 火局을 이루면 陽이 木性을 마
르게 하니 殘疾이 있고 癸水가 없으면 반드시 夭折한다. 그러나 壬水
가 나타나면 免할 수 있다. 或 火土가 지나치게 많으면 그 사람됨이 어
리석고 賤하거나 或은 僧道 門下에서 심부름하는 사람이다.

丙火가 透干하고 地支에 火局을 이루면 乙木이 말라서 타게 되니
만약 癸水의 滋潤과 培養이 없으면 殘疾이 있지 않으면 夭折한다.
그러므로 한 여름의 乙木은 반드시 癸水를 써야만 비로소 貴를 얻을
수 있다. 壬水로도 비록 뜨거움을 풀 수 있으나 이는 平常人이 되니
겨우 殘疾과 夭折의 禍는 면할 수 있다. 대개 癸水는 雨露의 水라 하
여 潤澤하게 하고 培養하는 功이 있으나 壬水는 灌漑水의 성질이 있
어 물길을 대어 비록 뜨겁게 타는 것은 解渴할 수 있으나 乙木에게
는 情이 없다.

六月乙木, 木性且寒, 柱多金水, 丙火爲尊. 支成水局, 乙得無傷. 癸
육월을목 목성차한 주다금수 병화위존 지성수국 을득무상 계
水透干, 大富大貴. 無癸定作常人, 運不行北, 困苦一生.
수투간 대부대귀 무계정작상인 운불행북 곤고일생

木性이 점점 차가워지니 命局에 金과 水가 많으면 丙火가 으뜸이다.
地支에 水局을 이루고 乙木을 傷하게 하는 것이 없이 癸水가 透干하면
크게 富貴한다. 癸水가 없으면 平常人이 되며 運이 北方으로도 가지
않으면 一生이 困苦하다.

六月은 三伏에 寒氣가 生하고 丁火의 氣運이 물러가니 그 性情이
甲木과 똑 같다. 原局에 金과 水가 많으면 마땅히 丙火를 尊重한다.
丙火를 쓰면 모름지기 癸水가 있어야 뿌리와 그루터기를 潤澤하게
하므로 丙火를 쓸 때 癸水를 떼어 놓을 수 없다. 만약 支에 水局을
이루고 癸水가 透干하면 乙木은 潤澤해지니 그 다음에 丙火가 透干

하면 傷官을 用神으로 삼는 것이므로 반드시 크게 富貴하게 된다.
만약 四柱에 火가 旺하여 癸水를 쓰면 반드시 貴하게 顯達한다. 그
와 같이 乙木이 여름에 生하면 四柱 配合에 癸水가 없으면 안 된다.
그러므로 癸水가 없으면 이는 반드시 平常人이 되고 運의 旅程이 亥
子丑 北方이어야 비로소 아름답게 된다. 그와 같지 않으면 일생이
困苦하다.

> 凡五六月乙木, 氣退枯焦, 用癸水切忌戊己雜亂, 則爲下格. 或甲木
> 범오륙월을목 기퇴고초 용계수절기무기잡란 칙위하격 혹갑목
> 高透, 制伏土神, 爲去濁留淸, 可許俊秀. 土多乏甲秀氣脫空, 庸人
> 고투 제복토신 위거탁류청 가허준수 토다핍갑수기탈공 용인
> 而已.
> 이이

무릇 五六月 乙木은 氣勢가 물러가고 말라비틀어지므로 癸水를 써야
하고 戊己土의 雜亂을 絶對 꺼린다. 그러면 下格이 된다. 或 甲木이 透
干하여 土神을 剋制해주면 이르기를 去濁留淸이라하여 可히 俊秀해진
다. 그러나 土가 많고 甲木이 窮乏하면 秀氣를 빼앗겨 텅 비게 되니 平
常人에 그친다.

五六月 乙木은 癸水를 調候의 神으로 삼으니 癸水가 用神이 되고
안 되고를 論할 수 없다. 그러므로 配合上 癸水가 결코 없어서는 안
되는 것이다. 만약 戊己土가 나타나 癸水를 剋制하면 調候의 쓰임을
잃게 되니 下格이 된다. 그러나 甲木이 透出하여 土를 制剋하면
病도 있고 藥도 있는 것이니 俊秀하게 되지만 土는 많고 甲木이 끊
어지면 病은 있고 藥이 없는 것이니 庸劣한 사람이 아니고 무엇이겠
는가.

或丙癸兩透, 加以甲透制戊, 選拔定然. 若不見丙癸, 只有丁火, 亦
혹병계량투 가이갑투제무 선발정연 약불견병계 지유정화 역
屬常人, 有壬, 可充衣食.
속상인 유임 가충의식

丙火와 癸水가 더불어 透干하고 더해서 甲木이 透干하여 戊土를 制剋
하면 選拔이 確實한 것이다. 萬若 丙火와 癸水가 나타나지 않고 단지
丁火만 보면 亦是 平常人이며 壬水가 있으면 衣食은 充足하다.

이는 丙火와 癸水가 壬水와 丁火와 같지 않음을 말한 것이다. 丙
火는 太陽의 火와 같아서 이는 天然의 陽和의 氣運이고 丁火는 人間
의 火로 比喩하면 등불과 같은 것이다. 그러므로 丙火는 없고 丁火
가 있으면 역시 平常人에 속한다. 癸水는 雨露의 功과 같고 壬水는
灌漑水의 能力과 같다. 비록 潤澤하게 하는 것은 같으나 壬水는 自
然에서 나온 것이 아니니, 癸水는 없고 壬水만 있으면 겨우 衣食만
充分할 뿐이다. 또한 丁火와 壬水가 나란히 透干하면 合하여 맑지
못하니 절대로 貴하게 되지 못한다. 甲木이 透干하여 戊土를 制剋해
야 한다는 上節을 보면 戊己土가 섞여 透干하는 경우 甲木의 制剋이
마땅하다는 것이지 戊己土가 없으면 甲木도 필요하지 않다.

或柱中無水, 又無比劫出干, 乃爲棄命從才, 富大貴小, 能招賢德之
혹주중무수 우무비겁출간 내위기명종재 부대귀소 능초현덕지
妻. 從才格以火爲妻, 土爲子.
처 종재격이화위처 토위자

或 命局 中에 水가 없고 다시 比劫도 透出이 안 되었으면 이를 棄命從
財格이라 하니 富는 크나 貴가 적으며 能히 賢明하고 德이 있는 妻를
얻는다. 從財格은 火를 妻로, 土를 子息으로 삼는다.

이는 從格을 論한 것으로 甲木과 乙木이 같지 않다. 陽干은 氣를

따르나 勢는 따르지 않으며 陰干은 勢를 따르나 義에게는 情이 없다. 六月은 비록 土旺한 시기이나 未土는 木의 庫地이다.

四柱에 土가 많고 甲木이 비록 弱해도 從하지 않는다. 또한 印綬가 身을 돕는 運으로 가면 아름답게 된다. 그러나 乙木은 陰干으로 甲木과 같지 않으니 四柱에 土가 많이 보이면 從才라 論한다. 단 從格은 印을 보면 안 되며 比劫이 뿌리가 없어야 마땅히 從格이라 말할 수 있다. 만약 印을 보면 相生의 情이 있게 되니 결코 從이라 말할 수 없다. 그러므로 水가 없는 것이 우선이다. 從才格은 才가 用神이 된다. 그러므로 食神을 妻로 보고 才를 子息으로 본다.

或一派戊土出干, 不見比肩, 名爲才多身弱, 終爲富屋貧人.
혹일파무토출간 불견비견 명위재다신약 종위부옥빈인

或 한 무리의 土가 出干하고 比劫이 나타나지 않으면 이르기를 財多身弱이라 하고 끝내 富屋貧人이 된다.

甲木이 己土를 많이 보고 戊土를 보지 않으면 비록 從한다 하여도 眞從이 아니다. 乙木이 戊土를 많이 보고 己土를 보지 않아도 역시 그러하니 이는 陽은 陽을 쫓고 陰은 陰을 쫓는 것이 義이기 때문이다. 從格이 안 되면 才多身弱이 되어 끝내는 貧困하게 된다.

或丙辛化水, 嫖賭破家, 終非承受之兒.
혹병신화수 표도파가 종비승수지아

或 丙火와 辛金이 合化되어 水가 되면 賭博과 酒色으로 破家하고 끝에 가서는 家系를 承繼할 子息이 없다.

六月의 乙木이 四柱 중에 많은 金과 水를 보면 당연히 丙火를 높이 쓴다. 그러나 만약 丙火와 辛金이 나란히 透干하면 合하여 水로 변하니 用神이 羈絆이 되어 끝내 가정을 지키지 못한다.

羈絆 : 用神이 合으로 얽혀 作用하지 못하는 것을 말한다.

或一派乙木, 不見丙癸, 名爲亂臣無主, 勞碌奔波, 又加支多辛金,
혹일파을목 불견병계 명위란신무주 로록분파 우가지다신금
僧道之輩.
승도지배

或 한 무리의 乙木이 丙火와 癸水를 보지 못하면 이르기를 亂臣에 主君이 없다 하니 자갈밭을 일구듯이 헛수고를 하며 奔走하고 波蘭이 많다. 또한 더해서 地支에 辛金이 많으면 僧侶가 될 八字이다.

六月의 乙木은 癸水와 丙火를 떼어 놓을 수 없다. 또한 한 무리의 乙木이 丙火와 癸水를 보지 못하면 取하여 쓸 것이 없으니 臣下들은 亂立하고 임금이 없는 것과 같다. 다시 地支에 辛金이 많으면 이는 외롭고 고생하는 命이다.

或一派甲木, 無癸無丙, 又無庚金, 此人一生虛浮, 總不誠實. 有庚
혹일파갑목 무계무병 우무경금 차인일생허부 총불성실 유경
制甲, 乃有謀之人, 但嗜酒貪花, 多慾敗德, 不修品行, 男女一理.
제갑 내유모지인 단기주탐화 다욕패덕 불수품행 남녀일리

或 한 무리의 甲木이 있으나 丙火와 癸水가 없고 또한 庚金도 없으면 이 사람은 一生동안 헛되이 떠돌고 모든 일에 成實하지 못하다. 庚金이 있어서 甲木을 制剋한다 해도 終乃 謀利輩로 다만 술을 즐기고 女子를 貪하며 慾心이 많아 德을 損傷하고 品行을 닦지 않는다. 男女가 같은 理致이다.

甲木이 身을 돕는다 해도 癸水가 없고 丙火가 없으면 木이 生意가

없게 되니 비록 庚金이 甲木을 剋制한다 해도 亦是 取할 것이 없다.

> 總之夏月之乙木, 峀用癸水, 丙火酌用, 庚辛次之.
> 총 지 하 월 지 을 목   단 용 계 수   병 화 작 용   경 신 차 지

모든 夏月의 乙木은 우선 癸水를 쓰고 丙火를 參酌하여 쓰며 庚辛金은
그 다음이다.

夏月의 乙木은 오로지 癸水를 重要하게 쓴다. 그러나 四柱에 金과
水가 많으면 丙火를 쓴다. 庚辛金은 癸水를 輔佐하는 역할을 할 뿐
이다. 대개 여름의 木은 물기가 마르고 乾燥하여 調候가 急하니 별
다른 用法이 없다.

2) 三秋乙木

> 三秋乙木, 金神司令, 先丙後癸, 惟九月峀用癸水, 恐丙暖戊土爲
> 삼 추 을 목   금 신 사 령   선 병 후 계   유 구 월 단 용 계 수   공 병 난 무 토 위
> 病也.
> 병 야

三秋乙木은 金神이 司令하니 丙火를 먼저 쓰고 癸水를 나중에 쓴다.
그러나 생각해보면 九月에는 우선 癸水를 써야 하니 丙火가 戊土를 따
뜻하게 하여 病이 되는 것을 두려워하기 때문이다.

三秋는 金神이 勢力을 잡는 때이니 火로 制煞하면 上格이 된다.
그 다음으로는 癸水로 化煞하는 것이다. 九月의 土는 乾燥하여 木이
마르므로 水로 滋潤하여 培養하는 것이 마땅하니 오로지 癸水를 쓰
는 것이다.

七月 乙木, 庚金乘令, 庚雖輸情於乙妹, 怎奈干乙難合支金, 柱見庚
칠월 을목 경금승령 경수수정어을매 즘내간을난합지금 주견경

多, 乙難受載, 或丙透干, 又加己出埋金, 此格可云科甲. 有己透.
다 을난수재 혹병투간 우가기출매금 차격가운과갑 유기투

加丙, 亦是上命, 七月喜己土爲用, 或不見丙癸, 己土必不可少, 此
가병 역시상명 칠월희기토위용 혹불견병계 기토필불가소 차

則以火爲妻, 土爲子.
칙이화위처 토위자

七月의 乙木은 庚金이 權勢를 잡으니 庚金이 오직 乙木인 妹氏에게만
情을 보내니 어찌 天干의 乙木이 地支의 庚金과 합하기가 어렵겠는가
만은 命局 內에 庚金이 많으면 乙木이 勘當하기가 어렵다. 或 丙火가
透干하고 또한 더하여 己土가 透出하면 金을 묻어버리니 格이 이와 같
으면 科甲을 한다 할 수 있다. 己土가 透干하여 있고 丙火를 더하면 亦
是 上格의 命이다. 七月이 기쁜 것은 己土를 쓰는 것이니 或 丙火와 庚
金이 나타나지 않으면 己土가 반드시 적어서는 안 된다. 이와 같으면
火를 妻로 보고 土를 子息으로 본다.

七月은 庚金이 權勢를 잡기 때문에 官이 많으므로 化煞해야 하지
만 乙木이 盛하고 食傷이 있어 制煞하면 반드시 上格이 된다(三秋
甲木論을 詳細히 보라). 그러나 만약 四柱에 金이 많으면 乙木이 衰
弱하게 되니 勘當하기가 어렵다. 소위 活木의 뿌리에 철이 묻히는
것을 싫어한다는 것이 이것을 이르는 것이니 비록 丙火가 出干하여
金과 火가 서로 剋制한다 해도 역시 剋洩交加하게 되므로 꺼리는 것
이다. 그러므로 이와 같은 마당에서는 반드시 己土를 써야 하는데
己土는 낮고 축축한 흙으로 乙木의 뿌리를 덮어 培養하고 火를 어둡
게 하니 金이 있다 해도 오히려 乙木을 生한다. 그러므로 調節하고
선택하여 配合하면 中和가 되니 가장 工巧하다.
支에 丑土와 未土가 있고 天干에 己土가 있거나, 丙火가 透干하고
支에 丑土와 未土가 있거나, 또는 己土가 透干하고 丙火가 寅木과

110

巳火에 감추어져 있으면 모두 上命이 된다. 그러므로 七月은 己土를 用神으로 쓰는 것을 기뻐하는데 이는 剋으로써 生을 하게 되기 때문이다. 즉 丙火로 庚金을 制剋함이 없으면 癸水로 庚金을 化煞하고 己土가 있으면 이는 乙木의 뿌리를 堅固하게 하니 비로소 나무의 뿌리가 단단하게 된다. 그러므로 己土가 적어서는 안 된다. 己土를 쓰는 경우는 火를 妻로 보고 土가 子息이 된다.

> 剋洩交加 : 관살(官殺)과 식상(食傷)이 모두 있어서 剋과 洩氣가 동시에 일어나는 것을 말한다.

或癸透 · 丙藏 · 庚少, 此不用己, 可許貢拔. 無丙 · 有癸透者, 不失
혹계투 병장 경소 차불용기 가허공발 무병 유계투자 불실
刀筆門戶. 有支下庚多, 癸又藏者, 無丙己二神, 平常人物.
도필문호 유지하경다 계우장자 무병기이신 평상인물

或 癸水가 透干하고 丙火가 숨고 庚金이 적은데 己土를 쓰지 않으면 貢拔되는 것은 可하다. 만약 癸水가 透出하면 刀筆門戶는 놓지 않는다. 支下에 庚金이 많으며 또 癸水가 暗藏하고 丙火와 己土 二神이 없으면 平常人이다.

앞글은 丙火가 透干하고 庚金이 많으면 당연히 己土를 써야한다고 말하는 것이고 이글은 丙火가 숨고 庚金이 적으면 己土를 쓰는 것이 필요하지 않음을 말한 것이다. 단 가을의 기운이 점점 嚴肅해지니 丙火는 陽和의 氣이므로 역시 配合에 丙火가 不足해서는 안 된다. 그러므로 癸水인 印을 써서 化煞하는데 丙火가 감추어지면 貢拔은 될 수 있다. 그러나 丙火가 전혀 없으면 刀筆門戶에 불과하게 되니 格局의 高低 차이가 있는 것이다. 만약 地支 아래에 庚金이 많은데 癸水는 감추어지고 丙火와 己土도 없으면 평상인일 뿐이다.

> 貢拔 : 조세를 담당하는 관리

刀筆門戶 : 기록의 업무와 문부(文簿)를 관장하는 직업

或生辰時, 此爲從化, 反主富貴. 凡化合格, 皆以所生之神爲用. 化
혹생진시 차위종화 반주부귀 범화합격 개이소생지신위용 화
金者, 戊爲用神, 特忌丙丁煆煉破格. 從化者以火爲妻, 土爲子. 其
금자 무위용신 특기병정하련파격 종화자이화위처 토위자 기
餘以金爲妻, 妻必賢美, 以水爲子, 子必剋肖, 但忌刑沖. 凡命皆然,
여이금위처 처필현미 이수위자 자필극초 단기형충 범명개연
不特此也.
불 특 차 야

或 庚辰時에 태어나면 이는 從化格이 되니 도리어 富貴한다. 무릇 化
合格은 모두가 生하게 하는 것으로 用神을 삼으니 化金이면 戊土를 用
神으로 한다. 特히 꺼리는 것은 丙丁火가 金을 煆煉하는 것을 꺼리니
그와 같으면 破格이 된다. 從化格은 火를 妻로 보고 土를 子息으로 본
다. 그 外에는 金이 妻가 되는데 妻는 반드시 현명하고 아름다우며 水
로서 子息으로 보는데 반드시 子息을 剋하여 害치게 되니 무릇 刑沖을
꺼린다. 모든 命이 모두 그러하며 비단 이 境遇만 特別한 것은 아니다.

위의 庚金이 많고 癸水가 숨고 丙火와 己土가 없는 경우 반드시
平常人이 된다는 글을 이은 것이다. 단 辰時에 나면 乙木이 遁干하
고 庚辰時를 보면 乙木이 庚金을 쫓아 化하니 化金格을 이루어 도리
어 富貴하게 된다.

보통 從化格은 全局의 氣勢가 한쪽 방향으로 치우쳐서 旺하니 그
氣勢에 順應하는 것을 用神으로 삼으니 이는 從旺格과 從強格이 같
은 原理이다. 日干이 從化를 하고 있고 四柱에 강한 무리가 있는데
다른 것이 있어서 強한 무리를 적은 세력으로 對敵하면 적은 것을
除去하려 할 것이니 이는 旺한 氣勢를 거스른 것이 되어 꺼린다. 化
金格이 最高로 꺼리는 것이 丙丁火이니 火神의 氣勢를 거스르기 때
문이다.

刑과 沖도 역시 旺한 氣勢를 거스르는 것이니 辛金宮을 寅木이 沖하거나 寅木과 巳火가 三刑이 되거나 하는 것도 金의 氣勢를 거스르는 것으로 그 理致가 같다. 보통 用神을 子息星으로 보고 나를 生하는 用神을 妻星으로 본다. 그러나 化合格에서는 化氣를 生하는 것을 用神으로 보니, 예를 들어 乙庚化金하면 金을 生하는 土를 用神으로 본다. 그러므로 土를 子息으로 보고 土를 生하는 火를 妻로 본다. 그 외에 癸水로 煞印相生하는 경우는 水가 用神이 되니 水가 子息이고 金이 妻星이 되어 金과 水가 旺한 것을 기뻐하여 妻가 賢明하고 子息도 그와 같다.

丁	乙	甲	庚	富僧, 此庚旺無丙之故
丑	卯	申	午	

僧道로 世俗을 떠나 因緣을 끊은 命造로 苦行修道를 堅持하였다. 八字가 지극히 맑고 純粹하나 다소 偏枯함에 가깝다. 《滴天髓》에 이르기를 一局이 맑고 偏枯하면 苦行하는 사람이라 하였다. 만약 說法으로 濟度하며 生을 지내고 信仰을 恭敬해도 運命에 따라 변하는 것은 世俗과 다를 바가 없다. 이 命造는 庚金이 旺한데 丙火가 없으니 貴한 氣運이 부족하다. 卯木과 申金이 서로 合하고 申金宮의 庚金이 乙木에 情을 보내고 乙木이 卯木에 앉아 있으니 가을의 木이 뿌리가 있다. 庚金이 透干하고 丁火의 剋制가 있으니 配合이 적당하다. 그러므로 비록 僧道의 사람이나 富裕하였다.

戊	乙	庚	戊	知懸, 此化格, 妻賢子肖
寅	丑	申	午	

이 命造는 乙庚化金으로 年과 時에 寅木과 午火가 旺한 氣勢를 거스르므로 이는 假化이지 眞化가 아니다. 土神을 用神으로 삼으니

丑土宮이 金水를 도와 旺하여 起身을 除去하니 妻와 子息이 賢明하였다.

秋乙逢金, 非貧卽夭. 秋生乙木忌根枯, 根旣枯槁, 貧苦到老.
추을봉금 비빈즉요 추생을목기근고 근기고고 빈고도로

가을의 乙木이 金을 만나면 貧困하지 않으면 夭折하는데 가을에 生한 乙木은 뿌리가 마르는 것을 꺼리니 뿌리가 말라비틀어지면 늙도록 貧苦한다.

가을의 乙木이 申月에 다다르면 絶地에 임하게 된다. 만약 四柱에 比劫과 印의 生과 도움이 없고 金이 많이 나타나면 가난하지 않으면 夭折한다. 뿌리가 마르는 경우는 이른바 地支에 金이 많은 것이다. 살아있는 나무의 뿌리에 鐵이 묻혀있는 것을 가장 꺼리니 반드시 가난하고 고생한다. 이는 보통 乙木이 身弱한 경우를 말하는 것이다.

三秋에 甲乙木은 木性을 안으로 거두어 들이니 地支에 亥水와 卯木을 만나면 뿌리를 깊고 단단하게 땅에 묻게 된다. 겉의 모양은 가지와 잎이 마르고 시들어 죽으니 가장 좋은 것은 자르고 다듬어 주어야 비로소 棟梁의 材木이 될 수 있다. 그러므로 봄의 木은 身旺하면 火로 秀氣를 洩해야 마땅하고 가을의 木이 身旺하면 金으로 剋制하는 것이 마땅한 것이다. 때에 따라 制御하는 좋은 방법도 일정한 원리가 있는 것이다. 또한 甲木은 庚金이 좋고, 乙木은 辛金이 좋으며, 制煞에는 丁火가 가장 좋고 그 다음이 丙火다.

身弱하면 癸水가 透出하는 것이 필요하니 그와 같으면 剋制가 두렵지 않다. 癸水를 取하여 金을 洩氣하지 않는다 해도 癸水가 甲乙木을 滋潤하여 도와주니 믿는 것이 있으므로 두려움이 없다.《子評眞詮》에 이르기를「가을의 木은 煞이 살린다.」하였는데 이는 실로

至極한 理致를 품고 있는 말이다. 또한 「가을의 木이 盛하면 七煞이
透干하여 剋制함이 있으면 實하지 않음이 없다.」하였다. 그러나 七
煞의 쓰임이 한결 같지 않으니 「三秋木論」을 살피라.

八月 乙木, 芝蘭禾稼均退. 以丹桂爲乙木. 在白露之後, 桂蕊未開,
팔월 을목   지란화가균퇴   이단계위을목   재백로지후   계예미개
啬用癸水以滋桂萼. 若秋分後, 桂花已開, 脚喜向陽, 又宜用丙, 癸
단용계수이자계악   약추분후   계화이개   각희향양   우의용병   계
水次之, 丙癸兩透, 科甲名臣.
수차지   병계량투   과갑명신

八月乙木은 芝蘭과 禾稼가 하나같이 져버린 뒤이니 丹桂를 乙木이라
한다. 白露 後에는 계수나무에 꽃술이 아직 꽃을 피우지 않았으니 우
선 癸水를 써서 꽃받침을 滋養해야 한다. 萬若 秋分 後라면 계수나무
가 이미 開花하였으니 오로지 陽을 救하는 것을 기뻐하므로 마땅히 丙
火를 쓰며 癸水는 그 다음으로 쓴다. 丙火와 癸水가 더불어 透干하면
科擧及第하여 臣下로 이름이 난다.

乙木이 봄에 나면 芝蘭이라 하고, 여름에 나면 禾稼라 하며, 가을
에 나면 비유하기를 丹桂라 한다. 秋分前에는 火氣가 아직 남아있으
므로 水와 土로 서로 북돋아주는 것이 기쁘니 七月에는 己土를 쓴
다. 八月에는 癸水를 쓰는데 모두 乙木을 滋潤하기 위한 것이다. 秋
分 以後에는 가을의 기운이 점점 깊어지니 癸水로 그 뿌리를 滋潤하
고 다시 丙火인 太陽이 있어서 따뜻하게 비춰주는 것이 마땅하다.
이와 같이 水火旣濟가 되면 木이 스스로 繁盛하여 榮華롭게 된다.
그러므로 丙火와 癸水가 더불어 透干하면 반드시 科甲하여 臣下로
이름이 난다.

　丹桂 : 붉은 계수나무

或支成金局, 宜暗藏丁, 無丁制金, 恐木被金傷. 若無水火, 此人勞
혹지성금국 의암장정 무정제금 공목피금상 약무수화 차인로
碌, 或得癸水, 爲子得母, 其人一生豊盈. 或丙癸兩透, 戊土雜出, 亦
록 혹득계수 위자득모 기인일생풍영 혹병계량투 무토잡출 역
主異路功名.
주이로공명

或 地支에 金局을 이루면 마땅히 丁火가 暗藏되어야 하나 丁火가 金을
剋制함이 없으면 木이 金에게 傷하게 되는 것을 조심해야 한다. 萬若
水火가 없으면 이 사람은 자갈밭을 일구듯이 헛고생을 하게 된다. 或
癸水를 얻으면 子息이 어미를 만난 것과 같으니 一生이 豊足하다. 或
丙火와 癸水가 더불어 透干하고 戊土가 雜出하면 亦是 異路功名한다.

地支에 金局을 이루면 이른바 活木이 뿌리에 鐵이 묻히는 것을 싫
어한다하여 반드시 丁火로 그것을 制剋하여주거나 癸水로 金을 化
煞하여야 한다. 그러므로 辛金과 丁火와 癸水가 나란히 透干하면 이
는 大富大貴하게 된다. 만약 水와 火가 없으면 木이 金에게 損傷을
당하니 고생이 적지가 않다. 또한 壽命의 損傷을 막아야한다. 癸水
를 얻은 경우는 子息이 어미를 얻은 格이고 다시 丙丁火가 透干하면
반드시 功名顯達한다.

生秋分後, 有丙無癸, 亦略富貴. 若有癸無丙, 名利虛花. 若四柱不
생추분후 유병무계 역략부귀 약유계무병 명리허화 약사주불
見丙癸, 下格.
견병계 하격

秋分 後에 生하고 丙火는 있으나 癸水가 없으면 亦是 어느 정도의 富
貴는 이루며 萬若 癸水가 있고 丙火가 없으면 名利가 꽃과 같이 피었
다 虛無하게 져버린다. 萬若 命局 中에 丙火와 癸水를 보지 못하면 下
格이다.

116

이는 위의 地支에 金局을 이룬 것에 대해 이어서 쓴 글로 秋分 前에는 癸水가 主되게 필요하고 丙火가 輔佐해야하며, 秋分 後에는 丙火가 먼저 필요하고 癸水가 輔佐해야 한다. 추운 木이 陽氣를 願하니 丙火가 없으면 名利가 모두 虛하고 不實하다. 그러므로 丙火와 癸水가 안 나타나면 水火가 모두 없는 것이니 이는 貧賤하고 夭折할 命이다.

> 或癸在年(月)干, 丙透時干, 名爲木火文星, 定主上達. 生於秋分後方佳.
> 혹계재년(월)간 병투시간 명위목화문성 정주상달 생어추분후방가

或 癸水가 年(月)干에 있고 丙火가 時에 透干하면 이르기를 木火文星이라 하며 반드시 크게 上達하게 되고 秋分 後 生하면 더욱 아름답다.

이는 酉金인 煞을 쓰지 않는다는 것을 말한 것이다. 癸水가 年과 月의 天干에 있고 丙火가 時干에 透干하면 이는 印인 癸水로 化煞하여 乙木을 生하고 時干의 丙火로 乙木의 秀氣를 洩한다. 이를 부르기를 木火文星이라 한다. 秋分 後에 生하면 추운 나무가 陽氣를 願하니 丙火를 얻어 쓰면 반드시 上達한다.

> 或生上半月無癸, 姑用壬水, 不然, 枯木無用, 必作貧人. 又四柱多見戊己, 下格.
> 혹생상반월무계 고용임수 불연 고목무용 필작빈인 우사주다견무기 하격

或 태어난 것이 上半月이고 癸水가 없으면 부득이 壬水를 쓰는데 그렇지 않으면 마른 木이 되어 쓸 곳이 없게 되니 반드시 貧困한 사람이 된다. 또한 命局에 戊己土를 많이 보게 되면 下格이다.

上半月에는 癸水가 主로 필요한 神이나 만약 癸水가 없으면 壬水
라도 쓸 수 있다. 비록 壬水는 潤澤한 天然의 雨露는 아니지만 역시
뿌리와 그루터기를 북돋아 潤澤하게 할 수 있다. 만약 水가 없으면
乙木의 뿌리가 마르게 되는데 더욱 戊己土가 많이 나타나면 癸水가
剋制를 당하니 하나같이 貧賤한 下格이 된다.

壬水나 癸水가 적게 나타나거나 축축한 土인 辰土와 丑土가 나타
나면 모두가 거리낌은 없으나 물을 대는 것이 중요하니 壬水와 癸水
두 글자가 많이 나타나는 것이 마땅하다.

用癸者, 金妻 · 水子. 用丙者, 木妻 · 火子. 用壬者, 金妻水子.
용계자 금처 수자 용병자 목처 화자 용임자 금처수자

癸水를 쓰면 金을 妻로 보고 水를 子息으로 보며, 丙火를 쓰면 木을 妻
로 보고 火를 子息으로 보고, 壬水를 쓰면 金을 妻로 보고 水를 子息으
로 본다.

八月의 乙木은 癸水를 쓰거나 丙火를 쓰는 것을 벗어나지 못하는
것이라. 壬癸水를 生하는 金을 妻로 보고 壬癸水를 子息으로 본다.
丙火를 쓰면 丙火를 生하는 木을 妻로 보고 丙火를 子息으로 본다.

甲乙遇强金, 魂歸西土, 青龍逢兌旺, 且貧且賤.
갑을우강금 혼귀서토 청룡봉태왕 차빈차천

甲乙木이 强한 金을 만나면 魂이 西土로 돌아간다. 青龍인 甲乙이 旺
한 兌를 만나면 貧困하고 또 賤해진다.

甲乙木이 가을에 이르면 氣勢가 休囚에 놓이게 되니 印의 生이나
劫의 도움이 없고 旺한 金을 만나면 夭折하거나 貧賤해진다. 青龍은
木이고 兌는 金을 말한다.

兌 : 팔괘(八卦) 중에 유금(酉金)을 뜻한다. 방향은 정서(正西)이다.

乙木生居酉, 莫逢巳酉丑, 富貴坎離宮, 貧窮申酉守. 木逢金旺已傷,
을목생거유 막봉사유축 부귀감리궁 빈궁신유수 목봉금왕사상
再遇金鄕, 豈不損壽.
재우금향 기불손수

乙木이 酉月에 生하여 머물면 巳酉丑을 만나지 말아야 하니 富貴는 坎
離宮에 있고 貧窮은 申酉에서 기다린다. 木이 金의 旺함을 만나면 이
미 損傷을 당한 것인데 다시 金運을 만나면 어찌 壽命을 損傷하지 않
겠는가.

酉金에 나서 머문다는 것은 八月에 난 것을 말한다. 坎은 水이고
離는 火다. 水와 火가 配合되면 富貴하고 水와 火없이 申酉金을 거
듭 만나면 貧窮하고 夭折한다. 뜻은 앞글과 같다.

九月 乙木, 根枯葉落, 必賴癸水滋養, 如見甲申時, 名爲藤蘿繫甲,
구월 을목 근고엽락 필뢰계수자양 여견갑신시 명위등라계갑
可秋可冬.
가추가동

九月乙木은 뿌리가 마르고 잎이 지니 반드시 癸水의 滋養에 依支해야
한다. 그러나 甲申時를 얻으면 소위 藤蘿繫甲이 되니 가을도 可能하고
겨울도 可能하다.

구월은 가을의 기가 더욱 엄숙하고 마른 土가 사령하니 乙木은 癸
水가 아니면 자양이 불가능하다. 甲木과 비교할 수 없다. 丁火와 癸
水가 나란히 중하게 투간한다면 乙木이 비록 丁火를 보는 것을 기뻐
하나 癸水가 더욱 중요한 것이다.
　甲申時를 보면 藤蘿繫甲이라 한다. 말하기를 甲木이 申金 中에 있

는 金水로 官印相生하니 귀하게 된다고 한다. 寅時가 되어도 같은 경우가 된다. 특별히 官印이 없으면 用神을 다르게 취한다.

藤蘿繫甲 : 乙木이 甲木에 메달리는 것을 말하니 乙木이 甲木에 의지하여 생한다는 뜻이다.

若見癸水, 又遇辛金發水之源, 定主科甲. 或有癸無辛, 常人. 有辛
약견계수 우우신금발수지원 정주과갑 혹유계무신 상인 유신
無癸, 貧賤. 或四柱壬多, 水難生乙, 亦是尋常之輩.
무계 빈천 혹사주임다 수난생을 역시심상지배

萬若 癸水를 보고 또 辛金을 보면 發水의 根源을 얻음이니 반드시 科甲을 한다. 或 癸水는 있으나 辛金이 없으면 平常人이고 辛金은 있으나 癸水가 없으면 貧賤하게 된다. 或 命局에 壬水가 많으면 오히려 水가 乙木을 生하기 어렵게 되니 亦是 보통의 平常한 무리다.

乙木은 癸水가 북돋고 부축해주는 것을 기뻐하나 九月은 乾燥한 土가 當旺하니 癸水도 쉽게 마른다. 마땅한 것은 辛金이 生하여 주는 것이니 辛金과 癸水가 함께 透干하면 科甲을 한다. 그러나 癸水는 있으나 辛金이 없으면 癸水의 根源이 없게 되고 辛金은 있으나 癸水가 없으면 乙木이 말라비틀어지니 모두 顯達하기 어렵다.

壬水는 江湖의 水이므로 많으면 木이 떠내려 간다. 그러므로 壬水는 乙木을 生하기가 어렵다는 것이다. 만약 한 두 점의 壬水로는 시작부터 쓸 수가 없으니 癸水로 적절히 북돋고 부축해주는 것만 못하다. 壬水를 쓰면 配合에 情이 없으니 平常人이 될 뿐이다.

或支多戊土, 又逢天干, 作從才看, 無比劫方妙, 一逢比劫, 富屋
혹지다무토 우봉천간 작종재간 무비겁방묘 일봉비겁 부옥
貧人.
빈인

120

或 地支에 戊土가 많은데 다시 天干에서도 만나면 從財格을 지은 것으로 보니 比劫이 없어야 비로소 빼어나게 된다. 比劫을 한 번이라도 만나게 되면 富屋貧人이다.

三秋에 木氣는 休囚되니 土가 많으면 從財를 한다. 이는 일정한 원리이다. 그러나 比劫이 있으면 안 된다. 하나의 比劫만 나타나도 단지 才多身弱이라 하지 從財格을 지었다고 하지 않는다.

富屋貧人 : 가난한 사람이라는 뜻으로 여기서는 재다신약(才多身弱)을 말한다.

用癸者, 金妻. 水子. 但子女艱難, 季土剋制故也.
용 계 자 금 처 수 자 단 자 녀 간 난 계 토 극 제 고 야

癸水를 쓰면 金을 妻로 보고 水가 子息이 되는데 그러나 子息을 두기 어려운 것은 季土가 制剋하기 때문이다.

癸水를 用神으로 삼으니 金을 妻로 보고 水를 子息으로 본다.

丙　乙　甲　甲
子　酉　戌　寅
名藤蘿繫甲, 癸水得祿, 科甲名臣

癸水가 祿을 얻고 酉金이 癸水를 生한다. 이는 辛金과 癸水가 用神이다.

癸　乙　戊　辛
未　卯　戌　丑
辛癸兩透, 木局破戊, 行西運選拔, 位地尚書

戊土가 癸水를 剋制하니 病이 된다. 木局이 戊土를 破해주니 藥이 된다. 그러므로 辛金과 癸水를 用神으로 삼는다.

```
庚   乙   丙   庚
辰   亥   戌   辰
支見辰可云化合, 但非其時, 孤貧有壽
```

化合이 때를 잃었을 뿐 아니라 또한 丙火마져 透干하니 破格이다.

3) 三冬乙木

十月 乙木, 木不受氣, 而壬水司令, 取丙爲用, 戊土次之.
십 월 을 목 목 불 수 기 이 임 수 사 령 취 병 위 용 무 토 차 지

十月乙木은 木이 氣를 받지 못한다. 壬水가 司令하니 丙火를 取하여
쓰고 戊土를 그 다음으로 쓴다.

乙木과 甲木이 같지 않다. 小陽인 봄의 기후에는 겉모양은 시들고
죽은 듯 하나 안은 이미 움직이고 있으니 껍질 속은 푸르기 시작하
고 점차 싹이 자란다. 이는 木氣가 長生하는 때이다. 그러므로 甲木
은 氣이고 乙木은 質이라 한다. 氣는 이미 動하였으나 質은 아직 形
이 이루어지지 않았으므로 乙木은 氣를 아직 받지 않은 상태이다(陽
은 動하였으나 陰이 아직 動하지 않았다).

그러므로 아직은 氣를 받지는 않았으므로 기쁜 것은 陽和를 얻으
면 榮華롭게 된다. 차가운 木이 陽을 願하니 반드시 丙火를 取하여
쓴다. 壬水가 司令하므로 水가 旺하여 木이 뜨니 戊土로 病을 制剋
하는 약이 된다. 그러므로 戊土가 그 다음이 된다. 十月은 壬水가 곧
當令한 神이 되니 비록 透干하지 않아도 旺한 것이다.

小陽 : 火가 太陽이고 木은 小陽이 된다. 여기서는 木을 뜻한다.

丙戊兩透, 科甲定然. 有丙無戊, 雖不科甲, 亦入儒林. 支多丙火, 運
병 무 량 투 과 갑 정 연 유 병 무 무 수 불 과 갑 역 입 유 림 지 다 병 화 운

122

入火鄉, 亦主顯達.
입 화 향 역 주 현 달

丙火와 戊土가 더불어 透干하면 科甲이 確實하다. 丙火는 있으나 戊土
가 없으면 비록 科甲은 못해도 亦是 儒林에는 들어간다. 地支에 丙火
가 많고 運路가 火鄉으로 가면 亦是 顯達한다.

丙火와 戊土 둘 中에 丙火가 중요한 用神이고 戊土는 病을 除去하
는 藥이다. 그러나 丙火가 있고 壬水가 透干하지 않으면 비록 戊土
가 없을지라도 貴하게 顯達한다.

或水多無戊, 乙性漂浮, 流蕩之徒. 若不見丙巳, 妻子難全. 或一點
혹 수 다 무 무 을 성 표 부 류 탕 지 도 약 불 견 병 사 처 자 난 전 혹 일 점
壬水, 卽多見戊土, 亦爲不妙, 得甲制戊, 可許能幹, 但爲人好生禍
임 수 즉 다 견 무 토 역 위 불 묘 득 갑 제 무 가 허 능 간 단 위 인 호 생 화
亂, 構訟生非, 男女一理.
란 구 송 생 비 남 녀 일 리

或 水는 많은데 戊土가 없으면 乙木이 떠내려가게 되니 떠도는 放蕩한
무리다. 萬若 丙火와 己土도 보지 못하면 妻子息을 保全하기 어렵다.
만약 한 점의 壬水가 있고 戊土를 많이 보면 亦是 빼어나지 못하고 甲
木을 얻어 戊土를 剋制하면 才幹은 있다. 그러나 사람됨이 禍亂을 만들
기를 좋아하고 訟事를 짓고 그릇된 일을 만든다. 男女가 같은 理致다.

乙木은 木의 質이라 한다. 비유하면 풀과 같으니 겨울이 되면 마
르고 水가 많으면 떠다니게 된다. 만약 丙火와 己土가 救하지 않으
면 늪지대에 엎어져 흘러 떠도는 象이니 이는 곧 印이 많으므로 才
로 印를 덜어서 救해주어야 한다. 그러나 도리어 한 점의 印에 戊土
가 많이 나타나면 才가 旺하여 寅을 쳐부수게 되니 역시 빼어나지
못하게 된다. 그러므로 甲木으로 救해야 한다. 이른바 藤蘿繫甲이라

함이 바로 이것이다. 다만 乙木이 믿는 것이 있어 두려움이 없으니 사람이 비록 精氣가 맑고 才幹을 익힘이 많으나 많은 是非를 일으키는 것을 면하지 못한다. 才幹은 넘치지만 德이 不足한 것이다.

支成木局, 時值小陽, 此又如春木同旺, 若有癸出, 須取戊爲尊, 加
지성목국 시치소양 차우여춘목동왕 약유계출 수취무위존 가
以丙透, 科甲之人. 若無丙戊二字, 自成自敗, 終非承受之輩.
이병투 과갑지인 약무병무이자 자성자패 종비승수지배

地支에 木局을 이루면 小陽의 때에 놓인 것이며 이는 또한 봄의 木과 같이 旺한 것이니, 萬若 癸水가 透干하여 있으면 마땅히 戊土를 尊貴하게 取한다. 더해서 丙火가 透干하면 科甲할 사람이다. 萬若 丙火와 戊土 두 글자가 없으면 스스로 이루다가 무너지고 말게 되니 끝내는 받아서 이어가지 않을 무리다.

支에 亥卯未가 모여 木局을 이루면 小陽인 봄의 때에 있으니 마치 봄의 木과 같이 旺相하다. 그러나 다른 것은 月令에 印이 旺한 것이니 干頭에 丙火를 보면 자연스럽게 水火旣濟를 이루어 水와 火가 나란히 보이는 봄의 木과는 비교할 수 없다(滴天髓補註 方局節을 참작하여 살펴보라). 만약 癸水가 出干하여 있으면 印綬가 太旺하여 축축함이 심하고 陰氣가 짙어지니 도리어 損害가 나타나므로 반드시 戊土가 出干하여 癸水와 合해야 한다. 더하여 丙火가 透干하면 木이 자연히 榮華롭게 되고 繁盛하여 자란다. 만약 戊土와 丙火가 없으면 癸水가 陰하고 축축한 氣運이니 도리어 生하려는 것이 剋이 되어 끝내는 나무를 지탱할 수 없게 된다.

| 丁 | 乙 | 乙 | 己 | 丙戊祿在巳, 惜不透干, 可許一榜 |
| 亥 | 巳 | 亥 | 亥 | |

丙火와 戊土의 祿이 巳火에 있으나 哀惜한 것은 亥水가 巳火를 沖

124

하는 것으로 用神이 損傷을 당한다. 丙火와 戊土가 透出하지 않으니 이는 成功 중에 失敗가 있는 것이다. 失敗해도 救할 것이 없다.

丁	乙	癸	戊	丙戊兩透, 都史
卯	酉	亥	戌	

이 命造는 誤謬가 있다. 六乙日에는 己卯時지 丁卯時가 아니다. 또한 坊本에는 戊戌이 戊子로 되어있다. 누가 그런 것인지 아직 알 수 없다.

十一月 乙木, 花木寒凍, 一陽來復, 喜用丙火解凍, 則花木有向陽之
십일월 을목 화목한동 일양래부 희용병화해동 칙화목유향양지
意, 不宜用癸以凍花木, 故峏用丙火.
의 불의용계이동화목 고단용병화

十一月 乙木은 花木이 추위에 얼어 있으나 一陽이 다시 돌아오니 기쁜 것은 丙火를 써서 解凍해주면 花木이 陽을 願하는 뜻이 있다. 그러나 좋지 못한 것은 癸水를 써서 花木을 얼게 하는 것이니 그러므로 먼저 丙火를 쓴다.

十一月 乙木은 十月과 거의 같으니 丙火와 戊土가 없어서는 안 된다. 丙火로는 추위를 풀고 戊土로는 病이 되는 癸水를 除去해야 한다. 따라서 壬水와 癸水가 透干하면 戊土의 制剋이 없으면 안 된다. 그러나 壬癸水가 없으면 戊土 역시 쓰지 않아도 된다. 추운 나무는 陽氣를 願하니 丙火가 없거나 적으면 안 된다.

丙火가 없으면 乙木은 털끝만큼도 生할 수 있는 기틀이 없는 것이니 氣候를 調和하기 위해서는 丙火가 아니면 불가능하다. 특히 冬至 前後가 다소 차이가 있으니, 冬至 前에는 陽氣가 아직 움직이지 않으므로 비록 丙火를 쓴다 해도 안정된 富와 榮華로 높아지는 것에

불과하고, 冬至 後는 一陽이 다시 돌아오니 丙火를 얻으면 顯達하여 貴하게 되는 것을 기약할 수 있다. 이는 節候의 관계 때문이다.

有一二點丙火出干, 無癸制者, 可許科甲. 即丙藏支內, 亦有選拔恩
유일 이점 병화출간 무계제자 가허과갑 즉병장지내 역유선발은
封, 得此不貴, 必因風水薄. 或壬癸出干, 有戊制, 可作能人, 即丙在
봉 득차불귀 필인풍수박 혹임계출간 유무제 가작능인 즉병재
支內, 亦是俊秀. 若壬透無戊, 貧賤之人.
지내 역시준수 약임투무무 빈천지인

한 두 개의 丙火가 出干하여 있고 癸水의 剋制가 없으면 科甲을 기약할 수 있다. 丙火가 地支 內에 숨어있어도 亦是 選拔의 恩封은 있으나 이와 같이 얻고도 貴하지 못하게 된다면 반드시 風水가 薄한 탓이다. 或 壬癸水가 出干하고 戊土의 剋制함이 있으면 可히 能力이 있는 사람을 만든다. 게다가 丙火가 地支 內에 있으면 亦是 이것도 俊秀한 것이다. 萬若 壬水가 透干하고 戊土가 없으면 貧賤한 사람이다.

앞글의 뜻을 敷衍하여 설명한 것이다. 丙火가 出干하고 壬癸水의 剋制가 없으면 가히 科甲을 할 수 있다. 丙火가 寅木과 巳火에 숨고 申金과 亥水의 刑沖이 없으면 역시 貴하게 된다. 또는 壬癸水가 出干하고 戊土의 權勢가 있으면 역시 秀氣가 된다. 壬癸水가 透干하여도 丙火가 감추어지면 역시 우수한 선비가 된다. 특별히 두려운 것은 壬癸水가 透干하고 戊土가 없는 것으로 病은 있고 藥이 없는 것과 같아 貧賤한 사람이 되고 만다.

支成水局, 干透壬癸, 丙丁全無, 雖有戊制, 貧乏到老, 運至南方, 稍
지성수국 간투임계 병정전무 수유무제 빈핍도로 운지남방 초
有衣食. 丁火有亦如無, 丁乃燈燭之火, 豈能解嚴寒之凍. 設無丙丁,
유의식 정화유역여무 정내등촉지화 기능해엄한지동 설무병정
戊土多見, 金水奔流, 下賤. 或有戊己無火, 亦屬常人, 但不至下賤.
무토다견 금수분류 하천 혹유무기무화 역속상인 단불지하천

126

或一派丁火, 大奸大詐之徒. 如無甲引丁, 孤鰥到老. 丁火見甲, 必
혹일파정화 대간대사지도 여무갑인정 고환도로 정화견갑 필
主麟趾振振, 芝蘭繞膝.
주린지진진 지란요슬

地支에 水局을 이루고 壬癸水가 天干에 透出하고 丙丁火가 전혀 없으
면 비록 戊土의 剋制함을 얻어도 늙도록 窮乏하게 된다. 그러나 運이
南方에 이르면 약간의 衣食만은 있다. 丁火가 있어도 亦是 없는 것과
같으니 丁火는 燈燭의 火이니 어찌 能히 酷毒한 추위에 얼어붙은 것을
풀 수 있겠는가. 丙丁火가 없이 戊己土가 많이 나타나면 金水가 어지
럽게 흐르므로 下賤한 것이다. 或 戊己土가 있고 火가 없으면 亦是 平
常人에 속한다. 그러나 下賤함에 이르지는 않는다.
或 한 무리의 丁火를 보면 크게 奸詐한 무리가 된다. 더불어 甲木이 丁
火를 引發해주지 않으면 늙도록 孤獨한 홀아비가 되고 丁火가 甲木을
보면 반드시 빛나는 자취를 떨치고 膝下에 子孫이 繁昌한다 .

丙丁火는 중요한 물건이고 戊土는 救應의 神이다. 그러나 戊土가
壬水를 剋制한다 해도 丙丁火가 없으면 乙木이 비록 얼지 않는다 해
도 역시 生의 기틀이 없으니 平常人이 되고 만다. 뿌리는 싹 보다 먼
저 있는 것이니 原局에 뿌리가 되는 丙丁火가 없고 運이 南方으로
가면 역시 쥐꼬리만한 衣食에 不過하고 顯達은 바랄 수도 없다.
丙火는 太陽의 火이고 丁火는 등잔의 불이다. 氣候를 調和하기 위
해서는 반드시 丙火를 써야하며 丁火는 비록 있어도 거의 없는 것과
같다. 原局에 丙火가 없어서 부득이 丁火를 쓰면 丁火가 午火나 未
土에 通根하여야하고 甲木에 짝하여 의지해야 역시 쓸 수 있다. 그
러나 力量이 미약하고 가벼울 뿐이다. 만약 한 무리의 丁火가 있으
면 力量이 充足하니 자연히 丁火를 쓸 수 있게 된다. 단 陰木에 陰火
니 性情이 반드시 陰沈하며 비록 木火通明은 되어 聰明은 하나 크게
奸詐하다.

丁火는 甲木으로써 嫡母를 삼고 乙木 또한 甲木을 타고 올라 繁盛하고 甲木은 丁火를 生한다. 그러나 乙木은 丁火를 生할 수 없으므로 丁火는 甲木을 보아야 生을 얻어 祥瑞로운 발자취를 떨치게 되나 甲木이 丁火를 이끌어주지 않으면 고독한 홀아비가 된다(丁火가 乙木을 보면 이르기를 마른 풀에 등불을 붙인다하니 火를 이끌 수는 있으나 火를 生하지는 못한다).

> 或成水局, 壬癸兩透, 則木浮矣, 不特貧賤, 而且夭折, 得一戊救
> 혹성수국 임계량투 칙목부의 불특빈천 이차요절 득일무구
> 方可.
> 방가

或 水局을 이루고 壬癸水가 더불어 透干하면 木이 뜨는 것이다. 그러므로 貧賤한 것이 特別하지 않고 또한 夭折 하게 된다. 하나의 戊土라도 얻으면 救濟가 비로소 可能하다.

壬癸水가 透干하면 반드시 戊土로 剋制하여야 火를 救濟할 수 있다. 그러나 己土로는 水를 制御할 수 없으니 이와 같이 丁火로는 解凍할 수 없다. 그러므로 戊土를 얻어야 응당 救濟할 수 있으니 夭折은 면한다. 그러나 丙火가 안 나타나면 끝내 平常人이 된다.

> 冬月之木, 雖取戊制水, 不可作用, 崇取丙火則可. 用火者, 木妻·
> 동월지목 수취무제수 불가작용 단취병화칙가 용화자 목처
> 火子. 用土者, 火妻·土子.
> 화자 용토자 화처 토자

冬月之木은 비록 戊土를 얻어 水를 剋制해도 用神이 되지 못하니 우선으로 丙火를 取하여야 비로소 作用이 可能하다. 火를 쓰면 木을 妻로 보고 火를 子息으로 삼으며, 土를 쓰면 火를 妻로 보고 土를 子息로 삼는다.

겨울에 戊土를 兼하여 取해도 病을 除去하는 藥에 불과하지 이로
서 用神을 삼을 수 없다. 겨울의 乙木은 調候가 急하니 오로지 丙火
를 취하여 써야 한다. 用神이 火인 경우는 食傷을 子息으로 보고 比
劫은 妻가 된다. 原局에 丙火가 없고 壬癸水가 나타나면 부득이 戊
土를 取하여 用神으로 삼으니 이는 才를 子息으로 보고 食傷이 妻가
된다.

丙	乙	戊	庚	丙戊兩透, 詞林
子	巳	子	申	

丙火와 戊土가 巳火에 祿을 얻으니 기쁜 것은 情이 있는 것이다.
그러나 哀惜한 것은 乙木이 뿌리가 없는 것이다보니 그와 같지 않다
면 마땅히 詞林에 그치지 않았을 것이다.

乙木生於冬至之後, 坐下木局, 得丙透干者, 富貴之造. 卽丁出干,
을목생어동지지후 좌하목국 득병투간자 부귀지조 즉정출간
亦有衣祿, 須忌癸制丁. 乙木生於冬月, 己土透干, 又有丙透, 大富
역유의록 수기계제정 을목생어동월 기토투간 우유병투 대부
貴之造.
귀지조

乙木이 冬至 後에 生하고 앉은 곳 아래가 木局이고 丙火가 透干함을
얻으면 富貴의 命造이다. 卽 丁火가 出干하여도 亦是 依祿은 있으며
모름지기 癸水가 丁火를 制剋하는 것을 꺼린다. 乙木이 冬月에 나고
己土가 透干하고 또 丙火가 透干하면 큰 富貴의 命造이다.

冬至 後에 生한 경우는 一陽이 다시 돌아오니 특별히 丙火만 쓸
수 있는 것이 아니고 丁火도 역시 쓸 수 있다. 日元이 旺하고 丙火를
보면 추운 木이 陽氣를 願하니 반드시 富貴하게 된다. 丁火를 보면
비록 力量이 부족하나 역시 衣祿은 있다. 그러나 오직 癸水를 보지

않아야 한다. 己土가 透干하고 또한 丙火가 透干하면 이는 從才格이 된다. 地支에 丑土가 있고 子水가 合하면 비로소 빼어나게 된다. 十 二月 從才節을 보라.

日元 : 일간을 뜻한다.

十二月 乙木, 木寒宜丙, 有寒谷回春之象, 得一丙透, 無癸出破格,
십이월 을목 목한의병 유한곡회춘지상 득일병투 무계출파격
不特科甲, 定主名臣顯宦. 丙火藏支, 食祿而已. 干支無丙, 一介寒儒.
불특과갑 정주명신현환 병화장지 식희이이 간지무병 일개한유

十二月 乙木은 木이 추우니 마땅한 것은 丙火다. 추운 계곡에 봄이 돌아오는 象이니 하나의 丙火가 透干하고 癸水가 出干하여 格을 깨지 않으면 科甲이 特別하지 않고 定히 이름 있는 臣下와 관리로 顯達한다. 丙火가 地支에 숨으면 食祿은 있게 되나 干支에 丙火가 없으면 一介의 가난한 선비일 뿐이다.

十二月 乙木은 丙火가 없어서는 안 되니 十一月과 같다. 嚴冬에 얼어붙는 때이나 太陽이 大地를 비추면 추운 계곡에 봄이 돌아오는 것과 같으므로 그 力量이 培가 되어 나타난다. 그러므로 科甲이 특별한 것이 아니니 반드시 臣下로 이름이 나고 官僚로 顯達한다. 그러나 특히 안 되는 것은 癸水가 있어서 破格이 되는 것이다.

丙火가 地支에 숨고 運이 東南으로 가면 丙火를 이끌어내니 역시 顯達하게 된다. 대개 原局에 丙火가 있고 運이 木火로 가면 뿌리가 된다. 만약 運이 西北으로 가면 먹고사는 것에 不過할 뿐이다. 또한 原局에 丙火가 없으면 추위에 나무가 얼어붙으니 一生이 淸貧하다.

或四柱多己, 不逢比劫, 乃爲從才, 富比王侯, 若見比劫, 貧無立錐.
혹사주다기 불봉비겁 내위종재 부비왕후 약견비겁 빈무립추

130

或 命局에 己土가 많고 比劫을 만나지 않으면 이는 從財格이 되니 富가 王侯와 견줄 수 있다. 그러나 萬若 比劫을 보면 貧寒이 집안 가득차서 송곳 꽂을 틈도 없게 된다.

이것은 從才格이다. 그러므로 역시 丙火를 보아야 비로소 빼어나게 되니 丙火가 있으면 大富大貴하게 된다. 丙火가 없으면 일개 富者에 不過하고 比劫을 보면 破格이 된다.

雖或一派戊己, 見甲頗有衣祿. 崇以丙火爲用, 方妙.
수혹일파무기 견갑파유의록   단이병화위용   방묘

비록 한 무리의 戊己土가 있고 甲木을 보면 다만 衣食과 俸祿이 있을 뿐이니 먼저 丙火를 取해 써야만 비로소 빼어나게 된다.

이는 才가 많으면 比劫을 用神으로 삼고 역시 丙火를 보므로 비로소 빼어나게 된다. 冬月에 丙火를 쓰면 氣候를 調和하므로 되레 살리는 功을 이루는 것이니 洩氣하는 것을 取하는 것이 아니다.

| 辛 | 乙 | 癸 | 壬 | 巳中丙戊得所, 一榜, 官至太守 |
| 巳 | 卯 | 丑 | 午 | |

이 命造는 乙木이 오로지 祿이 되고 丙火와 壬水가 巳火宮에 祿을 얻으니 운이 南方으로 가서 반드시 뜻을 얻게 된다.

| 辛 | 乙 | 癸 | 壬 | 巳酉丑會金局, 帶丙不得祿, 一富而已 |
| 巳 | 酉 | 丑 | 午 | |

巳酉丑 三合 金局에 丙火가 辛金을 만나면 合하여 머물게 되어 도리어 두려워하니 丙火가 그 力量이 감소되고 巳火宮이 金의 長生地로 변한다. 그러므로 丙火를 두르고도 祿을 얻지 못했다. 丙火의 力

量이 존재하니 생각건대 用神 羈絆이다. 그러므로 顯達을 못하고 일 개 富者일 뿐이다. 만약 巳火와 丑土가 合하고 酉金이 없었다면 羈 絆에 이르지는 않았을 것이다.

庚	乙	己	庚	此命殺重身輕, 貧而且夭
辰	巳	丑	子	

庚金 두 개가 透干하니 官이 많아 殺로 변한다. 乙木이 巳火에 앉 았으나 丙火와 戊土가 暗藏하고 己土가 出干하여 있으니 지탱할 수 없다. 殺이 무리를 지어 身을 剋한다.

第2章 論　火

炎炎眞火, 位鎭南方, 故火無不明之理, 輝光不久. 全要伏藏, 故明
염염진화　위진남방　고화무불명지리　휘광불구　전요복장　고명
無不滅之象. 火以木爲體. 無木·則火不長焰. 火以水爲用, 無水·
무불멸지상　화이목위체　무목　칙화불장염　화이수위용　무수
則火太酷烈. 故火多則不實, 火烈則傷物. 木能藏火, 到寅卯方而生
칙화태혹렬　고화다칙불실　화렬칙상물　목능장화　도인묘방이생
火, 不利於西, 遇申酉而必死. 生居離位, 木斷有爲, 若居坎宮, 謹畏
화　불리어서　우신유이필사　생거리위　목단유위　약거감궁　근외
守禮.
수례

타오르는 것이 참다운 火이니 위치는 南方에 눌러앉아있다. 그러므로
火는 밝지 않은 法이 없으나 그 빛이 長久하지 못하니 전적으로 必要
한 것은 엎드려 감추는 것이다. 그러므로 火는 환하게 밝지만 不滅하
는 象도 없다. 火는 木을 體로 삼으니 木이 없으면 그 불길이 오랫동안
타오르지 못한다. 火는 水를 用으로 삼으니 水가 없으면 火가 지나치
게 심하게 타오른다. 火가 많으면 不實해지며 火가 세차게 타오르면
物을 損傷한다. 木은 能히 火를 감추고 있으니 寅卯方에 이르면 火를
生할 수 있다. 酉方에서는 利롭지 못하니 申酉金를 만나게 되면 반드
시 죽게 된다. 離宮에 머물면 旺하여지니 果斷性이 있고 坎宮에서 머
물면 삼가고 두려워하며 禮節을 지킨다.

火의 성질을 총론하면 火의 참된 성질은 熱을 내고 밝게 빛나는
것이다. 또한 火는 木을 體로 하며 火는 木과 짝을 이루면 빛이 휘날
리는 德이 드러난다. 水로서 對象을 삼으며 水를 증발하게 하여 뜨

겁게 타오르는 능력을 드러낸다. 丙火는 壬水를 떼어 놓을 수 없고
丁火는 甲木을 떼어 놓을 수 없다. 그것을 잘 생각해보야 한다. 火의
성품은 타오르는 것이고 東南으로 가는 것을 기뻐하니 榮華를 救하
는 象이고 西北으로 향하면 火의 성품을 逆行하니 점차 사그라지어
끊긴다. 그러므로 丙火와 丁火는 쓰임이 비록 같지 않으나 그 성품
은 같다. 生하여 머무는 곳이 離位이면 성질은 果斷하며 위를 향하
려고만 한다. 生하여 머무는 곳이 坎宮이면 소심하고 謹愼하며 예법
에 구속되고 지킨다. 이와 같은 火의 성정으로 말미암아 生月과 지
위에 따라 發現의 쓰임이 같지 않다.

金得火和, 而能鎔鑄. 水得火和, 則成旣濟. 遇土不明, 多主蹇塞. 逢
木旺處, 決定爲榮. 木死火虛, 難得永久, 縱有功名, 必不久長. 春忌
見木, 惡其焚也. 夏忌見土, 惡其暗也. 秋忌見金, 金難剋制. 冬忌見
水, 水旺則滅. 故春火欲明, 不欲炎. 炎則不實. 秋火欲藏 · 不欲明,
明則太燥, 冬火欲生 · 不欲殺, 殺則歇滅.

金을 얻어 火와 調和되면 이로써 能히 쇠를 녹여 거푸집에 부어 만들
수 있고 水를 얻어 火와 調和되면 水火旣濟를 이룬다. 土를 만나면 어
두워지니 障碍와 막힘이 많다. 木이 旺한 곳을 만나면 반드시 榮華롭
게 되며 木이 죽으면 火는 虛해지며 永久함을 얻기 어려우니 비록 功
名을 허락한다 해도 길고 오랫동안 가지 못한다. 봄에 꺼리는 것은 木
을 보는 것이니 불길한 것은 불에 타버리는 것을 싫어하기 때문이며,
여름에 꺼리는 것은 土를 보는 것이니 불길한 것은 어두워지기 때문이
며, 가을에 꺼리는 것은 金을 보는 것이니 金을 剋制하기 어렵기 때문
이며, 겨울에 꺼리는 것은 水를 보는 것이니 水가 旺하면 꺼지기 때문
이다. 그러므로 봄에 火는 밝기를 願하나 뜨거워지는 것을 願치 않으

니 불타버리면 不實해지기 때문이며, 가을에 火는 숨기를 願하고 밝기를 願하지 않으니 밝으면 지나치게 乾燥해지기 때문이며, 겨울에는 生을 願하고 殺을 願하지 않으니 火를 거서 消滅시키기 때문이다.

이 부분은 《滴天髓》 十干性情節을 參考하여 보라. 丙火는 猛烈하니 서리와 눈을 우습게 보며 水의 剋을 두려워 하지 않는다. 水와 火가 서로 和하면 旣濟의 空을 이루며 木旺地를 만나면 木火通明의 象이 드러난다(坊本에 水를 만나면 生이 어렵다는 말은 그릇된 말이다). 가장 두려워하는 것은 戊土이니 火의 빛을 어둡게 하여 밝음을 잃게 되고 土는 지나치게 乾燥하게 된다.

《滴天髓》에 이르기를 「土가 모이면 生함을 사랑한다.」 하였는데 火性이 猛烈하면 生하고 사랑하는 것을 잃은 것이다. 그러므로 막히고 장애가 많다. 봄에 生하면 木火通明을 기뻐하여 타오르기를 願하지 않는다. 그러므로 꺼리는 것은 木을 많이 보는 것이다. 가을과 겨울에 生하면 休囚地이니 木의 生이 있어야 하고, 金水의 氣가 旺한 것은 마땅하지 않으니 火가 衰하여 微弱함에 놓이기 때문이다. 金이 旺하면 火의 힘으로 剋制가 어렵다. 水가 旺하면 火의 氣勢가 다하여 없어지니 中和의 道가 아니다. 다음을 자세히 보라.

生於春月, 母旺子相, 勢力並行, 喜木生扶, 不宜過旺, 旺則火炎.
생어춘월 모왕자상 세력병행 희목생부 불의과왕 왕칙화염
欲水旣濟, 不愁興盛, 盛則沾恩, 土多則塞塞埋光, 火盛則傷多烈燥.
욕수기제 불수흥성 성칙첨은 토다칙건새매광 화성칙상다렬조
見金可以施功, 縱重見用才尤邃.
견금가이시공 종중견용재우수

春月에 태어나면 母旺子旺하니 勢力이 木과 火가 並行하여 木이 生扶하는 것을 기뻐하나 지나치게 旺함은 마땅치 않다. 旺한 卽, 火의 불길이 타오르게 되니 水로써 旣濟함을 願하고 興盛해도 謹審이 없으며 盛

136

하면 적셔주는 恩惠가 있다. 土가 많으면 障碍가 遲滯가 있고 빛이 묻히게 되며 火가 盛하면 傷하고 烈燥함이 많다. 金을 보면 가히 功을 베푸니 늘어서서 重複되게 나타나도 財를 써서 더욱 成就하게 된다.

火가 기쁘게 쓸 것으로 水와 木을 떠나지 못한다. 春月은 木이 旺한 시기이니 丙火가 壬水를 보면 水火旣濟의 功을 이룬다. 단지 木이 있어서 능히 水를 化해주면 水의 旺함도 두려워하지 않으니 水가 미쳐서 날뛰어도 도리어 火의 節度가 드러난다. 그러므로 水가 盛한 것을 근심하지 않으니 盛하면 보태주는 은혜가 있다. 丁火가 기뻐하는 것은 木이 生하고 도와주는 것이니 木火通明의 象이 된다. 그러나 木이 많으면 막히니 다시 金을 써서 나무를 덜어주면 木이 疏通이 되어 밝아지니 도리어 生하는 功을 이루게 된다.

봄의 金은 微弱하니 많아야 功을 베풀 수 있다. 왜냐하면 丙丁火의 힘이 모두 金을 불살라 녹여버리기에 충분하기 때문이다. 土를 보는 것을 꺼리는데 土가 盛하면 火의 빛이 어두워지기 때문이고 또한 土가 적어도 역시 燥熱해지는 病을 못 면하기 때문이다.

夏月之火, 秉令乘權. 逢水制則免自焚之咎, 見木助必招夭折之患,
하월지화 병령승권 봉수제칙면자분지구 견목조필초요절지환
遇金必作良工, 得土遂成稼穡. 金土雖爲美利, 無水則金燥土焦, 再
우금필작량공 득토수성가색 금토수위미리 무수칙금조토초 재
加木助, 太過傾危.
가목조 태과경위

여름의 火는 우두머리가 되어 權勢를 잡으니 水를 만나 剋制되어야 스스로 타버리는 허물을 免한다. 木이 돕게 되면 반드시 夭折하는 憂患을 부르게 된다. 金을 만나면 반드시 뛰어나고 巧妙하게 만들 수 있고 土를 얻으면 심고 거두어 成就하게 된다. 金과 土가 비록 아름답고 利롭다 하나 水가 없으면 金은 마르고 土는 그을리게 되며 다시 木의 도

움이 더하면 지나친 것이 되어 위태롭게 된다.

夏月은 火가 當旺한 시기이니 水가 없어서는 안 된다. 水의 制御
없이 木이 도우면 반드시 스스로 타버리는 우환을 초래하니 이른바
龍馬犬鄉에(寅午戌) 甲木이 오면 滅한다는 것이 이것이다. 金을 많
이 보면 火가 긴 여름에 天金이 疊疊하다 하여 반드시 鉅富가 된다.
土를 많이 보면 稼穡格을 이루나 火가 어두워지고 빛이 없어지니 역
시 水의 滋潤함이 없어서는 안 된다.

또한 金을 쓰면 濕土로 金을 生해주어야 하므로 土를 쓰면 마땅히
水를 얻어 滋潤해야 한다. 그렇지 않으면 土는 타고 金은 부스러져
福의 潤澤함이 완전하지 못하게 된다. 그리고 水를 쓸 때는 반드시
庚辛金이 나타나야 水가 나오는 根源이 된다. 水가 絶地에 臨하였으
니 金이 根源이 되지 못하면 한 방울의 물이 말라버리는 것을 嘆息
하게 되고 비록 水에 依支한다 해도 救濟가 없다.

秋月之火, 性息體和, 得木生則有復明之慶. 遇水剋難免 隕滅之災.
추월지화 성식체화 득목생칙유부명지경 우수극난면 운멸지재
土重而掩息其光. 金多而損傷其勢. 火見火以光輝, 縱疊見而必利.
토중이엄식기광 금다이손상기세 화견화이광휘 종첩견이필리

가을의 火는 性은 쉬고 體는 和하니 木의 生함을 보면 다시 밝아지는
기쁨이 있다. 水의 制剋을 만나면 불이 꺼지는 災殃에 이르는 것을 免
하지 못한다. 土가 重하면 그 빛이 안보이고 식게 되며 金이 많으면 그
勢力을 損傷한다.
火가 火를 보면 빛을 휘날리게 되니 火가 늘어서서 重疊되게 보이면
반드시 利롭다.

火가 申酉月에 이르면 死絶地가 된다. 반드시 木이 있어 生해주고

138

比劫으로 도와주어야 한다. 水가 旺하게 나타나면 죽어 없어지는 우환을 면하기 어렵다. 書에 이르기를 丙火가 申月에 臨하고 水를 만나면 年延을 보전하기가 어렵다 했다. 月令에 印綬가 있으면 안락하게 富를 누리고 榮華가 높고 丙火가 壬水를 두려워하지 않지만 申月에 臨하면 本身의 氣가 衰하니 剋制를 두려워한다. 土가 많으면 빛이 가리게 되고, 金이 많으면 勢力을 다치게 되니 氣가 弱하기 때문이다. 三秋는 金神이 주도권을 쥐고 있으니 才가 旺하고 身은 衰弱하므로 比劫이 많이 나타나 身을 도우면 才의 旺한 氣勢를 나누게 되니 오히려 利益이 있다. 보통 身弱하고 煞이 旺하면 반드시 印을 쓰고, 才가 旺하면 반드시 劫을 쓴다. 이는 일정한 이치이다.

年延 : 壽命을 뜻한다.

冬月之火, 體絕形亡, 喜木生而有救, 遇水剋以爲殃. 欲土制爲榮,
동월지화 체절형망 희목생이유구 우수극이위앙 욕토제위영
愛火比爲利. 見金爲難任財, 無金而不遭害, 天地雖傾, 火水難成.
애화비위리 견금위난임재 무금이불조해 천지수경 화수난성

겨울의 火는 體가 끊기고 形이 없어지니 기쁜 것은 木으로 生하여 救해주는 것이다. 水의 制剋을 만나면 災殃이 되어 土로 剋制해주기를 바라니 榮華롭게 된다. 사랑하는 것은 火 比劫이니 利롭게 된다. 金을 만나도 그 財를 맡기가 어려우니 金이 없으면 害로움을 만나지 않는다. 天地가 기울어져 있으니 火水旣濟를 이루기가 어렵다.

冬月은 火의 勢力이 絕滅하는 때로 水가 주도권을 쥐니 한쪽으로는 木이 救助해주고 한편으로는 戊土가 水를 剋制해주거나 또는 己土가 壬水와 섞이면 도리어 木이 살아난다. 그러나 추위에 만물이 얼어 수축하는 시기로 木이 生意가 없으니 다시 火가 있어 融和하면 木이 生의 기틀을 얻으니 비로소 火를 生할 수 있게 된다. 그러므로

火 比劫이 利롭다. 이와 같이 身을 돕거나 殺을 對敵하지 않으면 冬月의 火는 반드시 印, 劫, 食傷으로 相互調和하고 制御해야 비로소 上格을 이룬다.

金을 보고 煞이 무리지어 身을 치면 貪財壞印이 되어 格局이 깨져 없어지게 되니 적지 않게 身弱하게 되어 그 才를 감당하지 못하게 되고 만다. 그러므로 天地가 기울어 木의 救助가 없으면 水와 火로 하여금 나란히 存立하여 水火旣濟의 功을 이루게 할 수 없다.

貪財壞印 : 재성을 탐내어 인수가 파괴된다는 뜻

第1節 丙火論

丙火喜用提要

正月 壬庚 壬水爲用, 庚金發水之源爲佐
정월 임경 임수위용 경금발수지원위좌

正月 丙火는 壬水와 庚金을 쓴다. 壬水를 쓰면 庚金이 壬水가 發하는 根源이 되어 補佐하는 것을 말한다.

二月 壬己 專用壬水, 水多用戊制之, 身弱用印化之, 無壬用己
이월 임기 전용임수 수다용무제지 신약용인화지 무임용기

二月은 壬水와 己土를 쓴다. 오로지 壬水를 쓰나 水가 많으면 戊土로 制之해야 하고 身弱하면 印으로 化해 준다.
壬水가 없으면 己土를 쓴다.

140

三月 壬甲 專用壬水, 土重以甲爲佐
삼 월 임 갑 전 용 임 수   토 중 이 갑 위 좌

三月은 壬水와 甲木을 쓴다. 오로지 壬水를 쓴다. 土가 많으면 甲木으로 補佐한다.

四月 壬癸庚 以庚爲佐, 忌戊制壬, 無壬用癸
사 월 임 계 경 이 경 위 좌   기 무 제 임   무 임 용 계

四月은 丙火와 癸水와 庚金을 쓴다. 庚金으로 補佐한다. 꺼리는 것은 戊土가 壬水를 剋制하는 것이다. 壬水가 없으면 癸水를 쓴다.

五月 壬庚 壬庚以通根申宮爲妙
오 월 임 경 임 경 이 통 근 신 궁 위 묘

五月은 壬水와 庚金을 쓴다. 壬水와 庚金이 申宮에 通根하면 妙하게 된다.

六月 壬庚 以庚爲佐
육 월 임 경 이 경 위 좌

六月은 壬水와 庚金을 쓴다. 庚金으로 補佐한다.

七月 壬戊 壬水通根申宮, 壬多必取戊制
칠 월 임 무 임 수 통 근 신 궁   임 다 필 취 무 제

七月은 壬水와 戊土를 쓴다. 壬水가 申宮에 通根하여 있으므로 壬水가 많으면 반드시 戊土의 制剋를 取해야 한다.

八月 壬癸 四柱多丙, 一壬高透爲奇, 無壬用癸
팔 월 임 계 사 주 다 병   일 임 고 투 위 기   무 임 용 계

八月은 壬水와 癸水를 쓴다. 命局에 丙火가 많고 하나의 壬水가 뚜렷하게 透干하면 奇妙하게 된다. 壬水가 없으면 癸水를 쓴다.

九月 甲壬 忌土晦光, 先取甲疏土, 次用壬水
구월 갑임 기토회광 선취갑소토 차용임수

九月은 甲木과 壬水를 쓴다. 己土가 빛을 어둡게 하는 것을 꺼리니 먼저 甲木을 取하여 疏土하여야 하고 다음으로 壬水를 쓴다.

十月 甲戊庚壬 月垣壬水秉令, 水旺用甲木化之, 身煞兩旺, 用戊制
십월 갑무경임 월원임수병령 수왕용갑목화지 신살양왕 용무제
之, 火旺用壬, 木旺宜庚
지 화왕용임 목왕의경

十月은 甲木과 戊土와 庚金과 壬水를 쓴다. 月令을 壬水가 쥐었으니 水가 旺하므로 甲木으로 化하고 身과 殺이 더불어 旺하니 戊土로 水를 制剋한다. 火가 旺하면 壬水를 쓴다. 木이 旺하면 庚金이 마땅하다.

十一月 壬戊己 氣進二陽, 丙火弱中復强, 用壬水, 取戊制之, 無戊
십일월 임무기 기진이양 병화약중복강 용임수 취무제지 무무
用己
용기

十一月은 壬水와 戊土와 己土를 쓴다. 氣가 二陽으로 가니 丙火가 弱한 中에 다시 强해진다.
壬水를 쓰고 戊土를 取하여 制剋한다. 戊土가 없으면 己土를 쓴다.

十二月 壬甲 喜壬爲用, 土多不可少甲
십이월 임갑 희임위용 토다불가소갑

十二月은 壬水와 甲木을 쓴다. 기쁜 것은 壬水를 쓰는 것이니 土가 많으면 甲木이 적어서는 안 된다.

142

1. 三春丙火總論

三春丙火, 秉象至威, 陽回大地, 侮雪欺霜, 峀用壬水爲扶陽, 名曰
삼 춘 병 화   병 상 지 위   양 회 대 지   모 설 기 상   단 용 임 수 위 부 양   명 왈
天和地潤, 旣濟功成. 正月用壬, 庚辛爲助. 二月峀用壬水. 三月土
천 화 지 윤   기 제 공 성   정 월 용 임   경 신 위 조   이 월 단 용 임 수   삼 월 토
重晦光, 取甲佐之爲妙.
중 회 광   취 갑 좌 지 위 묘

三春의 丙火는 威嚴에 다다른 象을 띠고 있다. 陽氣가 大地로 돌아왔
으니 눈을 우습게 보고 서리를 업신여긴다. 우선으로 壬水를 써서 陽
을 도우니 이르기를 하늘은 和合하고 땅은 潤澤하다고 말하며 旣濟의
功을 이룬다. 正月에는 壬水를 쓰고 庚辛金으로 돕는다. 二月에는 우
선 壬水만을 쓰고 三月에는 土가 重하면 빛이 어두워지니 甲木의 도움
을 얻어야 빼어나게 된다.

앞의 丙火 總論을 이어 말한 것이다. 三春의 丙火는 母旺子相하여
勢力이 나란하게 가니 말하기를 木과 火의 勢力이 동시에 다다른다
고 한다. 丙火는 太陽의 火로 氣勢가 純粹한 陽이니 권위를 잡은 象
으로 陽은 위엄의 德이 갖추어져 있어 봄이 大地로 돌아오는 象으로
층층이 언 것이 모두 풀어지고 霜雪이 모두 녹으니 陽威의 象이 드
러나는 것을 알 수 있다. 丙火는 壬水가 없으면 氣勢가 맑지 못하니
壬水를 보아야 貴하게 된다. 그러므로 丙火는 壬水가 없으면 외로운
陽이 輔佐를 잃은 것이어서 壬水로써 陽을 도와야 한다.

正月 甲木은 祿을 얻은 것이니 月令에 스스로 木氣가 있어 水火의
情이 通하게 되기 때문에 부르기를 땅은 潤澤하고 하늘은 化合한다
하여 旣濟의 功을 이룬다. 특히 水는 寅木에 이르면 絶地가 된다. 그
러므로 壬水를 쓰는데 庚辛金이 輔佐해야 한다.

二月은 오로지 壬水를 쓰고 三月은 土가 旺하여 戊土가 透干하면

빛을 어둡게 하니 甲木이 있어서 救해주어야 한다. 戊己土가 透干하
지 않으면 이는 壬水와 甲乙木을 쓴다.

母旺子相 : 印星도 旺하고 食傷도 세력이 있다는 뜻

癸丙春生, 不晴不雨之天. 丙日春生, 時月出癸, 雲霧迷濛, 不顯不
계 병 춘 생 불 청 불 우 지 천 병 일 춘 생 시 월 출 계 운 무 미 몽 불 현 불
達, 非若壬水輔丙也.
달 비 약 임 수 보 병 야

癸水와 丙火가 봄에 生하면 맑지도 않고 비가 오지도 않는 하늘이
며, 丙火 日干이 봄에 나고 月과 時에 癸水가 透干하면 구름과 안개
가 자욱하게 낀 것과 같으니 顯達하지 못한다. 壬水가 아니면 丙火
를 輔佐하지 못한다.

1) 三春丙火

正月丙火, 三陽開泰, 火氣漸炎, 取壬爲尊, 庚金佐之, 壬庚兩透, 科
정 월 병 화 삼 양 개 태 화 기 점 염 취 임 위 존 경 금 좌 지 임 경 량 투 과
甲定然. 卽壬透庚藏, 亦有異途顯達.
갑 정 연 즉 임 투 경 장 역 유 이 도 현 달

正月丙火는 三陽이 비로소 커져가니 火氣가 漸漸 타오르므로 壬水를
取함이 重하고 庚金이 도와야 한다.
壬水와 庚金이 더불어 透干하면 科甲이 定해지고 壬水가 透干하고 庚
金이 숨으면 亦是 異途顯達한다.

正月 甲木은 祿을 얻은 것이니 月令에 스스로 木氣가 있고 丙火가
長生하여 日元이 旺하다. 그러므로 반드시 壬水를 對象으로 取하여
야 비로소 陽의 盛한 德이 드러난다. 寅木宮에 水가 臨하면 絕地가

144

된다. 그러므로 庚金으로 輔佐해야 한다.

壬水와 庚金이 함께 透干하면 水火旣濟이니 才와 印이 서로 따르면 配合이 최고로 적당하여 자연히 현달한다. 才와 印이 서로 장애가 없음을 조건으로 하니 壬水와 庚金이 함께 透干하고 木이 숨고 金이 드러나면 才가 印을 損傷하지 않는다. 만약 庚金이 申金에 숨으면 寅申 相沖하니 才와 印이 서로 障礙가 되어 淸純한 氣를 損傷하게 된다. 그러므로 異途로 顯達한다.

若一庚高透, 支藏一二丙火, 納粟奏名, 主爲人慷慨英雄, 有才 邁衆.
약 일 경 고 투 지 장 일 이 병 화 납 속 주 명 주 위 인 강 개 영 웅 유 재 매 중

萬若 하나의 庚金이 透干하고 支藏干에 한 둘의 丙火가 있으면 財物을 바쳐서 職位를 얻으며 爲人이 慷慨한 英雄이며 才能이 무리 중에 뛰어난다.

하나의 庚金이 높이 透干하고 壬水가 없으면 이는 才를 用神으로 삼는다. 《滴天髓》에 이르기를 「異路功名을 쉽게 말하지 말라.」 하였다. 日元이 得氣하고 才運을 만난다는 것은 寅木宮의 丙火가 長生하고 甲木이 그것을 生하고 또한 한 두 점의 丙火가 숨어있으면 日元이 得氣했다고 한다. 그리고 天干에 하나의 庚金이 높이 透干하면 才星을 만났다 한다. 日元得氣하면 納粟奏名하여 異路로 功名한다. 丙火는 陽剛한 성품을 지녔고 庚金은 陽金이다. 그러므로 慷慨한 英雄豪傑로 才操가 무리 중에 뛰어남이 있다.

或一派庚辛混雜, 常人. 得時月兩透庚金・無辛者, 定主淸貴, 或辛
혹 일 파 경 신 혼 잡 상 인 득 시 월 량 투 경 금 무 신 자 정 주 청 귀 혹 신
年辛時, 名爲貪合, 酒色之徒. 女命一理.
년 신 시 명 위 탐 합 주 색 지 도 녀 명 일 리

한 무리의 庚辛金이 混雜하면 平常人이 되지만 庚金이 月과 時에 더불어 透干함을 얻으면 辛金이 없어도 淸貴하며, 或 辛金이 더불어 透干하게 되면 이르기를 貪合이라 하여 酒色을 貪하는 무리다. 女命도 같은 理致다.

偏正才가 混雜한 것은 마땅치 않으니 丙火가 辛金을 만나면 合하여 그 陽剛한 성품을 잃게 되니 꺼린다. 두 개의 庚金이 透干하는 것은 위와 같이 庚金이 높이 透干하는 것이니 貴하게 된다.

丙火와 辛金이 함께 透干하면 丙火가 貪合하여 本性을 잃게 되니 迷惑된 길로 들어서서 헤어날 줄 모르게 된다. 勢가 그와 같다. 이상의 兩節은 才를 用神으로 삼는 것에 대해 말한 것이다.

或丙少壬多, 而無戊制, 名殺重身輕. 斯人笑裏藏刀, 尋非痞棍, 或
혹 병소임다 이무무제 명살중신경 사인소리장도 심비비곤 혹
見一戊制壬, 反而富貴, 宜見一二比肩方妙
견일무제임 반이부귀 의견일이비견방묘

壬水가 많고 戊土로 制하지 않으면 殺은 重하고 身은 輕하다하여 이 사람은 외양은 웃고 있으나 속으로는 칼을 품은 사람이니 보통의 불량배가 아니다. 或 하나의 戊土가 나타나 壬水를 剋制하면 오히려 富貴하게 되며 마땅히 한 두 개의 比肩을 보면 더욱 빼어나게 된다.

正月은 木旺하고 火相하니 丙火가 得氣한다. 壬水를 많이 보면 戊土로 制剋하면 도리어 富貴를 이룬다. 다시 한 두 개의 比劫이 몸을 도와주면 다시 빼어나게 된다. 만약 戊土가 없으면 七煞을 制剋할 수 없으니 煞重身輕이 되어 그 사람의 타고난 성품이 바르지 못하다. 이절은 煞을 쓰는 法에 대해 말한 것이다.

殺重身輕 : 官殺은 旺하고 日干은 身弱한 것을 말한다.
痞棍 : 부랑자. 깡패. 무뢰한. 건달을 말한다. 비자(痞子)라고도 함.

146

或一片戊土, 甲不出干, 終非大器, 且恐孤貧, 正月之丙, 忌戊晦光.
혹일편무토 갑불출간 종비대기 차공고빈 정월지병 기무회광
或支成火局, 耑取壬水爲貴, 無壬 · 癸亦姑用. 若壬癸俱無, 取戊以
혹지성화국 단취임수위귀 무임 계역고용 약임계구무 취무이
洩火氣, 但屬平人.
설화기 단속평인

或 한 조각의 戊土에 甲木이 出干하면 從來는 큰 그릇이 될 수 없으며
또한 孤貧하게 될까 두렵다.
正月의 丙火가 꺼리는 것은 戊土가 빛을 어둡게 하는 것이니 地支에
火局을 이루면 우선 取할 것이 壬水이니 貴하게 되고 壬水가 없다면
껄끄럽지만 癸水로도 쓴다. 萬若 壬水와 癸水가 함께 없으면 戊土를
取하여서 火의 氣運을 洩氣해야 하나 단지 平常人에 지나지 않는다.

이 絶은 傷官을 쓰는 것에 대해 말한 것이다. 正月 丙火는 寅木宮
에 스스로 木氣가 자연히 있어 丙火를 生하여주니 甲木이 天干에 透
干하는 것을 願하지 않는다. 만약 한 조각의 戊土가 빛을 어둡게 한
다면 不得不 바탕의 甲木이 出干하여 土를 剋制하여야 救濟가 된다.
이를 傷官佩印이라 한다. 傷官格局으로 火土傷官인데 최고의 次位
이다. 이는 火土가 뜨겁고 乾燥해서 秀氣에 결함이 있기 때문이다.
만약 地支에 火局을 이루면 오로지 壬水를 써야 貴하게 된다. 봄의
江물이 따뜻하게 되니 氣勢가 가장 化合이 잘 되어 하늘은 和하고
땅은 潤澤하게 되니 水火旣濟의 功을 이루게 된다.
　상세한 것은 總論을 보라. 壬水가 없으면 癸水의 潤澤함을 取하는
데 역시 쓸 수 있다. 만약 壬癸水가 갖추어지지 않으면 부득이 戊土
를 써서 火를 洩氣해주어야 한다. 이는 正法에 없는 法이니 모두 上
格은 못된다.(火局은 坊本에서 水局으로 잘못 적었다.)

或支成火局, 又作炎上而推, 但不逢時耳, 若不見東南歲運, 反致
혹 지 성 화 국   우 작 염 상 이 추   단 불 봉 시 이   약 불 견 동 남 세 운   반 치
孤貧,
고 빈

地支에 火局을 이루고 다시 炎上을 지었다고 한다면 다만, 때를 만난
것이 아니므로 萬若 歲運이 東南으로 흐르지 않으면 오히려 孤貧하게
된다.

앞글은 地支에 火局을 이루면 오로지 壬水를 取하여 偏官格이 된
다고 하는 것이다. 壬癸水가 없으면 戊土로 火를 洩氣해주어야 한다
는 것은 傷官格을 말한 것이다. 혹시 壬癸水와 戊土가 전혀 갖추어
지지 않고 地支에 火局을 이루면 炎上格이 된다. 단 炎上格이 三春
에 나면 오로지 旺한 때가 아니니 반드시 世運이 東南으로 가서 도
와주어야 富貴하게 된다. 아니면 외롭고 가난하게 된다. (東南은 坊
本에서는 同書로 지어졌는데 역시 誤記한 것이다.) 이는 오로지 火
가 旺한 경우에 대해 말한 것이다.

或四柱有甲木, 得庚金暗制, 可作秀才.
혹 사 주 유 갑 목   득 경 금 암 제   가 작 수 재

或 命局에 甲木이 있고 庚金의 暗制함을 얻으면 秀才가 된다.

이는 印을 쓰는 것에 대해 말한 것이다. 正月 甲木은 祿을 얻었으
니 만약 甲木이 사주 중에 많으면 木이 盛하게 되어 火가 막힌다. 그
러므로 반드시 才로 印을 덜어주어야 한다. 만약 庚金을 얻어 암암
리에 木을 制剋해주면 비로소 빼어나게 된다. 그러나 格局이 上格은
못되니 儒林에서 뛰어난 선비가 될 뿐이다.

無壬用癸者, 略富貴, 且官殺亦要旺相有根, 丙火無壬, 多主貧賤,
무임용계자 략부귀 차관살역요왕상유근 병화무임 다주빈천
屢徵屢驗, 或火多無水, 一至水鄕必死, 不然, 定有災咎. 惟五月丙
루징루험 혹화다무수 일지수향필사 불연 정유재구 유오월병
火, 合炎上格, 則不喜水破格, 用癸無根, 定主目疾.
화 합염상격 칙불희수파격 용계무근 정주목질

壬水가 없고 癸水를 쓰면 若干의 富貴가 있고 또한 官殺은 旺相하고
뿌리가 있는 것이 必要하다. 丙火는 壬水가 없으면 대부분 貧賤하니
屢屢히 經驗하였다. 或 火가 많고 水가 없는데 한번 水運으로 흐르면
반드시 죽던지 아니면 災殃과 허물이 있다. 바야흐로 五月의 丙火는
炎上格이 되니 水가 格을 깨는 것을 기뻐하지 않는다. 癸水를 쓰는데
뿌리가 없으면 반드시 눈에 疾患이 있다.

이는 앞의 글의 뜻을 보충한 것이다. 地支에 火局을 이루면 오로
지 壬水를 써야하고 壬水가 없으면 역시 癸水를 쓸 수 있다. 壬水를
쓰는 경우는 貴하게 顯達하고 癸水를 쓰는 경우는 약간의 富貴만 한
다. 그러나 壬水를 쓰든 癸水를 쓰든 중요한 것은 通根이 되어 旺相
해야 빼어나게 될 수 있다. 아니면 근원이 없는 水가 마르는 것을 嘆
息하게 되니 貴를 얻기가 어렵다. 癸水를 쓰는데 뿌리가 없으면 眼
疾이 있게 되니 이는 癸水가 마르기 때문이다.
　丙火는 반드시 壬水를 取해 써야 기세가 비로소 맑게 된다. 그러
므로 壬水가 없으면 전체적으로 아름답게 되지 않는다. 이는 경험을
통해 마음으로 얻은 것이다. 만약 原命에 水가 없는데 運이 水로 가
면 타오르는 불에 한 방울의 물로 부딪치는 것이니 죽지 않으면 큰
災殃을 당한다. 나머지 五月의 炎上格도 水가 格을 깨는 것을 싫어
하니 그 理致가 서로 같다. 運이 水에 다다르면 반드시 壽命을 다한
다.(五月章을 參酌하라.)

用壬者, 金妻水子. 用庚者, 土妻金子.
용임자 금처수자 용경자 토처금자

壬水를 쓰면 金을 妻로 보고 水를 子息으로 보며, 庚金을 쓰면 土를 妻
로 보고 金을 子息으로 본다.

正月에 丙火는 壬水를 쓰는 것이 正法이니 壬水를 쓰는 경우는 才
를 妻로 보고 官煞을 자식으로 본다. 庚金을 쓰는 경우는 食神을 처
로 보고 才를 子息으로 본다.

庚	丙	庚	丙	兩干不雜, 按擦
寅	午	寅	午	

兩干不雜格이다. 格局이 맑음을 취할 뿐이다. 庚金이 뿌리가 없으
나 기쁜 것은 寅木中에 감추어진 土를 얻어 食神生才하는 것이다.

壬	丙	戊	庚	庚壬兩透, 詞林
辰	寅	寅	寅	

庚金과 壬水가 透干하는 가운데 기쁜 것은 丙火가 寅木에 앉은 것
으로 木火가 旺함을 向하니 才로 煞을 生하였다. 그러나 戊土의 制
剋을 얻었으니 便安하나 貴를 얻지는 못하였다.

酉	丙	庚	辛	壯元
酉	子	寅	亥	

庚金과 辛金이 더불어 透干하고 日元이 官에 앉고 寅木과 亥水가
모여 印이 되니 才官印이 相生하여 障礙가 없으니 貴하게 되었다.

戊	丙	壬	丁	假借斯文, 先貧後富, 但子息艱難
戌	子	寅	酉	

丁壬이 合煞하고 戊土가 制煞하니 子水 官星이 剋을 당하였다. 그

러므로 子息이 艱難하였다.

二月丙火, 陽氣舒升, 峕用壬水, 壬透天干, 不見丁化, 加以庚辛己
이월병화 양기서승 단용임수 임투천간 불견정화 가이경신기
亦透, 壬水有根, 定主科甲.
역투 임수유근 정주과갑

二月 丙火는 陽氣가 서서히 펼쳐 오르니 우선 壬水를 쓴다. 壬水가 天
干에 透出하고 丁火의 合化가 나타나지 않고 더해서 庚辛金과 己土가
透干하고 壬水가 뿌리가 있으면 반드시 科甲한다.

丙火는 오로지 壬水를 쓰는데 二月은 陽春으로 氣候가 따뜻하니
四柱配合을 위해 더욱 壬水로서 救해주는 것이 필요하다. 月垣이 卯
木이니 水火의 氣가 通하면 반드시 貴하게 顯達한다. 丁火를 보면
壬水와 合化하여 和潤의 쓰임을 잃게 된다. 그러므로 丁火를 꺼리는
것이다. 官煞은 才로 끌어주어야 하니 庚辛金의 輔佐를 기뻐한다.
　壬水가 冲奔하면 己土로 制剋하지 않는다(壬水를 制剋하는 데는
반드시 戊土가 있어야 한다. 아래를 보라). 月令인 卯木은 陰柔한 성
질이 있으니 水를 받아들일 수 없다. 그러므로 水가 旺하면 木이 뜨
니 己土를 壬水와 섞어주면 오히려 살리는 功을 이룰 수 있다. 乙木
으로 능히 壬水를 洩하여 化煞하면 貴를 取할 수 있다.

或無壬水, 己土姑用, 主有才學, 雖不成名, 必衣食充足.
혹무임수 기토고용 주유재학 수불성명 필의식충족

或 壬水가 없으면 껄끄럽지만 己土라도 쓸 수 있으나, 비록 才能과 學
識은 있다 하나 功名은 이루지 못하고 반드시 衣食은 充足할 수 있다.

壬水가 없어 己土를 쓰면 火土傷官으로 丙火의 秀氣를 洩한다. 그

러나 위에서 말한 壬水가 透干할 때 쓰는 것과 같지 않다. 食傷이 秀
氣를 洩하면 모두 聰明하여 才操와 學識이 있다. 印이 月令에 있고
傷官이 時上에 있거나 또는 印이 地支에 있고 傷官이 透干하면 서로
가 障礙가 없으니 아름답게 된다. 四柱에 壬水가 없으면 己가 和潤
하지 못하게 되니 貴하게 될 수 없고 겨우 衣食만 충족될 뿐이다.

或一派壬水, 見一戊制, 雖不科甲, 亦有恩庇. 或無戊透, 則有辰戌
혹 일 파 임 수　견 일 무 제　수 불 과 갑　역 유 은 비　혹 무 무 투　칙 유 진 술
丑未之戊, 但辰宮癸水, 貪合成火, 不能制土, 此平常衣祿. 若支下
축 미 지 무　단 진 궁 계 수　탐 합 성 화　불 능 제 토　차 평 상 의 록　약 지 하
全無一戊, 此係奔流之人, 加以金多生水, 下賤之命.
전 무 일 무　차 계 분 류 지 인　가 이 금 다 생 수　하 천 지 명

한 무리의 壬水는 하나의 戊土가 있어 剋制하면 비록 科甲은 못해도
역시 恩惠의 도움은 있다. 萬若 戊土의 透干이 없으면 辰戌丑未의 戊
土가 있어야 한다. 但 辰宮의 癸水가 貪合하여 火가 되면 土로 制剋하
는 能力이 없어지니 이는 普通의 衣祿만 있다. 또한 支下에 전혀 하나
의 戊土도 없으면 이는 奔走하게 떠도는 사람이고 게다가 金이 많고
水를 生하면 下賤한 命이다.

한 무리의 壬水는 반드시 戊土로 制伏하는 것이 必須이니 制剋하
면 貴하게 되나 制剋함이 없으면 賤하게 된다. 辰戌丑未의 土中에
辰土와 丑土는 모두 축축한 土이니 水를 制剋할 수 없다. 未土를 보
면 卯木과 會合하여 木局을 이루어 壬水를 洩氣할 수는 있으나 制剋
은 불가능하다. 오직 戊土만이 戊土와 같은 功이 있다.

丙火는 陽干이므로 月令에 印이 머물러 通根하면 從才와 從煞의
理致가 없으니 七煞을 制剋하지 않으면 반드시 떠돌아 흐르는 사람
이다. 才가 많고 煞이 무리를 지으면 다시 下賤한 命이 된다. 또한
辰土宮의 戊土가 비록 本氣라 할지라도 癸水와 化合하며 또한 辰土

는 水의 墓地이므로 壬水를 制剋하지 못한다.

> 或一派戊土, 亦用壬水, 運喜行木, 見土不祥. 行火亦不利.
> 혹 일 파 무 토 역 용 임 수 운 희 행 목 견 토 불 상 행 화 역 불 리

또는 한 무리의 戊土가 있고 亦是 水를 쓰면 運이 木으로 가는 것이 기쁘고 土를 보는 것은 祥瑞롭지 못하며 火로 가는 것도 亦是 不利하다.

한 무리의 戊土는 火가 타고 土가 乾燥하니 역시 반드시 壬水를 써야 비로소 配合에 中和를 이룬다. 대개 月令이 正印이면 食傷을 制剋하여 官煞을 保護하니 潤澤한 功을 이룬다. 또한 煞을 洩氣하여 몸을 生하니 水火의 氣가 通한다. 그러므로 運이 木으로 가는 것을 기뻐하고 火土를 보게 되면 모두 불리하다.

> 或丙子日, 辛卯時, 乃從化格, 但不逢時, 貪財壞印, 難招祖業. 若得
> 혹 병 자 일 신 묘 시 내 종 화 격 단 불 봉 시 탐 재 괴 인 난 초 조 업 약 득
> 一二重丁火破辛, 壬水得位, 亦主富貴, 雖不科甲, 亦有異途, 名傳
> 일 이 중 정 화 파 신 임 수 득 위 역 주 부 귀 수 불 과 갑 역 유 이 도 명 전
> 郡邑. 合此格, 主妻妾多子, 或月時見二辛卯, 日乃丙子, 名爲爭合
> 군 읍 합 차 격 주 처 첩 다 자 혹 월 시 견 이 신 묘 일 내 병 자 명 위 쟁 합
> 年不透丁制辛, 此人昏迷酒色, 年透丁火反吉, 或支成木局, 反因奸
> 년 불 투 정 제 신 차 인 혼 미 주 색 년 투 정 화 반 길 혹 지 성 목 국 반 인 간
> 得財, 因酒得名.
> 득 재 인 주 득 명

或 丙子日 辛卯時면 이는 從化格이 되나 但 時를 만나지 못하여 貪財壞印이 되니 祖業을 지키기 어렵다.

萬若 한 두 개의 重한 丁火가 辛金을 破하고 壬水가 得位하면 亦是 富貴는 하고 비록 科甲은 못해도 異途功名하여 名聲은 郡邑에 傳할 수 있다. 이 格에 들면 妻妾에 子息이 많다. 或 月時에 두 개의 辛卯가 나타나고 日이 丙子이면 이르기를 爭合이라 하니 年에 丁火가 透干하지

않아 辛金을 剋制하지 못하면 이 사람은 昏迷하여 酒色에 빠지고 年干에 丁火가 透干하면 反對로 吉하게 된다. 或 地支에 木局을 이루면 반대로 奸巧하여 財物은 얻고 酒色으로 이름을 얻는다.

《元理賦》에 이르기를 「丙子와 辛卯는 서로가 刑이니 荒淫滾浪하다.」하였다. 대개 丙子일 辛卯時는 化가 때를 만나지 못한 것이니 干은 合하고 支는 刑이 되니 헛되이 日柱를 끌어다 얽어 메어 貪財壞印이 된다. 그러나 丁火를 보아 辛金을 剋하면 病을 除去한 것이니 貴하게 된다. 또는 壬水가 사이에 있으면 辛金이 丙火와 合을 못하게 하고 壬水로서 氣를 洩한다. 그러므로 壬水를 쓰고 辛金으로 輔佐하는 것도 마찬가지로 역시 顯達한다. 壬水가 得位하면 子息이 많다. 또는 두 개의 辛金이 爭合하면 이미 化가 불가능하니 헛되이 日柱로 하여금 才를 戀慕하여 依支한다. 子卯는 또한 無禮의 刑이니 丁火가 없으면 病을 除去할 수 없어 반드시 荒淫과 迷惑에서 벗어나지 못한다. 만약 支에 木局을 이루면 才로 印을 덜어주어야 아름답게 된다. 그러므로 도리어 才를 얻어야 이름을 얻는다.

凡用壬者, 金妻水子.
범 용 임 자　금 처 수 자

壬水를 쓰면 金을 妻로 보고 水를 子息으로 본다.

才를 妻로 보고 官煞을 子息으로 본다.

| 己 | 丙 | 己 | 乙 | 用申中庚壬, 孝廉 |
| 亥 | 申 | 卯 | 亥 | |

己	丙	丁	己	武擧, 但子息惟艱
亥	申	卯	亥	

두 명조는 丙火가 申金에 臨하고 庚金과 壬水가 支에 감추어지고 亥水와 卯木이 모여 局을 이루면 당연히 卯木 正印을 用神으로 삼는다.

三月丙火, 氣漸炎升, 用壬水, 或成土局, 取甲爲輔, 壬不可離. 壬甲
삼 월 병 화 기 점 염 승 용 임 수 혹 성 토 국 취 갑 위 보 임 불 가 리 임 갑
兩透, 科甲定宜, 惟忌庚出制甲, 則秀才而已.
량 투 과 갑 정 의 유 기 경 출 제 갑 칙 수 재 이 이

三月 丙火는 氣運이 漸漸 뜨겁게 오르니 壬水를 쓴다. 萬若 土局을 이루면 甲木을 取하여 쓰나 壬水를 떠날 수 없다. 壬水와 甲木이 더불어 透干하면 科甲이 마땅히 定해지고 오직 꺼리는 것은 庚金이 透出하여 甲木을 剋하는 것이다.

三月 丙火는 旺함을 願하니 四柱 配合에 壬水가 부족하면 안 된다. 甲木인 印을 取하여 化煞하는데 쓰면 上格이 된다. 또는 地支에 土局을 이루면 煞을 制剋하지만 火를 어둡게 하니 甲木으로 食神인 土를 奪하고 化煞해야 한다. 壬水와 甲木이 더불어 透干하면 반드시 貴하게 顯達한다. 그러나 甲木으로 輔佐해야하므로 庚金이 透干하여 制剋하는 것을 꺼린다. 그와 같이 되면 病은 있으나 藥이 없는 것이니 일개 가난한 선비에 불과하게 된다.

無甲用庚, 助壬水洩土氣,
무 갑 용 경 조 임 수 설 토 기

甲木이 없다면 庚金을 써서 壬水를 돕고 土氣를 洩한다.

地支에 土局을 이루고 甲木이 土를 파헤치지 않으면 庚金을 써서 土를 洩하고 水를 生하니 庚金으로 輔佐를 삼는다. 그러나 이는 부득이한 方法으로 上格은 못된다.

壬透甲藏, 富大貴小, 有甲無壬, 勞碌濁富. 壬藏無甲, 一介寒儒. 壬
임투갑장 부대귀소 유갑무임 로록탁부 임장무갑 일개한유 임
甲兩無, 愚賤之輩. 乙丁雜亂, 定必屬凡夫.
갑량무 우천지배 을정잡란 정필속범부

壬水가 透干하고 甲木이 감추어지면 富는 크나 貴는 적으며 甲木은 있으나 壬水가 없으면 헛고생이 많고 돈 밖에 모르는 부자가 된다. 壬水는 감추어지고 甲木이 없으면 한 낮 가난한 선비일 뿐이다. 壬水와 甲木이 모두 없으면 어리석고 賤한 무리이고 乙木과 丁火가 섞여 어지러우면 반드시 凡夫이다.

三月에 用神을 取할 때 壬水와 甲木을 떼어 놓을 수 없다. 透란 이른바 天干에 通하는 것을 말하고 藏이란 支에 숨는 것을 말한다. 壬水와 甲木이 더불어 透干하면 富貴를 모두 이룬다. 壬水가 透干하고 甲木이 地支에 숨고 運이 東方木地로 가면 역시 富貴를 하고 甲木이 있고 壬水가 없으면 하나의 富者에 불과할 뿐이며 또한 헛고생이 많다. 壬水는 있고 甲木이 없으면 窮하게 살고 낮은 곳에 있으니 뜻이 있어도 펼치기 어렵다. 대개 丙火와 壬水는 坎과 離로 相對를 이루는 象이니 반드시 甲木을 써서 그 氣를 通하게 해주어야 비로소 水火旣濟가 된다. 壬水가 없으면 빼어나지 못하고 甲木이 없으면 뜻을 얻기를 바라기 어렵다. 「乙木과 丁火가 雜亂하다.」는 句節은 壬水를 쓰고 庚金을 쓰는 것을 함께 지적한 말이다. 乙木이 庚金을 合하거나 丁火가 壬水를 合하면 그 쓰임을 잃게 된다. 그러므로 반드시 범속하고 庸劣한 것에 屬하게 됨을 말한 것이다.

156

> 用壬者, 金妻水子. 用甲者, 水妻木子.
> 용임자 금처수자 용갑자 수처목자

壬水 用神이면 金이 妻고 水가 子息이요, 甲木 用神이면 水가 妻요 木이 子息이다.

壬水를 쓰는 경우는 才를 妻로 보고 官을 子息으로 보며, 甲木을 쓰는 境遇는 官煞을 妻로 보고 印을 子息으로 본다.

壬	丙	丙	癸	壬出天干, 太守
辰	午	辰	丑	

癸	丙	壬	辛	明經
巳	戌	辰	卯	

이 두 命造는 모두 壬水가 透干하고 甲木이 없다. 日元이 비록 旺하나 당연히 辰土中의 餘氣인 乙木으로 化煞하는 用神으로 삼아야 한다.

2. 三夏丙火總論

> 三夏丙火, 陽威性烈, 專用壬水. 若亥宮壬水無力, 回剋洩氣故也,
> 삼하병화 양위성렬 전용임수 약해궁임수무력 회극설기고야
> 仍用申宮長生之水, 方云富貴.
> 잉용신궁장생지수 방운부귀

三夏丙火는 陽氣가 威嚴이 있고 性品이 세차니 오직 壬水를 쓴다. 萬若 亥水 中의 壬水는 無力하니 剋이 돌아와 洩氣를 당하기 때문이다. 이는 申金에 長生하는 壬水를 써야 비로소 富貴를 말할 수 있다.

三夏의 丙火는 壬水로 뜨거움을 풀어주는 것이 필수다. 亥水는 壬水의 祿地로 四柱에 亥水가 나타나면 壬水가 祿地에 通根하여 旺하게 되니 마땅히 用神으로 쓸 수 있다. 그러나 四月에 生하면 巳亥가 相冲되고 巳火 中에 戊土가 壬水를 回剋하고, 五月에 生하면 午火 中에 丁火와 己土가 亥水 중의 壬水와 甲木과 相合하고, 六月에 生하면 亥水와 未土가 모여 木局을 이루어 水의 氣運을 洩한다. 그러므로 亥水宮의 壬水는 無力하니 申金宮의 長生의 水를 쓰는 것만 못하다. 申金 中의 庚金이 祿旺하고 또한 水를 능히 生하니 根源이 멀리까지 길게 흘러도 枯渴되는 것을 걱정하지 않아도 되니 비로소 富貴하게 된다 할 수 있다.

四月喘用壬水, 金爲佐, 五月亦喘用壬. 四五月壬透者富貴. 丁多·
사 월 단 용 임 수　금 위 좌　오 월 역 단 용 임　사 오 월 임 투 자 부 귀　정 다
兼看癸水, 六月用壬, 但借庚金爲佐.
겸 간 계 수　륙 월 용 임　단 차 경 금 위 좌

四月에는 먼저 壬水를 쓰고 金으로 補佐한다. 五月 亦是 먼저 壬水를 쓴다. 四五月에 壬水가 透出하면 富貴하고 丁火가 많으면 癸水를 兼해서 보아야 한다. 六月에도 壬水를 쓰는데 但 庚金이 補佐해야 한다.

앞글에 이어 四五六月의 壬水를 쓰는 法을 말한 것이다.

陽刃合殺, 威權萬里, 丁火羊刃太旺, 正謂羊刃倒戈, 無頭之鬼, 丙
양 인 합 살　위 권 만 리　정 화 양 인 태 왕　정 위 양 인 도 과　무 두 지 귀　병
火用壬, 生旺坐實方好, 忌壬水太多, 名殺重身輕.
화 용 임　생 왕 좌 실 방 호　기 임 수 태 다　명 살 중 신 경

陽刃이 殺과 合하면 威勢와 權威가 萬里에 떨치나 丁火 羊刃이 지나치게 旺하면 바로 일컫기를 羊刃倒戈라 하여 머리 없는 鬼神이 된다. 丙火는 壬水를 쓰니 生旺地에 坐하면 실하게 되어 좋으나 꺼리는 것은

壬水가 지나치게 旺한 것이니 이르기를 殺重身輕이라 한다.

丙火가 午火를 보면 刃이라 하고 丁火가 天干에 透干하고 다시 壬水 七煞이 透干하면 合하여 陽刃을 制御하니 陽刃合煞이라 한다. 만약 丁火는 있고 壬水가 없으면 陽刃을 制御함이 없으니 陽刃倒戈라 한다. 三夏는 火旺의 時期이니 壬水를 쓰면 반드시 金의 輔佐가 있어야 한다. 申金에 通根하면 實한 곳에 앉아 生旺하니 비로소 쓸 수 있다. 단 지나치게 많은 것을 꺼리니 煞重身輕이 된다.

1) 三夏丙火

四月丙火, 建祿於巳, 火勢炎炎, 宜專用壬水, 解炎威之力, 成旣濟
사월병화 건록어사 화세염염 의전용임수 해염위지력 성기제
之功. 如無壬水, 孤陽失輔, 難透淸光. 得庚發水源, 方爲有根之水.
지공 여무임수 고양실보 난투청광 득경발수원 방위유근지수
壬庚兩透, 不見戊土, 號曰湖水汪洋, 廣映太陽, 光輝顯著, 文明之
임경량투 불견무토 호왈호수왕양 광영태양 광휘현저 문명지
象, 人格合此, 不但科甲崢嶸, 必有恩謚封榮. 若不驗, 必暗損陰德.
상 인격합차 불단과갑쟁영 필유은익봉영 약불험 필암손음덕

四月 丙火는 巳火의 建祿이니 火의 勢力이 뜨겁게 타오르므로 오로지 壬水를 쓰는 것이 마땅하고 火의 威勢의 힘을 풀어야만 水火旣濟의 功을 이룰 수 있다. 萬若 壬水가 없다면 외로운 陽이 輔佐를 잃은 것이니 淸光을 드러내기가 어려워진다. 庚金을 얻어 水를 生해주면 비로소 근원이 있는 水라 할 수 있으니 壬水와 庚金이 더불어 透干하고 戊土를 보지 않으면 부르기를 호수가 깊고 넓다하여 太陽이 넓게 비출 수 있으니 그 빛이 현저히 드러나는 文明의 象이 된다.
사람의 格이 이와 같으면 科甲이 순탄하고 반드시 높은 벼슬을 하는 榮華를 누리고 죽은 後에 謚號를 받는 은혜가 있다. 萬若 그렇지 않다면 반드시 보이지 않는 陰德의 損傷이 있는 것이다.

이는 三夏에 丙火를 쓰는 뜻을 말하는 것이다. 丙火는 太陽의 火로 水의 剋을 두려워하지 않는다. 하물며 四月에 生하면 火가 旺하고 권세를 잡으니 炎上의 性質이 있다. 그러므로 壬水를 보지 않으면 그 뜨거움을 풀 수 없으니 水火旣濟의 功을 이룰 수 없다. 丙火는 壬水가 없으면 그 빛이 빛나는 것이 드러나지 못하게 되어 그 쓰임이 나타나지 못한다. 단 壬水가 巳火宮에 이르면 絶地가 되니 庚金이 發水의 根源이 되지 못하면 水가 根源이 없어 쉽게 마른다. 그러므로 반드시 壬水와 庚金이 더불어 透干하고 戊土의 制剋이 없으면 아직 貴하게 되지 않은 경우가 없었다. 壬水와 庚金이 申金宮에 앉으면 더욱 더 빼어나게 된다.

或無壬水, 癸亦姑用, 見庚透癸, 不富必貴, 但心性乖僻, 巧謀善辯.
혹무임수 계역고용 견경투계 불부필귀 단심성괴벽 교모선변

萬若 壬水가 없으면 癸水라도 써야하니 庚金을 보고 癸水가 透出하면 富는 못해도 반드시 貴하게 된다. 그러나 心性이 치우치고 어긋나서 잔꾀와 謀事가 있고 言辯이 뛰어나게 된다.

癸水는 壬水와 더불어 쓰임의 功이 같다. 그러나 특히 氣勢가 서로 맞지 않을 뿐이다. 丙火는 純陽의 火이고 庚金과 壬水는 각기 陽金에 陽水이니 體用이 모두 陽이다. 命局이 이와 같으면 반드시 英雄豪傑의 성격을 가지니 털끝만큼도 삿되게 굽히지 않는다. 癸水를 보면 비록 水火旣濟의 功을 이루는 것은 같으나 잔꾀와 謀事를 꾸미는 機質을 못 면한다. 이는 성질의 차이가 있기 때문이다.

或壬癸俱無, 愚頑之輩. 火炎無制, 僧道之流, 不然, 須防夭折.
혹임계구무 우완지배 화염무제 승도지류 불연 수방요절

或 壬癸水를 모두 갖춘바가 없으면 어리석고 頑固한 무리며 火의 타오

르는 것을 剋制함이 없으면 僧道가 될 八字이며 그렇지 않으면 모름지기 夭折을 막아야 한다.

四月의 丙火는 水가 부족해서는 안 된다. 또한 水를 쓰면 金의 輔佐가 없어서는 안 된다. 이 節은 「金과 水를 모두 갖춘바가 없으면」이라는 句節을 말한 것이다. 만약 甲乙木이 나타나면 炎上格을 이루어야 한다(五月節을 보라). 만약 그렇지 못하게 되면 旺한 火가 의지할 곳이 없게 되니 반드시 외로우며 苦貧하고 夭折한다.

> 或一派庚金, 不見比劫, 有富無貴.
> 혹일파경금 불견비겁 유부무귀

或 한 무리의 庚金이 있고 比劫이 없다면 富는 있으나 貴는 없다.

이는 金은 있으나 水가 없는 것을 말한 것이다. 긴긴 여름에 金이 疊疊하면 火가 眞金을 만난 格이니 身과 才가 함께 旺하여 반드시 鉅富가 된다. 그러나 富는 얻을 수 있으나 貴는 얻을 수 없다.

> 或丙午日干, 四柱多壬, 不見戊制, 名曰陰刑殺重, 光棍之流. 或支
> 혹병오일간 사주다임 불견무제 명왈음형살중 광곤지류 혹지
> 水局, 加之重重壬透, 一無制伏, 盜賊之命, 如見己土, 下賤鄙夫.
> 수국 가지중중임투 일무제복 도적지명 여견기토 하천비부

或 丙午 日干이고 命局에 壬水가 많은데 戊의 制剋이 없으면 부르기를 陰刑重殺이라 하여 몽둥이에 맞아 죽게 될 무리들이다. 支에 水局을 이루고 더해서 壬水가 重重히 透出하고 制伏하는 것이 하나도 없으면 盜賊의 命이다. 萬若 己土를 보게 되면 下賤하고 鄙嗇한 匹夫이다.

이는 水는 있으나 金이 없는 경우를 말한다. 壬癸水는 庚金으로

輔佐하는 것이 필요하니 이는 여름의 水가 쉽게 마르기 때문이다.
만약 四柱에 壬水가 많고 地支에 水局을 이루면 이는 汪洋한 水가
되니 枯渴되는 것을 걱정하지 않는다. 그러나 특별히 堤防이 없으니
水는 반드시 泛濫하게 되므로 正軌에 드는 것은 아니다.

　四月은 丙火의 建祿이 되는데 丙午日로 陽刃에 앉으면 身도 旺하
고 煞도 旺하게 되니 水와 火가 서로 다투게 되어 반드시 盜賊의 命
으로 몽둥이에 맞을 조짐이니 좋게 죽지는 못하게 된다. 만약 戊土
의 制剋이 있으면 貴한 命이 된다. 戊土가 없고 己土가 나타나면 水
를 制剋하지도 못하고 도리어 火의 빛을 어둡게 하고 물을 濁하게
만들고 만다. 그러므로 下賤한 匹夫가 된다.

用壬者, 金妻水子.
용임자　금처수자

壬水를 쓰면 金이 妻고 水가 子息이다.

　壬水를 用神으로 삼으면 才滋弱煞하니 才를 妻로 보고 官을 子息
으로 본다.

戊	丙	乙	丁	庚運鄕魁
子	子	巳	巳	

이는 子 中의 癸水를 써야 한다. 癸水의 祿은 子이니 비록 金의 輔
佐가 없어도 亦是 쓸모없이 되지는 않는다. 行運에서 기쁘게도 才가
官을 生하니 獨步的이라 할 수 있다. 才官이 기쁘게 天干에 透干하
였으니 身이 다시 旺해지는 것은 마땅치 않다. 오직 기쁜 것은 才의
根源이 茂盛해지는 것이나 哀惜한 것은 原局에 金이 없는 것이다.
그러므로 貴가 크지는 못했다.

162

| 甲 | 丙 | 辛 | 乙 | 炎上格 火臨巳午未之域 官至太尉 |
| 午 | 午 | 巳 | 未 | |

이는 炎上格이다. 木이 火를 生하고 土가 火를 막히게 하는 것이 없고 虛한 火에 불을 댕겨주는 것이 있으므로 마땅히 그 旺한 神을 쫓아 氣勢에 順應하니 이로써 用神을 삼는다. 만약 水를 보면 반드시 禍를 豫測할 수 없게 된다.

| 丙 | 丙 | 辛 | 庚 | 申宮壬水 解丙火之炎 申運會元 |
| 申 | 寅 | 巳 | 子 | |

辛金宮의 壬水를 用神으로 삼으니 長生의 水다.

五月丙火, 愈炎, 得壬庚高透, 方爲上命. 或一壬無庚, 亦主貢監, 猶防戊己出干, 丁壬化合, 則爲平人. 卽不透庚壬, 或有申宮長生之水, 濟之坐祿之金, 至妙, 必入詞林. 又怕戊己雜亂, 則爲異路.

五月 丙火는 더욱 타오르니 壬水가 透干해야 비로소 上命이라 할 수 있다. 或 하나의 壬水만 透干하고 庚金이 없으면 역시 貢監에 그치고 게다가 戊己의 透干을 막지 못하면 丁壬이 化合하니 단지 平常人에 그친다.
庚金과 壬水가 透干하지 않아도 申金이 있으면 水의 長生이 되니 金의 祿地로 앉아 救濟가 있음이니 至極하게 빼어나게 되어 반드시 詞林에 들어갈 수 있다. 또한 두려운 것은 戊己土의 雜亂이니 그와 같으면 단지 異路로 간다.

五月의 丙火는 月令이 陽刃이 되고 火氣가 더욱 뜨겁게 타오르니 壬水와 庚金이 함께 透干하면 配合이 마땅한 것으로 반드시 貴命이 된다. 하나의 壬水에 庚金이 없으면 비록 水가 根源은 없지만 그래

도 하나의 맑은 기운은 있으니《滴天髓》에 이르기를 「맑은 氣運이
돌아오는데 官이 일어나지 않는 것을 싫어한다.」는 것은 이것을 두
고 한 말이다. 그러므로 貢監은 할 수 있다. 그리고 戊己土가 壬水를
剋制하는 것을 꺼리니 그와 같이 되면 쓸모없는 命이 된다.

그러나 庚金이 透干하여 戊土와 壬水 사이에 있으면 꺼리지 않게
된다. 또한 丁火와 壬水가 合化하게 되면 陽刃合煞이라 하니 어찌
거리낌이 있겠는가. 그러나 하나의 壬水만 있고 庚金이 없으면 壬水
를 돕는 根源이 없고 丁火와 合하게 되어 火를 制剋하지 않고 木으
로 化하여 火를 生하니 뜨거움을 풀어주는 역할을 잃게 된다.

庚金과 壬水가 申金 中에 있고, 透干하지 않으면 辛金 中에 長生
의 水가 있고, 다시 祿地인 金에 앉아있으니 金水가 서로 相生하여
그 쓰임은 庚金과 壬水가 나란히 透干한 것과 같다. 역시 戊己土의
雜亂을 꺼리니 水가 맑은 氣를 잃기 때문이다. 만약 그와 같이 되면
異途로 功名을 이룰 뿐이다.

貢監 : 明代의 중앙의 최고교육기관인 國子監의 관리로 監生이라고도 하였다.

或成火局, 不見滴水者, 乃僧道鰥獨之命. 卽有一二癸水, 多遇火土,
用之無力, 瞽目之人. 得戊己透洩火氣, 亦主刑剋孤寡, 行北運多凶,
何也所謂燥烈水激反凶,

或 火局을 이루고 水의 적셔줌이 없으면 이는 僧侶내지 孤獨한 홀아비
의 命이다. 한 두 개의 癸水가 있고 많은 火土를 만나면 그것을 사용하
기에는 힘이 없으니 장님이 된다. 戊己土의 透干을 얻으면 火氣를 洩
氣하니 刑剋과 孤寡하게 된다. 運이 北으로 가면 凶함이 많으니 어째
서인가. 말하기를 燥烈한 것을 水가 치면 오히려 凶해지기 때문이다.

164

地支에 火局을 이루고 적셔주는 한 점의 물도 없으면 燥熱하여 偏枯하게 된다. 또한 한 두 점의 癸水만 있고 庚金의 生함이 없는데 다시 火土가 많이 나타나면 적은 물을 바짝 말려버리니 소용이 없게 된다. 戊己土를 얻고 비록 透干하여 火를 洩한다 해도 火는 타오르고 土는 말라버려 터럭만큼도 生의 기틀도 없으니 고독한 命으로 刑剋이 많다.

原局에 金水가 없으면 運이 北方으로 간다 해도 凶이 많다. 火土가 지나치게 건조하고 뜨거우니 적은 물로 적시게 되면 도리어 그 타오르는 불길을 衝動질하게 되어 마치 한 잔의 물로 수레에 붙은 불을 끄려는 것과 같아서 凶禍를 만나지 않은 경우가 아직은 없었다. 火日柱가 土를 쓰고 運이 北地로 가면 禍에까지 이르지는 않으나 萬若 土日柱에 火를 쓰는데 運이 北地로 가면 반드시 凶禍에 이르게 되니 用神을 심하게 傷하게 된다.《滴天髓補註》火炎土燥節을 찾아보라.

或成炎上格, 柱運不見庚辛, 多見甲乙者, 反主大富貴, 然亦不可見
혹성염상격 주운불견경신 다견갑을자 반주대부귀 연역불가견
水運.
수운

或 炎上格을 이루고 命局의 運에서도 庚辛金이 나타나지 않고 甲乙木이 많으면 오히려 크게 富貴하게 되니 그와 같으면 오히려 水運을 보지 말아야 한다.

四柱에 金水가 없고 地支에 火局을 이루고 또한 運이 南方으로 모이면 炎上格이라하여 甲乙木이 生하는 것을 기뻐한다. 이와 같으면 虛한 火에 불길을 계속 댕겨주는 것이 있으니 크게 富貴하게 된다. 만약 土가 나타나서 氣運을 洩하면 火는 타오르고 土는 그을리게 되

므로 炎上格이 못되고 단지 偏枯한 象이니 도리어 곤란한 厄이 많다. 炎上格은 木으로 引火해주어야 하니 水運을 만나서는 안 된다. 方과 局을 이루면 氣勢가 한쪽으로만 치우치게 된다. 그러므로 水가 나타나서 그것을 치면 破格이 되니 불측의 災禍가 일어나게 된다.

> 或有庚癸透者, 衣祿充足. 支火輕, 無目疾. 支見水者, 異途.
> 혹유경계투자 의록충족 지화경 무목질 지견수자 이도
> 或成土局, 又爲洩太過, 得壬滋甲出干, 土被制而火得生扶, 此必富
> 혹성토국 우위설태과 득임자갑출간 토피제이화득생부 차필부
> 貴壽考之格也.
> 귀수고지격야

或 庚金과 癸水가 透干하면 依祿은 넉넉하고 地支에 火가 적으면 眼疾은 없다. 地支에 水가 있으면 異途로 간다. 地支에 土局을 이루면 洩氣가 太過한 것이니 壬水의 滋潤함을 얻고 甲木이 出干하여 土를 剋制하고 火가 生扶를 얻으면 이는 반드시 富貴와 壽를 누리는 格이라 한다.

이는 앞의 글들을 총 정리한 것으로 五月의 丙火는 壬水가 主가 되고 庚金을 輔佐로 삼는데 이는 일정한 法則이다. 壬水는 없고 癸水가 있고 庚金이 그것을 生扶해주면 역시 衣祿은 충족하게 된다. 그러나 庚金이 없으면 癸水가 무력한데 다시금 戊土가 癸水를 制剋하면 장님이 된다.

만약 地支에 火가 가벼우면 눈에 疾患은 없고 地支에 水가 있으면 異途로 功名한다. 만약 四柱에 土가 지나치게 많으면 火를 洩氣하여 어둡게 하니 싫어한다. 壬水가 甲木을 滋潤하게 도와주지 않고 干頭에 透出하면 救해줌이 부족하게 된다. 그러나 이미 土를 制剋하고 丙火를 生扶해주었다면 富貴하고 長壽하는 命造가 된다. 水의 滋潤한 도움이 없으면 甲木도 스스로 타게 되거나 土가 많으면 부러지게 되어 능력이 없게 된다.

己	丙	壬	庚
亥	戌	午	寅

此命水土破格 難作炎上 取壬水庚金 亦主貴

이것은 庚金과 壬水가 함께 透干하였으니 壬水를 쓰고 金으로 輔佐한다.

己	丙	戊	戊	土晦無光 奴僕
丑	午	午	戌	

火는 타오르고 土는 乾燥하니 偏枯한 格局이지 炎上格을 지었다고 論하지 않는다.

甲	丙	戊	戊	火土濕雜 取甲木制土 壬水制火 楊縣令
午	辰	午	申	

丙火가 辰土에 앉으니 土는 두텁고 乾燥하지 않으며 甲木이 비로소 土를 制剋할 수 있다. 그와 같지 않다면 火가 旺하여 木이 타버려 재가 되어 無能하게 되었을 것이다. 申金과 辰土가 모여 비록 水局을 이루지는 못하였어도 얕지 않은 힘을 얻었다.

六月丙火退氣, 三伏生寒, 壬水爲用, 取庚輔佐.
룩월병화퇴기 삼복생한 임수위용 취경보좌

六月은 火氣가 물러가고 三伏에 찬 氣運을 生하나 아직 뜨거운 기운이 남아 있으니 壬水를 用神으로 삼고 庚金으로 補佐를 삼는다.

六月은 火는 뜨겁게 타오르고 土는 乾燥하니 四五月이 같은 理致라 이는 壬水를 주된 用神으로 삼고 庚金으로 輔佐해야 한다.

庚壬兩透, 貼身相生, 可云科甲名宦. 若無庚有壬, 不見戊出, 小富
경임량투 첩신상생 가운과갑명환 약무경유임 불견무출 소부

小貴. 見戊制壬, 則爲鄕賢而已. 或己土出干混雜, 此必庸夫俗子.
소 귀　견 무 제 임　칙 위 향 현 이 이　혹 기 토 출 간 혼 잡　차 필 용 부 속 자
或壬水淺, 己土出干, 其人貧困. 無壬下格, 賤而且頑, 男女一理.
혹 임 수 천　기 토 출 간　기 인 빈 곤　무 임 하 격　천 이 차 완　남 녀 일 리

庚金과 壬水가 더불어 透干하고 몸에 가까이 붙어 相生하면 가히 科甲
하여 官僚로 이름을 얻는다 할 수 있다. 萬若 庚金없이 壬水만 있고 戊
土가 나타나지 않으면 작은 富貴가 있고 戊土가 나타나서 壬水를 制剋
하면 단지 한 고을에서 賢明할 뿐이다.
或 己土가 出干하여 混雜하면 이는 반드시 平凡한 집의 子孫이고 壬水
가 弱하고 己土가 出干하면 그 사람은 貧困한 사람이다. 壬水가 없으면
下格이 되니 賤하고 頑固하다. 男女가 같은 理致다.

庚金과 壬水가 더불어 透干하면 富貴가 모두 완전하니 上格이라
한다. 그러나 壬水는 있으나 庚金이 없으면 壬水가 根源이 없게 되
니 富貴가 모두 적다. 만약 庚金이 生하나 壬水가 적고 戊土가 制剋
을 하면 病은 있고 藥은 없는 것이니 發展을 기약하기 어렵고 겨우
마을에서 賢明한 사람일 뿐이다. 이상은 戊가 制剋하는 경우를 말한
것이다. 만약 己土라면 水를 制剋하는 것이 부족하고 도리어 濁한
水를 만들기에 족하니 水와 土가 뒤섞여 탁해지니 반드시 庸劣한 사
람으로 世俗의 子息이다. 壬水가 없으면 愚鈍하고 下賤한 사람이다.

或天干一派丙火, 陽極生陰, 干支兩見庚壬, 登科及第.
혹 천 간 일 파 병 화　양 극 생 음　간 지 량 견 경 임　등 과 급 제

天干에 한 무리의 丙火가 있으면 陽이 極에 달해 陰을 生하게 되니 干
支에 庚金이 나타나면 登科及第한다.

앞글에 대한 맺는 말로 六月의 丙火를 말할 때 壬水와 庚金이 나
란히 透干하는 것을 除外하면 별다르게 취할 法이 없다.

總之六月丙火用壬, 不同餘月用壬, 喜運行西北, 六月用壬, 喜運行
총 지 륙 월 병 화 용 임   불 동 여 월 용 임   희 운 행 서 북   육 월 용 임   희 운 행
西南.
서 남

六月의 丙火가 壬水를 用함을 總論하면 나머지 月이 壬水를 쓰는 것과
같지 않으니 기쁜 것은 運이 西北으로 가는 것이고 六月은 壬水를 쓰
는데 運이 西南으로 가는 것이 기쁘다.

이는 六月에 壬水를 쓰는 것을 말한 것으로 나머지 月과 다른 점
은 기존에 壬水를 쓰는 경우는 運이 北方의 水旺地로 가는 것이 좋
은데 六月에 壬水를 쓰면 運이 西南으로 가는 것을 기뻐한다는 것이
다. 어째서인가? 辛金宮의 長生의 水를 기뻐하는 것이니 바꾸어 말
하면 金이 水를 生하므로 기쁜 것이다. 만약 運이 水地로 가면 水火
가 서로 싸우게 되고 水土가 混濁해지니 도리어 종종 꺼리는 일이
있는 것을 생각해 보아야 한다.

壬	丙	丁	壬	二壬出干 位至尚書
辰	申	未	寅	

丁壬合으로 하나의 官煞을 除去하니 時上의 獨殺을 쓰는데 申金
宮에 뿌리를 두어 才에 감추어진 煞이 나타나서 根源이 되어 멀리
길게 흐르므로 富貴하게 되는 것이 마땅하다. 이는 明나라 때 夏言
의 命造이다.

己	丙	己	戊	名火土傷官用印格 先貧後富 死于寅運
亥	戌	未	午	

火土傷官으로 洩氣가 지나치게 重하나 기쁜 것은 亥水宮의 壬水
로 북돋아주고 甲木으로 疏土하며 丙火를 부축하여 준다. 비록 印을
쓰더라도 煞印相生이 된다. 五月의 丙火節을 參照하라.

| 戊 | 丙 | 丁 | 壬 | 土重身輕 爲乞丐而死 |
| 戌 | 申 | 未 | 寅 | |

이 역시 火土傷官이고 洩氣가 지나치게 重하다. 그러나 木으로 土를 制剋함이 없고 辛金宮의 壬水가 도리어 土에 의해 막혀 透出하지 못하였다. 그러므로 쓸 수가 없게 되고 말았다.

2) 三秋丙火

七月 丙火, 太陽轉西, 陽氣衰矣. 日近西山, 見土皆晦, 惟日照湖海,
칠월 병화 태양전서 양기쇠의 일근서산 견토개회 유일조호해
暮夜光天, 故仍用壬水, 輔映光輝.
모야광천 고잉용임수 보영광휘

七月 丙火는 太陽이 西쪽으로 옮겨가서 陽氣가 衰弱하다. 太陽이 西山에 가까우니 土를 보면 모든 것이 어두워 지고 오로지 바다와 호수를 비추는 日光이라 하나 저무는 저녁의 하늘빛일 뿐이다. 그러므로 곧 壬水를 써서 輔佐하면 빛이 나서 비출 수 있게 된다.

丙火가 申金에 이르면 病地가 되니 太陽이 午를 지나 西쪽으로 넘어가서 陽氣가 衰해진다. 해가 西山에 가까우니 土를 보면 빛이 어두워지고 中天의 때인 화려한 太陽과 비교할 수 없다. 그러므로 食傷을 쓸 수 없다. 申金宮에 庚金이 祿을 얻고 壬水가 長生하니 四柱에 印과 比가 많으면 身强하므로 才를 써서 煞을 도와줘야 한다. 이를 七月 丁火의 正格이라 한다.

如壬多, 取戊制方妙. 有壬透干, 又見戊土出干, 可云科甲. 如戊藏
여임다 취무제방묘 유임투간 우견무토출간 가운과갑 여무장
支內, 不過生員. 多壬無戊, 平常人也. 或戊多壬少, 亦屬常人. 或多
지내 불과생원 다임무무 평상인야 혹무다임소 역속상인 혹다

170

壬, 一戊出制, 所謂衆殺猖狂, 一仁可化, 必主顯達, 有權職.
임 일무출제 소위중살창광 일인가화 필주현달 유권직

但 壬水가 많으면 戊土를 取하여 剋制해줘야 빼어나게 된다. 壬水가
透干하고 다시 戊土가 出干함을 보면 科甲을 한다고 할 수 있다. 戊土
가 地支 안에 감추어지면 生員에 不過하게 된다. 壬水가 많고 戊土가
없으면 平常人이고 戊土가 많고 壬水가 적어도 亦是 平常人이다.
或 壬水가 많고 하나의 戊土가 透干하여 制剋하면 이를 말하기를 무리
진 殺이 미쳐 날뛰는데 하나의 어짐이 敎化하는 相으로 반드시 顯達하
니 勸力職을 얻는다.

이 글은 七月 丙火에 대해 말한 것이다. 보통 七月은 戊土를 쓰는
것이 마땅치 않다. 그러나 壬水가 많으면 戊土를 取하여 制剋해야
하고 또한 身強해야 한다. 七煞이 旺하고 制剋함이 있고 運이 制煞
하는 곳으로 가면 비로소 貴하게 顯達한다. 그러므로 七煞을 制剋함
이 없어도 불가하고 七煞을 지나치게 制剋해도 불가하다.

一派辛金, 又爲棄命從才, 奇特之造, 雖不科甲, 亦得恩榮, 但多依
일파신금 우위기명종재 기특지조 수불과갑 역득은영 단다의
親戚而爲進身之階. 從才者以水妻木子.
친척이위진신지계 종재자이수처목자

한 무리의 辛金을 보면 棄命從財格이 되어 奇特함을 지으니 비록 科甲
을 못한다 해도 恩榮이 있다.
但 親戚에게 대부분 依支하여 出世의 길을 간다. 從財格은 水를 妻로
보고 木을 子息으로 본다.

丙火가 申金에 이르면 氣勢가 이미 衰하여 다하니 한 무리의 辛金
을 만나면 棄命從才가 되어 丙火와 辛金이 水로 化하지 않는다. 보
통 종격은 대부분이 타인에 의지하고 붙어서 恩榮을 얻는다. 從才의

경우 妻로 인해 富貴하게 된다. 格局에 破함이 없으면 자연히 많은
顯達을 이룬다. 윗글에 「水가 妻고 木이 子息이다.」는 글은 잘못된
표현이 아닌지 의심스럽다. 從格은 從하는 神을 用神으로 한다. 즉
用神이 子息이라면 用神을 生하는 것을 妻로 봐야하니 丙火가 辛金
을 따르면 당연히 金이 子息이고 土가 妻가 되어야 한다.

壬	丙	戊	壬	二壬出制 太史
辰	申	申	戌	

이 命造는 마땅히 곰곰이 헤아려 생각하고 살펴봐야 한다. 비록
七煞이 制剋이 있다고는 하나 丙火가 申金의 자리에 臨하였고 生한
月이 申月이라 身弱하다. 그러므로 戊土를 쓸 수가 없는 것이 한 가
지 문제고 運이 한 무리의 金水로 가니 이것이 從煞勲이 아닌지 의
심스럽다. 그러나 戊戌土가 비록 氣勢를 거스를지라도 申金이 있어
서 土金水 三者가 順序대로 흐르는 象이니 從煞에 礙心이 없다. 子
平四言集腋을 보라.

庚	丙	甲	乙	才資七殺格 參政
寅	申	申	未	

이는 七月 丙火의 正格이다. 비록 寅木을 申金이 冲하나 天干에
甲木이 透干하여 印이 相生하니 日元이 弱하지 않다. 그러므로 才로
煞을 生하는데 쓴다.

八月 丙火, 日近黃昏, 丙火之餘光, 存於光湖, 仍用壬水輔映.
팔월 병화 일근황혼 병화지여광 존어광호 잉용임수보영

八月 丙火는 날이 黃昏으로 저물어가고 丙火의 남은 빛이 호수에 빛으
로만 머무니 壬水를 써서 빛이 비추는 것을 輔佑한다.

172

七八月의 丙火는 氣勢가 衰하고 마르므로 原局에 地神會合함이 있으면 身强하게 되고 通根을 할 수 있으니 才를 써서 煞을 生하면 비로소 빼어나게 된다. 만약 身弱하면 印과 劫을 써야 한다. 木火가 가을에 이르면 이것은 死絶地가 되어 氣勢가 멈추어 물러가므로 억지로 强하게 사용한다 해도 모두가 아름다운 命造가 못된다.

만약 才를 쓰면 반드시 食傷인 土로 이끌어주는 것이 필수이다. 그러나 해가 西山에 가까워지니 土가 나타나면 빛을 어둡게 하므로 身强하여야 비로소 土를 쓸 수 있다. 土를 쓰면 富하나 貴하지는 못한다. 그러므로 身强하여야 煞을 쓸 수 있는 것이니 그래야 비로소 貴格이 된다.

地神會合 : 地支에 三合局을 이루는 것을 말한다. 여기서는 木局을 이루는 것을 말한다.

四柱多丙, 一壬高透爲奇, 定主登科及第, 富貴雙全. 一壬藏支, 亦
사 주 다 병   일 임 고 투 위 기   정 주 등 과 급 제   부 귀 쌍 전   일 임 장 지   역
主秀才. 或戊多困水則假作斯文, 若無壬水, 癸亦可用, 但功名不久.
주 수 재   혹 무 다 곤 수 칙 가 작 사 문   약 무 임 수   계 역 가 용   단 공 명 불 구

命局에 丙火가 많고 하나의 壬水가 뚜렷이 透出하면 貴하게 되니 반드시 登科及第하여 富貴雙全한다. 壬水가 地支에 숨어도 亦是 秀才다. 或 戊土가 많으면 水가 困苦해지니 헛된 글을 짓는다. 萬若 壬水가 없으면 癸水를 쓸 수 있다. 그러나 功名이 길지 못하다.

壬水를 쓰면 반드시 四柱에 丙火가 많은 것이 선결 요건이어야 한다. 이는 原局이 身强해야 한다는 뜻이다. 특별히 八月만 그런 것이 아니고 七月도 그와 같다. 身强하면 才를 써서 煞을 生할 수 있으니 반드시 富貴하게 된다. 壬水가 숨어 透干하지 않으면 用神의 力量이 弱하니 行運이 끌어내 주면 顯達할 수 있다. 만약 끌어내주지 않으

면 顯達이 어렵다. 가장 두려운 것은 戊土가 많아 水가 마르는 것으로 그와 같이 七煞을 制함이 지나치면 쓸모없는 사람이 될 뿐이다. 丙火가 壬水를 쓰면 太陽이 호수와 바다를 비추는 象이니 氣象이 위대하다. 그러므로 功名을 이루고 顯達한다. 역시 癸水는 雨露의 潤澤함이 있으니 비록 쓸 수는 있으나 전체적으로 配合에 情이 없으므로 싫어한다.

> 或見辛透, 不能從化, 貧苦到老. 或見一丁制辛, 爲人奸詐, 不識高
> 혹견신투 불능종화 빈고도로 혹견일정제신 위인간사 불식고
> 低. 女命合此, 長舌淫賤.
> 저 녀명합차 장설음천

或 辛金이 透出하여 나타나면 從化하지 못하니 늙도록 貧苦하게 된다. 或 하나의 丁火가 나타나 辛金을 剋制 한다 해도 사람됨이 奸詐하고 위아래를 몰라보며, 女子가 이와 같으면 말이 많고 淫賤하다.

丙火가 辛金을 보면 도리어 두려워하여 반드시 從才를 하니 아름답게 된다. 만약 四柱에 水가 많으면 格이 化氣를 이루어 역시 아름답다. 만약 從을 하지 않으면 才多身弱이 되니 반드시 늙도록 貧困하게 된다. 또한 丁火가 出干하면 辛金을 制剋하여 丙火를 돕는데 이는 酉金宮은 丙火의 死地이나 丁火는 長生地가 되기 때문이다.

陽이 極에 달하면 陰이 生한다. 그러나 眞生은 아니다. 丙火가 無氣하면 丁火로 도울 수 있다. 그러므로 丁火가 透干하면 從한다고 말할 수 없다. 이는 進退의 根據를 잃은 象이 된다. 그러므로 男子는 주로 奸詐하고 女子는 淫賤하게 된다.

174

或成金局, 無辛出干, 此非從才, 乃朱門餓莩. 如辛出干, 不見比劫,
혹 성금국 무신출간 차비종재 내주문아부 여신출간 불견비겁
此從才格, 反主富貴, 親戚提拔, 妻賢內助. 用水者, 金妻水子. 從才
차종재격 반주부귀 친척제발 처현내조 용수자 금처수자 종재
者, 水妻木子.
자 수처목자

或 金局을 이루고 辛金이 出干하지 않으면 이는 從財格이라 할 수 없
으니 다만 배고픈 선비가 될 뿐이다. 萬若 辛金이 出干하고 比劫이 나
타나지 않으면 이는 從財格이라 하여 오히려 富貴하며 親戚과 妻의 內
助로 成功한다. 水를 쓰면 金을 妻로 보고 水를 子자식으로 보며, 從財
格은 水을 妻로 보고 木를 子息으로 본다.

앞글에 이어서 地支에 金局을 이루고 辛金이 透干하지 않으면 이
는 從才로 말할 수 없으니 이는 才多身弱이라 하여 비록 朱門에 있
을지라도 굶주리기는 마찬가지다. 辛金이 出干하고 地支에 金局을
이루고 比劫을 보지 않으면 이는 眞從才格이 된다. 格이 참되고 局
이 바르면 반드시 顯達한다. 從格은 사람으로 인해 富貴하게 된다.
從才는 內助의 힘을 얻는다. 水를 쓰는 경우는 이른바 四柱에 丙火
가 많으면 壬水를 쓰니 金을 妻로 보고 水를 자식으로 본다. 從才는
水를 妻로 보고 木을 자식으로 본다. 誤字가 아닐까 의심이 되니 앞
의 七月을 보라.

朱門 : 붉은 門을 말하니 官廳이나 서원을 말하는 것으로 官員이나 儒家의 선비를 뜻
한다.

丁　丙　丁　丙　　才資七殺格 出將入相 生子時 不貴
酉　午　酉　子

八月 酉金이 權勢를 잡으니 才로 子水인 官星을 도우면 官이 刃을
剋制하여 才를 보호한다. 官과 刃을 쓰면 出將入相이니 富貴雙全한

다. 八月의 丙火는 氣가 물러가므로 전적으로 午火를 믿게 된다. 만약 子時에 生하면 午火 刃을 冲하여 쳐부수게 되니 貴氣가 사라지는 것이 적지 않고 더불어 善終할 수 없게 된다.

| 丁 | 丙 | 丁 | 丙 | 兩間不雜 位至尙書 |
| 酉 | 辰 | 酉 | 寅 | |

이 命造는 오로지 才星을 쓴다. 좋은 것은 辰土에 앉아 있는 것이니 食神이 才와 印에 뿌리를 두었다. 재차 기쁜 것은 年에 丙寅을 만난 것으로 丙火가 長生하니 日元이 뿌리가 있다.

| 戊 | 丙 | 癸 | 己 | 傷官生財格 參戎 但陰刑殺重 卯運陣亡 |
| 子 | 子 | 酉 | 卯 | |

癸水 官星이 己土 傷官으로부터 剋을 받는다. 그러므로 傷官을 써서 才를 生해야지 才와 官은 쓸 수가 없다. 子午卯酉는 四冲인데 四柱에 子卯酉가 갖추어져 있고 運에서 午卯를 만나면 모두 生命의 災厄이 있으니 原局에 卯酉 冲으로 印綬가 損傷을 당하였는데 다시 卯運을 만나면 衰한 神이 旺한 冲을 만나 才가 印을 쳐부수니 그와 같이 드러나게 된다.

九月 丙火火氣愈退, 所忌土晦光火, 必須先用甲木, 次取壬水.
구 월 병 화 화 기 유 퇴 소 기 토 회 광 화 필 수 선 용 갑 목 차 취 임 수

九月 丙火는 火氣가 점점 물러가니 土가 火의 빛을 어둡게 하는 것을 꺼린다. 반드시 甲木을 먼저 쓰고 그 다음에 壬水를 取用한다.

九月은 土가 旺하여 權勢를 부리니 丙火가 물러간다. 土가 어두워지는 것을 꺼리므로 甲木으로 土를 剋制해야 좋고 丙火가 休囚되니 다시 甲木으로 生扶함이 좋다. 그러므로 甲木을 먼저 쓰는 것이다.

戊土는 乾燥한 土이고 丙火는 陽火로 火는 타오르고 土는 乾燥하여
지니 반드시 水로 潤澤하게 해야 한다. 九月에 있어서 壬癸水를 쓰
는 것이 거의 같다.

> 甲壬兩透, 富貴非凡. 若無壬水, 得癸透干, 亦可, 雖不科甲, 異路功
> 갑임량투 부귀비범 약무임수 득계투간 역가 수불과갑 이로공
> 名. 壬癸藏支, 貢監而已. 甲藏壬透, 無庚破甲, 可許秀才. 或庚戊困
> 명 임계장지 공감이이 갑장임투 무경파갑 가허수재 혹경무곤
> 了水木, 定是庸才. 無甲壬癸者, 下格.
> 료수목 정시용재 무갑임계자 하격

甲木과 壬水가 더불어 透干하면 富貴가 非凡하며 萬若 壬水가 없고 癸
水를 얻고 透干하면 亦是 可하니 비록 科甲은 못해도 異路功名 한다.
壬水와 癸水가 地支에 모두 감추어지면 貢監을 할 뿐이다.
甲木이 숨고 壬水가 透干하면 庚金이 甲木을 깨지 않으니 秀才는 될
수 있다. 或 庚金과 戊土가 木水를 剋制하면 쓸 만한 才能이고 甲木과
壬水와 癸水가 모두 없으면 下格이다.

九月의 가을은 萬物을 거두는 때이니 壬水와 癸水의 그 쓰임세가
거의 같다. 단 戊土가 있으면 癸水가 괴롭게 되므로 戊土가 透干하
면 甲木이 있지 않으면 戊土를 制剋하는 것이 불가하다. 만약 甲木
이 地支에 감추어지면 戊土를 制剋하는 힘이 弱하게 되며 다시 庚金
이 甲木을 깨면 戊土가 壬癸水를 괴롭게 하니 戊土와 庚金이 水와
木을 괴롭게 하면 原局에 甲木과 壬水와 癸水가 없는 것과 같게 되
어 있으나 마나한 것이 되어 下格이 된다.

> 或一派火土, 雖不太旺, 亦自燥矣. 如不離鄉過繼, 亦主奔流, 加以
> 혹일파화토 수불태왕 역자조의 여불리향과계 역주분류 가이
> 無庚辛壬癸出干, 必爲夭命.
> 무경신임계출간 필위요명

或 한 무리의 火土가 있고 비록 크게 旺하지 않아도 乾燥하게 되니 故鄕을 떠나거나 後嗣를 두지 못하고 떠돌아 다닌다. 거기에다 庚辛金과 壬癸水마저 透干함이 없으면 반드시 夭死할 命이다.

戊土宮의 戊土와 丁火는 본래 乾燥한 土이다. 더불어 日干이 丙火이니 비록 크게 旺하지 않아도 이미 乾燥하여 偏枯한 象이므로 고향을 떠나 떠돌게 된다. 만약 한 무리의 火와 土가 庚辛壬癸의 救助가 없으면 반드시 夭折하게 된다.

> 或支成火局, 炎上失時, 若運入南方, 一貧徹骨.
> 혹지성화국 염상실시 약운입남방 일빈철골

地支에서 火局을 이루면 炎上이 時期를 놓친 것이니 萬若 運이 南方으로 들어가면 一生 동안 가난이 뼈를 뚫는다.

地支에 火局을 이루고 이른바 戊土가 火로 化한다 할지라도 생각해보면 九月의 가을이 土가 旺한 때이니 이르기를 炎上格이라 할 수 있으나 시기가 아니므로 이는 火炎土 乾燥한 局이라 한다. 運이 南方에 들면 偏枯함이 極에 달하게 된다. 보통 炎上格은 南方을 기뻐하고 北方을 꺼리나 火炎土燥의 局은 南方을 꺼린다. 그렇다고 北方運 역시 반드시 기쁜 것만은 아니고 비교적 西方이 가장 有利하다. 그러나 格이 몹시 낮으니 비록 運이 아름답다한들 좋을 것이 있겠는가.

> 用甲者, 水妻木子. 用壬者金妻水子.
> 용갑자 수처목자 용임자금처수자

甲木을 쓰면 水를 妻로 보고 木을 子息으로 보며, 壬水를 쓰면 金을 妻로 보고 水를 子息으로 본다.

戊土가 出干하면 반드시 甲木을 써서 病을 除去해야 貴하게 된다. 壬水가 透干하고 甲木이 감추어지면 壬水를 用神으로 삼고 甲木 印으로 化煞하여야 한다. 甲木을 쓰는 경우는 印을 子息으로 보고 官煞을 妻로 본다. 壬水를 쓰는 경우는 官煞을 子息으로 보고 才를 妻로 본다.

| 戊 | 丙 | 甲 | 己 | 甲出天干 又逢生地 孝廉 |
| 子 | 子 | 戌 | 亥 | |

印을 써서 傷官을 制剋하여 官을 保存하는 用神으로 삼는다.

| 戊 | 丙 | 戊 | 丙 | 兩間不雜 支成火局 尙用壬水 先貧後富 |
| 戌 | 午 | 戌 | 申 | |

午火와 戌土가 모여 局을 이루고 戊土가 出干하였다. 辛金 中에 金水를 用神으로 삼는다.

| 壬 | 丙 | 壬 | 戊 | 富大貴小 因甲藏壬透故也 |
| 辰 | 寅 | 戌 | 戌 | |

壬水가 出干하였으므로 印을 써서 化煞하는 用神으로 삼는다.

3) 三冬丙火

十月丙火, 太陽失令, 得見甲戊庚出干, 可云科甲, 主爲人性好淸高,
십월병화 태양실령 득견갑무경출간 가운과갑 주위인성호청고
斯文領袖.
사문령수

十月丙火는 太陽이 失令을 하였으니 甲木과 戊土와 庚金이 出干함을 보면 가히 科甲한다 할 수 있고 사람됨이 淸高함을 좋아하고 글 읽기를 좋아한다.

十月의 丙火는 休囚의 시기에 놓이니 氣勢가 극히 弱하다. 마땅한
것은 甲木으로 生하고 水가 旺하면 戊土로 制剋해야 하고, 木이 旺
하면 金으로 節度있게 다듬어주어야 한다. 亥水宮은 甲木의 長生地
로 만약 亥卯未가 모여 局을 이루면 庚金을 쓰지 않으면 다듬고 抑
制하는 것이 불가능하다. 丙火는 壬水를 떼어 놓을 수 없으나 水가
旺하면 甲木으로 이끌어 化해주어야 한다. 亥月에는 壬水가 祿을 얻
고 甲木이 長生한다. 그러므로 甲木이 우선이다.

> **如辛透見辰, 名化合逢時, 主大貴.**
> 여 신 투 견 진 명 화 합 봉 시 주 대 귀

萬若 辛金이 透出하고 支에서 辰土를 보면 부르기를 化合逢時라 하여
大貴하게 된다.

化氣 中에 丙火가 辛金을 보면 가장 合化하기가 쉽지 않다. 비교
해 보면 甲木이 巳火를 만나면 더욱 심하다. 대개 丙火는 陽剛한 성
품이니 내가 剋하면 化하여 나를 剋한다. 地支에 전혀 金水가 보이
지 않으면 丙火의 氣勢가 死絶이 되어도 化하기가 쉽지 않다. 亥月
은 水가 旺한 시기이니 年 또는 時에 壬辰이 보이면 비로소 眞化한
다. 化合이 때를 만나면 크게 富貴하게 된다.

> **或壬多無甲, 乃作棄命從殺, 即不科甲, 亦是宦僚.**
> 혹 임 다 무 갑 내 작 기 명 종 살 즉 불 과 갑 역 시 환 료

或 壬水가 많고 甲木이 없으면 이는 棄命從殺을 지었다고 하니 科甲은
못해도 官僚는 된다.

從格은 印을 보면 從格이 안 된다. 印을 보면 生의 기틀이 끊어지

180

지 않으니 從格을 지었다고 論하지 않는다. 하물며 亥水宮에 甲木의
근본적인 뿌리의 氣勢가 있음이야. 그러나 壬水만 透干하고 甲木이
없으면 亥水宮에 甲木은 微弱한 뿌리이다. 그러므로 머금고만 있고
發하지 않는 것이니 從煞을 하게 된다.

그러나 만약 甲木이 透干하면 木氣가 動하여 스스로 火를 生할 수
있으므로 庚金을 보아야만 剋制할 수 있으니 역시 從格이라 論할 수
없다. 만약 壬水가 많고 甲木은 없고 戊己土가 있어도 역시 從格이
못된다. 겨우 水를 거스르는 氣勢도 못되나 대개 壬水가 土를 얻으
면 오히려 木을 生하게 되므로 亥水宮의 甲木이 生하고자 하는 뜻이
있게 되니 丙火의 뿌리가 된다.

或壬多有甲無戊, 卻非從殺, 宜用己土混壬.
혹 임 다 유 갑 무 무　각 비 종 살　의 용 기 토 혼 임

或 壬水가 많고 甲戊가 없으면 이는 從殺이 아니니 己土와 壬水를 混
用함이 마땅하다.

壬水가 많은데 甲木이 있고 戊土는 없고 己土가 있어도 역시 從하
지 않는다. 섞이는 것은 剋制가 아니다. 壬水는 부딪히고 흐르는 물
이니 己土로 剋制할 수 있는 것이 아니다. 왜냐하면 己土는 壬水와
섞이기 때문이다. 섞이게 되면 木을 生할 수 있게 되어 丙火의 뿌리
가 된다. 이른바 甲木이 있다는 것은 甲木이 透干한 것을 이르는 것
이니 그와 같이 되면 재차 아름다워진다. 그러나 透干하지 않아도
亥水宮의 甲木을 取하여 써도 木의 生氣의 기틀이 있게 된다. 그러
므로 가히 쓸 수 있다. 아래의 辛巳生의 命造를 보면 확실하다. 水가
旺하면 木이 떠내려가는데 土가 있어 水와 섞이게 되면 木의 뿌리를
북돋아주게 된다. 《滴天髓》의 「反生의 뜻」을 말한 것이다.

總之十月丙火, 木旺宜庚, 水旺宜戊, 火旺用壬, 隨宜酌用可也.
총 지 십 월 병 화 목 왕 의 경 수 왕 의 무 화 왕 용 임 수 의 작 용 가 야

전체적인 十月의 丙火는 木이 旺하면 庚金을 쓰는 것이 마땅하고, 水
가 旺하면 戊土를 쓰는 것이 마땅하고, 火가 旺하면 壬水를 쓰니 마땅
한 것에 따라 參酌하여 써야 한다.

木旺하면 庚金을 쓰는 것이 마땅하니 才를 써서 印을 덜어주어야
한다. 水가 旺한데 의당 土를 쓰면 오히려 甲木 印을 生하게 된다.
좋은 것은 亥水宮에 甲木이 있으므로 木의 氣勢가 있으니 戊土로 水
를 剋制하면 오히려 되살리는 功을 편안히 이룬다. 아니면 剋洩交集
되니 마땅한 것이 아니다. 火가 旺하면 壬水를 쓰고 역시 印이 通關
의 神이 되어야 하니 甲木이 중요한 關鍵이 된다. 그러므로 庚金과
戊土와 壬水는 때에 따라 損害와 利益이 되는 것이다.

> 剋洩交集 : 官殺과 食傷이 사주 중에 모두 있고 旺하여 日干이 剋과 洩氣를 모두 당
> 하는 것을 말한다.

| 庚 | 丙 | 乙 | 甲 | 庚甲兩透 廉使 |
| 寅 | 戌 | 亥 | 申 | |

비록 十月에 生하였으나 印이 旺하고 身이 强하므로 庚金 才로서
官을 북돋는 用神으로 삼는다.

| 戊 | 丙 | 辛 | 壬 | 孝廉 |
| 子 | 戌 | 亥 | 辰 | |

이 命造는 身弱하니 戊土로서 水를 制剋하는 用神으로 삼는다. 丙
火가 身의 庫에 뿌리를 두었으나 喜神과 用神이 모두 得令을 못하여
平常한 格局이 되었다.

182

壬	丙	己	辛	此命水多 取己土 大富貴 亦壽考
辰	子	亥	巳	

이 命造는 己土가 壬水와 섞여 甲木을 生한다. 빼어난 것은 年支에 있는 巳火가 돕는 것이다. 木이 水土의 生을 얻고 마땅히 陽和의 氣가 있어 도와주니 비로소 滋潤함이 오래간다. 쓰임은 甲木에 있으니 輔佐하는 힘을 얻은 것이다.

壬	丙	己	丙	陳調元의 命造이다.
辰	子	亥	戌	

이 命造는 己土가 壬水에 섞여 甲木이 되살아 난다. 좋은 것은 丙火가 透干하여 太陽이 널리 비추고 甲木을 얻어 生助를 얻는 것이다. 格은 外格이나 力量이 있다. 그러므로 印을 쓰는 것과 같이 輔佐하여 配合이 되니 大相懸殊를 지녔다. 格局의 高下를 참으로 분별하기가 쉽지 않다.

大相 : 泰封의 官號의 하나

十一月丙火, 冬至一陽生, 弱中復强, 壬水爲最, 戊土佐之.
십일월병화 동지일양생 약중부강 임수위최 무토좌지

十一月 丙火는 冬至에 一陽이 生하기 始作하므로 弱한 中에 다시 强하게 되니 壬水를 쓰는 것이 제일 좋고 戊土로 그것을 補佐해야 한다.

十一月 丙火는 冬至前은 十月과 같이 본다. 그러나 冬至後는 一陽이 돌아오니 弱한 中에 强함이 살아난다. 日柱가 强하면 비로소 食傷으로 制煞을 할 수 있으므로 丙火가 壬水를 쓰면 水火旣濟가 되어 최적의 쓰임새가 된다. 특히 身强하지 않으면 아니 된다.

壬戊兩透, 科甲可許, 無戊見己, 異路功名.
임 무 량 투 과 갑 가 허 무 무 견 기 이 로 공 명

壬水와 戊土가 더불어 透干하면 科甲할 수 있고 戊土가 없고 己土가
나타나면 異路로 功名한다.

身强하고 壬水와 丙火가 더불어 透干하면 食傷을 써서 制煞하면
科甲할 수 있다. 그러나 戊土가 없고 己土가 있으면 力量이 부족하
니 異途로 功名한다.

或無壬水, 有癸出干, 得金滋無傷, 又有丙透以解凍, 可許衣衿.
혹 무 임 수 유 계 출 간 득 금 자 무 상 우 유 병 투 이 해 동 가 허 의 금

或 壬水가 없으면 癸水라도 出干하여 金의 滋潤함을 얻어서 傷함이 없
고 또한 丙火가 透干하여 解凍해주면 依祿은 족하다.

壬水가 없고 癸水만 있으면 쓰임이 官星에 있으니 반드시 官星을
才가 生해야 하고 金의 生을 얻으면 아름다워진다. 그러나 戊土 傷
官이 없어야 한다. 다시 比肩이 透出하면 日元을 돕게 되어 비로소
才와 官을 마음대로 할 수 있게 된다.

或一派壬, 則當用戊土, 此人雖不成名, 文章邁衆, 但名利虛浮. 何
혹 일 파 임 칙 단 용 무 토 차 인 수 불 성 명 문 장 매 중 단 명 리 허 부 하
也, 因戊晦光, 又須甲木爲藥也, 或無壬水, 癸亦可用, 但不甚顯.
야 인 무 회 광 우 수 갑 목 위 약 야 혹 무 임 수 계 역 가 용 단 불 심 현

或 한 무리의 壬水가 있으면 戊土를 쓰니 이 사람은 비록 成功은 못하
지만 그 글이 世間에 알려지나 但 名利는 뜬구름과 같다. 왜 그런가?
戊土가 빛을 어둡게 하기 때문이며 그러하면 甲木이 藥이 된다. 或 壬
水가 없으면 癸水를 쓸 수 있으나 크게 顯達하지 못한다.

한 무리의 壬水는 戊土를 쓰지 않으면 안 된다. 그러나 戊土를 쓰면 剋洩交集되니 또한 甲木을 쓰지 않으면 救濟할 수 없다. 丙火는 壬水를 두려워하지 않으니 마치 太陽이 호수와 바다를 비추어 그 빛이 더욱 빛난다. 그러나 戊土를 보면 티끌 같은 먼지가 하늘을 가리어 太陽의 빛을 어둡게 한다. 하지만 甲木을 쓰면 가히 壬水를 化하고 戊土를 剋制하여 丙火를 生하니 세 가지의 쓰임을 얻게 된다. 그러므로 丙火가 壬水를 보고 甲木이 이끌어줌을 얻으면 水火旣濟가되니 顯達을 의심치 않는다. 만약 癸水를 쓰면 드러나는 것이 壬水에 미치지 못한다. 보통 癸水는 雨露의 水이니 그 쓰임이 같지 않은 것이다.

> 或四柱多壬無甲, 乃作棄命從殺, 亦有雲路.
> 혹 사 주 다 임 무 갑   내 작 기 명 종 살   역 유 운 로

或 命局에 壬水가 많고 甲木이 없으면 棄命從殺이 되니 구름을 밟고 가듯 順坦하다.

丙火가 子水와 申金에 臨하면 氣勢가 드리워 수그러져 끊어지니 四柱에 甲木이 없으면 이는 棄命從煞을 지은 것이다.

> 或水多 · 有甲 · 無戊, 卻非從殺, 宜用己土濁壬, 十一月丙火, 與十
> 혹 수 다   유 갑   무 무   각 비 종 살   의 용 기 토 탁 임   십 일 월 병 화   여 십
> 月頗同.
> 월 파 동

壬水가 많고 甲木이 있고 戊土가 없으면 從殺格이 아니니 己土를 쓰나 壬水가 濁해진다. 十一月이 十月과 같이 거의 같다.

濁壬이란 섞인 것으로, 쓰는 法이 十月과 같다. 단 十月은 亥水宮

에 甲木의 氣가 있으니 甲木이 透干하지 않아도 亥水宮의 甲木을 쓸
수 있다. 그러나 十一月의 甲木은 寅木이 안 나타나면 쓸 수 없다.
다시 丙火 比肩이 甲木을 도와야 한다. 水와 土가 추위에 얼어 있으
니 丙火가 없으면 木이 生의 기틀이 없게 된다.

庚	丙	庚	申	布政
寅	寅	子	亥	

年과 月에 金水의 氣勢가 旺하다. 기쁜 것은 日과 時에 두 개의 寅
木을 얻은 것이니 寅木 中에 甲木이 몰래 감추어져 있고 다시 丙火
가 그것을 도와주는 것이다. 運이 南方으로 가니 마땅히 貴하게 될
만하다.

癸	丙	庚	辛	丙癸見干 小富貴
巳	子	子	丑	

기쁜 것은 日祿이 時에 돌아와 있어 日元이 뿌리가 있는 것이다.
運의 旅程이 中年 後에 乙未, 甲午로 가니 木火가 相生하여 마땅히
그 끝이 아름답지 않겠는가.

戊	丙	庚	辛	金寒水凍 戊晦丙光 貧而且夭
子	戌	子	酉	

앞의 命造는 日祿이 巳火에 있었고 이 命造는 戌土에 뿌리를 두
었으니 비교해 볼 때 弱하다. 앞의 命造는 癸水가 透干하고 이 命造
는 癸水가 子水에 감추어져 있으니 서로 비슷하다. 전체적으로 水
火가 서로 維持하니 甲木을 쓰지 않으면 안 된다. 그러나 木이 相生
하지 않고 運의 旅情이 西北으로 가니 木火가 死絶地라 아름답지
못하다.

186

十二月丙火, 氣進二陽, 侮雪欺霜, 喜壬爲用, 己土司令, 土多又不
십 이 월 병 화　기 진 이 양　모 설 기 상　희 임 위 용　기 토 사 령　토 다 우 불
可少甲. 壬甲兩透, 科甲堪宜, 甲藏則秀才而已, 或無甲得一壬透,
가 소 갑　임 갑 량 투　과 갑 감 의　갑 장 칙 수 재 이 이　혹 무 갑 득 일 임 투
富中取貴.
부 중 취 귀

十二月 丙火는 二陽의 氣運이 漸進하여 눈과 서리를 업신여기니 壬水
를 쓰는 것을 기뻐한다. 己土가 司令하니 土가 많으면 甲木이 不足해
서는 안 된다. 壬水와 甲木이 더불어 透干하면 科甲은 당연히 할 수 있
고 甲木이 감추어지면 秀才에 그친다. 或 甲木이 없고 하나의 壬水가
透干하여 얻게 되면 富한 中에 貴를 갖는다.

丙火는 水의 剋을 두려워하지 않으나 유독 土의 洩氣를 두려워한
다. 十二月에 壬水를 보면 눈이 온 후에 밝은 빛이라 하니 壬水가 아
니면 貴를 取할 수 없다. 또한 土가 있고 없고 많고 적은 것에 관계
없이 모두 甲木의 輔佐가 없으면 안 된다. 그러므로 壬水와 甲木이
함께 透干하면 반드시 科甲의 貴를 하고 甲木이 숨고 運이 東南으로
가면 木火가 引出되어 역시 貴하게 된다. 甲木은 없고 壬水가 透干
하면 모름지기 身强하여야 하고 앉은 자리 아래에 會局을 하면 富
中에 貴를 얻는다.

如見一派己土, 不見甲乙, 名爲假傷官, 聰明性傲, 名利虛浮.
여 견 일 파 기 토　불 견 갑 을　명 위 가 상 관　총 명 성 오　명 리 허 부

한 무리의 己土를 보고 甲乙木이 나타나지 않으면 부르기를 假傷官이
라 하여 聰明하나 性品이 傲慢하고 名利가 뜬구름과 같다.

한 무리의 己土는 火土傷官이 된다. 傷官格은 性情이 반드시 聰明
하고 傲慢하다. 비록 겨울에 生하여도 二陽이 進氣하지만 생각해 보

면 春夏와 비교할 수 없다. 그러므로 추운 火가 土를 얼게 하니 格이 올라가지 않는다.

> 或一派癸水, 得己出干, 必自主創基業. 若制伏太過, 又取辛金作用.
> 혹 일 파 계 수 득 기 출 간 필 자 주 창 기 업 약 제 복 태 과 우 취 신 금 작 용
> 得見癸透. 此人卽不成名, 必淸雅文墨之士.
> 득 견 계 투 차 인 즉 불 성 명 필 청 아 문 묵 지 사

或 한 무리의 癸水를 보고 己土가 出干하면 반드시 基盤을 일으키며 萬若 制伏이 지나치더라도 辛金을 取하여 用神을 삼거나 癸水가 透干하면 이 사람이 功名을 이루지 못하여도 반드시 淸雅한 글을 쓰는 선비가 된다.

한 무리의 癸水는 官이 많은 것이니 化煞해야 한다. 身强하면 己土로 癸水를 制剋하고 身弱하면 甲木으로 化하니 앞의 壬水와 같다. 만약 癸水가 弱하거나 土가 많고 水가 적으면 制剋이 지나친 것이니 반드시 辛金으로 癸水를 生해주어야 한다. 才가 官을 生하면 旺해진다. 만약 癸水가 透出하고 辛金이 生하여 도우면 비록 때를 얻고 秉令한 것에 비교할 수는 없으나 格局이 淸純하여 기쁘다. 그러므로 淸雅함을 잃지 않은 선비가 된다.

| 壬 | 丙 | 乙 | 癸 | 總河 |
| 辰 | 午 | 丑 | 卯 | |

日元이 印에 앉고 七煞이 透干하니 煞刃格이다. 빼어난 것은 乙木 正印이 透干하여 祿을 얻은 것이다. 金水運으로 가면 印으로 化하니 마땅히 大富大貴하게 된 것이다.

| 庚 | 丙 | 丁 | 己 | 二甲制土 按擦 |
| 寅 | 寅 | 丑 | 丑 | |

火土傷官佩印格이다. 印이 아니면 어찌 貴를 얻을 수 있었겠는가.

| 己 | 丙 | 己 | 乙 | 木神得祿制土 壯元 |
| 丑 | 寅 | 丑 | 酉 | |

用神으로 寅木 中에 甲木을 取한다. 火土傷官이 지나치게 重하니 반드시 印으로 制御하여야 한다.

| 癸 | 丙 | 己 | 乙 | 用辛得金局 自手成家 |
| 巳 | 申 | 丑 | 巳 | |

丙火가 申金에 臨하니 氣勢가 不足하다. 다행인 것은 年과 時에 두 개의 己土가 祿을 얻은 것이다. 火土傷官으로 才를 用神으로 삼는다. 商業界의 人物이다.

| 庚 | 丙 | 己 | 乙 | 用甲制己 宇庚制甲 捨芥而已 |
| 寅 | 午 | 丑 | 丑 | |

火土傷官에 寅木과 戌土가 모여 局을 이루니 역시 이것도 傷官을 用神으로 삼는다.

第2節 丁火論

丁火喜用提要

正月 甲庚 用庚金劈甲引丁
정월 갑경 용경금벽갑인정

正月은 甲木과 庚金을 쓴다.
庚金으로 甲木을 쪼개어 丁火를 引火해주어야 한다.

二月 庚甲 以庚去乙 以甲引丁
이 월 경 갑 이 경 거 을 이 갑 인 정

二月은 庚金과 甲木을 쓴다.
庚金으로 乙木을 除去하고 甲木으로 丁火를 引火해주어야 한다.

三月 甲庚 用甲木引丁制土 次看庚金 木盛用庚 水盛用戊
삼 월 갑 경 용 갑 목 인 정 제 토 차 간 경 금 목 성 용 경 수 성 용 무

三月은 甲木과 庚金을 쓴다.
甲木으로 丁火를 引火해주고 戊土를 制御해야 한다. 다음으로 봐야 할
것은 庚金으로 木이 盛하면 庚金을 쓰고 水가 盛하면 戊土를 쓴다.

四月 甲庚 取甲引丁 甲多又取庚爲先
사 월 갑 경 취 갑 인 정 갑 다 우 취 경 위 선

四月은 甲木과 庚金을 쓴다.
甲木을 取하여 丁火를 이끌어주어야 한다. 甲木이 많으면 또한 庚金을
먼저 取하여야 한다.

五月 壬庚癸 火多以庚壬兩透爲貴 無壬用癸 爲獨煞當權
오 월 임 경 계 화 다 이 경 임 양 투 위 귀 무 임 용 계 위 독 살 당 권

五月은 壬水와 庚金과 癸水를 쓴다.
火가 많으면 庚金과 壬水가 透干하여야 貴해진다. 壬水가 없으면 癸水
를 쓰는데 獨殺當權이라 한다.

六月 甲壬庚 以甲木化壬引丁爲用 用甲不能無庚 取庚爲佐
육 월 갑 임 경 이 갑 목 화 임 인 정 위 용 용 갑 불 능 무 경 취 경 위 좌

190

六月은 甲木과 壬水와 庚金을 쓴다.
甲木으로 壬水를 化하여 丁火를 引火하는데 쓴다. 甲木은 庚金이 없으면 쓸 수 없으니 庚金으로 輔佐한다.

七月八月 甲庚丙戊 庚取劈甲 無甲用乙 用丙暖金晒甲 無庚甲而用
칠월팔월 갑경병무 경취벽갑 무갑용을 용병난금쇄갑 무경갑이용
乙者 見丙爲枯草引燈 水旺用戊
을자 견병위고초인등 수왕용무

七月과 八月은 甲木과 庚金과 丙火와 戊土를 쓴다.
庚金을 取하여 甲木을 쪼개어 준다. 甲木이 없으면 乙木을 쓴다. 丙火로는 金을 따뜻하게 해주고 木을 쬐어 준다. 庚金과 甲木이 없으면 乙木을 쓰는데 丙火를 보아야만 마른 풀에 등잔불을 붙일 수 있다.
水가 旺하면 戊土를 쓴다.

九月 甲庚戊 一派戊土無甲 爲傷官傷盡
구월 갑경무 일파무토무갑 위상관상진

九月은 甲木과 庚金과 戊土를 쓴다.
한 무리의 戊土에 甲木이 없으면 傷官傷盡이라 한다.

十月十一月 十二月 甲庚 庚金劈甲引丁 甲木爲尊 庚金爲佐 戊癸權
십월십일월 십이월 갑경 경금벽갑인정 갑목위존 경금위좌 무계권
宜酌用
의작용

十月, 十一月, 十二月은 甲木과 庚金을 쓴다.
庚金으로 甲木을 쪼개어 丁火를 引火한다. 甲木을 높이 치고 庚金으로 輔佐한다. 戊土와 癸水는 마땅히 參酌하여 쓴다.

1) 三春丁火

正月丁火, 甲木當權, 乃爲母旺, 非庚不能劈甲, 何以引丁, 姑用庚金.
정월정화 갑목당권 내위모왕 비경부능벽갑 하이인정 고용경금

正月의 丁火는 甲木이 當權하여 母旺하니 庚金이 劈甲하지 않으면 어찌 丁火를 引火하겠는가. 庚金을 써야 한다.

正月의 丁火는 月令의 正印이 主事하니 金을 써서 甲木을 쪼개주지 않으면 丁火를 이끌어내는 것이 어렵다. 이는 配置를 말하는 것이다. 丁火는 甲木을 떼어놓는 것이 불가능하니 甲木이 없으면 丁火도 의지할 짝이 없게 된다. 특히 日元이 이와 같으면 取用하는 것도 역시 같다.

或一派甲木, 無庚制之, 非貧即夭, 或只一甲木, 多見乙木者, 必離
혹일파갑목 무경제지 비빈즉요 혹지일갑목 다견을목자 필리
鄕之客, 焉問妻兒. 或見甲乙, 生庚子時, 又主妻早子早, 且可採芹.
향지객 언문처아 혹견갑을 생경자시 우주처조자조 차가채근

或 한 무리의 甲木이 있는데 庚金으로 剋制하지 않으면 貧困하지 않으면 夭折한다. 或 하나의 甲木과 많은 乙木이 나타나면 반드시 故鄕을 떠나 나그네가 되니 어찌 妻子息을 묻겠는가?
或 甲乙木을 보고 庚子時에 태어나면 일찍 妻子를 두며 또한 若干의 富는 있다.

한 무리의 甲木이 있고 木이 盛하면 火가 막히니 庚金의 剋制가 없으면 貧困하고 夭折할 象이다. 乙木이 많이 보이면 마른 풀에 등불을 붙이니 旺한 氣가 몸에 이르러 그치게 된다. 그러므로 洩氣나 剋도 없으면 반드시 고향을 등지고 떠돌며 妻와 子息의 奉養을 받을 수 없게 된다. 丁日이 遁干하면 오직 庚子時나 庚戌時 두 개가 있는

데 正月의 甲木이라면 반드시 癸水로 윤택하게 해야 한다.

庚子時는 地支에 癸水가 숨어있으니 木이 水의 滋潤을 얻고 庚金이 甲木을 쪼개어 丁火를 이끌어 준다. 그러므로 甲乙木이 많아도 障礙가 없다. 그러나 貴함은 못 얻고 상당한 成就만 있다.

得壬化木, 弱極復生, 合此必主大貴, 但此化合, 反以不見庚破格
득임화목　약극복생　합차필주대귀　단차화합　반이부견경파격
爲妙.
위묘

壬水를 얻고 化하여 木이 되면 弱이 極에 이르러 다시 生하게 되니 이는 반드시 大貴하며 但, 이를 合化라 하니 庚金이 格을 깨지 않아야 빼어나게 된다.

丁火와 壬水가 化하여 木이 되면 寅木을 만나는 것을 기뻐하니 寅月에 寅時를 얻으면 비로소 빼어나게 된다. 命局이 이와 같으면 반드시 大貴하게 되고 庚金을 보면 木의 旺한 氣勢를 거스르니 破格이 된다.

或有庚金壬癸, 得己出干制之, 此命不由科甲, 亦有異途.
혹유경금임계　득기출간제지　차명불유과갑　역유이도

或 庚金과 壬癸가 있고 己土가 透干하여 剋制하면 科甲은 못하여도 異路로 功名을 이룰 수 있다.

이는 化木이 이루어지지 않는 것을 말한 것으로 별도로 用神을 取해야 한다. 庚金이 있으면 丁壬化木이 破格이 되니 壬癸水가 出干하면 官煞을 用神으로 삼는다. 비록 己土로 制剋하면 敗한 中에 이루게 되니 역시 顯達한다. 그러나 正途는 아니다.

或 한 무리의 壬癸水를 보고 寅時를 못 얻거나 庚金을 얻지 못하면 반드시 窮困하다.

한 무리의 壬癸水가 寅時를 얻지 못하면 化하여 木을 이룰 수 없다. 또한 庚金이 甲木을 쪼개주지 않으면 별다르게 用神을 取할 것이 없게 되니 반드시 窮苦하게 된다. 月令이 時令을 旺氣가 되게 하고 時令은 一日을 旺氣가 되게 한다.
그러므로 化氣는 月과 時의 氣를 얻는 것이 중요하다. 壬水는 丁火와 化하여 木이 되고 癸水는 化神의 印이 되니 化神을 生助하는 것을 기뻐한다. 그러므로 壬水를 말하고 癸水를 말한 것이다.

或 丁年 壬月 丁日 壬時가 되면 男子는 大貴하나 女子는 的當하지 않다. 이 格에서는 土를 妻로 보고 金을 子息으로 본다. 但 子女 因緣이 어렵다. 女命이 이와 같은 格이면 淫賤하고 男便과 子息을 刑剋한다.

火神의 旺弱을 볼 때 丁年, 壬月, 丁日, 壬寅時면 化神의 旺함이 極에 이른다. 旺氣가 몸에 이르러 그치니 子息因緣이 어려운 것을 못 면한다. 日柱가 旺相하면 事業을 일으키고 權威를 쥐게 되므로 男命은 이처럼 旺相하면 貴하게 된다. 그러나 女命은 日柱가 旺相하면 반드시 지아비의 權勢를 빼앗으므로 舊時代에는 夫와 子息을 刑剋하지 못하는 시대이고 女子가 家勢를 쥐는 것이 불가능하므로 좋

지 못하다 하였다. 그러나 現代에는 時代가 변하였으니 그와 같이
解釋하는 것은 맞지 않다.

土는 化神의 才이고 金은 化神의 官煞이며 金을 子息이라고 한 것
은 아마도 誤字가 아닌지 의심스럽다. 化氣格은 나를 生하는 것을
化神의 用神이 되니 당연히 金을 妻로 보고 水를 子息으로 본다. 金
이 官煞을 子息이라 하고 子女와 因緣이 어렵다는 말은 오히려 바로
잡아야 할 듯하다.

或支火局, 無滴水解炎, 僧道之命, 見甲出略可, 總不可無水, 水多
혹 지 화 국　무 적 수 해 염　승 도 지 명　견 갑 출 략 가　총 불 가 무 수　수 다
亦不宜.
역 불 의

或 地支에 火局을 이루면 水로 적셔주어 뜨거움을 解消해주지 않으면
僧道의 命이다. 甲木이 出干하는 것은 비교적 無妨하나 水는 반드시
없어서는 안 된다. 그러나 水가 많은 것도 좋지 않다.

正月의 丁火는 地支에 火局을 이루면 炎上이 때를 잃은 것이니 반
드시 水가 있어야 旣濟의 功을 이룰 수 있다. 水가 없으면 日柱가 旺
極하여 의지할 곳이 없으니 偏枯한 象이 된다. 甲木이 透干하여 있
어도 역시 水가 없으면 불가하니 특히 太過함이 좋을 것이 없다.

壬　丁　戊　庚　庠生 酉運終
寅　未　寅　辰

이 命造는 丁壬이 化木하고 寅月, 寅時를 얻고 또한 辰土를 보니
化하여 才를 이룬 象이다. 哀惜한 것은 金이 出干하여 破格이 된 것
으로 겨우 庠生을 하고 貴를 가지지는 못했다. 木局은 주로 印綬라
運이 酉金에 이르니 古稀의 해가 되었다.

癸　丁　庚　辛　女命 貧賤
卯　酉　寅　卯
此造女命, 財官臨死絶之地, 貧賤之象

이 命造는 女命으로 才와 官이 死絶地에 臨하여 貧賤한 象이다.

二月丁火, 濕乙傷丁, 先庚後甲, 非庚不能去乙, 非甲不能引丁. 庚
이월정화　습을상정　선경후갑　비경불능거을　비갑불능인정　경
甲兩透, 科甲定然, 庚透甲藏, 亦有生貢, 甲透庚藏, 異路功名.
갑량투　과갑정연　경투갑장　역유생공　갑투경장　이로공명

濕한 乙木이 丁火를 傷하게 하니 먼저 庚金을 쓰고 뒤에 甲木을 쓴다.
庚金이 아니면 乙木을 除去할 수 없고 甲木이 아니면 丁火를 引火할
수 없게 된다. 庚金과 甲木이 더불어 透干하면 科甲은 확실한 것이다.
庚金이 透干하고 甲木이 감추어지면 貢監은 될 수 있으며 甲木이 透干
하고 庚金이 감추어지면 異路로 功名 한다.

二月의 丁火는 偏印이 權勢를 잡지만 초봄에 풀은 불을 붙일 수
없으니 火를 이끌 수 없다. 오히려 축축한 乙木이 丁火를 傷하게 한
다. 天干에 庚金이 透干하고 四柱에 甲木이 있어야 마땅하니 庚金으
로 乙木을 除去하고 甲木으로 丁火를 이끌어주는 것은 그 配合되는
것을 말한 것이다. 그러므로 庚金과 甲木이 더불어 透干해도 서로
相剋으로 인한 害가 없다. 다음은 庚金과 甲木을 쓰는 것에 대한 뜻
을 말한 것이다.

或庚乙俱透, 庚必輸情於乙, 未免貪合, 運行金水, 一貧徹骨. 或庚
혹경을구투　경필수정어을　미면탐합　운행금수　일빈철골　혹경
透乙藏, 則不能貪合, 乙反引丁, 即用乙亦無害, 運入木火之鄕, 自
투을장　칙불능탐합　을반인정　즉용을역무해　운입목화지향　자
然富貴, 用乙者水妻木子.
연부귀　용을자수처목자

196

或 庚金과 乙木이 함께 透干하면 庚金이 반드시 乙木에게 情을 주니 合을 貪하는 것을 免할 수 없고 運路가 金水로 가면 一生 동안 가난이 뼈를 깎는다. 或 庚金이 透干하고 乙木이 감추어지면 合을 貪할 수 없으니 乙木이 오히려 丁火를 引火할 수 있으므로 乙木을 用神으로 삼아도 害가 없으며 運이 木火에 들면 자연히 富貴한다. 乙木을 쓰면 水를 妻로 보고 木을 子息으로 본다.

또한 乙木과 庚金이 나란히 透干하면 반드시 情을 보내 서로 合하려한다. 그러나 乙木이 當旺한 때이니 化하여도 金이 되지 못하고 오히려 局이 貪財壞印이 되며 다시 才煞의 運으로 가면 반드시 추위와 가난이 뼈를 깎는다.

만약 庚金이 透干하고 乙木이 숨으면 才와 印이 서로 障礙가 없으니 乙木을 쓰는데 妨害가 안 되며 運이 木火로 가면 자연 富貴하게 된다. 이는 才가 旺하면 印을 쓰는 뜻을 解釋한 것이다.

보통은 木이 旺하면 才로 印을 덜어주고 乙庚이 있으면 서로 合하여 情을 주게 되므로 庚金과 甲木이 나란히 透干해야 한다. 그러나 乙木이 숨고 庚金이 透干하면 반드시 甲木이 있는 것이 필요하지 않다. 偏印은 正印과 더불어 功이 같은 것이 되니 乙木을 쓴다 해도 害가 없다. 印을 쓰는 경우는 반드시 身弱해야만 印을 쓴다. 印을 쓰면 官煞을 妻로 보고 印을 子息으로 본다.

若盡是乙木, 不見一甲, 此人富貴不久, 因貪致禍, 弄巧反拙, 且不能承先人之業.

萬若 乙木만 있고 하나의 甲木도 나타나지 않으면 이 사람은 富貴가 長久할 수 없고 貪慾으로 因해 禍를 자초하며 巧妙한 才操를 부려도 오히려 拙劣하게 되어 쓸모없이 된다. 또한 先人의 業을 잇지 못한다.

乙木은 性質이 陰柔하니 比喩하면 작은 꽃나무나 풀과 같아서 火를 보면 타올라 눈 깜짝할 사이에 흩어져 없어져 버린다. 그러므로 오랫동안 밝지 못하는 象이니 丁火는 반드시 甲木과 붙어 있어야 오래간다. 才도 없고 官煞도 없는 것을 解釋한 것으로 오로지 印만 쓸 수 없는 것이다.

或支成木局, 有庚透 · 主淸貴, 不見庚者 · 常人, 二月乙木司權, 必
혹지성목국 유경투 주청귀 불견경자 상인 이월을목사권 필
須有庚, 有乙無庚, 主貧苦無依. 用庚者 · 土妻金子. 得印旺殺高,
수유경 유을무경 주빈고무의 용경자 토처금자 득인왕살고
大富大貴. 或一派水, 無一戊制, 主貧苦無依. 或乙少癸多, 有戊去
대부대귀 혹일파수 무일무제 주빈고무의 혹을소계다 유무거
制, 反吉. 用土者 · 火妻土子.
제 반길 용토자 화처토자

地支에 木局을 이루고 庚金이 透干하면 淸貴하게 되지만 庚金을 보지 못하면 平常人이다. 二月은 乙木이 司令하니 반드시 庚金이 있어야 하는데 乙木은 있고 庚金이 없으면 貧苦하고 依支할 곳이 없다. 或 乙木이 적고 癸水가 많으면 戊土가 있어서 除去해 주면 反對로 吉하다. 土를 用神으로 하면 火를 妻로 보고 土를 子息으로 본다.

이는 印이 旺하면 才를 쓰는 뜻을 解釋한 것이다. 地支에 木局을 이루면 印이 太旺한 것이니 반드시 才를 써서 印을 덜어주어야 한다. 그러므로 庚金이 있고 透干하면 淸貴하게 되나 庚金이 없으면 平常人이 된다. 二月은 木이 旺한 시기이니 만약 旺함이 極에 달하면 依支할 곳이 없으니 도리어 貧苦하게 된다. 庚金을 쓰는 경우는 食傷을 妻로 보고 才를 子息으로 본다.

丁	丁	乙	戊	用巳中之庚制木 位至尙書
未	巳	卯	子	

198

巳火 中의 庚金은 사용하지 않아도 될 것 같다. 이 命造는 水木火土로 氣勢가 純粹하나 木이 盛하여 火가 막히니 마땅히 才로 印을 덜어주어야 한다. 運이 庚申, 辛酉에 이르러 그 缺點을 補完하여 五行의 氣流가 通하였다. 이것은 特殊한 法이 된다.

庚	丁	癸	丁	鼎甲
子	卯	卯	卯	

甲	丁	己	庚	尙書
辰	丑	卯	辰	

이 두 命造는 모두 庚金이 透干하고 乙木이 감추어져 있어서 才와 印이 서로 障礙가 없다.

三月丁火, 戊土司令, 洩弱丁氣, 先用甲木引丁制土, 次看庚金, 庚
삼월정화 무토사령 설약정기 선용갑목인정제토 차간경금 경
甲兩透, 定主科甲, 或一藏一透, 終非白丁.
갑량투 정주과갑 혹일장일투 종비백정

三月丁火는 戊土가 司令하여 火氣를 洩하여 弱해지니 먼저 甲木으로 丁火를 이끌어주고 戊土를 剋制해주어야 하며 다음으로 庚金을 쓴다. 甲木과 庚金이 더불어 透干하면 科甲은 정해진 것이다. 或 하나는 숨고 하나가 透干해도 끝내 白丁이 되지는 않는다.

三月의 丁火는 二月과 더불어 같이 쓴다는 意味이다. 단 戊土가 司令하기 때문에 먼저 甲木을 쓰고 다음으로 庚金을 쓴다. 만약 土旺한 때에 놓이지 않았다면 당연히 二月과 같이 보았을 것이다.

白丁 : 관직이 없는 平民 또는 과거급제하지 못한 사람을 뜻하며 白身이라고도 함.

或支成木局, 取庚爲先, 得庚透, 丁癸不透, 亦有異路功名.
혹지성목국 취경위선 득경투 정계불투 역유이로공명

地支에 木局을 이루면 庚金을 먼저 取하여 쓰는데 庚金이 透干하고 丁
火와 癸水가 透干하지 않으면 亦是 異路로 功名한다.

地支에 木局을 이루면 二月과 같으니 庚金을 먼저 取한다. 丁火로
庚金을 制剋하고 癸水로 庚金을 洩氣하면 모두 破格이 된다. 그러므
로 丁火와 癸水가 透干하지 않아야 아름답게 된다.

或支成水局, 加以壬透, 名殺重身輕, 必夭折天年. 或遭凶死, 或戊
혹지성수국 가이임투 명살중신경 필요절천년 혹조흉사 혹무
己兩透, 廊廟之客, 若一甲破土, 定是常人.
기량투 랑묘지객 약일갑파토 정시상인

或 地支에 水局을 이루고 壬水가 透干하면 이르기를 殺重身輕이라 하
여 반드시 어려서 夭折하거나 또는 凶한 일을 만나서 죽게 되나, 萬若
戊己가 더불어 透干하면 官職으로 나갈 수 있다. 혹 한 개의 甲木이 土
를 剋破해도 平常人이다.

三月 乙木은 오히려 辰中의 餘氣인 乙木에 있으니 從煞하지 않는
다. 月令인 辰庫 地支에 申金과 子水가 모이면 水局을 이루게 되는데
더하여 壬水까지 透干하면 煞重身輕이 되니 반드시 夭折하게 된다.
日元이 乙木인 印에 通根하고 煞이 重해도 食傷이 있어 制煞하면
오히려 廊廟의 客이 된다. 煞이 重하여 病이 되면 戊己土로 制煞하
면 藥이 된다. 만약 甲木을 보아 制煞의 神을 除去하면 다시 平常人
이 되고 만다.

廊廟 : 정1품 아문으로 백관을 통솔하고 서정을 총괄하던 최고의 정치기관 都堂, 廟
堂, 政府, 黃閣이라고도 한다.

用甲者·水妻木子, 用金者·土妻金子.
용갑자　수처목자 용금자　토처금자

甲木을 쓰면 水를 妻로 보고 木을 子息으로 보며, 庚金을 쓰게 되면 土를 妻로 보고 金을 子息으로 본다.

印으로 用神을 삼는 경우는 官煞을 妻로 보고 印을 子息으로 보며, 才를 用神으로 삼는 境遇는 食傷을 妻로 보고 才를 子息으로 본다.

2) 三夏丁火

四月丁火, 乘旺, 雖取甲引丁, 必用庚劈甲, 伐甲·方云木火通明,
사월정화　승왕 수취갑인정　필용경벽갑　벌갑 방운목화통명
甲多·又取庚爲先.
갑 다　우 취 경 위 선

四月 丁火는 乘旺하니 비록 甲木으로 丁火를 引火한다 해도 반드시 庚金으로 甲木을 쪼개어야 좋으니 甲木을 베어야 비로소 木火通明이라 이른다. 甲木이 많으면 庚金을 먼저 取해서 써야 한다.

이 絶은 글이 不足함이 있어 말의 뜻이 완전히 전달되지 않는 것 같다. 四月의 丁火는 旺氣가 오르니 火의 勢力이 뜨겁게 타오른다. 그러므로 반드시 壬水를 取하여 뜨거움을 풀고 庚金으로 壬水를 보좌해야 한다. 壬水나 癸水가 없으면 그 이치가 丙火와 더불어 같다.
단 丁火는 質이 陰柔하다. 그러므로 기뻐하는 것은 木에 붙어 榮華롭게 되는 것이다. 壬癸水가 나타나지 않으면 丁火는 身弱해지니 반드시 甲木으로 丁火를 이끌어주어야 한다. 그러나 甲木을 써도 庚金이 輔佐해야 한다. 어떤 法則인가? 庚金은 甲木의 좋은 친구이니 甲木을 쓸 때 庚金이 적어서는 안 된다(三冬의 丁火章을 보라). 그러나 壬水를 쓸 때 庚金으로 輔佐하는 것과 의미가 같지 않으니 보통 前者의 경우는 庚金이 發水의 根源이 되는 것이고, 이 경우는 庚金으로 甲木을 쪼개주어서 木火通明이 되게 하려는 것이다. 이 경우는 金과 木을 서로 나란히 쓰는 것이지 才와 印을 번갈아 쓰는 것이 아니다. 甲木이 많으면 庚金을 먼저 쓰니 才를 써서 寅을 덜어주는 것이다.

「現代命鑑」四月의 丁火編의 여러 命造를 살펴보면 壬水와 庚金을 쓰는 경우에 貴하게 顯達하는 경우가 아주 많다. 丁火가 乘旺함은 丙火와 같은 이치로 생각해보면 되니 더 이상 말하지 않고 생략한다. 그러나 壬水가 없으면 甲木을 쓰는 法은 丙火가 없어야 한다. 그러므로 특별히 설명을 하는 것 뿐이다.

> 但四柱忌見癸水, 癸水一見, 洩庚 · 濕甲 · 傷丁, 故以癸爲病.
> 단 사 주 기 견 계 수 계 수 일 견 설 경 습 갑 상 정 고 이 계 위 병

但 命局에 꺼리는 것은 癸水를 보는 것이다. 하나의 癸水라도 나타나면 庚金을 洩氣하고 甲木을 濕하게 하며 또한 丁火를 傷하게 한다. 그러므로 癸水가 病이 된다.

甲木을 取하여 丁火를 이끄는 局은 癸水를 보는 것을 꺼린다. 이는 庚金을 洩氣하니 庚金이 甲木을 쪼개는 것을 못하게 되고 또한 甲木이 축축한 木이 되어 丁火를 이끌지 못하게 될 뿐만 아니라 丁火를 傷하게 하기 때문이다. 壬水 역시 꺼리는데 대개 壬水를 보면 官印相生이 되어 印이 官을 洩氣하게 되므로 木火通明의 局이 안 된다. 만약 甲木을 取하여 丁火를 이끌어주는데 쓰지 않는다면 굳이 癸水를 꺼리지 않는다. 貴함의 여부는 따로 格局의 配合을 봐야 하는 것이지 어떤 것에 얽매여 생각해서는 안 된다.

202

> 或癸水藏支, 壬水出干制丙, 不奪丁光, 自是鴈塔題名, 玉堂淸貴.
> 혹 계 수 장 지 임 수 출 간 제 병 불 탈 정 광 자 시 안 탑 제 명 옥 당 청 귀

或 癸水가 地支에 숨고 壬水가 出干하여 丙火를 剋制하면 丁火의 빛을 빼앗기지 않으니 自然히 及第하여 官僚가 되어 淸貴하게 顯達한다.

앞글을 이은 것으로 甲木이 丙火와 나란히 透干하면 丙火가 丁火의 빛을 빼앗으므로 반드시 壬水가 出干하여 丙火를 剋制하면 官印相生이 되어 玉堂에 貴人이 된다. 甲木이 없고 庚金이 있으면 才와 官이 相生하니 역시 貴하게 顯達한다. 다만 壬癸水가 出干하면 木火通明의 局이라 할 수 없다.

> 或有庚無甲, 戊透天干, 此爲傷官生才, 又取戊爲用, 必主富貴, 戊
> 혹 유 경 무 갑 무 투 천 간 차 위 상 관 생 재 우 취 무 위 용 필 주 부 귀 무
> 土出干, 不見甲乙, 又不見水, 是傷官傷盡, 八字淸高, 但不大貴, 亦
> 토 출 간 불 견 갑 을 우 불 견 수 시 상 관 상 진 팔 자 청 고 단 불 대 귀 역
> 不大富, 見水多木多, 定是常人.
> 불 대 부 견 수 다 목 다 정 시 상 인

或 庚金은 있고 甲木이 없는데 戊土가 天干에 透干하면 이를 傷官生財라 하고 또한 戊土를 取하여 쓰면 반드시 富貴하게 된다. 戊土가 出干하고 甲乙木이 없고 또한 水도 없으면 이를 傷官傷盡이라 하여 八字가 淸高하긴 하나 大貴하지 못하고 亦是 큰 富를 이루지도 못한다. 水와 木이 많이 보이면 반드시 이는 平常人이 된다.

四月에 戊土가 祿을 얻으니 原局에 戊土의 透干이 있으면 이는 戊土를 用神으로 삼는다. 庚金이 있으면 傷官으로 才를 生하나 庚金이 없으면 오로지 傷官만을 쓴다. 특히 甲木을 보면 안 되니 甲木이 있으면 傷官이 制剋을 당한다. 또한 水가 있으면 傷官이 官을 보는 것이니 하나같이 破格이다. 官煞과 印綬가 없으면 비록 八字가 맑아도

크게 富貴할 수 없는 것이니 火土가 乾燥함에 치우치기 때문이다.

或四柱多丙, 不見壬癸, 奪了丁光, 此人貧苦, 或丁年·巳月·丁巳
혹사주다병 불견임계 탈료정광 차인빈고 혹정년 사월 정사
日·丙午時, 一丙不奪二丁, 卽不顯達, 亦名播四鄰. 故書曰, 丁火
일 병오시 일병불탈이정 즉불현달 역명파사린 고서왈 정화
陰柔一燭燈, 太陽相見奪光明, 柱中若見甲木透, 定許身安福自臨.
음유일촉등 태양상견탈광명 주중약견갑목투 정허신안복자림

或 四柱에 丙火가 많고 壬癸水가 안 나타나면 丁火가 빛을 빼앗기니
이 사람은 貧苦하게 된다. 만약 丁年 巳月 丁巳日 丙午時면 하나의 丙
火가 두 개의 丁火를 빼앗지 못한다. 그러나 顯達하지는 못하나 四方
에 名聲은 날린다. 古書에 이르기를 丁火는 陰柔하여 촛불과 같으니
太陽을 만나면 그 빛을 빼앗기지만 命局 中에 萬若 甲木이 透干하여
나타나면 반드시 一身의 安定과 福祿이 자연히 臨한다.

丙火가 透干하였는데 壬癸水의 制剋이 없으면 丙火가 丁火의 빛
을 빼앗으니 貧苦한 命이다. 그러나 하나의 丙火가 두 개의 丁火의
빛을 빼앗을 수 없으니 丁火가 많으면 丙火가 그 빛을 가리지 못하
지만 현달하지는 못한다. 그러나 이름을 사방에 떨친다. 四柱 中에
만약 甲木을 보면 甲木으로서 丁火를 이끄는데 쓸 수 있다. 그러므
로 一身의 安定과 福이 자연히 臨할 수 있게 된다.

| 乙 | 丁 | 己 | 甲 | 詞林 |
| 巳 | 丑 | 巳 | 午 | |

甲木을 써서 丁火를 이끌어주니 木火通明이라 한다.

| 乙 | 丁 | 癸 | 辛 | 此火長夏天金疊疊格 侍郎 |
| 巳 | 巳 | 巳 | 酉 | |

巳火와 酉金이 모여 才局을 이루니 才로서 弱한 煞을 돕는데 쓴다.

204

그러므로 貴하게 되었다. 만약 火가 장구한 여름 하늘에 金이 疊疊하면 오로지 才를 用神으로 삼으니 富者는 되나 貴하게는 안 된다.

五月丁火, 時歸建祿, 不宜亂用甲木.
오월정화 시귀건록 불의란용갑목

五月 丁火는 建祿의 때가 돌아오니 甲木을 쓰는 것은 어지럽게 되니 마땅치 않다.

丁火는 비록 甲木인 印을 떼어 놓을 수는 없으나 生한 때가 五月이므로 月令에 建祿이 되니 水가 透干되어 있지만 않다면 甲木을 쓰는 것이 마땅하지 않다.

遇年透隔位之壬, 不貪丁合者, 忠而且厚, 或支成火局, 干見火出,
우년투격위지임 불탐정합자 충이차후 혹지성화국 간견화출
得庚壬兩透者, 科甲定然, 土透制壬, 常人. 卽壬藏支中, 亦非白丁,
득경임량투자 과갑정연 토투제임 상인 즉임장지중 역비백정
但要運行西北, 方可發達, 得一癸透, 名獨殺當權, 出人頭地.
단요운행서북 방가발달 득일계투 명독살당권 출인두지

年에 壬水가 透干하면 간격이 떨어진 位置에 透干한 것이니 丁火와 合을 貪하지 않으므로 사람이 忠直하고 듬직하다. 地支에 火局을 이루고 火가 透干하여 나타나고 庚金과 壬水가 더불어 透干하면 科甲이 確實하다. 萬若 天干에 土가 透干하여 壬水를 剋制하면 平常人이다.
壬水가 地支에 감추어져 있으면 白丁은 免하나, 但 必要한 것은 運이 西北으로 가는 것이니 可히 發達한다. 하나의 癸水가 透干하면 부르기를 獨殺當權이라 하여 나아가 사람 중에 우두머리가 된다.

生한 月에 建祿이 되면 才官이 透干하는 것이 기쁘다. 더해서 地支에 火局을 이루고 透干하면 반드시 壬癸水 官煞이 나타나 뜨거움을 풀어주어야 하니 이는 반드시 氣勢가 그와 같아야 한다. 그리고

壬水가 透干하면 丁火와 壬水가 化해서 合을 하는데 그렇다 해도 化氣가 이루어지지 않으니 도리어 그 쓰임만 잃게 된다. 이 節은 합이 되어도 化하지 않는 작용을 말한 것이다.

만약 壬水가 年干에 있어 떨어진 위치라면 日元이 丁火와 서로 合하지 않으니 壬水 官星을 쓸 수 있다. 官星을 쓰면 性情이 忠實하고 두텁다. 地支에 火局을 이루고 天干에 火가 나오면 뜨겁게 타오르는 勢力이 두렵다. 그러므로 하나의 壬水가 나타나서 水로 적신다 해도 곧 말라버리니 반드시 庚金이 水의 根源이 돼어주어야 才와 官이 서로 生하여 자연 顯達할 수 있다.

만약 壬水가 地支 中에 숨어서라도 있으면 白丁은 안 된다. 그리고 壬水가 地支 中에 숨으면 반드시 運이 西北으로 가야 壬水인 官을 끄집어낼 수 있게 되어 비로소 顯達한다. 이는 庚金 才와 壬水 官을 사용할 때의 효용성을 말한 것이다. 壬水가 없고 七煞인 癸水가 透干해도 그 이치는 같다. 煞이 弱하면 才로 도와야 쓸 수 있고 煞이 旺하면 甲木 印으로 化煞하는 用神으로 삼아야 한다. 「아래의 干無火局節을 보라.」 오로지 꺼리는 것은 戊己土가 出干하여 化함을 剋制하는 것이니 이와 같으면 쓸 것이 없게 되고 만다.

若見寅辰亥卯字, 化木生火, 平常人物, 豊衣足食, 中年富, 但刑剋
약견인진해묘자 화목생화 평상인물 풍의족식 중년부 단형극
子息, 勞而無功, 或丙午月 · 丁未日 · 辛亥時, 亥中有壬制丙, 不致
자식 로이무공 혹병오월 정미일 신해시 해중유임제병 불치
貧苦, 若丙午時, 則滴水難救炎火, 必主僧道, 若年支見子, 雖不科
빈고 약병오시 칙적수난구염화 필주승도 약년지견자 수불과
甲, 亦有衣衿.
갑 역유의금

萬若 寅卯辰亥 字를 보면 木生火하니 平常人이고 衣食은 豊足하니 中年에 富를 이룬다. 但 子息을 刑剋하니 努力은 있으나 功이 없다. 或

丙午月 丁未日 辛亥時면 亥中 壬水가 丙火를 剋制하니 貧苦하게 되지
는 않으며 萬若 丙午時라면 적은 물로 타오르는 불길을 救할 수 없으
니 반드시 僧道의 命이다. 萬若 年支에 子를 만나면 비록 科甲은 못해
도 亦是 衣衿은 있다.

이는 丁火와 壬水가 서로 合하는 것을 말한 것으로 앞글을 이어서
壬水가 天干에 透干하는 것을 말한 것이다. 四月에 生하면 化氣가
때를 못 얻은 것이니 비록 地支에 寅木과 辰土와 亥水가 있어도 木
으로 化하지 못하고 헛되이 火만 生하고 만다. (原文에 빠진 글이 있
다.) 平常人이다. 氣勢가 純粹하고 衣食은 豊足하다. 身은 旺하고 剋
洩이 없으면 子息을 刑剋하고 만약 壬年(원문에 글이 빠진 글이 있
다.) 丙午月 丁未日 辛亥時는 비록 合하여도 化가 안 된다. 壬水가
뿌리를 내리면 壬水를 극제할 수 있으니 辛金이 있어서 生해주면 貧
苦함에까지는 이르지 않는다.

만약 丙午時면 年干 壬水가 뿌리가 없으니 水로 적셔준다 해도 더
위에 말라버리니 뜨거운 무더위를 풀 수 없게 되어 身旺하고 依支할
곳이 없으니 외롭고 窮乏한 命이다. 혹 年支에 子水가 있어 壬子가
되면 壬水가 旺한 곳에 있으니 水火相濟하므로 비록 科甲은 못한다
해도 衣衿은 있다. 다시 壬水 官星을 쓰려면 반드시 地支에 通根을
하여야 하고 金이 있어 生해주며 印을 보지 않아야 한다.

| 壬 | 丁 | 甲 | 丙 | 하나의 命造가 있는데 |
| 寅 | 卯 | 午 | 子 | |

四柱에 才가 없고 외로운 官을 輔佐하는 것이 없는데 甲木이 透干
하여 官을 洩氣하니 木火가 乘旺하여 오히려 水가 病이 되었다.《滴
天髓》에 이른바「强한 무리를 對敵하기 不足하면 勢力이 不足한 것

을 除去한다.」하였다. 戊戌, 己 十五年은 뜻을 크게 얻었고 子水運
에 이르러 不測의 災殃이 일어났다. 이와 같은 이유는 年의 子와 時
의 壬水가 서로 떨어져 氣가 不通되었기 때문이다. 甲木이 가운데 있
으니 官을 쓸 수 없다. 만약 壬子가 서로 연결이 되었다면 官星의 氣
가 旺해지니 비록 金의 生이 없었어도 당연히 쓸 수 있었을 것이다.

> 若干支無火局, 有水透干, 須用甲木, 又要庚劈甲方明, 木火通明,
> 약간지무화국　유수투간　수용갑목　우요경벽갑방명　목화통명
> 主大富貴, 或木少火多, 焚其木性, 不能光透九霄, 榮華不久.
> 주대부귀　혹목소화다　분기목성　불능광투구소　영화불구

萬若 干支에 火局이 없고 水가 透干하면 마땅히 甲木을 쓰는데 重要한
것은 庚金으로 甲木을 쪼개야 비로소 밝게 되는 것이니 木火通明이라
하여 크게 富貴한다. 그러나 木이 적고 火가 많으면 木性이 타버리게
되니 빛이 하늘에 다다르지 못하게 되어 榮華가 오래가지 못한다.

　만약 天干에 火의 透出이 없고 支下에도 火局이 없고(原文에 빠진
글이 있다.), 天干에 水가 透干하고 地支에 水局을 이루면 甲木이 아
니면 火를 이끌어 줄 수 없으며 甲木을 쓰면 다시 庚金이 있어서 甲
木을 쪼개어 丁火를 引火하여야 木火通明이 되어 富貴하게 된다. 四
月에 甲木을 쓰는 경우는 같은 理致로 생각하면 된다. 만약 木이 적
고 火가 많으면 木이 火에 의해 타버리게 된다. 그러나 火는 木에 붙
어 存在하므로 木이 없다면 榮華가 오래가지 못하게 된다.

> 或生月是祿, 支皆生旺合局, 右以火出, 無滴水解炎, 乃身旺無依,
> 혹생월시록　지개생왕합국　우이화출　무적수해염　내신왕무의
> 孤貧之格, 女必爲尼, 卽運北地, 反主凶危.
> 고빈지격　녀필위니　즉운북지　반주흉위

或 生月에 祿이고 地支가 모두 生旺한 가운데 合局에 火가 透出하고

208

뜨거움을 적셔줄 水가 없으면 身은 旺하나 意志할 곳이 없는 것이니 孤貧한 格이다. 女子는 반드시 僧侶가 되며 運이 北으로 가면 凶하고 危殆롭게 된다.

五月의 丁火는 建祿이 되니 地支에 南方火局을 이루고 四柱에 甲乙木이 많이 나타나면 格이 炎上을 이루고, 戊己土를 보면 火가 뜨겁게 타오르니 土가 乾燥하게 된다. 만약 性格이 못되고 또한 水로 적셔 뜨거움을 풀어주지 않으면 身旺한 것이 依支할 곳이 없게 되어 외롭고 가난한 命이 된다(中間에 빠진 글이 있다). 土運으로 가서 火를 洩氣하거나 또는 運이 北地로 가면 도리어 凶厄을 만나니 이는 불길이 치솟는 섶나무에 한 잔의 물을 붓는 格으로 오히려 그 火炎을 더 衝動질하는 것이 될 뿐이기 때문이다.

用壬者 · 金妻水子, 用甲者 · 水妻木子.
용임자 금처수자 용갑자 수처목자

壬水를 쓰면 金이 妻요 水가 子息이 되고, 甲木을 쓰면 水가 妻고 木을 子息으로 본다.

五月의 丁火는 벗어날 수 없는 것이 있으니 官煞을 쓰는 것과 印을 쓰는 두 가지 길이다. 官을 쓰면 才를 妻로 보고 官을 子息으로 보며, 印을 쓰면 官을 妻로 보고 印을 子息으로 본다.

| 戊 | 丁 | 壬 | 庚 | 此建祿會祿 化合不成 大富壽長 |
| 申 | 亥 | 午 | 午 | |

丁壬이 合을 하나 化하지 못한다. 亥水에 通根하고 건너서 申金宮이 水의 長生이 되고 祿地인 金에 앉았으니 마땅히 富貴하고 長壽하게 된 것이리라. 月令이 建祿이고 두 개의 火가 모여 祿이 되었다.

甲	丁	甲	辛	此建祿格 位至總兵
辰	未	午	巳	

이 命造는 甲木으로 丁火를 이끌고 辰土와 未土가 火氣를 洩한다.
그러나 丁未 日柱가 火는 乾燥하고 뜨거우니 貴를 武職으로 얻었다.

甲	丁	戊	癸	用甲引丁 位至祥瑞
辰	丑	午	卯	

이는 앞의 命造와 같다. 비록 癸水가 透干하였으나 戊土가 合化하
여 쓸 수가 없게 되었다. 이는 甲木으로 丁火를 이끌어주고 辰土와
丑土가 秀氣를 洩한다. 丑土가 潤澤하니 戊癸가 合하였어도 맑다.
貴함이 尙書에 이르렀다.

乙	丁	甲	丙	甲透庚得所 富貴極品
巳	丑	午	寅	

己丑이 相合하고 庚金이 몰래 감추어져 있다. 역시 甲木으로 丁火
를 이끌어주니 用神으로 삼는다.

癸	丁	甲	丙	煞印相生 大貴 己運盡節
卯	酉	午	子	

이는 明代의 楊椒山「繼盛」의 命造이다. 煞印相生으로 甲木 印을
써서 化煞한다. 己運에 合으로 印과 合化하여 食傷이 되어 制煞하였
다. 盡節이란 古今名人命鑑을 參酌하라. (命鑑에서는 癸水 煞을 쓴
다고 잘못되어 있다. 戊運에 戊癸로 煞을 合하여 어려운 때를 만났
다 하였다. 그러나 甲木을 用神으로 삼으면 스스로 氣運에 이르러
盡節하게 된 것이다.)

210

六月丁火, 陰柔退氣, 但値三伏生寒, 丁弱極矣, 專取甲木, 壬水次之.
룩월정화 음유퇴기 단치삼복생한 정약극의 전취갑목 임수차지

六月 丁火는 火氣가 물러가고 三伏에 寒氣가 生하니 丁火가 弱해진다.
오로지 甲木을 取하고 壬水를 다음으로 쓴다.

丁火는 본래 陰柔의 質이라 六月에 이르면 氣勢가 發하여 이미 洩氣가 다하고 未土가 강하게 펼쳐진다. 만약 四柱 中에 金水가 많으면 三伏에 寒氣가 生하니 甲木을 써서 生助하지 않으면 오랫동안 지속될 수 없다. 六月은 火土가 뜨겁고 乾燥하니 水의 潤澤함이 없으면 木이 生할 뜻이 없게 되고 도리어 木이 타버리고 만다. 그러므로 壬水로 木을 輔佐해야 丁火가 長久할 수 있게 된다.

若得甲出天干, 支成木局, 見亥中之壬, 爲木神有根, 接引丁火, 必然科甲, 卽不見木局, 支見壬水, 雖不大貴, 亦有凌雲之氣, 無庚不妙.
약득갑출천간 지성목국 견해중지임 위목신유근 접인정화 필연과갑 즉불견목국 지견임수 수불대귀 역유릉운지기 무경불묘

萬若 甲木이 天干에 透干하고 地支에 木局을 이루어 亥 中에 壬水를 보면 木神이 뿌리가 있는 것이니 丁火를 가까이서 引火할 수 있으므로 반드시 科甲한다. 木局을 보지 못하고 地支에 壬水를 보면 비록 大貴는 못해도 亦是 浩然之氣는 있으나 庚金이 없으면 빼어남이 없다.

未月에 亥水를 보면 亥水와 未土가 모여 木局을 이루니 亥水中에 壬水가 있어 甲木의 뿌리를 윤택하게 한다. 그러므로 가까이서 丁火를 이끌어줄 수 있게 되니 반드시 貴하게 顯達한다. 木局을 보지 못하는 경우는 이른바 地支에 亥水가 없기 때문이다. 亥水가 없으면 申子辰 等이라도 地支에 있어야 한다. 만약 壬癸水가 숨어 있는 경우도 木의 뿌리를 潤澤하게 할 수 있으니 비록 貴하게는 못 되어도

뜻이 높고 멀리 이름이 난다. 그러나 庚金이 없으면 빼어나지는 못하게 된다. 보통 丁火는 甲木을 쓰는데 庚金을 떼어 놓을 수 없다. 이는 庚金으로 甲木을 쪼개어 丁火를 引火해야 비로소 甲木인 印의 쓰임이 드러나기 때문이다.

或支成水局, 見水透干, 則濕木性, 不能引丁, 必爲平常人, 有甲透·
혹지성수국 견수투간 칙습목성 불능인정 필위평상인 유갑투
有才幹. 有庚透, 無刑傷, 若無甲木, 假名假利.
유재간 유경투 무형상 약무갑목 가명가리

或 地支에 水局을 이루고 天干에 水가 透出하면 木性이 濕해지므로 丁火를 引火하지 못하기 때문에 반드시 平常人이 되지만 甲木이 透干하여 있으면 才操는 있다. 庚金이 透干하여 刑傷이 없고 또한 甲木이 없으면 잠시잠깐의 名譽와 利益은 있다.

이는 配合의 法을 말한 것이다. 三夏의 丁火는 木은 透干하고 水는 감추어지는 것이 좋다. 水가 地支에 숨으면 木의 뿌리를 潤澤하게는 해도 축축한 木이 되지는 않는다. 木이 乾燥해야 비로소 火를 이끌 수 있다. 그러므로 甲木이 天干에 出干하고 壬水가 地支에 숨으면 大貴는 못해도 名聲은 날린다. 그러나 壬水가 出干하면 木이 축축해지니 평범한 사람이 되고 만다. 이는 甲木이 丁火를 이끌 수 있는 것과 없는 경우에 대한 區別이다. 甲木이 透干하면 사람이 반드시 精神이 밝고 才幹이 뛰어나니 名聲이 있다. 만약 甲木이 없으면 名利가 모두 헛되고 庚金이 透干하여 있으면 刑傷은 없다. 앞의 庚金이 없으면 빼어남이 없다는 글의 뜻이다.

或年月日時, 皆一派丁未之類, 此爲純陰, 終無大用.
혹년월일시 개일파정미지류 차위순음 종무대용

212

年月日時가 모두 한 무리의 丁未가 되면 이를 純陰이라 하여 크게 쓰지 못한다.

年月日時가 모두 丁未이면 四柱가 純粹하게 陰으로 되어 火土가 乾燥하게 되어 치우친다. 八字는 中和가 되어야 貴하게 되는데 偏枯한 命造가 되니 비록 天干과 地支가 모두 하나의 氣運이지만 족히 取할 것이 부족하게 된다.

用甲者·水妻木子.
용갑자　수처목자

甲木을 쓰면 水를 妻로 보고 木을 子息으로 본다.

六月의 丁火는 오로지 甲木인 印綬를 用神으로 삼는다. 그러므로 官煞을 妻로 보고 印綬를 子息으로 본다.

| 丙 | 丁 | 丁 | 丁 | 武進士 |
| 午 | 未 | 未 | 卯 | |

四柱가 木火로 되어 格이 炎上을 이루었다. 생각해보면 火土가 乾燥하게 치우치는 것을 싫어하니 貴를 武科에서 얻었다.

| 丁 | 丁 | 丁 | 壬 | 丁壬合殺 合壞壬水 懦弱無能 妻子主事 |
| 未 | 巳 | 未 | 子 | |

壬水가 子水에 臨하여 통근을 하였으므로 合으로 除去할 수가 없으니 다만 用神으로 取할 수 밖에 없다. 局에 庚金의 相生이 없으니 原局의 病이 되었다. 더구나 丁壬이 하나로 合하여 用神이 羈絆이 되었다. 水를 妻로 보니 懦弱하고 無能하여 妻가 모든 일을 행하였다.

3) 三秋丁火

三秋丁火, 退氣柔弱, 耑用甲木, 金雖乘旺司權, 無傷丁之理, 仍取
삼추정화 퇴기유약 단용갑목 금수승왕사권 무상정지리 잉취
庚劈甲, 爲引火之物, 或借丙暖金晒甲, 不慮丙奪丁光, 凡兩丙夾丁
경벽갑 위인화지물 혹차병난금쇄갑 불려병탈정광 범량병협정
者, 夏月忌之, 餘月不忌, 但此格少年困苦刑剋中年富貴, 必要地支
자 하월기지 여월불기 단차격소년곤고형극중년부귀 필요지지
見水制丙, 方妙.
견수제병 방묘

三秋 丁火는 氣勢가 물러가므로 柔弱하다. 그러므로 于先 甲木을 쓴다.
또한 金이 비록 乘旺하여 司權하나 丁火를 傷하게 하지 않으니 거듭
庚金을 取하여 甲木을 쪼개서 引火하는 物件으로 쓴다. 或 丙火를 빌
리는데 金을 따스하게 하며 甲木을 쬐여 말려주니 丙火가 丁火의 빛을
빼앗아 가는 것을 憂慮하지 않아도 된다. 두개의 丙火가 丁火에게 오
는 것을 夏月에만 꺼리지 나머지 月에는 꺼리지 않는다.
但 이 格이 되면 어려서는 困苦刑剋하며 中年부터는 富貴하게 된다. 重
要한 것은 地支에서 水를 보아 丙火를 抑制해주어야만 빼어나게 된다.

무릇 丁火는 甲木을 떼어 놓을 수 없다. 三秋에 丁火는 氣勢가 물
러가니 다시 甲木을 쓰지 않으면 안 된다. 《滴天髓》에 이르기를 「만
일 甲木이 있으면 가을도 좋고 겨울도 좋다.」는 것은 이것을 가리키
는 것이다.
七月은 申金이 權勢를 잡으니 비록 申金宮에 壬水가 있으나 出干
하지 않으면 水가 丁火를 損傷하지 못한다. 그리고 八九月 두 달에
도 丁火를 傷하게 하는 理致가 없다. 그러므로 마땅히 三秋에는 모
두 庚金을 取하여 甲木을 쪼개서 丁火를 이끌어주는데 써야 한다.
三秋에는 丁火의 氣勢가 물러가고 木은 休囚하니 丙火를 빌어다가
도우면 金을 制御하여 木을 保護하지 丁火의 빛을 빼앗지는 않는다.

214

그러므로 三秋의 丁火는 甲木과 庚金과 丙火가 나란히 透干해야 上命이 된다.

아래에서 거듭 敍述한 것은 두 개의 丙火에 丁火가 끼인 格局에 대해 말한 것이다. 丁火가 陰火이니 夏月은 본래 旺하나 太陽의 火를 그 위에 더하면 丁火의 빛을 잃게 된다. 그러므로 그와 같은 것을 꺼리게 되지만 다른 月에는 꺼리지 않는다. 少年期에 刑剋이 있고 困苦하다 한 것은 比劫爭財하기 때문이다. 七月에 生하면 申金宮에 이미 長生의 水가 있어 火를 制剋한다. 八九月에도 地支에 마땅히 水가 있어 丙火를 制剋하면 官煞로 劫을 制剋하여 才를 保護하니 中年부터 富貴를 지킬 수 있게 된다.

比劫爭財 : 여러 개의 比劫이 財星을 다투어 剋奪하는 것을 말한다. 群劫爭財라고도 한다.

三秋甲庚丙並用, 仍分優劣, 何也, 七月甲丙, 申中有庚, 八月甲丙
삼추갑경병병용 잉분우렬 하야 칠월갑병 신중유경 팔월갑병
庚皆用, 七八月或無甲木, 乙亦可用, 爲枯草引燈, 郤不離丙晒也, 九
경개용 칠팔월혹무갑목 을역가용 위고초인등 극불리병쇄야 구
月耑用甲庚, 大抵甲一庚, 乙不離丙, 其理極明, 或見甲庚丙皆透,
월단용갑경 대저갑일경 을불리병 기리극명 혹견갑경병개투
必主科甲, 無甲用乙者, 富貴皆小, 且富而不貴者多.
필주과갑 무갑용을자 부귀개소 차부이불귀자다

三秋에는 甲木과 庚金과 丙火를 다 같이 쓰고 다시 이것들의 優劣을 나누어야 하는데 어째서인가?

七月에는 甲木과 丙火를 쓰는데 申金 中에 庚金이 있기 때문이며, 八月에는 甲木과 丙火와 庚金 모두를 쓴다. 七八月에 혹시 甲木이 없으면 亦是 乙木을 쓸 수 있는데 마른 풀이 불을 지피는 것이라 하여 반드시 丙火가 빛을 쬐여 말려주어야 한다. 九月에는 全的으로 甲木과 庚金을 쓰는데 대체로 甲木에 하나의 庚金이면 乙木과 丙火를 떠날 수 없으니 그 理致가 極明하다. 또한 甲木과 庚金과 丙火가 모두 함께 透

干하면 科甲이 確實하다. 甲木이 없이 乙木을 쓰는 境遇에는 富貴가
모두 작거나 또는 富하나 貴함이 없는 境遇가 많다.

九月은 戊土가 旺하여 火의 빛을 어둡게 하니 반드시 甲木이 剋制
해야 한다. 乙木은 剋制할 힘이 없으니 乙木을 쓸 수 없다. 그러므로
丙火 역시 쓸모가 없다. 七八月은 正編才가 權勢를 잡으니 甲木을
써서 다시 丙火를 보호해야 비로소 甲木이 쓰임새를 얻는다. 九月은
傷官이 勢力을 잡으니 印으로 傷官을 剋制해야 才가 깨지는 우려를
하지 않게 된다. 이 역시 丙火를 쓰지 않는 것과 같은 理致다.
　甲木은 庚金이 없어서는 안 되고 乙木은 丙火가 없으면 안 된다.
庚金으로 甲木을 쪼개야 하고 丙火를 가져다가 金을 따뜻하게 해야
甲木이 빛나게 된다. 위와 같이 本書가 獨步的으로 밝혀 놓은 것이
니 그 理致가 至極히 精巧하여 진실로 命理 중에 秘訣이다.

或一重壬水, 又多見癸水, 必以戊土爲制, 自然富貴光輝.
혹 일 중 임 수　우 다 견 계 수　필 이 무 토 위 제　자 연 부 귀 광 휘

或 하나의 壬水가 重하고 다시 癸水가 많으면 반드시 戊土로 剋制하여
야 하는데 自然히 富貴가 빛나게 된다.

三秋는 金이 旺하고 勢力을 잡기 때문에 壬癸水 官煞이 出干하면
才는 旺하고 煞이 무리를 지으니 반드시 戊土로 制剋하고 다시 甲木
과 丙火가 生하고 도와주면 身强해진다. 그러므로 傷官을 써서 煞을
制剋하면 上格이 된다.

或一派庚金, 名才多身弱, 主富屋貧人, 妻多主事, 或壬多洩庚, 丁
혹 일 파 경 금　명 재 다 신 약　주 부 옥 빈 인　처 다 주 사　혹 임 다 설 경　정
壬化殺, 反成富貴, 若庚多無壬, 奔流下賤.
임 화 살　반 성 부 귀　약 경 다 무 임　분 류 하 천

216

한 무리의 庚金을 보면 이르기를 財多身弱이라하여 富屋貧人이 되며
妻가 모든 일을 主管한다. 或 壬水가 많아 庚金을 洩氣하고 丁火와 壬
水로 化殺하면 오히려 富貴를 이룬다. 萬若 庚金이 많고 壬水가 없으
면 떠도는 下賤한 무리다.

한 무리의 庚金과 한 두 개의 印과 劫과 比肩이 있으면 이미 從할
수 없고 또한 마음대로 할 수도 없으니 才多身弱이 된다. 비록 才가
있다 하여도 쓸 수 없다. 만약 壬水가 出干하여 있으면 金을 洩氣하
고 年月時干에 다시 丁火인 比肩이 나타나면 丁壬이 化煞하여 權勢
를 잡는다. 才가 旺하고 權勢가 重하니 어찌 富貴하지 않겠는가.
　用神이 많은 경우는 洩氣를 해야지 剋을 하는 것은 좋지 않다. 庚
金이 많으면 丙丁火 比劫을 사용하여 剋制해야 한다. 그러나 壬水로
洩氣하여 빼어나게 되는 것만은 못하다. 洩氣하는 것이 없거나 比劫
으로 剋制하는 것이 없으면 반드시 下賤하게 된다.

或八月一派辛金, 不見庚金, 又無比劫, 此棄命從才, 富而且貴, 雖
혹 팔 월 일 파 신 금 불 견 경 금 우 무 비 겁 차 기 명 종 재 부 이 차 귀 수
不科甲, 亦有異途, 從才者水爲妻, 不剋, 有正偏, 木爲子, 不刑.
불 과 갑 역 유 이 도 종 재 자 수 위 처 불 극 유 정 편 목 위 자 불 형

八月에 한 무리의 辛金이 있으나 庚金이 없고 또한 火 比劫이 없으면
이를 棄命從財格이라하니 富하고 또한 貴하게 된다. 또한 비록 科甲은
못하더라도 亦是 異路로 功名할 수 있다. 從財하는 경우는 水로서 妻
로 삼으며 剋하지 않는다. 正印 偏印이 있으면 木을 子息으로 하며 刑
하지 않는다.

庚金을 보지 않은 경우는 從格이 되어 純粹하니 貴하게 된다. 『明
通賦』에 이르기를 「純粹한 官, 純粹한 煞, 純粹한 馬, 순수한 才에
身旺하고 섞임이 없으면 벼슬이 極品에 이른다.」하였다. 이는 비록

才官을 가리켜 말한 것이지만 從格도 같은 理致다. 그러므로 純粹
하니 貴格이라 부른다. 從格은 사람으로 인해 富貴하게 된다. 그러
므로 異途라 한다. 從才格은 水를 妻로 보고 木을 子息으로 본다.
才多身弱하면 도리어 妻를 剋한다. 그러나 從格은 純粹하므로 刑剋
이 없다.

> 或九月一派戊土, 洩丁火之氣, 不見甲木, 爲傷官傷盡, 非尋常可比,
> 혹구월일파무토 설정화지기 불견갑목 위상관상진 비심상가비
> 或甲木透出, 爲文書淸貴, 秋闈可奪, 用甲者, 庚不可少, 水妻木子.
> 혹갑목투출 위문서청귀 추위가탈 용갑자 경불가소 수처목자

或 九月에 한 무리의 戊土를 보면 丁火를 洩氣하므로 甲木을 보지 않
으면 傷官傷盡이 되니 평범한 것과 比較해서는 안 된다. 甲木이 透出
하면 文書로 淸貴하게 되니 가히 科甲及第한다. 甲木을 쓰는 境遇는
庚金이 적어서는 안 된다. 水를 妻로 보고 木을 子息으로 본다.

九月은 戊土가 當旺하니 한 무리의 戊土면 傷官傷盡이라 한다. 庚
辛金이 있어 土를 洩氣하고 甲木이 없으면 富裕하게 된다. 甲木이
있으면 甲木으로 戊土를 剋制하니 貴하게 된다. 특히 甲木을 쓸 때
는 庚金이 없어서는 안 된다. 甲木을 쓰는 경우는 水를 妻로 보고 木
을 子息으로 본다.

戊	丁	丙	辛	大富命
申	丑	申	亥	

이는 가을의 金을 火로 鍛鍊하니 丁火 陰干이 弱한 것을 두려워하
지 않는다.

戊	丁	丙	辛	庚甲兩全 會元
申	卯	申	亥	

亥水와 卯木이 모여 局을 이루니 丁火가 살아 일어난다. 才가 旺하니 印을 用神으로 삼는다. 기쁜 것은 運이 東南으로 가는 것이다.

| 丙 | 丁 | 丙 | 辛 | 無甲用乙丙 富而不貴 |
| 午 | 酉 | 申 | 卯 | |

日祿이 時로 돌아오니 才를 用神으로 삼는다. 富格이다.

| 丙 | 丁 | 甲 | 庚 | 甲庚丙癸透 位至尙書 |
| 午 | 未 | 申 | 辰 | |

印과 劫이 身을 도와주고 庚金이 透出하여 進神을 用神으로 얻었다. 疑心없이 貴하게 顯達하였다.

| 庚 | 丁 | 己 | 壬 | 此命甲戌兩時主貴 酉時則不能 |
| 戌 | 亥 | 酉 | 午 | |

申時나 戌時면 貴하게 된다. 理致 밖의 理致로 참으로 硏究해보아야 한다.

| 辛 | 丁 | 己 | 丁 | 從財格 太守 |
| 亥 | 丑 | 酉 | 未 | |

丁火가 비록 未土宮에 通根하였으나 丑土가 冲하여 除去하니 丁火가 뿌리가 없어졌다. 辛金이 透干하여 드러나니 從才를 아니할 수 없다.

| 壬 | 丁 | 丙 | 庚 | 支中火多扶丁 得庚丙透 玉堂淸貴無疑 |
| 寅 | 未 | 戌 | 午 | |

九月에 庚金과 丙火가 모두 戌土宮에 通根하고 三秋에 火金이 나란히 보이니 貴하게 되었다. 이는 火金이 모여 眞神을 얻었기 때문이다.

丙	丁	甲	己	女命 甲丙高透 丁火得祿 大富
午	卯	戌	亥	

이 命造는 비록 炎上이 때를 잃었으나 기쁜 것은 木과 火를 얻어 氣가 順하고 土가 있어 火의 秀氣를 洩한다.

4) 三冬丁火

三冬丁火微寒, 崇用庚甲. 甲乃庚之良友. 凡用甲木, 庚不可少, 無
삼 동 정 화 미 한 단 용 경 갑 갑 내 경 지 량 우 범 용 갑 목 경 불 가 소 무
庚無甲, 何能引丁, 難云木火通明, 冬丁有甲, 不怕水多金多. 可稱
경 무 갑 하 능 인 정 난 운 목 화 통 명 동 정 유 갑 불 파 수 다 금 다 가 칭
上格. 甲庚兩透, 科甲分明. 見己則否. 己多合甲, 則爲常人.
상 격 갑 경 량 투 과 갑 분 명 견 기 칙 부 기 다 합 갑 칙 위 상 인

三冬 丁火가 微弱하고 추우니 우선으로 庚金과 甲木을 쓰는데 甲木은 庚金의 좋은 친구다. 일반적으로 甲木을 쓸 때는 庚金이 적어서는 안 된다. 만약 庚金도 없고 甲木도 없으면 어찌 丁火를 引火하겠는가? 그와 같으면 木火通明이 어렵다. 겨울의 丁火는 甲木이 있으면 水가 많거나 金이 많은 것을 두려워하지 않으니 上格이라 한다. 甲木과 庚金이 더불어 透干하면 科甲이 分明하고 己土를 보게 되면 그렇지 못하다. 己土가 많아 甲木과 合하면 平常人이 된다.

甲木은 丁火의 어미이다. 《滴天髓》에 이르기를 「嫡母가 있으면 가을도 좋고 겨울에 좋다.」 하였다. 三冬의 丁火는 甲木을 떼어 놓을 수 없으니 丁火는 甲木을 짝으로 依支하여 生한다. 甲木을 쓸 때 庚金이 없으면 안 된다. 庚金이 甲木을 쪼개지 않으면 丁火를 이끌 수 없으니 庚金으로 甲木을 輔佐한다. 그러나 庚金을 用神으로 삼지는 않는다. 겨울의 丁火는 甲木이 있으면 水가 많아도 두려워하지 않으니 印으로 化煞하기 때문이다. 金이 많아도 두려워 하지 않는데 庚

220

金으로 甲木을 쪼개면 되살리는 功을 이룬다. 그러므로 庚金과 甲木이 더불어 透干하면 반드시 上格이 된다. 己土를 보면 甲木과 合하여 印이 食神으로 化하려 하나 化하지 못하게 되고 도리어 用神이 羈絆이 되어 發展이 없다.

或一丙奪丁, 必賴支內水救. 若有支金發水之源, 官拜烏台有准. 全無
혹일병탈정 필뢰지내수구 약유지금발수지원 관배오태유준 전무
癸水制丙, 無用之徒. 或有金無水, 貧寒之士. 有水無金, 又主淸高.
계수제병 무용지도 혹유금무수 빈한지사 유수무금 우주청고

或 하나의 丙火가 丁火의 빛을 빼앗으면 반드시 地支의 水에 依해 求해줌이 있어야 한다. 萬若 地支에 金이 있어 水의 發源이 되어주면 官職이 司憲府에 이른다. 癸水가 없어 丙火를 전혀 剋制함이 없으면 쓸모없는 사람이 된다.
或 金이 있고 水가 없으면 가난한 선비가 되며 水가 있고 金이 없으면 淸高한 선비가 된다.

丙火가 丁火의 빛을 빼앗으면 水에 依支하여 救應의 神을 삼으니 이에 水로 用神을 삼는다. 三冬의 月垣에 水가 감추어져 있어도 金이 輔佐해야 비로소 根源이 있는 水가 된다. 冬令에 水가 旺해도 支에 모두 감추어진 水라는 것은 水가 丙火를 剋制하는 경우가 없음을 말한 것이다. 만약 戊己土가 있으면 合하거나 制剋하니 반드시 쓸모없는 무리가 된다. 金이 있고 水가 없으면 比劫이 才를 分奪하니 가난한 선비가 되며 水는 있으나 金이 없으면 水火가 서로 비추어 빛을 이루니 비록 淸高하기는 하나 實利가 적다.

或時月二壬爭合, 取戊破之. 有戊稍有富貴. 無戊常人. 設戊藏得所,
혹시월이임쟁합 취무파지 유무초유부귀 무무상인 설무장득소
不失衣衿.
불실의금

或 時와 月에 두 個의 壬水가 爭合하면 戊土를 取하여 그것을 깨주어
야 한다. 戊土가 있으면 若干의 富貴가 있고 戊土가 없으면 平常人이
다. 戊土가 地藏干에서라도 얻으면 衣衿을 잃지는 않는다.

앞글은 丙火가 丁火를 分奪하는 것을 말한 것이다. 地支 內 水의
救助에 依支하니 壬水와 癸水가 하나 같이 쓸 수 있다. 특히 丁火는
壬水와 서로 合하려는 情이 있으니 官과 合하면 貴하게 된다. 官星
의 쓰임을 잃지 않고 一位면 아름답다. 庚金의 生이 있으면 才官格
이라 한다. 만약 時와 月에 壬水의 爭合이 있으면 戊土가 있어 하나
를 除去하고 하나만 남아야 富貴를 잃지 않는다. 壬水가 透干하고
戊土가 숨으면 비록 壬水를 깨지는 못하나 淸高함은 取하니 역시 衣
衿은 잃지 않는다.

> 或二丙奪丁, 得年干有癸, 支下帶合, 金水得所, 亦必顯達, 納粟奏
> 혹이병탈정　득년간유계　지하대합　금수득소　역필현달　납속주
> 名, 必驗.
> 명　필험

或 두 個의 丙火가 丁火를 빼앗아도 年干에 癸水를 얻고 支下에 合을
帶하고 金水를 얻으면 역시 반드시 顯達하여서 納粟奏名하는데 틀림
없이 經驗하였다.

두 개의 丙火가 丁火를 分奪해도 日元이 스스로 旺하니 年干에
癸水가 있고 支下에 金이 있으면 才滋弱煞格이 되니 顯達을 異途로
한다.

才滋弱煞 : 日干身旺하여 官殺이 用神이 되는데 官殺이 약한 경우 財星으로 약한 官
殺을 生扶해주는 것을 말한다.

或仲冬水多癸旺, 全無比印, 此作棄命從殺, 亦有異途功名. 見丁比
혹 중 동 수 다 계 왕 　전 무 비 인 　차 작 기 명 종 살 　역 유 이 도 공 명 　견 정 비
出干, 難合格局, 常人, 且主骨肉浮雲, 六親流水. 戊出破癸, 頗有兄
출 간 　난 합 격 국 　상 인 　차 주 골 육 부 운 　륙 친 류 수 　무 출 파 계 　파 유 형
弟妻兒. 此格用戊, 火妻土子. 用甲 · 水妻木子.
제 처 아 　차 격 용 무 　화 처 토 자 　용 갑 　수 처 목 자

或 仲冬에 水가 많아 癸水가 旺하고 比劫과 印星이 전혀 없으면 이는
從殺格을 지은 것이니 亦是 異途功名한다. 丁火 比肩이 나타나 透干하
면 格局에 附合하기 어려우니(破格이 되어) 平常人이 되며 骨肉이 뜬
구름과 같고 六親이 흐르는 물과 같다. 戊土가 透干하여 癸水를 破하
면 兄弟와 妻子息 因緣은 있을 수 있다.

이 格은 戊土를 用神으로 하며 火를 妻로 보고 土를 子息으로 본다.

十一月에 生하면 癸水가 權勢를 잡으니 四柱에 털끝만한 比劫과
印도 없으면 從煞을 짓는다 말할 수 있으나 만약 比劫을 보면 煞은
旺하나 身은 衰하니 떠돌고 가난하게 되고 戊土가 出干하여 癸水를
깨면 水를 剋制하니 떠돌게 되지는 않지만 높이 발전은 못한다. 水
가 많아 旺하면 印으로 化하면 높이 된다. 甲木은 없고 戊土를 보면
戊土를 쓸 수 있고 戊土를 쓰면 比劫을 妻로 보고 食傷을 子息으로
본다. 四柱에 甲木이 있는 경우는 반드시 甲木을 쓰고 甲木을 쓰는
境遇는 官煞을 妻로 보고 印을 子息으로 본다.

或四柱多丙者, 又用癸制火, 用癸者, 金妻水子
혹 사 주 다 병 자 　우 용 계 제 화 　용 계 자 　금 처 수 자

或 四柱에 丙火가 많으면 또한 癸水를 써서 丙火를 剋制해야 한다. 癸
水를 쓰는 境遇 金을 妻로 보고 水를 子息으로 본다.

四柱에 比劫이 많은 경우는 水를 取하여 用神을 삼으니 才를 取하

여 妻로 보고 官煞을 子息으로 본다.

三冬丁火는 甲木이 尊貴하고 庚金으로 補佐해야 한다. 癸水와 戊土의 輕重大小에 따라 마땅히 參酌하여 써야 한다.

三冬의 丁火는 庚金으로 甲木을 쪼개어 丁火를 이끄는 것이 바른 用法이다. 그러나 水가 旺하면 戊土를 쓰고 火가 旺하면 水를 쓰는 것이 모두 病을 除去하는 藥이니 病이 있으면 그와 같이 쓴다. 그러므로 마땅히 參酌하여 쓰는 法을 따르는 것이지 一定한 法은 없다.

辛	丁	癸	癸	從殺格 侍郞
亥	亥	亥	亥	

亥水 中에 비록 木이 감추어져 있으나 水는 旺하고 木이 작으니 축축한 木이어서 불길이 없다. 반드시 從殺格이다.

庚	丁	丁	乙	正官格 甲木逢生 庚透壬旺 狀元
戌	未	亥	卯	

亥卯未三合 木局에 乙木이 透干하여 官星의 氣를 洩한다. 그러므로 庚金으로 印을 부수고 官을 保存한다. 亥水宮에 壬水가 祿을 얻으니 才官格이다.

丁	丁	癸	癸	支成木局 水多 必得誥封晉贈
未	丑	亥	丑	

亥水와 未土가 合하여 局을 이루니 印을 써서 化煞한다. 水가 많아 官이 旺하니 印으로 化煞한다. 寅을 文書의 貴라 한다. 그러므로

이른바 誥封晉贈하였다.

| 甲 | 丁 | 己 | 庚 | 身强殺淺 假殺化權 將軍 |
| 辰 | 酉 | 丑 | 午 | |

이는 李春芳 將軍의 命造다. 丁火가 午火에 祿을 얻고 酉金과 丑
土가 모여 局을 이루었다. 辰土 中 한 점 癸水를 取하니 才滋弱煞格
이 되었다. 甲木이 己土를 合하여 깨므로 食神을 쓸 수 없다. 三冬의
丁火가 火旺하니 水를 用神으로 삼는다.

| 癸 | 丁 | 丁 | 庚 | 支成木局 年出庚金 甲運登第 |
| 卯 | 卯 | 亥 | 戌 | |

庚金으로 甲木을 쪼개어 丁火를 이끌어주므로 甲木運에 登科及第
하였다.

| 甲 | 丁 | 己 | 戊 | 地支寒濕 得甲戊兩透 侍郎 |
| 辰 | 未 | 丑 | 子 | |

食神이 지나치게 旺하니 반드시 甲木을 取하여 用神으로 삼는다.

| 乙 | 丁 | 癸 | 壬 | 無甲用丙晒乙 有枯草引燈 有能訟棍 |
| 巳 | 巳 | 丑 | 辰 | |

壬癸水가 旺하니 반드시 印을 써서 化한다. 甲木이 없으므로 다만
乙木을 쓴다. 다행이 丙火가 도와주니 부득이 乙木을 쓴 것이다.

| 甲 | 丁 | 辛 | 辛 | 柱無庚丙 乙木寒濕 至乙運身死 |
| 辰 | 卯 | 丑 | 卯 | |

才와 印이 交差하고 壬癸水가 없어 그 氣를 通關하지 못하니 貧困
한 命造다.

第3章 論 土

五行之土, 散在四維, 故金木水火, 依而成象, 是四時皆有用有忌者.
오행지토 산재사유 고금목수화 의이성상 시사시개유용유기자
火 · 死酉也. 水 · 旺子也. 蓋土賴火運, 火死則土囚. 土喜水才, 水
화 사유야 수 왕자야 개토뢰화운 화사칙토수 토희수재 수
旺則土虛. 土得金火, 方成大器. 土高無貴, 空惹灰塵. 土聚則滯, 土
왕칙토허 토득금화 방성대기 토고무귀 공야회진 토취칙체 토
散則輕.
산칙경

五行의 土는 四維에 흩어져 있다. 그러므로 金水木火는 이에 依支하여
象을 이룬다. 또한 土는 四時에 모두 쓰이기도 하고 쓰기에 꺼리는 경
우도 있다. 火는 酉에서 死하고 水는 子에서 旺하며 대개의 土는 火에
依支하니 火가 死하면 土도 囚가 된다. 土는 水인 才를 기뻐하나 水가
旺하면 土는 虛해진다. 土가 金과 火를 얻으면 能히 큰 그릇을 이루고
土가 높으면 貴함이 없고 空然히 재와 먼지만 일으킨다. 土는 모이면
막히고 흩어지면 가볍다.

五行인 木火金水는 春夏秋冬 四時의 氣이다. 그러므로 四時에 旺
하다. 그러나 土는 中央에 머물며 旺함을 四隅에 委託한다.
四隅란 艮宮은 丑寅이고 巽宮은 辰巳이고 坤宮은 未申이고 乾宮
은 戌亥이니 辰戌丑未 土는 委託하여 旺하게 된다. 寅申에 生을 委
託하며 巳亥에 祿을 委託하므로 四維에 흩어져 존재한다. 그러므로
土는 섞이지 않고 홀로 旺한 곳이 없고 四時의 氣에 따라 旺하고 衰
한다. 土를 쓰기도 하고 꺼리기도 하는 경우는 土가 喜神으로 있어

226

大器를 이루는 것과 土가 忌神인 경우는 꺼린다는 말이다. 金木水火에 따라 配合하는 것이지 한가지로 정해진 法이 없다.

다음으로 土의 旺衰를 論하면 火에 依賴하여 運行하기 때문에 火는 酉金에 死하니 火가 死하면 土는 囚가 된다. 土가 기뻐하는 것은 水이니 才가 된다. 그러나 水가 旺하면 土는 무너진다. 그러므로 四維의 土는 春夏는 氣가 旺하니 實하지만 秋冬은 氣가 弱하니 虛하다. 重重하면 土가 두터우나 才, 官, 食傷이 없으면 쓸데없이 높이 오르기만 하고 生意가 없고 공연히 재와 먼지만 일으킬 뿐이다. 따라서 土는 모이면 막히고 흩어지면 가벼워진다. 그러므로 金으로 洩氣하고 火로 이뤄주면 大貴의 格을 이룬다.

庚　己　庚　丁　　蔣介石의 命造인데 그와 같다.
午　巳　戌　亥

辰戌丑未, 土之正也. 分陰分陽, 主則不同. 辰有伏水, 未有匿木, 滋
진술축미 토지정야 분음분양 주칙불동 진유복수 미유닉목 자
養萬物, 春夏爲功, 戌有藏火, 丑有隱金. 秋火冬金, 肅殺萬物. 土聚
양만물 춘하위공 술유장화 축유은금 추화동금 숙살만물 토취
辰未爲貴, 聚丑戌不爲貴. 是土愛辰未·而不愛丑戌也明矣. 若更五
진미위귀 취축술불위귀 시토애진미 이불애축술야명의 약경오
行有氣, 人命逢之, 田産無比. 晩年富貴悠悠. 若土太實無水, 燥則
행유기 인명봉지 전산무비 만년부귀유유 약토태실무수 조칙
不和, 無木則不疏通, 土見火則焦, 女命多不生長. 土旺四季, 惟戌
불화 무목칙불소통 토견화칙초 녀명다불생장 토왕사계 유술
土困弱. 戌多爲人好鬪, 多瞌睡. 辰未人好食, 丑人淸省. 丑爲艮土,
토곤약 술다위인호두 다갑수 진미인호식 축인청성 축위간토
有癸水能潤而膏, 人命遇此, 主能卓立.
유계수능윤이고 인명우차 주능탁립

辰戌丑未는 모두 土의 正氣인데 陰陽으로 區分되어 主宰하는 바가 같지 않다. 辰土에는 水가 숨어 있고 未土에는 木이 숨어 있어서 萬物을 滋養하니 春夏의 功이라 한다. 戌土에는 火가 숨어 있고 丑土에는 金

이 숨어 있어서 가을은 火로, 겨울은 金으로 萬物을 肅殺한다.

土는 辰土와 未土가 모이면 貴하게 되고 丑土와 戌土는 貴하다 하지 않으니 이는 土가 辰土와 未土를 사랑하나 丑土와 戌土는 사랑하지 않는 것이니 이는 明確한 것이다.

萬若 다시 五行에 氣가 있고 命局에서 土를 만나면 田畓과 財産이 견줄 곳이 없이 晩年에 富貴가 따른다. 萬若 土가 대단히 實하고 水가 없으면 乾燥하게 되니 和合하지 못하며 木이 없으면 疏通하지 못하게 되며 土가 火를 만나면 타버리니 女命에 土가 많으면 子息을 生長하지 못한다.

土는 四季에 旺하나 오직 戌土에서만은 不足하고 弱하니 戌土가 많으면 사람됨이 싸우기 좋아하고 잠이 많다. 辰未가 있는 사람은 食貪이 있고 丑土가 있는 사람은 淸省하다. 丑土는 艮土라 하여 癸水가 있으면 潤澤하고 기름지게 된다. 命局에 이와 같으면 우뚝 서게 된다.

土는 홀로 旺한 時期가 없고 辰戌丑未에 依託하여 旺하다 하였다. 또한 土는 각각이 十八日間 旺하며 四季의 支神에 따라 陰陽으로 구분되니 辰戌土는 陽支로 戊土가 되고 丑未土는 陰支로 己土가 된다. 作用은 소속된 地藏干에 따라 정해진다.

辰土는 水의 墓이며 未土는 木의 墓이므로 水와 木이 감추어져 있다. 또한 辰土는 乙木을 감추니 봄의 餘氣고 未土는 丁火를 감추니 여름의 餘氣다. 辰土는 쓰임의 功이 水木에 의하고 未土는 쓰임의 功이 木火에 의한다. 그러므로 辰土와 未土는 만물을 滋養하니 春夏의 功을 쓰는 것이다.

戌土는 火의 墓이고 丑土는 金의 墓이다. 또한 戌土는 辛金을 감추고 있으니 가을의 餘氣고 丑土는 癸水를 감추고 있으니 겨울의 餘氣다. 그러므로 戌土와 丑土는 萬物을 熟成시키니(肅殺하니) 秋冬의 功을 쓰는 것이다. 이는 滋養과 夙成(肅殺)의 차이이다. 그러므로 土가 辰土와 未土에 모이면 貴하게 되나 戌土와 丑土에 모이면

228

貴하게 되지 못한다. 土가 辰土와 未土에서 生하니 萬物을 滋養하는 功이 있으므로 才, 官, 印, 食傷의 五行의 氣가 있으면 반드시 貴하게 된다.

土星은 厚重하므로 長壽함을 보게 된다. 土는 金이 없으면 너무 實하게 되고 水가 없으면 너무 乾燥해지며 木이 없으면 疏通이 안 되고 火가 많이 나타나면 타서 그을린다. 비록 稼穡을 이루게 되지만 역시 貴하게는 못된다. 女命이 土가 많으면 生長을 못하고 불이 어두워져 빛을 잃으니 稼穡이 이와 같다.

다음으로 土의 性情을 論하면 土星은 厚重하면 그 나쁜 점은 頑固하고 鈍하게 되는 것으로 싸움과 먹는 것을 좋아하는 것이 病이다. 戌土宮은 火가 숨어있어 燥熱하며 丑土宮은 水가 숨어 있어 기름지다. 그러므로 잠이 많고 淸省함의 차이가 있다.

生於春月, 其勢虛浮, 喜火生扶, 惡木太過, 忌水泛濫. 喜土比助, 得
생 어 춘 월　기 세 허 부　희 화 생 부　악 목 태 과　기 수 범 람　희 토 비 조　득
金而制木爲祥. 金太多仍盜土氣.
금 이 제 목 위 상　금 태 다 잉 도 토 기

봄에 태어난 土는 空虛하고 가벼우니 火의 生扶가 기쁘고 木이 太過되면 나쁘고 水의 泛濫을 꺼리니 木이 많으면 金의 剋制를 기뻐하나 너무 많으면 土의 氣를 빼앗기게 된다.

四時에 五行은 각기 氣가 旺한 때가 있으니 土는 그에 依託하여 旺하게 된다. 依託하여 旺한 경우라 해도 홀로 旺한 것과 같은 것이니 다하여 없어지지 않는다. 四季節의 끝에 있는 十八日에 土가 依託하여 旺한 것이다. 비유하면 홀로 旺한 神은 主이고 依託하여 旺한 것은 客이라 한다. 客이 비록 用事를 하여도 主는 더불어 따르지 않으니 그 의미가 분명한 것이다.

四時의 土를 論하면 春月 寅卯辰은 모두 木이 旺한 시기다. 寅卯月 두 달 간은 甲乙木이 權勢를 잡으니 土가 剋을 받아 弱하므로 딱히 論할 것이 없다. 辰月은 土가 旺하게 用事하나 역시 木氣가 있고 또한 水의 墓庫이므로 土의 氣勢가 虛浮하다. 게다가 木을 많이 본다면 火로 그것을 化하여야 하니 木을 洩氣하여 土를 生해주어야 하고 水의 세력이 泛濫하면 比劫으로 도와주어야 한다.

木과 水는 모두 辰土宮에 감추어진 物件이니 木이 많으면 金의 剋制를 얻으면 반드시 아름답게 되지만 오히려 金이 많으면 土氣를 훔쳐가므로 剋洩이 交集되는 것을 면할 수 없게 된다. 이는 火를 써서 金을 制剋하고 木을 化하여 土를 生해주어야 上格이 된다. 그러므로 가장 기쁜 것은 火의 生扶를 얻는 것이다.

夏月之土, 其勢燥烈, 得盛水滋潤成功, 忌旺火煅煉焦坼. 木助火炎,
하 월 지 토 기 세 조 렬 득 성 수 자 윤 성 공 기 왕 화 하 련 초 탁 목 조 화 염
水剋無礙. 金生水泛, 妻才有益, 見比肩蹇滯不通. 如太過又宜木剋.
수 극 무 애 금 생 수 범 처 재 유 익 견 비 견 건 체 불 통 여 태 과 우 의 목 극

夏月의 土는 그 氣勢가 乾燥하고 뜨거우니 旺한 水의 滋潤을 얻어야 成功한다. 旺한 火는 土를 그을리고 갈라지게 하니 꺼린다. 木이 火가 타오르도록 도와주면 水의 制剋이 있다 해도 障礙가 안 된다. 金이 水를 生하여 泛濫해도 妻才에 利益이 있고 比肩을 보면 막혀서 不通하니 太過하면 木으로 剋制해주는 것이 마땅하다.

夏月은 火가 旺한 시기로 火가 타올라 土가 乾燥해지니 旺한 水가 滋潤해주어야 만물을 發生하고 榮華롭게 할 수 있다. 旺한 火가 뜨겁게 타올라 生의 기틀이 盡滅하는데 木이 뜨겁게 타오르는 火를 도와주면 煞印相生이라 하나 才로서 印을 깨야 하니 煞이 무리를 짓는 것을 꺼리기 때문이다.(滴天髓補註 母子滅子 節을 參照하여 살펴보라.)

　여름의 土는 홀로 있을 수 있으니 木이 旺한 火를 도우면 水를 보는 것을 꺼리지 않는다. 이는 調候가 急하기 때문에 生剋關係는 잠시 다음으로 미루는 것이다. 夏月은 水가 臨하면 絶地가 되니 水를 쓰려면 金이 있어서 水를 發生하는 根源이 되어주어야 기쁘다. 그러므로 金이 水를 生해주어 넘치게 되면 妻才에 利益이 있다.

　여름의 土는 火의 생부를 얻어야 旺하게 되지만 比劫을 많이 보면 막혀서 疏通이 안 된다. 그러므로 土가 旺함이 지나치면 마땅히 木으로 剋制해야 한다. 특히 木을 쓰는 경우는 水가 없어서는 안 된다. 만약 없으면 오히려 木이 旺한 火를 도우니 木을 태워 土의 旺한 勢力에 더욱 보태게 된다. 그러므로 여름의 土는 水가 없어서는 안 된다.

秋月之土, 子旺母衰, 金多而耗盜其氣, 木盛須制伏純良, 火重重而
추월지토 자왕모쇠 금다이모도기기 목성수제복순량 화중중이
不厭, 水泛泛而不祥, 得比肩則能助力, 至霜降不比無妨.
불염 수범범이불상 득비견칙능조력 지상강불비무방

　가을 土는 金인 子가 旺하고 母인 土가 衰하니 金이 많으면 氣를 빼앗기게 되고 木이 盛하면 모름지기 制伏을 해야만 純粹하고 어질어지니 火가 重重하여도 싫어하지 않는다. 水가 지나치게 넘쳐나면 祥瑞롭지 못하니 比肩을 얻으면 능히 助力이 된다. 霜降에 이르러서는 比肩이 아니어도 無妨하다.

　秋月은 金神이 當旺한 때이니 金이 많으면 土를 洩氣하여 子旺母衰하게 된다. 金이 旺하면 火가 剋制하는 것을 기뻐하니 傷官佩印이라 한다. 火가 重重하게 나타나면 金神이 火의 마을로 들어간다 하여 最上의 格이 된다. 다음의 境遇로 盛하든 土가 (木이 많아) 衰하게 되면 마땅히 金으로 剋制하여야 하는데 그와 같으면 剋洩이 交集

되니 火로서 木을 化하고 金을 制御하여야 좋다. 이로서 몸을 돕게 되니 가을의 土는 火가 없으면 안 된다. 土氣가 이미 衰하였으니 水가 많이 나타나면 才多身弱이 되니 比劫이 돕는 것을 기뻐한다. 그러나 霜降以後는 土가 旺하게 用事하니 比劫이 돕지 않아도 된다.

子旺母衰 : 일간(日干)은 신약(身弱)한데 식상(食傷)은 왕(旺)한 것을 말한다.

冬月之土, 外寒內溫, 水旺才豐, 金多子秀, 火盛有榮, 木多無咎, 再
동월지토 외한내온 수왕재풍 금다자수 화성유영 목다무구 재
加比肩扶助爲佳, 更喜身主康強足壽.
가비견부조위추 경희신주강강족수

겨울의 土는 겉은 추우나 안은 따뜻하니 水가 旺하면 才가 豐富하게 된다. 金이 많으면 子息이 뛰어나고, 火가 盛하면 榮華가 있게 되고, 木이 많아도 허물이 없다. 다시 比肩의 도움을 얻으면 온화하고 굳세게 되니 壽命이 足하다.

冬月은 陽氣가 안으로 거두어져 들어간다. 그러므로 土가 겉은 차가우나 안은 따뜻하게 된다. 혹독한 추위에 놓여있으니 調候가 급하다. 하나의 陽氣가 높이 비추면 萬象에 봄이 돌아온다. 그러므로 겨울의 土는 없어서는 안 되는 것이 丙火다. 만약 地支에 巳午寅戌이 있으면 土의 氣運이 따뜻하여지니 才를 쓰거나 食傷을 쓰거나 모두 아름답게 된다.

水는 才이니 水가 旺하면 才가 풍부하고 金은 子息이니 金이 많으면 子息이 뛰어나게 된다. 才를 쓰든 食傷을 쓰든 모두가 原局에 火가 盛하여 土가 溫暖하다는 조건이 先決되어야 한다. 그렇지 않으면 調候가 急하니 金水를 모두 써서는 안 된다.

原局에 火의 調候가 있고 木이 많아 火를 도와주고 疏土를 하면 겨울의 土는 火를 쓰는 것을 기뻐하니 甲木으로 輔佐하면 비록 金水

가 많아도 허물이 없다. 그러므로 金을 쓰거나 水를 쓰거나 또는 木
을 쓰거나 반드시 身强하고 印이 있어서 土를 따뜻하게 해야 하고
다시 比劫의 도움이 있으면 身이 健康하고 强하니 長壽하고 福이 많
게 된다.

論四季月之土

辰戌丑未, 四土之神, 惟未土爲極旺, 何也, 辰土帶木氣剋之, 戌丑
진술축미 사토지신 유미토위극왕 하야 진토대목기극지 술축
之土, 帶金氣泄之, 此三土雖旺而不旺, 故土臨此三位, 金多作稼穡
지토 대금기설지 차삼토수왕이불왕 고토임차삼위 금다작가색
格, 不失中和, 若未月土, 則帶火氣也, 帶火以生之, 所以爲極旺也,
격 부실중화 약미월토 칙대화기야 대화이생지 소이위극왕야
若土臨此旺未月, 見四柱土重, 多作火炎土燥, 不可作稼穡看, 但臨
약토임차왕미월 견사주토중 다작화염토조 불가작가색간 단임
此月之土, 見金結局, 不貴卽富也, 書曰 土逢季月見金多, 終爲貴
차월지토 견금결국 부귀즉부야 서왈 토봉계월견금다 종위귀
論, 而在未月尤甚
론 이재미월우심

辰戌丑未는 四土의 神이라 한다. 그 중 未土만이 極旺하니 어째서 인
가? 辰土는 木氣를 帶하고 있으니 剋이 되고 戌土와 丑土는 金을 帶하
고 있으니 泄氣가 된다. 이 三土는 비록 旺하다 해도 旺하지 않다. 그
러므로 土가 이 三位에 臨하고 金이 많으면 稼穡格을 지어도 中和를
잃지 않는다. 萬若 未月에 土라면 火氣를 帶하니 帶한 火가 土를 生하
므로 極旺해진다. 만일 土가 旺한 未月에 臨하고 四柱에 重한 土를 보
면 많은 火炎燥土가 되니 稼穡格을 지었다고 볼 수 없다.
但 이 未月의 土는 金이 局을 이룬 것을 보면 貴하지 않으면 富해진다.
書에 이르기를 土가 季月을 만나고 金을 많이 보면 끝내는 貴하게 된
다고 論했다. 未月에 있으면 더 더욱 그렇다.

이 偏은 여러 각자의 意見이나 論議를 끌어다가 精選하여 펼친 것으로 모든 坊本에는 없고 「玆據宏道堂木刻本」에만 補充하여 挿入된 것으로 詞句로 명확하게 펼쳐져 있다. 意味는 앞과 같으며 군더더기가 없다. 丑未月에 生하면 土가 많은데 金이 局을 이루면 貴하지는 못해도 富하게 되니 더욱 理致 밖의 理論이다. 한 女人의 命造가 戊辰, 己未, 庚午인데 남편은 榮華로웠으며 子息은 貴하게 되었고 富貴하고 長壽하였으니 五福을 모두 누렸다. 이것은 경험으로 이론이 증명되었으니 빈말은 아닌 것 같다.

第1節 戊土論

戊土喜用提要

正月二月 丙甲癸 無丙照暖, 戊土不生, 無甲疏劈, 戊土不靈, 無癸
정월이월 병갑계 무병조난 무토불생 무갑소벽 무토불영 무계
滋潤, 萬物不長, 先丙, 次甲, 次癸
자윤 만물부장 선병 차갑 차계

正月과 二月은 丙火와 甲木과 癸水를 쓴다.
丙火가 없으면 따뜻하게 비출 수 없으니 戊土가 生하지 못한다. 甲木이 없으면 戊土가 神靈스럽지 못하게 된다.
癸水가 없으면 滋潤할 수 없으니 萬物이 자라지 못한다. 그러므로 먼저 丙火를 쓰고 다음으로 甲木을 쓰고 그 다음으로 癸水를 쓴다.

三月 丙甲癸 戊土司令, 先用甲疏, 次丙, 次癸
삼월 병갑계 무토사령 선용갑소 차병 차계

234

三月은 丙火와 甲木과 戊土를 쓴다.
戊土가 司令하니 먼저 甲木을 써서 疏土를 하고 다음으로 丙火를 쓰며
그 다음으로 癸水를 쓴다.

四月 丙甲癸 戊土建祿, 先用甲疏劈, 次取丙癸
사 월 병갑계 무토건록 선용갑소벽 차 취병계

四月은 丙火와 甲木과 戊土를 쓴다.
사월은 戊土의 建祿이니 먼저 甲木으로 土를 疏通하고 깨주어야 하고
다음으로 丙火와 癸水를 取한다.

五月 壬甲丙 調候爲急, 先用壬水, 次取甲木, 丙火配用
오 월 임갑병 조후위급 선용임수 차취갑목 병화배용

五月은 壬水와 甲木과 丙火를 쓴다.
調候가 急하니 먼저 壬水를 쓰고 다음으로 甲木을 取하며 丙火를 알맞
게 써야 한다.

六月 癸丙甲 調候爲急, 癸不可缺, 丙火配用, 土重不能無甲
육 월 계병갑 조후위급 계불가결 병화배용 토중불능무갑

六月은 癸水와 丙火와 甲木을 쓴다.
調候가 急하니 癸水가 不足해서는 안 된다. 丙火를 알맞게 쓰고 土가
重하면 甲木이 없어서는 안 된다.

七月 丙甲癸 寒氣漸增, 先用丙火, 水多, 用甲洩之
칠 월 병갑계 한기점증 선용병화 수다 용갑설지

七月은 丙火와 甲木과 癸水를 쓴다.
寒氣가 漸漸 增加하니 먼저 丙火를 쓰며 水가 많으면 甲木으로 水를
洩氣해주어야 한다.

八月 丙癸 賴丙照暖, 喜水滋潤
팔 월 병계 뢰병조난 희수자윤

八月은 丙火와 癸水를 쓴다.
丙火가 따뜻하게 쬐어주는 것에 依支하며 水가 滋潤해주는 것을 기뻐한다.

九月 甲丙癸 戊土當權, 先用甲木, 次取丙火, 見金, 先用癸水, 後取
구 월 갑 병 계 무 토 당 권 선 용 갑 목 차 취 병 화 견 금 선 용 계 수 후 취
丙火
병 화

九月은 甲木과 丙火와 癸水를 쓴다.
戊土가 當權하니 먼저 甲木을 쓰고 다음으로 丙火를 取한다. 金이 나타나면 먼저 癸水를 쓰고 뒤에 丙火를 쓴다.

十月 甲丙 非甲不靈, 非丙不暖
십 월 갑 병 비 갑 불 령 비 병 불 난

十月은 甲木과 丙火를 쓴다.
甲木이 아니면 靈驗할 수 없고 丙火가 아니면 따뜻할 수 없다.

十一月 十二月 丙甲 丙火爲尙, 甲木爲佐
십 일 월 십 이 월 병 갑 병 화 위 상 갑 목 위 좌

十一月과 十二月은 丙火와 甲木을 쓴다.
丙火를 높이 쓰고 甲木으로 輔佐한다.

1. 三春戊土總論

三春戊土, 無丙照暖, 戊土不生, 無甲疏劈, 戊土不靈, 無癸滋潤, 萬
삼 춘 무 토 무 병 조 난 무 토 불 생 무 갑 소 벽 무 토 불 령 무 계 자 윤 만
物不長, 正二月先丙後甲, 癸又此之, 三月先甲後丙, 癸又次之, 因
물 부 장 정 이 월 선 병 후 갑 계 우 차 지 삼 월 선 갑 후 병 계 우 차 지 인

戊土司權故也, 有甲, 丙, 癸, 三者齊透, 必主一品當朝, 或二透一
무토사권고야　유갑　병　계　삼자제투　필주일품당조　혹이투일
藏, 亦登金榜, 二藏一透, 也可異途.
장　역등금방　이장일투　야가이도

三春의 戊土는 丙火의 照暖이 없으면 戊土가 不生하고 甲木의 疏土가 없으면 戊土가 靈驗하지 못하며 癸水가 滋潤해주지 않으면 萬物이 자라지 못한다.

正月과 二月은 먼저 丙火를 쓰고 後에 甲木을 쓰며 癸水는 그 다음으로 쓴다.

三月은 먼저 甲木을 쓰고 後에 丙火를 쓰며 癸水는 다음으로 쓴다. 이는 戊土가 司權하기 때문이다.

甲木이 있고 丙火와 癸水 이 三者가 나란히 透干하면 반드시 一品의 벼슬에 오르고 만약 두 개가 透干하고 하나가 숨어도 亦是 科甲하여 벼슬에 오르고 두 개가 숨고 하나가 透干하면 異途로 功名한다.

三春의 戊土를 總論하면 보통 三春의 戊土는 丙火가 따뜻하게 비추어주지 않으면 안 되며 더불어 甲木이 疏土하고 癸水가 滋潤해주어야 한다. 특히 이 三者에는 쓰는 法에 先後가 있으니 正月과 二月은 木이 旺하니 丙火를 主로 하고 甲木과 癸水로 輔佐해야 한다. 三月은 土가 旺하여 甲木을 主로 하고 丙火와 癸水로 보좌해야 한다. 三者가 혹은 숨거나 또는 透干하여도 富貴하기는 마찬가지다. 그러나 主要한 神은 모두 갖춰져야 마땅하니 그래야만 비로소 顯達한다.

1) 三春戊土

正二月卽有甲癸, 若無丙除寒, 如萬物生而不長, 故無丙者, 富貴艱
정이월즉유갑계　약무병제한　여만물생이불장　고무병자　부귀간
辛, 或有丙無甲癸者, 名曰春旱, 如萬物生而厄, 無甲癸者, 一生勤
신　혹유병무갑계자　명왈춘한　여만물생이액　무갑계자　일생근

苦, 勞而無功, 或一派丙火, 有甲久癸, 先泰後否, 或支成火局, 不見
고 로이무공 혹일파병화 유갑구계 선태후부 혹지성화국 불견
壬癸, 僧道孤貧, 癸透者貴, 壬透者富.
임계 승도고빈 계투자귀 임투자부

正月 二月에 甲木과 癸水만 있고 萬若 丙火가 寒氣를 除去하지 않으면
萬物이 生해도 成長하지를 못한다. 故로 丙火가 없으면 富貴하기가 어
렵고 힘들다. 丙火만 있고 甲木과 癸水가 없으면 이르기를 봄에 가뭄
이 들었다하여 萬物이 生하나 厄이 많다.
甲木이 없으면 一生 부지런하나 苦生이 많고 勞力은 있어도 功이 없
다. 한 무리의 丙火에 甲木은 있으나 癸水가 없으면 먼저는 넉넉하나
後에는 그렇지 못하다. 혹시 地支에 火局을 이루고 壬癸水가 없으면
僧侶의 命으로 외롭고 가난하나 癸水가 透出하면 貴하게 되고 壬水가
透出하는 境遇는 富하게 된다.

萬物이 土에서 生하니 戊土가 萬物을 司令한다. 그러나 土가 乾燥
하면 生할 수 없게 되고 土가 얼어도 生하고 기를 수 없게 된다. 그
러므로 太陽과 雨露가 밑바탕이 되지 않으면 萬物을 生長할 수 없
다. 초봄의 氣運이 차가우니 먼저 丙火로 따뜻하게 비추어주어야 한
다. 그러나 陽氣가 盛하면 乾燥하여 마르게 되니 雨露로 滋潤해 주
어야 아름답게 된다. 木이 當旺의 神이니 반드시 甲木에 依賴하여
疏土하여야 한다.
二月은 비록 乙木이 當令하였으나 疏土하는데 쓸 수 없다. 그러므
로 짝을 얻고 中和가 되면 福이 潤澤하고 길게 이어진다. 火土가 乾
燥하면 壬癸水로 도와야하니 丙火는 있고 甲木과 癸水의 滋潤함이
없으면 일생동안 苦生만 많고 功이 없다. 丙火와 甲木은 있으나 癸
水가 欠이 있으면 丙火와 甲木이 官과 印이 되니 뒷거래로 인해 작
은 富는 이룬다. 그러나 먼저는 넉넉하나 나중은 그렇지 못하게 된
다. 欠이 있다는 것은 缺陷을 말하는 것이다.

238

총체적으로 丙火가 出干하는 것에 대해서는 論하지 않는다. 地支에 火局을 이루면 火가 旺하게 되니 반드시 壬癸水로 救해주어야 한다. 癸水는 貴하게 되고 壬水는 富裕하게 된다. 다음의 글을 잘 살펴보라.

用水者要審水之多少, 或一派甲木, 無丙常人, 得一庚透方妙, 或支
용수자요심수지다소 혹일파갑목 무병상인 득일경투방묘 혹지
成水局, 甲又出干, 又有庚透, 富貴雙全.
성수국 갑우출간 우유경투 부귀쌍전

水를 쓸 때 重要하게 살필 것은 水의 많고 적음이다. 或 한 무리의 甲木이 있고 丙火가 없으면 平常人이 되나 하나의 庚金이 透出하면 비로소 빼어나게 된다. 或 地支에 水局을 이루고 甲木이 透干하고 또 庚金도 透干하여 있으면 富貴雙全한다.

앞글에서는 火가 旺하면 水가 없어서는 안 된다고 했는데 여기서는 水가 旺하면 火가 없어서는 안 된다는 말이다. 봄의 土는 축축함이 심하니 丙火가 없으면 비록 甲木이 透干하여도 오히려 才가 旺煞을 生하게 되어 氣의 融和가 안 되므로 싫어한다. 그와 같으면 平常人이 된다. 또 煞이 旺하게 되면 반드시 剋制해야 하니 하나의 庚金이 透干하면 비로소 빼어나게 된다.

地支에 水局을 이루고 甲木과 庚金이 透干하면 富貴가 모두 완전하게 된다. 그러나 四柱에 丙火가 있어서 따뜻하게 비추어주어야 비로소 빼어나게 된다. 봄에 土는 氣가 虛하므로 火를 얻어야 貴하게 되니 비로소 食神을 써서 煞을 制御할 수 있게 된다.

或無庚金, 又無比印, 難作從殺, 定主遭凶, 不然, 必爲盜賊, 若日下
혹무경금 우무비인 난작종살 정주조흉 불연 필위도적 약일하

坐午, 不得善終.
좌 오 불 득 선 종

或 庚金이 없고 또 比劫과 印受가 없는데 從殺하기 어려우면 반드시
凶厄을 만나게 되고 아니면 盜賊이 된다.
萬若 日 아래 午가 있으면 善終하지 못한다.

正月은 才가 旺하면 土는 虛하게 되니 四柱에 比와 印이 없고 또
한 庚金이 旺한 木을 거스르지 않으면 응당 從煞이라 論한다. 만약
從하지 않으면 별다른 用神을 取할 것이 없게 되니 凶惡한 일을 당
하게 된다. 日干 아래 午火가 앉으면 從煞로 보기 어렵다. 비록 書에
서는 戊土에 午日이 있으면 刃을 지었다고 보지 말라고 말하였으나
총체적으로 이는 印과 劫의 地가 되니 만약 한 무리의 水와 木이 四
柱에 있는데 比와 印이 없어도 日干 아래에 午火가 앉으면 從煞하지
못하고 煞旺衰刃이라 하여 반드시 凶死하게 된다.

或一派乙木, 爲官殺會黨, 即有庚從, 却難制乙, 此人內奸外直, 口
혹일파을목 위관살회당 즉유경종 각난제을 차인내간외직 구
是心非, 加一甲在內, 無庚, 必懶惰自甘, 好食無厭, 或丙多甲多, 宜
시심비 가일갑재내 무경 필라타자감 호식무염 혹병다갑다 의
以癸庚參用.
이계경참용

或 한 무리의 乙木이 있으면 官殺이 모여 黨을 지은 것이니 庚金이 있
어도 從殺하며 乙木을 剋制하기도 어렵다. 이런 사람은 內面은 奸邪하
고 겉으로는 忠直하니 입은 바르나 마음은 거짓됐다.
더하여 하나의 甲木이 안에 있고 庚金이 없으면 게으르고 자기밖에 모
르며 끊임없이 먹는 것을 좋아한다. 或 丙火가 많고 甲木도 많으면 마
땅히 癸水와 庚金을 參酌하여 써야 한다.

240

戊土는 반드시 甲木을 써야 비로소 疏土할 수 있다. 乙木은 草木이니 疏土하는데 쓸 수 없다. 甲木과 乙木이 섞여 나오면 草木이 煩雜하게 자라니 庚金을 보면 乙木이 相合의 情을 주어 制煞의 쓰임을 잃게 된다. 그와 같으면 속은 奸詐하나 겉은 바른 듯이 하며 말은 옳게 하지만 마음은 거짓된 사람이다. 그러므로 官煞混雜하면 制剋하는 것이 있어야 아름답게 되나 人品과 성격에 缺陷이 있다.

만약 甲木은 있는데 庚金이 없으면 七煞을 制御하는 것이 없으니 그 사람됨이 知慧가 작고 반드시 게으르고 만족을 모르며 節度가 없다. 丙火와 甲木이 많으면 위에서 한 무리의 丙火와 甲木은 있는데 癸水가 없는 節과 같다. 이상은 正月과 二月에 戊土를 쓰는 것에 대해 論한 것이다.

三月戊土司令, 不見丙甲癸者, 愚而且賤, 甲癸透者·科甲, 丙癸透者·生員, 甲癸俱藏者, 只可云富, 有癸異途.

三月은 戊土가 司令하니 甲木과 丙火와 癸水가 보이지 않으면 愚鈍하고 또 賤하다. 甲木과 癸水가 透出하면 科甲을 하고 丙火와 癸水가 透出하면 生員을 할 뿐이다. 甲木과 癸水가 감추어진 경우는 다만 富裕할 뿐이다. 癸水만 있으면 異途로 發展한다.

三月의 戊土에 대해 총체적으로 論한 것이다. 正月과 二月은 다소 다르다. 正月과 二月은 寒氣가 아직 남아 있으니 丙火를 먼저 쓰지만 三月은 戊土가 勢力을 부리니 甲木이 중요하다.

日柱가 勢力을 잡은 때이니 이는 才로 煞을 生하여 旺하게 되면 上格이 되고 才와 印을 아울러 쓰면 이는 그 다음이 된다. 甲木과 癸水가 모두 숨으면 富裕하나 貴는 없다. 그러므로 癸水가 透干하면

異途로 顯達하는 사람이다. 日元이 氣勢를 얻고 才星을 만나면 이는
才를 쓰니 富한 中에 貴를 얻게 된다.

若丙多無癸, 旱田無水, 不能種苗, 舊穀已沒, 新穀未登, 此先富後貧
약병다무계 한전무수 불능종묘 구곡이몰 신곡미등 차선부후빈
之造, 或火多有壬透者, 先貧後富, 癸透先賤後榮, 壬藏不過食足, 癸
지조 혹화다유임투자 선빈후부 계투선천후영 임장불과식족 계
藏不過名傳, 卽此亦須運美, 或支成火局, 得癸透者, 富貴天然, 壬透
장불과명전 즉차역수운미 혹지성화국 득계투자 부귀천연 임투
富貴辛苦, 何也, 癸乃天上甘霖, 壬乃江河波浪, 所以有勞逸之殊.
부귀신고 하야 계내천상감림 임내강하파랑 소이유로일지수

萬若 丙火가 많고 癸水가 없으면 마른 밭에 물이 없으니 種苗가 자라
지 못하며 舊穀은 이미 없어지고 新穀은 아직 오르지 않았으니 이는
먼저는 富裕하나 後에는 貧困하게 된다. 或 火가 많고 壬水가 透出하
면 먼저 貧困하고 後에 富裕하며 癸水가 透出하면 먼저 賤하나 後에
榮華롭다. 壬水가 감추어지면 食이 족함에 不過하고 癸水가 감추어지
면 이름을 傳하는데 不過하다. 이 亦是 모름지기 運이 아름다워야 한
다. 或 地支에 火 局을 이루고 癸水가 透干을 얻으면 富貴를 이루는 것
은 하늘의 理致이다. 壬水가 透干하면 富貴하나 힘들고 苦生한다. 어
째서 그런가? 癸水는 하늘의 단 장마 비이고 壬水는 江河에 치는 물결
이니 勞苦와 便安함이 다르다.

三月의 戊土는 甲木을 主로 하고 丙火로 輔佐를 삼는다. 丙火가
있고 癸水가 없으면 이는 마른 田畓과 같다. 이는 正月과 二月과 같
으니 (앞글의 한 무리의 丙火가 있고 甲木이 있는데 癸水가 없는 節
을 말한다.) 먼저는 便安하나 後에는 그렇지 못한 象이다. 壬癸水로
救應하지 않으면 안 된다.

壬水와 癸水는 滋潤하는 것은 같으나 쓰임은 같지 않다. 壬水를
쓰면 富裕하게 되고 癸水를 쓰면 貴하게 된다. 壬癸水가 地支에 숨

242

으면 運에서 引出해야 비로소 貴하게 될 수 있다. 이는 丙火가 透干
하였을 때를 말한다. 만약 地支에 火局을 이루고 壬癸水가 透干하면
印이 旺하여 才를 쓰니 富貴가 確實하다. 그러나 힘쓰고 勤勉함이
있어야 한다. 그러므로 역시 壬水와 癸水의 性質이 같지 않다.

> 支成木局, 又甲乙出干, 此名官殺會黨, 官殺無去留之義, 得一庚透,
> 지성목국 우갑을출간 차명관살회당 관살무거류지의 득일경투
> 掃除官殺, 亦主富貴, 無庚乃淺薄之人, 宜用火洩木氣, 有一命 · 丁
> 소제관살 역주부귀 무경내천박지인 의용화설목기 유일명 정
> 未 · 癸卯 · 戊寅 · 乙卯 · 癸丁透干, 加以戊癸化火, 將甲木暗焚, 反
> 미 계묘 무인 을묘 계정투간 가이무계화화 장갑목암분 반
> 得武科探花.
> 득무과탐화

地支에 木局을 이루고 또한 甲乙木이 出干하면 이를 부르기를 官殺會
黨이라 하니 官殺을 가려서 去留하려는 뜻이 없다. 하나의 庚金이 透
干하여 官殺을 쓸어 除去하면 亦是 富貴한다. 庚金이 없으면 곧 淺薄
한 사람이니 마땅히 火를 써서 木을 洩氣함이 좋다.
한 命局이 있는데 丁未, 癸卯, 戊寅, 乙卯에 癸水와 丁火가 透干하고
더불어 戊癸가 合하여 火로 化하여서 將次 甲木을 暗焚하니 오히려 武
科에 探花 벼슬을 하였다.

官이 많으면 殺로 變하니 官殺이 混雜하면 官이 殺을 따르므로 이
르기를 去留함이 없다고 한다. 三月은 戊土가 勢力을 잡아 身强하므
로 食神으로 制殺해야 貴하게 된다. 食神의 制殺이 없으면 印으로
化殺하여야 한다. 단 三春은 丙火인 印을 쓰므로 모름지기 地支의 配
合이 적당하여야 하니 火가 木을 태우지 않아야 비로소 中和가 된다.
丁未生의 한 命造에 甲木과 丙火가 寅木에 숨고 癸水가 透干하면
마땅히 顯達한다. 그러나 戊土가 癸水를 合化하면 才가 官을 生하지
못하고 化하여 火가 된다. 乙木 官星이 暗透하면 乾燥하게 치우친

局으로 變하니 비록 貴하게 된다 해도 武職을 갖게 된다.

> 或木多無比印透, 作從殺而論, 亦富貴.
> 혹목다무비인투 작종살이론 역부귀

木이 많고 比劫과 印受가 透干하지 않으면 從殺을 짓는다고 論하니 亦是 富貴한다.

앞글의 地支에 木局을 이룬다는 節을 이은 글이다. 三春은 木이 旺하여 權勢를 잡으므로 四柱에 比와 印이 없으면(丁巳) 從煞을 지었다고 論한다(正二月은 官煞을 짓기 어렵다고 論한다는 부분을 살펴보라). 三月은 木이 主가 되고 土는 客이다(寄旺). 客이 비록 强해도 主가 따르는 理致를 거스릴 것이 없다. 그러므로 地支에 方局을 이루어도 역시 從을 지었다고 論하지 않는다.

> 或有比印, 耑看癸透, 取癸而成貴格, 無癸 · 無火 · 無金, 名爲土木
> 혹유비인 단간계투 취계이성귀격 무계 무화 무금 명위토목
> 自戰, 主腹主疾病, 憂愁艱苦.
> 자전 주복주질병 우수간고

或 比劫과 印綬가 있고 癸水가 透出하여 나타나면 癸水를 取하여 貴格을 이룬다. 癸水도 없고 火도 없고 金도 없으면 이르기를 土木이 스스로 싸우니 主로 배에 疾病이 있고 謹審과 시름으로 어렵고 괴롭다.

앞글의 地支에 木局을 이룬 것을 이은 글이다. 正月에 比와 印이 있어 서로 도와주면 오로지 癸水를 取하여야 貴格을 이룬다. 甲木을 쓰는 것은 말할 것도 없고 丙火를 쓴다 해도 모두 癸水를 配合해야 한다. 癸水가 없으면 富貴가 불가능하다. 三春은 木이 旺하므로 戊土인 日元이 水火金의 配合이 없으면 土와 木이 서로 싸우게 되니

244

下格이 되고 만다.

用甲者, 水妻·木子, 用丙者, 木妻·火子.
용갑자 수처 목자 용병자 목처 화자

甲木을 쓰면 水를 妻로 보고 木을 子息으로 보며, 丙火를 쓰면 木을 妻로 보고 火를 子息으로 본다.

三春의 戊土는 벗어날 수 없는 것이 甲木과 丙火를 쓰는 것이다. 癸水는 喜神이 되니 앞글을 찾아보면 자명하게 된다. 甲木을 쓰면 水를 妻로 보고 木을 子息으로 본다, 丙火를 쓰면 木을 妻로 보고 火를 子息으로 본다.

| 庚 | 戊 | 庚 | 丙 | 丙癸甲會成七殺格, 大將軍 |
| 申 | 辰 | 寅 | 寅 | |

辰土 中에 癸水가 감추어져 있어 戊土가 乾燥하지 않고 丙火가 따뜻하게 비추니 이는 그 配合을 말한 것이다. 申金과 辰土가 모여 局을 이루어 才로 旺한 煞을 보태니 庚金으로 制剋하여야 한다. 七煞이 制剋을 받으면 兵權을 쥐게 된다.

| 丙 | 戊 | 乙 | 癸 | 丙癸兩透 甲藏 侍郎 |
| 辰 | 寅 | 卯 | 未 | |

| 壬 | 戊 | 乙 | 癸 | 丙甲復所 壬癸透干 一榜 |
| 子 | 寅 | 卯 | 未 | |

壬子時는 丙火가 透干하지 않으니 丙火가 透干한 丙辰時의 貴함에 못 미친다. 이 역시 그 配合을 말한 것이니 用神은 官에 있다. 기쁜 것은 運이 才地로 가는 것이다.

壬	戊	癸	辛	女命 兩癸得所 旺夫無子
子	寅	卯	卯	

丙火 印綬를 用神으로 삼는데 才가 破하였다. 그러므로 子息이 없었다. 比劫이 夫가 되고 運이 東南으로 가니 夫는 旺하였다.

甲	戊	戊	己	殺印相生格 探花
寅	寅	辰	未	

身旺하고 時上에 煞이 홀로 透干하였으므로 寅木 中에 丙火를 써서 化煞하니 用神으로 삼는다. 즉 火를 써서 木氣를 洩한다. 三月에 生하여 辰土 中에 癸水가 감추어져 있으니 土가 乾燥하지 않다.

2) 三夏戊土

四月戊土, 陽氣發升, 寒氣內藏, 外實內虛, 不畏火炎, 無陽氣相催,
사 월 무 토 양 기 발 승 한 기 내 장 외 실 내 허 불 외 화 염 무 양 기 상 최
萬物不長, 故先用甲疏劈, 次取丙癸爲佐.
만 물 불 장 고 선 용 갑 소 벽 차 취 병 계 위 좌

四月戊土는 陽氣가 發하여 오르나 寒氣가 內藏하니 外實하나 內虛하여 火炎을 무서워하지 않는다. 陽氣가 서로 촉진함이 없으면 萬物이 자라나지 못한다. 故로 먼저 甲木을 使用하여 疏劈하고 다음으로 丙火와 癸水로서 補佐 한다.

四月 戊土는 月令이 建祿이 되니 매우 두터운 土가 된다. 그러므로 마땅히 甲木으로 疏土하여 깨주어야 한다. 그러므로 甲木을 먼저 取하여 쓴다. 丙火는 太陽의 火이고 癸水는 雨露의 水이니 水火가 서로 고르면 만물을 滋養할 수 있다. 그러므로 반드시 才와 印으로 輔佐해야 한다. 이는 한 여름에 최적의 配合이다.

246

> 丙透甲出, 廊廟之材, 丙癸俱透, 科甲之士, 卽透一位, 支藏得所, 終
> 병 투 갑 출 랑 묘 지 재 병 계 구 투 과 갑 지 사 즉 투 일 위 지 장 득 소 종
> 非白丁.
> 비 백 정

丙火와 甲木이 透出하면 廊廟의 材木이 되고 丙火와 癸水가 모두 透干하면 科甲하는 선비가 되니 萬若 一位만 透干하고 나머지는 支藏干에 있으면 끝내 白丁까지는 되지 않는다.

甲木과 丙火가 더불어 透干하고 癸水가 支에 숨으면 반드시 廊廟의 材木이 된다. 보통 甲木과 丙火가 透干하는 경우는 印으로 煞을 化하는데 쓴다. 癸水가 支에 숨는 경우는 戊土가 潤澤함을 얻어 뜨겁고 乾燥함을 풀 수 있으니 配合이 적당한 것이므로 어찌 貴하지 않겠는가.

丙火와 癸水가 모두 透干한 경우는 才와 印을 서로 고르게 쓴다 해도 모름지기 서로 障礙가 없으니 반드시 顯達한다. 丙火가 透干하고 癸水가 숨거나 또는 癸水가 透干하고 丙火가 支에 숨으면 서로 障礙가 없으니 역시 貴하게 顯達한다. 그러므로 閑神이 중간에 끼여 어지럽히지만 않으면 끝내 白丁은 되지 않는다.

> 若一派丙火, 爲火炎土燥, 僧道之流, 得一癸透壬藏, 功名有准, 或
> 약 일 파 병 화 위 화 염 토 조 승 도 지 류 득 일 계 투 임 장 공 명 유 준 혹
> 支藏癸, 衣食充足, 但骨肉多刑.
> 지 장 계 의 식 충 족 단 골 육 다 형

萬若 한 무리의 丙火면 火는 뜨겁게 타오르고 土는 乾燥하게 되므로 僧道의 命이다. 하나의 癸水를 얻어 透干하고 壬水가 감추어지면 작은 功名은 있다. 或 支에 癸水가 감추어지면 衣食은 充足하다. 그러나 骨肉의 刑剋이 많다.

火가 뜨거우니 土가 乾燥해지므로 壬癸水의 도움을 얻어 뜨겁고 乾燥함을 풀면 功名이 있다. 만약 한 무리의 丙火가 타올라 土를 乾燥하게 하면 터럭만큼도 生의 기틀이 없으니 외롭고 고생스럽기만 하다. 그러나 하나의 癸水라도 支에 감추어져 있으면 衣食은 족하게 된다. 단 火土가 燥熱한 것을 싫어하여 配合의 情은 없으므로 骨肉間의 刑剋이 많다. 이것은 才를 用神으로 삼는 것에 대해 말한 것이다.

化合成局無破, 富貴非輕.
화 합 성 국 무 파 부 귀 비 경

化合하여 局을 이루고 破하는 것이 없으면 富貴가 가볍지 않다.

四月의 戊土는 支에 火局을 이루니 天干에 癸水가 透干하면 化合하는 時期를 만난 것이어서 格局을 깨는 것이 없으면 富貴가 가볍지 않다.

或支成金局, 干出癸水, 此爲奇格, 正是土潤金生, 卽不爲桃浪之客,
혹 지 성 금 국 간 출 계 수 차 위 기 격 정 시 토 윤 금 생 즉 불 위 도 랑 지 객
定有異路恩榮.
정 유 이 로 은 영

或 支에 金局을 이루고 癸水가 出干하면 이를 奇格이라 하며 이것은 바로 土를 滋潤하게 하여 金을 生한다. 그러나 이는 桃浪의 客은 되지 못하고 반드시 異路의 恩榮이 있다.

戊土가 建祿이니 天干에 癸水로 土를 潤澤하게 하고 支에 金局을 이루어 土를 洩하면 潤澤한 土가 金을 生하므로 食傷을 써서 才를 生하는 用神으로 삼는다. 반드시 異路의 恩榮이 있으니 桃浪의 客이

된다. 말하기를 봄에 대궐문에서 뜻을 얻는다 하여 科甲의 榮華가 있다.

桃浪 : 과거급제하는 것을 뜻한다.

此用癸水, 金妻水子.
차 용 계 수　금 처 수 자

이는 癸水를 쓰면 金을 妻로 보고 水를 子息으로 본다.

四月의 戊土는 甲木과 丙火와 癸水를 벗어날 수 없다. 甲木과 丙火를 쓰는 것은 위의 三月과 같다. 癸水를 쓰는 경우는 食傷을 妻로 보고 才를 子息으로 본다.

| 丙 | 戊 | 癸 | 辛 | 化合逢時 名重玉堂 |
| 辰 | 午 | 巳 | 亥 | |

戊土와 癸水가 서로 合하였는데 時가 丙辰으로 丙火가 透干하여 火로 化하니 이는 眞化다. 時가 孟夏를 만나니 玉堂에 이름이 높다.

| 丁 | 戊 | 丁 | 癸 | 癸水雖出年干 乏甲疏土 秀才而已 |
| 巳 | 午 | 巳 | 丑 | |

戊土와 癸水의 위치가 떨어져 있으니 合할 수가 없다. 癸水가 丑土에 通根하니 비록 뜨거움을 풀어주지만 效果가 아주 弱하다. 이른 바 氣는 맑으나 다만 官이 일어날 수 없는 것을 싫어한다. 癸水가 透干하여 氣勢가 맑으나 甲木이 없어 疏土를 못하고 官이 일어나지 못하여 끝내 秀才에 불과 할 뿐이었다.

五月戊土, 仲夏火炎, 先看壬水, 次取甲木, 丙火酌用, 用癸力微.
오 월 무 토　중 하 화 염　선 간 임 수　차 취 갑 목　병 화 작 용　용 계 력 미

五月戊土는 仲夏에 火炎하니 먼저 볼 것은 壬水이고 다음으로 甲木을 取하고 丙火를 參酌하여 쓴다. 癸水를 쓰면 힘이 不足하다.

戊土는 높이 오르는 성질의 土이다. 四月의 뜨거운 火를 두려워 하지 않으니 甲木으로 疏土하는 것이 主가 되고 癸水는 潤澤하게 할 뿐이다. 그러나 五月의 火는 지나치게 旺하여 싫어하니 뜨겁게 타오 르는 것을 풀어주어야 한다. 그러므로 壬水를 써야 마땅하고 癸水는 그 역량이 弱하여 꺼린다. 따라서 먼저 壬水를 보고 다음으로 甲木 을 취한다. 그러나 壬水가 있어야 비로소 甲木을 쓸 수 있다. 壬水가 없으면 木이 타서 재가 되어 쓸 수 없게 된다. 그러므로 한 여름에 戊土의 배합에서는 반드시 壬水가 主要의 神이 된다.

壬甲兩透, 名君臣慶會, 自然桃浪先聲, 權高位顯, 又得辛透年干,
임갑량투 명군신경회 자연도랑선성 권고위현 우득신투년간
官居一品, 一命 · 辛未 · 甲午 · 戊寅 · 壬子, 壬甲兩透, 印旺殺高,
관거일품 일명 신미 갑오 무인 임자 임갑량투 인왕살고
出將入相, 名播四夷.
출장입상 명파사이

壬水와 甲木이 모두 透干하면 君臣이 慶事롭게 모였다 하여 自然히 桃 浪에 먼저 名聲이 나니 權勢가 높이 오르고 顯達한다. 또한 辛金이 年 干에 透干하면 官이 一品에 머문다.
命局이 辛未, 甲午, 戊寅, 壬子이면 壬水와 甲木이 더불어 透干하면 印 이 旺하고 官殺도 높으니 出將入相하고 이름을 四夷에 떨친다.

辛未生의 한 命造를 보면 寅木과 午火가 모여 局을 이루고 時가 秉令을 얻으면 印이 旺하다 한다. 만약 時가 壬子時면 才가 旺하고 煞을 生하니 煞도 높아진다. 그러므로 壬水 才가 있으면 甲木을 써 야 비로소 顯達한다. 만약 바꿔서 甲寅時가 되면 七煞이 비록 旺하나 木이 火에 의해 타게 되고 土가 盛하여 木이 부러지게 되니 쓸 수 없게 된다.

若支成火局, 即透癸水, 不能大濟, 是一杯水難濟車薪火也, 人命合
약 지 성 화 국 즉 투 계 수 불 능 대 제 시 일 배 수 난 제 차 신 화 야 인 명 합
此, 即好學不倦, 亦不能成名, 且主目疾, 若得壬水出干, 則此非比.
차 즉 호 학 불 권 역 불 능 성 명 차 주 목 질 약 득 임 수 출 간 칙 차 비 비

支에 火局을 이루고 癸水가 透出하여도 盛火를 크게 다스리지 못한다. 이는 한 잔의 물로 수레에 실린 섶나무에 붙은 불을 끄기 어려운 것과 같다. 人命이 이와 같으면 學文을 좋아하고 게으르지는 않으나 亦是 이름을 이룰 수 없고 또한 눈에 疾病이 있다. 壬水의 出干을 얻은 것과는 비교가 안 된다.

이는 癸水의 能力이 부족하므로 壬水를 마땅히 써야 하는 뜻을 거듭 말한 것이다. 癸水는 戊土를 보면 情을 주어 서로 合하게 된다. 그러므로 火는 旺하고 土는 乾燥한 때에 적은 물이 들면 눈 깜짝할 사이에 말라 붙어버리니 일을 救濟할 수가 없다. 또한 水는 눈이다. 그러므로 주로 眼疾이 된다.

이는 五月의 丙火와 마찬가지로 火土가 旺한데 한 두 개의 癸水가 나타난 경우와 같은 理致로 본다. 만약 멀리 흐를 수 있는 물인 壬水가 나타나면 그와 같이 論하지 않는다. 다시 申金宮에 祿으로 앉은 金이 있으면 貴하게 되지는 않아도 富하게 된다.

又或土木重重, 全無滴水, 僧道孤貧之輩.
우 혹 토 목 중 중 전 무 적 수 승 도 고 빈 지 배

或 土木이 重重하고 적셔줄 물이 전혀 없으면 僧道이거나 孤貧할 무리라 한다.

이는 앞글에서 壬水를 쓰고 다음으로 甲木을 쓴다는 뜻에 대해 또다시 설명한 것이다. 만약 甲木은 있고 壬水가 없으면 土와 木만 重重한 것이니 水로 뜨거운 熱氣를 풀지 못하여 偏枯한 象이 되므로 반드시 외롭고 가난한 부류가 된다고 한 것이다.

用壬者, 金妻水子.
용임자 금처수자

壬水를 쓰면 金을 妻로 보고 水를 子息으로 본다.

壬水는 才다. 才를 쓰는 경우는 食傷을 妻로 보고 才를 子息으로 본다.

六月戊土, 遇夏乾枯, 先看癸水, 次用丙火甲木.
륙월무토 우하건고 선간계수 차용병화갑목

六月의 戊土는 夏節氣를 만나니 乾燥하고 마른다. 그러므로 먼저 볼 것은 癸水이고 다음으로 丙火 또는 甲木을 쓴다.

五月과 六月은 마찬가지로 火는 뜨겁게 타오르고 土는 마른다. 五月의 病은 火가 뜨겁게 타오르는 것에 있으므로 壬水를 用神으로 삼는다. 그러나 六月의 病은 土가 마르는 것에도 있으니 癸水를 써야 한다. 보통 癸水는 雨露의 水이다. 그러므로 먼저 癸水를 쓰고 그 다음이 丙火와 甲木이다. 반드시 먼저 癸水를 쓰고 後에 丙火와 甲木을 쓰는 것이다.

癸水가 없으면 비록 丙火와 甲木을 써도 소용이 없다. 계절적으로 여름은 土性이 乾燥하고 마르니 雨露의 滋潤을 얻은 後에 丙火를 써야 陽和의 기쁨이 있다. 그 다음으로 甲木을 써서 土를 파헤쳐주어

252

야 한다. 癸水는 없고 丙火만 나타나면 土가 위로 오르기만 할 뿐더러 온통 타서 그을리게 된다. 또한 癸水는 없고 甲木만 나타나면 木性이 스스로 타 버리게 되므로 반드시 癸水를 먼저 써야 한다. 癸水는 없고 壬水가 있으면 雨露의 潤澤함은 없으나 灌漑水로서의 效果는 얻을 수 있으니 쓸 수 있다.

癸丙兩透, 科甲中人, 或有癸無丙, 見甲可許秀才, 無甲略富, 或有
계병량투 과갑중인 혹유계무병 견갑가허수재 무갑략부 혹유
丙無癸, 假道斯文, 衣食頗足, 或癸透辛出, 以刀筆之才, 可謀異路,
병무계 가도사문 의식파족 혹계투신출 이도필지재 가모이로
無癸丙者, 常人, 若又無甲, 下賤之輩.
무계병자 상인 약우무갑 하천지배

癸水와 丙火가 더불어 透干하면 科甲中人이고, 或 癸水는 있고 丙火가 없으면 甲木은 있어야 秀才 된다.
甲木이 없으면 작은 富는 이룰 수 있고, 或 丙火는 있고 癸水가 없으면 假道斯文이며 衣食만 足하다. 癸水와 辛金이 出透하면 刀筆이 있는 才士로 異路로 功名을 꾀할 수 있다. 癸水와 丙火가 없으면 平常人이며 萬若 다시 甲木도 없으면 下賤한 무리가 된다.

癸水와 丙火가 더불어 透干하고 서로 障礙가 없으면 水火旣濟를 얻게 되어 자연히 科甲中人이 된다. 癸水와 甲木이 더불어 透干하고 丙火가 없으면 才를 써서 煞을 북돋우면 역시 地位가 있는 사람이 된다.

癸水는 있고 甲木이 없으면 오로지 才星을 쓰니 약간의 작은 富만 이룰 수 있는데 이는 食傷의 生助가 없기 때문이니 貴를 얻을 수는 없는 것이다.

癸水가 없고 丙火만 있으면 陽氣가 오르니 土가 乾燥하게 되어 털끝만큼의 生意도 없는 偏枯한 象이 되어 取할 것이 없다. 癸水가 透

干하고 辛金이 나오면 傷官生才하니 가히 異路를 따라 進身하여 富裕한 中에 貴를 얻을 수 있다. 만약 癸水와 丙火와 甲木이 모두 갖추어지지 않았으면 그가 平常人임을 疑心하지 않는다.

> 或土多得一甲出, 不見庚辛, 爲人作事軒昂, 性情謹愼, 即不顯揚,
> 혹 토 다 득 일 갑 출 불 견 경 신 위 인 작 사 현 앙 성 정 근 신 즉 불 현 양
> 亦文章驚世.
> 역 문 장 경 세

或 土가 많고 하나의 甲이 透干하여 庚辛金을 보지 못하면 사람이 하는 일은 당당하게 벌리나 性情이 지나치게 조심스럽고 꼼꼼하고 愼重하여 높이 顯達하여 오르지 못하지만 文章으로 세상을 놀라게 할 것이다.

만약 土가 많고 甲木이 出干하면 하나의 煞이 홀로 透干한 것이니 庚辛金의 剋이 없으면 이는 반드시 보란 듯이 일하는 사람이다. 그러나 壬癸水인 才가 있어서 북돋아 배양해주어야 비로소 顯達하여 높이 오르는 것을 바랄 수 있다. 만약 甲木은 있으나 癸水가 없으면 名利가 모두 헛될 뿐이다.

> 用癸者, 金妻, 水子, 用丙者, 木妻, 火子, 用甲者, 水妻, 木子.
> 용 계 자 금 처 수 자 용 병 자 목 처 화 자 용 갑 자 수 처 목 자

癸水를 쓰면 金을 妻로 보고 水를 子息으로 보고 丙火를 쓰면 木을 妻로 보고 火를 子息으로 보며, 甲木을 쓰면 水를 妻로 보고 木을 子息으로 본다.

六月의 戊土는 癸水와 丙火와 甲木을 반드시 써야 한다. 癸水를 쓰는 경우는 金을 妻로 보고 水를 子息으로 보고 丙火를 쓰는 경우는 木을 妻로 보고 火를 子息으로 보며 甲木을 쓰는 경우는 水를 妻

로 보고 木을 子息으로 본다.

癸	戊	己	戊	稼穡格 有道全眞
丑	辰	未	戌	

癸水가 辰土와 丑土에 通根하였으니 비록 丙火와 甲木은 없지만 辛金으로 인해 土는 旺하고 潤澤하여 萬物이 茂盛하니 稼穡格을 이루었다. 丑土宮에 辛金이 入庫하였으니 그나마 오로지 修道에만 매달릴 수 있었다. 僧道의 命으로 空山에서 修道하여 利祿은 얻지 못하였으니 運命을 물을 수 없다. 俗世의 法을 넘었다고 하나 역시 五行의 範圍를 벗어나지 못했다.

辛	戊	己	戊	火爲病 水爲藥 狀元 乏子
酉	午	未	申	

土金傷官格으로 月과 日과 時 三位가 같은 旬 中으로 力量이 培로 增加했다. 秀氣가 發하는 것이 卓越하였으나 哀惜한 것은 申金宮에 壬水가 年支에 떨어져 있어 氣勢가 닿지 않는 것이다. 만약 戊午年에 戊申日이었다면 後嗣가 없지 않았을 것이다. 또한 午火가 酉金을 깨부수니 後嗣가 없었다.

丁	戊	癸	庚	假傷官格 學博 乏嗣
巳	子	未	子	

假傷官格으로 食神生才하니 才가 旺하다. 마땅히 印과 劫을 쓴다. 日祿이 時로 돌아와 身을 돕는 것이 기쁘다. 또한 時는 子息의 자리다. 그러므로 子息이 貴하게 되었다.

3) 三秋戊土

七月戊土, 陽氣漸入, 寒氣漸出, 先丙後癸, 甲木次之.
칠 월 무 토 양 기 점 입 한 기 점 출 선 병 후 계 갑 목 차 지

七月의 戊土는 陽氣가 漸漸 들어가고 寒氣가 점점 나오니 먼저 丙火를
쓰고 後에 癸水를 쓰며 甲木은 그 다음으로 쓴다.

土는 中央에 머무니 四時의 가운데에 있다. 그러므로 旺하지 않은
때가 없다. 四隅에 寄生하므로 四季의 月이 오로지 旺한 때이며 四
孟의 月은 寄生하는 地가 된다. 그러므로 火에 붙어서 寅木에서 生
하고 巳火가 祿이 된다. 火가 旺하면 土의 쓰임이 드러나게 된다. 水
에 붙어서 申金에서 生하고 亥가 祿이 된다. 그러나 水가 旺한 때에
는 土의 쓰임이 사라진다.

비록 土는 五行의 主가 되나 氣가 收斂한 때에 놓이면 쓰임 역시
收斂한다. 그러므로 七月의 戊土는 비록 生地라 하나 旺하다고 論할
수 없다. 따라서 그 氣勢를 도우려면 마땅히 太陽으로 土를 溫暖하
게 해서 陽氣가 盛하게 하고 재차 雨露로 滋潤하게 해야 한다. 그러
므로 丙火를 먼저 쓰고 다음으로 癸水를 쓴다. 만약 土가 많으면 막
히게 되니 다시 甲木으로 疏土하여주어야 氣勢가 中和된 곳으로 돌
아온다. 그와 같으면 土가 그 쓰임을 얻게 된다.

四隅: 艮巽坤乾을 말하며 十二地支로는 艮은 丑寅, 巽은 辰巳, 坤은 未申. 乾은 戌亥
를 말한다.
四季: 辰戌丑未를 四季 또는 四庫라 한다.
참고로 寅申巳亥는 四孟 또는 四生이라 하고 子午卯酉는 四旺 또는 四敗라
한다.

丙癸甲透者, 富貴極品, 癸藏丙透, 不僅秀才, 丙甲兩透, 癸水會局
병 계 갑 투 자　부 귀 극 품　계 장 병 투　불 근 수 재　병 갑 량 투　계 수 회 국
藏辰, 亦不失富貴, 無丙得癸甲透, 無丙得癸甲, 此人淸雅, 家富千
장 진　역 불 실 부 귀　무 병 득 계 갑 투　무 병 득 계 갑　차 인 청 아　가 부 천
金, 無癸甲者, 常人, 有丙火, 妻腎子肖, 若丙甲癸三者俱無, 下流之命.
금　무 계 갑 자　상 인　유 병 화　처 신 자 초　약 병 갑 계 삼 자 구 무　하 류 지 명

丙火와 癸水와 甲木이 透干되면 富貴가 極品에 이르고, 癸水는 숨고
丙火가 透干하면 어느 定度의 秀才에 지나지 않는다. 丙火와 甲木이
더불어 透干하고 癸水가 會局하여 辰土 中에 숨어 있으면 亦是 富貴는
잃지 않는다.

丙火는 없고 癸水와 甲木만 얻으면 이 사람은 淸雅한 사람이며 家中에
千金의 富를 갖는다. 癸水와 甲木이 없는 사람은 平常人이고 丙火만
있으면 妻와 子息이 賢明하다. 萬若 丙火와 甲木과 癸水가 三者가 다
갖추어지지 않으면 下流人의 命이다.

丙火와 癸水와 甲木이 모두 透干한 경우는 三奇格이라 하여 자연
히 極品의 貴함이 있다. 癸水가 숨고 丙火가 透干하면 才와 印이 서
로 障礙가 없다. 그러므로 氣勢가 淸純하여 반드시 상당한 地位에
오르니 보통의 秀才가 아니다.

丙火와 甲木이 더불어 透干하면 煞印相生이 되고 癸水가 모여 局
을 이루고 辰土 中에 숨으면 才星이 庫地로 돌아오니 이는 비록 (氣
勢가 부족하여) 貴를 얻지는 못한다 해도 富裕하고 여유가 있다. 才
와 官이 없는 경우는 平常人이다. 그러나 才와 官은 없어도 印이 있
으면 비록 富貴는 부족하나 妻와 子息이 賢明하고 福이 潤澤하여 여
유는 있다. 만약 才와 官이 모두 없는 경우는 取할 것이 하나도 없는
것이니 下等한 格局이 되고 만다.

三奇 : 원래 삼기(三奇)는 경금(庚金)을 극합(剋合)하는 을병정(乙丙丁)을 삼기(三
　　　奇)라 하나 여기서는 갑병계(甲丙癸)를 말한다.

或支成水局, 休作棄命從才, 宜取甲洩之, 甲透者, 稍有富貴, 用神
혹 지 성 수 국   휴 작 기 명 종 재   의 취 갑 설 지   갑 투 자   초 유 부 귀   용 신
妻子同前.
처 자 동 전

地支에 水局을 이루면 棄命從財格으로 보지 말라. 마땅한 것은 甲木을
取하여 洩氣하는 것이다.
甲木이 透干하면 작은 富貴는 있고 用神으로 妻子를 보는 것은 前과
同一하다.

土는 申金에 寄生하여 生하나 申金宮 역시 土가 生地다. 辰土宮은
本氣가 土가 되니 가벼이 從格을 지었다고 論할 수 없다. 土는 旺하
지 않은 때가 없으나 用神으로 드러나기에 어둡다. 그러나 木, 火,
金, 水가 같지 않다. 만약 地에 水局을 이루면 用神이 지나치게 많은
것이니 마땅히 木으로 水를 洩해야 한다. 妻子는 앞과 同一하다. 이
른바 六月의 戊土는 癸水를 쓰면 金을 妻로 보고 水를 子息으로 본
다. 丙火를 쓰면 木을 妻로 보고 火를 子息으로 본다. 甲木을 쓰면
水를 妻로 보고 甲木을 子息으로 본다.

壬	戊	戊	壬	太守
午	辰	申	寅	

年干의 才星이 劫에 剋을 당하였으니 時干의 才星을 쓴다. 戊辰日
이 魁罡에 앉고 午火가 生하여주므로 身이 旺하여 才를 쓸 수 있다.
才가 돌아와 辰土에 坐하니 貴하게 되었다.

癸	戊	甲	庚	先貧後富 多子
丑	寅	申	寅	

庚寅 甲申으로 年月이 交差로 剋하니 마땅히 어려서는 가난하고
고생을 하였으리라. 戊土가 癸水를 合하니 才가 와서 나를 따른다.

그러므로 富者의 命造라 하겠다.

丙	戊	丙	辛	句陳得位 用時上丙火 天師
辰	子	申	酉	

申子辰이 모여 局을 이루고 才가 旺하니 印을 쓴다. 기쁜 것은 그
것이 서로 障礙가 안 된다. 月干의 丙火가 辛金을 合하니 그 효용을
잃었다. 그러므로 時上의 丙火를 用神으로 삼는다.

八月戊土, 金洩身寒, 賴丙照暖, 喜水滋潤, 先丙後癸, 不必木疏.
팔월무토 금설신한 뢰병조난 희수자윤 선병후계 불필목소

八月의 戊土는 金으로 洩氣되고 몸이 차가우니 丙火로 따스하게 비추
어주는 것에 依支하고 水로서 滋潤해주는 것을 기뻐한다. 먼저 丙火를
쓰고 後에 癸水를 쓰니 木의 疏土가 必要 없다.

八月은 金氣가 旺하여 權勢를 잡으니 土가 洩氣된다. 또한 추운
土가 生의 기틀을 펴지 못하니 가을의 陽氣가 쬐여야 한다. 그리고
마른 土는 金을 生하지 못하니 마땅히 雨露로 土를 潤澤하게 하는
것이 좋다. 그러므로 먼저 丙火를 쓰고 癸水를 뒤에 取하여 쓴다. 月
令에 旺한 金이 있어 그 秀氣를 洩하니 다시 甲木으로 疏土할 필요
가 없다.

丙癸兩透, 科甲中人, 丙透癸藏, 可許入泮, 癸透丙藏, 納資得官, 若
병계량투 과갑중인 병투계장 가허입반 계투병장 납자득관 약
丙藏又無癸, 即多不透, 此皆常人, 癸丙全無, 奔流之客.
병장우무계 즉다불투 차개상인 계병전무 분류지객

丙火와 癸水가 더불어 透干하면 科甲中人이 되고 丙火가 透干하고 癸
水가 숨어도 학벌은 있으며 癸水가 透干하고 丙火가 숨으면 財物을 바
쳐 벼슬을 한다. 萬若 丙火가 숨고 또한 癸水가 없으면, 即 모두 不透

하면 이는 平常人이고 癸水와 丙火가 모두 없으면 헛되이 바쁘게 떠도는 사람이다.

丙火와 癸水가 더불어 透干하고 서로 障礙가 없으면 日元이 印의 生을 얻으니 月令의 傷官을 써서 才를 生할 수 있다. 그와 같으면 秀氣가 흘러 움직이므로 반드시 科甲 出身이니 富貴를 모두 갖게 된다. 丙火가 透干하고 癸水가 숨어 透干하지 않으면 富貴가 비교적 적다. 癸水가 透干하고 丙火가 숨으면 才星을 얻어 쓸 수 있다.

≪滴天髓≫에 이르기를 「日元이 得氣하고 才星을 만나면 異途出身이다.」 하였다. 만약 丙火가 숨고 癸水가 없거나 또는 丙火와 癸水는 많으나 透干하지 않으면 이는 모두 보통사람이다. 才와 印이 갖추어지지 않고 日元 또한 弱하면 洩氣되어 偏枯한 象이 된다.

或四柱皆辛, 無丙丁, 此名傷官格爲人淸秀, 即不能拾芥, 亦可武庠,
혹 사 주 개 신 무 병 정 차 명 상 관 격 위 인 청 수 즉 불 능 습 개 역 가 무 상
一見癸水, 富而且貴.
일 견 계 수 부 이 차 귀

或 四柱 中에 모두 辛金만 있고 丙丁火가 없으면 이를 부르기를 傷官格이라 하며 사람됨이 淸秀하며 拾芥는 안 되도 武庠은 할 수 있다. 癸水가 하나가 나타나면 富하고 貴하게 된다.

月令의 辛金이 透出하면 傷官格이 되니 주로 聰明하고 俊秀하다. 癸水를 보면 秀氣가 흘러 움직이니 金이 많으면 마땅히 洩氣를 해야 된다. 그러면 이르기를 富하고 또한 貴하게 된다. 단 土가 寒氣에 洩氣되어 弱해지므로 반드시 印을 허리에 둘러야 格이 완전하게 된다. 丙丁火가 支에 숨으면 辛金의 障礙가 안 되니 비로소 貴하게 된다.

或支成水局, 壬癸出干, 此名才多身弱, 愚懦無能, 若天干有比劫分
혹 지 성 수 국   임 계 출 간   차 명 재 다 신 약   우 나 무 능   약 천 간 유 비 겁 분
散才神, 頗言衣食.
산 재 신   파 언 의 식

地支에 水局을 이루고 壬癸水가 天干에 나오면 이는 財多身弱이라 하
여 愚鈍하고 懦弱하며 無能하다. 萬若 天干에 比劫이 있고 財神을 分
散시키면 다만 衣食이 있다고 말할 수 있다.

傷官이 旺하고 癸水가 나타나 金의 秀氣를 洩하면 富하고 또한 貴
하게 된다. 만약 支에 水局을 이루고 壬癸水가 出干하면 金의 氣가
모두 洩氣되고 日元 또한 弱하게 되니 才多身弱이 되어 도리어 愚鈍
하고 懦弱하게 된다. 다만 才를 쓸 수 있으면 印은 쓸 수 없는 것이
니 才가 지나치게 旺하면 印는 남아날 수 없는데 어찌 日元을 도울
수 있겠는가. 劫分이 나타나야 그 才를 마음대로 할 수 있다. 혹시
時가 歸祿格이고 運이 比劫으로 가면 역시 富貴하게 된다.

　歸祿格 : 時柱에 日干의 祿이 歸着하여 歸祿格이라 한다. 日祿歸時格 또는 日祿居時
　　格의 줄임말이다.

用神妻子同前, 秋土生金極弱, 須丙火丁火出干方妙.
용 신 처 자 동 전   추 토 생 금 극 약   수 병 화 정 화 출 간 방 묘

用神으로 妻子를 보는 것은 前과 同一하다. 가을의 土는 金을 生하니
極히 弱하다. 모름지기 丙火와 丁火가 出干해야만 비로소 빼어나게
된다.

旺한 金이 土를 洩氣하면 日元의 氣가 弱해진다. 그러므로 丙丁火
가 出干하면 妻와 子息이 賢明하고 나머지는 七月과 같다.

九月戊土當權, 不可專用丙, 先看甲木, 次取癸水, 却忌化合, 見金
구월무토당권 불가전용병 선간갑목 차취계수 각기화합 견금
先用癸水, 後取丙火, 配合支干, 方成有生之土, 定發雲程.
선용계수 후취병화 배합지간 방성유생지토 정발운정

九月은 戊土가 勢力을 잡으니 오로지 丙火만 쓸 수 없다. 먼저 甲木을
보고 後에 癸水를 取하는데 合化를 가장 꺼린다. 金을 보면 먼저 癸水
를 쓰고 後에 丙火를 取하며 干支가 配合되면 비로소 生氣있는 土를
이루니 반드시 發達하여 靑雲을 탄다.

九月은 戊土가 勢力을 잡으니 日元이 스스로 旺하다. 그러므로 오
로지 丙火만 고집하지 않으니 먼저 甲木을 쓰고 後에 癸水를 쓴다.
이는 才로서 弱한 煞을 북돋아주기 위해 쓰는 것이다. 그러나 꺼리
는 것은 癸水와 戊土가 合하는 것으로 才가 煞을 生하러 가지 않게
되니 日元이 才를 사랑하여 煞로 向하지 않기 때문이다.

또한 金이 나타나 土의 氣를 洩하여 甲木도 쓰지 못하게 된다. 왜
냐하면 剋과 洩을 같이 쓸 수 없기 때문이다. 그러므로 마땅한 것은
癸水를 써서 金氣를 흐르게 하고 後에 丙火를 取해야 한다. 즉 金이
旺하므로 마땅히 印을 허리에 둘러야 하는 것이다. 干支가 配合되려
면 모름지기 癸水와 丙火가 서로 障礙가 없어야 하니 비로소 貴格을
이룰 수 있다. 그러므로 戊土 中에는 본래 火와 金을 품고 있고 또한
本氣가 土이니 火와 金이 나란히 透干하면 配合을 얻은 것으로 반드
시 發展하여 顯達하게 된다.

或無丙有癸, 不見甲透者, 衣衿小富, 無癸丙, 有甲者, 衣食而已, 若
혹무병유계 불견갑투자 의금소부 무계병 유갑자 의식이이 약
癸甲全無, 雖有丙火, 亦屬平常, 或爲僧道.
계갑전무 수유병화 역속평상 혹위승도

或 丙火가 없고 癸水는 있으나 甲木이 나타나지 않으면 衣衿이 있는

작은 부자는 된다. 그러나 癸水와 丙火는 없고 甲木만 있는 경우는 衣食만이 있을 뿐이다. 萬若 癸水와 甲木이 全혀 없고 오직 丙火만 있으면 平常人이거나 或은 僧道가 된다.

甲木과 丙火는 있으나 癸水가 없는 경우는 오로지 才를 쓴다. 戊土와 癸水가 서로 合하면 才가 와서 나를 따르므로 작은 富를 이룬다고 하는 것이다. 氣勢는 역시 淸하다 하나 格局이 작을 뿐이다.

癸水와 丙火는 없으나 甲木만 있으면 외로운 煞을 돕는 것이 없으니 名利 양쪽에 缺陷이 있다. 만약 癸水와 甲木도 없고 丙火만 있으면 火와 土가 뜨겁고 乾燥하게 되니 土가 生의 뜻이 없는 乾燥함에 치우친 象이 된다. 그러므로 반드시 뒤를 이을 子息이 없고 旺氣가 몸에 미쳐 그치므로 僧道와 因緣이 있다고 한다.

或支成水局, 壬癸透干, 用戊止流, 有比透反主富.
혹지성수국 임계투간 용무지류 유비투반주부

或 地支에 水局을 이루고 壬癸水가 透干하면 戊土를 써서 흐름을 막아야 한다.

九月의 戊土는 日元이 權勢를 잡아 旺하다 그러므로 才가 旺하여야 局을 이룬다. 따라서 壬癸水가 透干하면 도리어 富格이 된다. 才가 지나치게 旺하면 마땅히 比劫으로 日干을 도와야 하니 才가 旺할 때는 比劫을 써야 한다는 것이 이것이다.

支成火局, 名土燥, 不發.
지성화국 명토조 불발

或 支에 火局을 이루면 이르기를 乾燥한 土라 하며 發達하지 못한다.

地支에 火局을 이루고 金과 水가 없으면 火가 뜨겁게 타오르니 土가 마른 형국이 된다.《元理賦》에 이르기를「가색은 火가 어두워지고 빛이 없어진다.」하였으니 成格이 된다해도 역시 발달이 어렵다. 또한 旺氣가 몸에 미쳐 그치니 뒤를 이을 子息을 두기가 반드시 어렵다. 運이 水를 보는 것을 크게 꺼리니 水가 불타는 火와 부딪치면 반드시 죽게 된다. 대개 原局에 金과 水의 配合이 없으면 用神이 火가 되니 水를 보면 반드시 죽음에 이르게 되는 것이다.

> 得金水兩透, 此人淸高, 略可富貴, 無水, 一生困苦, 妻子仝前.
> 득 금 수 량 투 차 인 청 고 략 가 부 귀 무 수 일 생 곤 고 처 자 동 전

金水의 透干을 얻으면 사람이 淸高하여 약간의 富貴는 있으나 水가 없으면 一生이 困苦하다. 妻子는 前과 同一 하다

金과 水가 더불어 透干하면, 즉 위에 金이 보이면 癸水를 먼저 써야 富貴가 드러나는 配合이 된다. 九月 戊土는 癸水의 配合을 반드시 바라는데 癸水가 없으면 一生이 고생스럽다. 三秋의 戊土는 癸水와 丙火와 甲木을 쓰는 것을 떠날 수 없다. 그러므로 妻와 子息에 대한 것은 六月과 같다.

| 丙 | 戊 | 甲 | 己 | 丙甲出干 孝廉 |
| 辰 | 辰 | 戌 | 酉 | |

丙火와 甲木이 出干하면 印으로 化煞하는 用神으로 삼는다. 좋은 것은 두 개의 辰土가 水를 머금고 있는 것으로 마르고 乾燥함에 이르지 않게 되었다.

| 癸 | 戊 | 庚 | 丁 | 印多官旺 反得中和 庠生 大富 |
| 亥 | 戌 | 戌 | 亥 | |

264

이 命造는 才를 用神으로 삼는다. 才가 旺地에 臨하여 戊土와 合을 하고 또한 金이 있어 生해준다. 그러므로 자연 大富한 命造가 되었다. 官과 印은 用神이 아니다.

壬	戊	戊	丙	丙癸甲皆全 惜未出刊 只一生貢監
子	寅	戌	戌	

이 命造 역시 富格이다. 寅木과 戊土가 모여 局을 이루니 煞印相生한다. 오로지 才를 用神으로 삼는다. 그러나 才滋弱煞格으로 論하지 않는다.

乙	戊	庚	丁	白手興家 大富
卯	寅	戌	酉	

이 命造는 乙木과 庚金이 나란히 透干하였다. 그러나 官은 旺하고 才는 없으니 金과 木의 사이에 調和를 이루지 못하였다. 다만 印을 써서 食神을 制御하여 官을 保護해야 한다. 早年에 西方 金地로 가니 진흙이 되어 困難하였고 中年에는 運이 南方으로 가니 丁火 印을 얻게 되어 당연히 自手成家 한 것이다. 原局에 病이 있으니 富는 이루었으나 貴는 못하였다.

己	戊	戊	丙	猛虎巡山格 官至少保
未	辰	戌	子	

이는 稼穡格이다. 좋은 것은 子水와 辰土가 멀리서 모여와 戊土가 乾燥하지 않게 되었다. 가을에 天干에서 陽이 내려쬐이므로 水火가 旣濟하여 마땅히 大貴하게 된 것이라. 福이 潤澤하고 두텁다. 按猛虎巡山格으로 당연히 丙寅年에 이루고 丙子年은 아니다.

4) 三冬戊土

十月戊土, 時値小陽, 陽氣略出, 先用甲木, 次取丙火, 非甲土不靈,
십월무토 시치소양 양기략출 선용갑목 차취병화 비갑토불령
非丙土不暖, 安能發生萬物, 甲丙兩出, 富貴中人.
비병토불난 안능발생만물 갑병량출 부귀중인

十月 戊土는 時節이 小陽에 놓이니 陽氣가 약간씩 나온다. 먼저 甲木
을 쓰고 丙火를 다음으로 取하는데 甲木이 아니면 土가 神靈스럽지 못
하고 丙火가 아니면 土가 따스하지 못하니 어찌 편안하게 萬物이 發生
하겠는가. 甲木과 丙火가 더불어 透干하면 富貴中人이다.

戊土가 두텁고 重하면 甲木으로 疏土하지 않으면 土가 神靈스럽
지 못하게 된다. 그러므로 겨울에는 모든 氣勢를 거두어들이는 때이
니 丙火를 쓰지 않으면 土가 따뜻하지 못하다. 十月은 小陽의 봄이
라 하여 木氣가 비록 動하나 봉오리가 맺힌 나무이다. 透干하지 않
으면 用神이 나타나지 않은 것이니 甲木과 丙火가 더불어 透干하면
반드시 富貴中人이다.

或甲得長生, 遇支藏得地之水, 一丙高透, 亦主身貴揚名, 支見庚金,
혹갑득장생 우지장득지지수 일병고투 역주신귀양명 지견경금
入泮而已.
입반이이

或 木이 長生을 얻고 支藏干에 得地한 水를 만나고 하나의 丙火가 높
이 透干하면 亦是 몸이 貴하게 되고 이름을 날린다. 支에 庚金을 보면
國學에 들어가는 것으로 그친다.

이것은 甲木이 숨고 丙火가 透干하는 것을 말한 것이다. 亥垣은
甲木의 長生地이고 壬水가 祿을 얻으니 月提에 자연 甲木이 있다.

하나의 丙火가 높이 透干함을 얻으면 역시 貴하게 顯達한다. 특히 支에 申金과 巳火가 나타나면 안 되니 貴氣를 損傷한다. 봉우리가 맺힌 나무는 庚金이 나타나 損傷하는 것을 싫어하니 그와 같으면 衣食만 있을 뿐이다.

亥垣 : 해월(亥月)이 월령(月令)이 되는 것을 말한다.
月提 : 월령(月令)의 다른 말.

若不見庚金, 甲木藏支, 丙火高透, 科甲有之, 若有庚, 丁出制, 必異
약불견경금 갑목장지 병화고투 과갑유지 약유경 정출제 필이
路功名, 或爲典吏.
로공명 혹위전리

萬若 庚金을 보지 않고 甲木이 支에 감추어지고 丙火가 높이 透干하면 科甲을 하나, 庚金이 있고 丁火가 出干하여 剋制하면 반드시 異路로 功名하거나 或은 典吏가 된다.

이 절은 앞글과 더불어 뜻과 意味가 重複된다. 甲木이 숨고 丙火가 透干하였는데 庚金이 없으면 가히 科甲을 바랄만 하다. 만약 庚金이 나타나면 모름지기 丁火가 出干하여 制御하면 異途로 貴하게 된다.

典吏 : 하급(下級) 벼슬아치

卽庚丁不透, 甲丙藏支, 亦云富貴.
즉경정불투 갑병장지 역운부귀

庚金과 丁火가 透干하지 않고 甲木과 丙火가 支에 감추어지면 亦是 富貴할 수 있다.

이는 甲木과 丙火가 함께 감추어진 경우를 말한 것이다. 局에 庚

金이 없으면 丁火 역시 소용이 없게 된다. 만약 庚金과 丁火가 함께 없고 甲木과 丙火도 支에 숨으면 역시 富貴할 수 있다 이른다. 오직 東南運으로 가는 것이 마땅하니 甲木과 丙火를 引出하게 되어 비로소 쓰임이 있게 되기 때문이다.

> **壬透得戊救丙, 主富中取貴, 丙甲俱無, 必爲僧道.**
> 임 투 득 무 구 병 주 부 중 취 귀 병 갑 구 무 필 위 승 도

壬水가 透干하였는데 戊土를 얻어 丙火를 救하면 富한 中에 貴를 取하고 丙火와 甲木이 모두 없으면 반드시 僧道로 간다.

亥水宮에 壬水가 祿을 얻으니 만약 壬水가 透干하면 壬水가 勢力을 잡은 때가 아니어도 충분히 丙火를 損傷한다. 그러므로 戊土로 救해주어야 한다. 따라서 丙火와 壬水가 더불어 透干하면 반드시 戊土가 出干하여야 한다.

十月의 戊土는 甲木과 丙火를 用神으로 쓰는 것을 벗어날 수 없는 것이다. 그러므로 응당 丁火와 戊土로 救援하니 庚金이 나타나면 丁火를 쓰고, 壬水가 나타나면 戊土를 쓰는데 이는 病을 除去하는 藥이 된다. 거듭 甲木과 丙火가 중요한 用神이니 甲木과 丙火가 없는 경우는 외롭고 고생스러운 命이 된다.

戊	戊	癸	癸	羊刃駕殺格 府尹
午	辰	亥	卯	

戊辰 魁罡에 陽刃이 午火에 있고 亥水 中에 甲木이 七煞이 된다. 그러므로 陽刃駕煞格이라 부르나 煞과 刃이 모두 弱하다. 그러나 좋은 것은 戊土와 癸水가 양쪽에 있어서 眞火가 암암리에 動하여 煞과 刃을 돕는 것이다. 마땅히 郡侯의 貴를 하였다.

268

庚	戊	辛	壬	此歸祿格 四柱見金 火運大發
申	寅	亥	申	

이는 오로지 食合祿格이다. 庚金이 지나치게 旺하나 運이 丁未,
丙午로 가므로 金을 制剋하여 發達이 확실하겠다. 이는 寅木과 申金
과 亥水가 暗冲하여 巳火인 祿을 얻는 格이다.

丙	戊	丁	乙	食神生才格 兩傍
辰	戌	亥	卯	

이는 官印格이지 食神生才格이 아니다.

十一二月嚴寒冰凍, 丙火爲尊, 甲木爲佐, 丙甲兩透, 桃浪之人, 丙
出甲藏, 採芹食饌, 丙藏甲出, 佐雜前程, 有丙無甲者, 豪富, 有甲無
丙者, 淸貧, 丙甲全無, 下流之造.

十一 十二月은 酷毒한 추위에 얼음이 어니 丙火가 으뜸이고 甲木으로
補佐한다. 丙火와 甲木이 더불어 透干하면 桃浪之人이고 丙火가 出干
하고 甲木이 숨으면 생계나 유지하며 산다. 丙火가 숨고 甲木이 出干
하면 佐雜前程이다. 丙火가 있으면 甲木은 없어도 富豪가 되며 甲木은
있으나 丙火가 없으면 淸貧하고 丙火와 甲木이 모두 없으면 下流의 命
造가 된다.

十一月과 十二月은 水도 얼고 土도 얼어버리니 調候가 急하므로
반드시 써야 할 것은 丙火이고 甲木으로 輔佐해야 한다. 丙火를 取
하면 富를 얻고 甲木을 取하면 貴를 얻는다. 그러나 甲木은 없어도
되나 丙火가 없으면 절대로 안 된다.

或一派丙火, 加以丙透, 運値火土, 弱中復强, 又一壬透干, 主淸高
혹일파병화 가이병투 운치화토 약중부강 우일임투간 주청고
榮祿, 乏壬, 僧道孤寒.
영록 핍임 승도고한

或 한 무리의 丙火가 있고 한 번 더 丙火가 透干하고 運이 火運을 만나
면 弱한 것이 다시 强해지며 다시 壬水가 透干하면 淸貴하고 榮華롭
다. 壬水가 乏絕되면 僧道로 외롭고 가난하게 된다.

冬月의 戊土는 반드시 丙火로서 用神을 삼으니 支에 火土가 모여
局을 이루고 天干에 印과 劫이 나타나면 弱한 것이 다시 强해지니
이는 丙火를 取하여 用神을 삼는다.

運이 火土에 놓이면 用神이 得地하게 되고 특히 原局에 하나의 壬
水가 높이 透干하면 비로소 淸高하므로 榮華롭게 顯達한다. 그러므
로 壬水는 없는데 이는 印과 劫이 크게 重하면 지나치게 旺한 象이
라 반드시 외롭고 가난하게 된다.

或一派水土寒滯, 不見一丙, 得一癸透月時, 亦不失儒雅風流.
혹일파수토한체 불견일병 득일계투월시 역불실유아풍류

혹은 한 무리의 水와 土가 추위에 막히고 하나의 丙火도 보지 못하고
月時에 하나의 癸水를 얻으면 亦是 優雅하고 風流있는 선비는 된다.

한 무리의 水土와 더불어 癸水가 月과 時에 透干하고 더불어 日元
과 相合하면 거듭 丙火가 透干하지 않고 地支 中에 감추어져야 빼어
나게 된다. 또한 하나의 己土 字가 나타나면 따듯한 氣가 있으니 生
하여 發할 수 있게 된다. 만약 그렇지 않으면 지나친 추위에 얼게 되
므로 비록 優雅하고 風流있는 선비는 되나 淸貧함을 면하지 못할까
두렵다.

或一派壬水, 不見比劫, 可作從才而論, 卽有比劫, 得甲出干, 又主
혹일파임수 불견비겁 가작종재이론 즉유비겁 득갑출간 우주
富貴, 若寒土無丙, 雖有甲木, 亦是內虛外實之人.
부귀 약한토무병 수유갑목 역시내허외실지인

한 무리의 壬水는 있는데 比劫을 보지 못하면 가히 從財를 지었다고
말할 수 있다. 그리고 比劫이 있고 甲木이 出干함을 얻으면 富貴한다.
萬若 얼어버린 土에 丙火는 없고 비록 甲木이 있다 해도 亦是 內虛外
實한 사람이다.

三冬의 戊土는 水가 많으면 土가 쓸려나간다. 그러므로 十二月에
는 비록 己土가 權勢를 잡기는 하나 역시 從才할 수 있다. 比劫이 있
으면 甲木으로 剋制하여야 하니 甲木을 用神으로 삼아야 富貴하게
된다. 그러나 丙火가 없어서는 안 된다. 모든 얼어버린 土는 丙火를
필요로 하니 丙火가 있으면 水, 木, 金을 고르게 參酌하여 쓸 수 있
는 것이다. 그러므로 丙火가 없으면 모두 쓸 수가 없게 된다. 따라서
比劫이 있고 甲木이 出干하여 비록 富貴할지라도 만약 丙火가 없으
면 이는 밖으로는 여유가 있어 보여도 속으로는 부족한 사람이다.

或二癸透月時, 名爲爭合, 終屬勞碌之人, 得一己出干制癸, 反爲忠
혹이계투월시 명위쟁합 종속로록지인 득일기출간제계 반위충
義之士, 舍己從人而論.
의지사 사기종인이론

두 個의 癸水가 月時에 透干하면 부르기를 爭合이라 하니 끝내 헛수고
와 고생이 많은 사람이다. 하나의 己土의 出干을 얻어 癸水를 剋制하
면 오히려 忠義之士가 되니 자기를 버리고 사람을 따른다.

두 개의 癸水가 透干하고 하나의 己土가 出干하면 하나의 癸水는
제거되고 하나만 남으니 妬合의 싸움을 풀 수 있다. 앞의「한 무리의

水土가 優雅하고 風流가 있는 선비는 된다.」는 節과 같다.

> 年月透辛金者, 又屬土金傷官, 異路功名可許, 以金爲妻, 水爲子.
> 년월투신금자 우속토금상관 이로공명가허 이금위처 수위자

年月에 辛金이 透干하면 土金傷官에 속하니 異路功名하게 된다. 이와 같으면 金으로 妻를 삼고 水로 子息을 삼는다.

앞의 壬癸水 透干에 대한 글을 이어서 말한 것이다. 더불어 辛金이 투간하면 土金傷官으로 才를 生한다. 辛金과 癸水가 모두 月令에 감추어져 있으니 丙火도 없고 金과 水만 보이면 이는 水를 用神으로 삼는다. 그러므로 才를 子息으로 보고 食傷을 妻로 본다. 단 土도 차고 金도 차가우니 이는 丙火인 印이 있어야 貴하게 될 수 있다. 丙火가 없으면 비록 異路로 功名만이 가능하고 전체적으로 上格은 될 수 없다.

| 壬 | 戊 | 壬 | 壬 | 從財格 太史 |
| 子 | 子 | 子 | 子 | |

水가 많아 土가 쓸려가니 의심 없이 從才가 된다.

| 癸 | 戊 | 乙 | 癸 |
| 丑 | 申 | 丑 | 卯 |

四柱無火 喜戊癸合化 申宮壬水輔陽 按察

丑月에는 비록 土가 旺하다고 하지만 역시 金水의 領域이니 戊癸가 合하여도 水로 化하므로 夫가 妻를 따라 化하지 火로 化하지 않는다.

| 戊 | 戊 | 甲 | 戊 |
| 午 | 辰 | 子 | 寅 |

甲出丙藏 又戊多晦光 好客 一生貧苦

甲木이 出干해도 丙火는 감추어졌으니 格局을 지탱할 것이 없다. 세 개의 比肩이 天干에 드러난 것을 싫어하니 비록 사업이 넓어진다 해도 才物이 모여 쌓이지 않는다.

第2節 己土論

己土喜用提要

正月 丙庚甲 取丙解寒, 忌見壬水, 如水多, 須以戊土爲佐, 土多用
정월 병경갑 취병해한 기견임수 여수다 수이무토위좌 토다용
甲, 甲多用庚
갑 갑다용경

丙火와 庚金과 甲木을 쓴다. 丙火를 取하여 寒氣를 풀어야 한다. 壬水를 보는 것을 꺼리니 水가 많으면 모름지기 戊土로 도와야 하고 土가 많으면 甲木을 쓰고 甲木이 많으면 庚金을 써야 한다.

二月 甲癸丙 用甲忌與己土合化, 次用癸水潤之
이월 갑계병 용갑기여기토합화 차용계수윤지

甲木과 癸水와 丙火를 쓴다. 甲木을 쓰는데 있어서 己土와 合化하는 것을 꺼린다. 다음으로 癸水를 써서 滋潤하여야 한다.

三月 丙癸甲 先丙後癸, 土暖而潤, 隨用甲疏
삼월 병계갑 선병후계 토난이윤 수용갑소

丙火를 쓰고 癸水와 甲木을 쓴다. 먼저 丙火를 쓰고 後에 癸水를 써서

土를 따뜻하고 潤澤하게 하며 다음으로 甲木으로 疏土한다.

四月 五月 六月 癸丙 調候不能無癸, 土潤不能無丙
사 월 오 월 육 월 계 병 조 후 불 능 무 계   토 윤 불 능 무 병

癸水와 丙火를 쓴다. 癸水가 없으면 調候가 不可하고 土를 潤澤하게 하는 것은 丙火가 없으면 不可하다.

七月 丙癸 丙火溫土, 癸水潤土, 七月庚金司權, 丙能制金, 癸以洩金
칠 월 병 계 병 화 온 토   계 수 윤 토   칠 월 경 금 사 권   병 능 제 금   계 이 설 금

丙火와 癸水를 쓴다. 丙火로 土를 溫暖하게 하고 癸水로 土를 滋潤한다. 七月은 庚金이 司令하니 丙火로 金을 制剋하고 癸水로 金을 洩氣한다.

八月 丙癸 取辛輔癸
팔 월 병 계 취 신 보 계

丙火와 癸水를 쓴다. 辛金을 取하고 癸水로 輔佐한다.

九月 甲丙癸 九月土盛, 宜甲木疏之, 此用丙癸
구 월 갑 병 계 구 월 토 성   의 갑 목 소 지   차 용 병 계

甲木과 丙火와 癸水를 쓴다. 九月은 土가 盛하니 마땅히 甲木으로 疏土하고 다음으로 丙火와 癸水를 쓴다.

十月 丙甲戊 三冬己土, 非丙暖不生, 初冬壬旺, 取戊土制之, 土多,
십 월 병 갑 무 삼 동 기 토   비 병 난 불 생   초 동 임 왕   취 무 토 제 지   토 다
取甲木疏之
취 갑 목 소 지

丙火와 甲木과 戊土를 쓴다. 三冬의 己土는 丙火가 따뜻하게 하지 않으면 生할 수 없다. 초겨울은 壬水가 旺하니 戊土를 取하여 剋制해야

274

하고 土가 많으면 甲木을 取하여 土를 疏土해줘야 한다.

十一月 十二月 丙甲戊 三冬己土, 非丙暖不生, 三冬壬旺, 取戊土制
십일월 십이월 병갑무 삼동기토 비병난불생 삼동임왕 취무토제
之, 土多, 取甲木疏之
지 토다 취갑목소지

丙火와 甲木과 戊土를 쓴다. 三冬의 己土는 丙火가 따뜻하게 하지 않
으면 生할 수 없다. 三冬은 壬水가 旺하니 戊土를 取하여 剋制해야 하
고 土가 많으면 甲木을 取하여 疏土해줘야 한다.

1) 三春己土

正月己土, 田園猶凍, 蓋因臘氣未除, 餘寒未退, 故丙爲尊, 得丙照
정월기토 전원유동 개인랍기미제 여한미퇴 고병위존 득병조
暖, 萬物自生, 忌見壬水, 反爲己病, 何也, 壬乃江湖之水, 湖水一
난 만물자생 기견임수 반위기병 하야 임내강호지수 호수일
發, 則田園洗蕩, 變爲沙土, 而根苗盡沒矣, 須戊作堤, 以保園圃, 壬
발 칙전원세탕 변위사토 이근묘진몰의 수무작제 이보원포 임
多要見戊制, 有戊出干者, 定主玉堂金馬, 若乏制戊, 必屬平常.
다요견무제 유무출간자 정주옥당금마 약핍제무 필속평상

正月 己土는 田園에 아직 얼음이 풀리지 않고 섣달의 氣가 除去되지
않았으므로 남은 추운 기세가 아직 물러가지 않았다. 그러므로 丙火를
으뜸으로 貴하게 여긴다. 丙火가 따뜻하게 비춰줌을 얻게 되면 萬物이
스스로 生한다. 그러나 꺼리는 것은 壬水를 보는 것이며 오히려 己土
의 病이 되니 어째서인가? 壬水는 江과 湖水의 물이니 湖水가 한 번
일어나서 田園을 쓸어내면 모래흙으로 變하고 뿌리와 싹이 잠겨버리
기 때문이다. 그러므로 모름지기 戊土로 堤防을 만들어서 園圃를 保護
해야 한다. 壬水가 많으면 중요한 것은 戊土를 보아 剋制해야 하니 戊
土의 出干이 있으면 반드시 玉堂에 오르고 金으로 裝飾한 말을 탄다.
萬若 戊土의 剋制가 끊기면 반드시 平常人이다.

正月의 己土는 戊土와 더불어 같으므로 丙火와 癸水와 甲木, 三神이 배합이 되는 것을 기뻐한다. 그러나 중요한 것은 丙火이다. 江湖, 全院, 湖水는 모두가 비유를 들어 한 말이다. 壬水는 陽水로 그 성질은 부딪히며 흐르고 己土는 낮고 濕한 土로 陰柔한 성질이 있으니 부딪히며 흐르는 물을 싫어한다. 그러므로 壬水는 반드시 戊土로 制剋하여야 한다. ≪滴天髓≫에 이르기를 「만약 物이 旺함이 필요하면 마땅히 돕고 또 도와야 한다.」 한 것은 이것을 말한 것이다. 戊土의 도움이 있으면 己土의 힘이 비로소 드러나게 되니 貴하게 되고 戊土의 도움이 부족한 경우 平常人이 된다.

或一派甲木, 有庚出干, 加以癸丙齊透, 配得中和, 亦名利雙全.
혹일파갑목 유경출간 가이계병제투 배득중화 역명리쌍전

或 한 무리의 甲木이 있고 庚金의 出干이 있고 더하여 癸水와 丙火가 가지런히 透干하고 짝을 얻어 中和되면 역시 名利雙全한다.

한 무리의 甲木이면 官煞이 많은 것이니 從煞을 해야 하나 마땅한 것은 庚金이 出干하여 그것을 剋制하는 것이다. 또한 癸水와 丙火가 가지런히 透干하면 짝을 얻어 中和를 이룬 것이니 서로 剋害가 없다. 즉 才와 印이 서로 돕게 되니 貴하게 된다.

卽丙生寅月, 庚透天干, 亦有俊秀.
즉병생인월 경투천간 역유준수

卽 丙火가 正月에 生하고 庚金이 天干에 透干하면 亦是 俊秀함이 있다.

이 句節은 빠진 글이 있는 것으로 의심된다. 己土가 正月에 生하고 寅木宮에 丙火가 長生하니 만약 庚金이 天干에 나오면 자연히 丙

火가 그것을 制剋하게 된다. 그러므로 역시 俊秀하게 된다. 혹 丙火
가 天干에 나와 年과 月에 있고 庚金이 時干에 나오면 서로 障礙가
없으니 역시 상당한 地位가 있게 된다.

若甲多無庚, 殘疾廢人, 宜用丁洩.
약 갑 다 무 경 잔 질 폐 인 의 용 정 설

萬若 甲木이 많고 庚金이 없으면 殘疾이 있는 廢人이니 마땅히 丁火를
써서 洩氣해야 한다.

官이 旺하면 煞과 같아지니 剋制가 없으면 殘疾이 있는 사람이 되
니 印으로 官을 洩하여 身을 生해주어야 한다.

或一派火, 卽不見水無碍, 何也, 正月己土溼, 必丙燥暖, 反主厚祿,
혹 일 파 화 즉 불 견 수 무 애 하 야 정 월 기 토 습 필 병 조 난 반 주 후 록
加一癸透, 科甲自然, 戊透, 反作常人.
가 일 계 투 과 갑 자 연 무 투 반 작 상 인

或 한 무리의 火가 있고 水가 없어도 거리낌이 없다. 어째서인가? 正
月 己土는 축축하니 반드시 丙火로 말리고 따뜻하게 해주면 오히려 祿
이 두터워진다. 더하여 하나의 癸水가 透干하면 科甲이 틀림없다. 戊
土가 透干하면 도리어 平常人이 된다.

戊土가 높은 것인데 많은 火를 보면 반드시 水로서 救濟해야 되고
己土는 춥고 축축한 土라 火가 많아야 마르고 따뜻해진다. 그러므로
비록 水가 없더라도 그 貴를 잃지 않지만 癸水가 나타나서 調和하여
潤澤하게 해주면 자연스레 아름답게 바뀐다. 그러나 壬水를 보는 것
은 특히 좋지 않고(맨 앞 節을 보라.) 또한 癸水가 透干하였는데 戊
土를 보면 이는 서로 合化하여 그 쓰임을 잃게 되고 만다. 그리고 壬

水가 透干하면 戊土가 나타나야 己土가 도움을 얻게 되어 그 力量이
드러나게 된다.

> 或一派戊土, 有甲出制, 又主榮顯, 如見乙出, 雖多不能疏土, 且乙
> 혹일파무토　유갑출제　우주영현　여견을출　수다불능소토　차을
> 多者奸詐小人.
> 다자간사소인

或 한 무리의 戊土를 보고 甲木이 出干하여 剋制하면 榮華로우며 顯達
한다. 萬若 乙木이 出干하고 비록 많다고 해도 疏土를 하지 못하므로
乙木이 많은 경우는 奸詐한 小人輩이다.

戊土가 지나치게 많으면 甲木이 나타나서 그것을 制剋하여야 한
다. 乙木은 부드러운 木이므로 疏土가 불가능하다. 비록 많다 해도
이익이 없으니 그 쓰임을 얻을 수 없다.

> 用丙者, 木妻, 火子.
> 용병자　목처　화자

丙火를 쓰면 木을 妻로 보고 火를 子息으로 본다.

正月의 己土는 丙火가 없어서는 안 된다. 丙火를 쓰는 경우는 官
을 妻로 보고 印을 子息으로 본다.

> 二月己土, 陽氣漸升, 雖禾稼未成, 萬物出土, 田園未展, 先取甲木
> 이월기토　양기점승　수화가미성　만물출토　전원미전　선취갑목
> 疏之, 忌合, 次取癸水潤之, 甲癸出干, 定主科甲, 加以一丙出透, 勢
> 소지　기합　차취계수윤지　갑계출간　정주과갑　가이일병출투　세
> 壓百僚, 一見壬水, 微末官職.
> 압백료　일견임수　미말관직

278

二月 己土는 陽氣가 漸漸 上昇하나 아직 穀食이 成熟하지 못하므로 萬物이 흙을 뚫고 나오려 하나 田園이 아직 펼쳐지지 않았다. 먼저 取할 것은 甲木으로 疏土하는 것이다. 그러나 꺼리는 것은 合하는 것이다. 다음으로 取하는 것은 癸水로 潤澤하게 하여야 한다. 甲木과 癸水가 出干하면 반드시 科甲한다. 더불어서 하나의 丙火가 出透하면 權勢가 百僚를 制壓한다. 그러나 하나의 壬水가 나타나면 末端官職에 不過하게 된다.

二月의 己土 역시 甲木과 丙火와 癸水를 떼어놓을 수 없다. 仲春이 陽和의 氣를 잡으니 먼저 甲木을 取하여 土를 疏土해주어야 한다. 그러나 己土가 나타나서 甲木과 合하는 것을 꺼린다. 二月은 乙木이 勢力을 잡으니 甲木도 旺地가 되므로 결코 己土를 따라 土로 化하지는 않지만 그와 같이 되면 헛되이 日柱가 얽혀 끌려 다니게 되니 合하지 않아야 아름답다.

다음으로는 癸水로 滋潤하고 丙火로 따뜻하게 비춰야 하니 均一한 配合을 위해 부족하거나 적어서는 안 되는 것들이다. 壬水는 己土가 꺼리는 것이니 한 번이라도 壬水를 보면 하찮은 末端官職에 머물게 될 뿐이다. 이 가운데에서 剛함과 柔함을 辨別하는 것이 지극히 微妙한 것이다. 마땅히 微細한 것이라도 살펴야 한다.

或見庚制甲, 壬水出干, 此劫重重, 此必俗子, 丙透猶有小富, 丙藏
혹 견 경 제 갑   임 수 출 간   차 겁 중 중   차 필 속 자   병 투 유 유 소 부   병 장
衣祿無虧.
의 록 무 휴

或 庚金이 나타나서 甲木을 制剋하면 壬水가 出干하여야 한다. 그러나 比劫이 重重하면 이는 반드시 凡俗한 집안의 子息이 되고 丙火가 透干하면 오히려 작은 富를 이루며 丙火가 감추어져도 衣祿이 줄지는 않는다.

庚金과 壬水가 함께 透干하면 傷官生才하게 된다. 己土는 낮고 축축한 土이다. 그러나 比劫이 重重하면 旺하게 되니 洩氣를 해야 한다. 그리고 丙火가 있어 따뜻하게 비추어주면 食祿이 부족하게 되지는 않으니 丙火가 透干하면 역량이 있고 숨으면 다만 力量이 부족하게 된다.

或支成木局, 庚透富貴, 若柱多乙木, 乙又屈庚, 庚必輸情於乙, 不
혹지성목국 경투부귀 약주다을목 을우굴경 경필수정어을 불
能掃邪於正, 此必狡詐之徒, 運入東南, 恐有不測, 當用丁洩之, 有
능소사어정 차필교사지도 운입동남 공유불측 당용정설지 유
丁者, 小人而已, 不致無良.
정자 소인이이 불치무량

或 支에 木局을 이루고 庚金이 透出하면 富貴하나 만약 四柱에 많은 乙木이 있어도 乙木은 庚金에 굴복하고 庚金은 반드시 乙木에 情을 주게 된다. 그러므로 바른 것을 위해 邪를 쓸어버리지 못하니 이는 반드시 狡猾하고 거짓된 무리다. 運이 東南으로 들어가면 뜻밖의 災殃이 두려우니 마땅히 丁火를 使用하여 乙木을 洩氣해야 한다. 丁火가 있으면 小人에 지나지 않으나 不良함에까지 이르지는 않는다.

支에 木局을 이루면 煞이 旺하여 勢力을 잡으니 庚金이 剋制해야 자연히 富貴하게 된다. 만약 乙木이 庚金을 相合하는 情이 있으면 制煞의 쓰임을 잃게 된다. 비유하면 官兵이 도적 패거리들과 內通하는 것과 같다. 재차 運이 東南 木火의 旺地로 가면 마치 盜賊의 소굴로 들어가는 것과 같다. 편안히 다스리는 法은 모름지기 丁火를 써서 旺한 木을 洩하여주고 己土를 쓰는 것이고 庚金을 쓰지 않아야 한다. 이와 같으면 실수로 陷穽에 빠지는 것은 면하나 슬쩍 당겨서 救해주는 정도에 불과할 뿐이다.

280

無比印, 從殺者貴.
무 비 인 종 살 자 귀

比劫과 印受가 없으면 從殺하는 것이니 貴하게 된다.

二月은 木이 旺하여 勢力을 잡으니 支에 木局을 이루거나 또는 東
方으로 모이고 比劫이 없으면 從煞을 한다. 甲木이 透出하면 妻가
夫를 따라 化한 것이라 한다. 木을 따르면 역시 從煞을 지었다고 論
한다.

若柱中無甲丙癸者, 皆下格, 妻子用神仝前.
약 주 중 무 갑 병 계 자 개 하 격 처 자 용 신 동 전

萬若 命局에 甲木과 丙火와 癸水가 없으면 모두 下格이다. 妻子 用神
은 前과 同一하다.

甲木과 丙火와 癸水가 없으면 配合이 안 된다는 말을 한 것이다.
妻子는 正月과 같다.

| 庚 | 己 | 乙 | 癸 | 庚金隔位 乙難合庚 羣邪自伏 撫軍 |
| 午 | 巳 | 卯 | 卯 | |

乙木과 庚金이 서로 떨어져 있어 乙木이 庚金과 合할 수 없다. 傷
官으로 制煞을 해야 한다.

| 乙 | 己 | 乙 | 癸 | 偏官格 巳丑會局 庚不合乙制殺 狀元 |
| 丑 | 巳 | 卯 | 卯 | |

이 두 命造는 모두 傷官制殺을 한다. 煞은 旺하고 制剋은 가벼우
나 運이 制剋하는 곳으로 가니 아름답다.

三月己土, 正栽培禾稼之時, 先丙後癸, 土暖而潤, 隨用甲疏, 三者
삼 월 기 토 정 재 배 화 가 지 시 선 병 후 계 토 난 이 윤 수 용 갑 소 삼 자
俱透天干, 必官居黃閣, 或三者透一, 科甲定然, 但要得地, 却以庚
구 투 천 간 필 관 거 황 각 혹 삼 자 투 일 과 갑 정 연 단 요 득 지 각 이 경
金爲病.
금 위 병

三月 己土는 正히 穀食을 栽培하는 때이니 먼저 丙火를 쓰고 後에 癸
水를 쓴다. 土가 따스하고 潤澤하니 甲木의 疏土를 따른다. 丙火와 癸
水와 甲木 三者가 天干에 모두 透出하면 반드시 黃閣에 거주하는 官吏
가 된다. 或 三者 中에 하나만 透干하여도 科甲이 確實하다. 다만 重要
한 것은 甲木이 得地해야 하며 이때는 庚金이 病이 된다.

三月의 己土는 먼저 丙火를 쓰고 다음이 癸水이며 그 다음이 甲木
이다. 三者가 모두 갖추어져 透干하면 가장 완전하게 아름다운 것이
다. 또한 둘은 숨고 하나만 透干해도 역시 顯達한다. 得地란 長生祿
旺의 地를 얻는 것을 말한다. 丙火와 癸水가 갖추어진 경우 甲木 官
星으로 用神을 삼고 才와 印으로 輔佐한다. 그러므로 庚金 傷官이
나타나면 꺼리는 것이다.

黃閣 : 정1품 아문으로 백관을 통솔하고 서정을 총괄하던 최고의 정치기관, 도당(都
堂), 묘당(廟堂), 정부(政府), 랑묘(廊廟)라고도 한다.

或有丙甲無癸, 亦可致富, 但不貴顯, 或有癸而無甲丙, 亦有衣衿,
혹 유 병 갑 무 계 역 가 치 부 단 불 귀 현 혹 유 계 이 무 갑 병 역 유 의 금
或有丙癸無甲, 亦係才人, 丙癸全無, 流俗之輩.
혹 유 병 계 무 갑 역 계 재 인 병 계 전 무 류 속 지 배

或 丙火와 甲木이 있고 癸水가 없으면 亦是 致富는 한다. 그러나 貴는
없다. 或 癸水가 있고 甲木과 丙火가 없어도 亦是 衣衿은 있다. 或 丙
火와 癸水가 있고 甲木이 없으면 亦是 才人 方面의 사람이다. 丙火와
癸水가 모두 없으면 俗人의 무리다.

282

三月의 己土는 丙火와 癸水와 甲木이 없으면 안 된다. 세가지 中에 하나라도 얻으면 비록 貴하게는 못 되도 속된 무리는 아니다. 만약 丙火와 癸水가 전혀 없으면 외로운 官을 쓸 곳이 없으니 틀림없이 平常人이 된다.

或一片乙木, 無金制伏, 貧而且夭也, 妻子仝前.
혹일편을목　무금제복　빈이차요야　처자동전

或 하나의 乙木이 있고 庚金의 制伏이 없으면 貧困하고 夭折한다. 妻子는 前과 同一하다.

한 조각의 乙木이 있는데 金의 制伏이 없으면 이르기를 七殺이 剋制가 없다 하니 가난하고 夭折할 命이다.

丙	己	甲	壬	丙甲癸全 殺旺身强 一品
寅	卯	辰	子	

甲木과 丙火가 透干하여 寅木에 通根하였으니 長生이다. 癸水는 子水 중에 祿을 얻었다. 그러므로 三者가 모두 得地하였으니 印으로 殺을 化하는 用神으로 삼는다.

甲	己	壬	辛	身旺任財 富翁
子	巳	辰	未	

丙火가 巳火 중에 감추어져 있고 癸水는 子水 중에 감추어져 있다. 日元은 印에 앉아 身이 旺하니 才를 감당할 수 있는데 月令에 才가 透干하였다.

壬	己	甲	壬	雜氣財官格 狀元
申	卯	辰	子	

甲木은 透干하고 癸水는 감추어져 있다. 哀惜한 것은 丙火의 調候가 없는 것이다. 그러므로 淸貴만 하였다.

2) 三夏己土

三夏己土, 雜氣才官, 禾稼在田, 最喜甘沛, 取癸爲要, 次用丙火, 夏
삼 하 기 토   잡 기 재 관   화 가 재 전   최 희 감 패   취 계 위 요   차 용 병 화   하
無太陽, 禾稼不長, 故無癸曰旱田, 無丙曰孤陰.
무 태 양   화 가 불 장   고 무 계 왈 한 전   무 병 왈 고 음

三夏 己土는 雜氣財官格으로 穀食이 밭에 자랄 때이니 가장 기쁜 것은 단비다. 그러므로 癸水를 우선 取하는 것이 重要하고 다음으로 丙火와 癸水를 쓴다. 여름에는 太陽이 없으면 穀食이 자라지 못한다. 그러므로 癸水가 없으면 마른 밭이요 丙火가 없으면 말하기를 외로운 陰이라 한다.

己土는 田園의 土이니 성질이 戊土와 같지 않다. 여름에 나면 氣候가 調和를 이루어야 하니 癸水를 먼저 쓴다. 그 성질을 헤아려보면 마땅히 돕고 뭉쳐야 하니 丙火가 필요하다. 그러므로 癸水와 丙火가 반드시 함께 나타나서 서로 가지런해야 쓸 수 있다. 마른 밭과 외로운 陰이란 비유는 바로 丙火와 癸水가 없어서는 안 된다는 것을 가리키는 것이다.

或丙癸兩透, 又加辛金生癸, 此富貴之格, 名水火旣濟, 鼎甲之人,
혹 병 계 량 투   우 가 신 금 생 계   차 부 귀 지 격   명 수 화 기 제   정 갑 지 인
却忌戊癸化合.
각 기 무 계 화 합

或 丙火와 癸水가 透干하고 또한 辛金이 癸水를 生하면 이는 富貴할 格이며 부르기를 水火旣濟라 하니 最高로 尊貴한 사람이 되며 다만 꺼

284

리는 것은 戊土와 癸水가 化合되는 것이다.

丙火와 癸水가 더불어 透干하고 모름지기 서로 障礙가 없으면 辛
金이 癸水를 生하니 癸水의 뿌리가 된다. 日元이 丙火를 얻어 火가
旺해진 후에 食神을 써서 才를 生한다. 이와 같으면 富貴한 格이 된
다. 단 戊土가 出干하여 癸水와 합이 되는 것을 꺼린다. 왜냐하면 合
으로 用神이 깨져 쓸 수 없게 되기 때문이다.

> 或有丙無癸, 有壬亦可, 但不大發.
> 혹유병무계　유임역가　단불대발

丙火는 있고 癸水가 없으면 壬水가 있어도 亦是 可하다. 다만 大發하
지는 못한다.

癸水는 雨露와 같고 壬水는 灌漑水와 같으니 人工적인 것과 天然
的인 것을 비교하여 생각해야 한다.

> 或一波丙火烈土, 加以丁火制辛, 癸水無根, 如七八月之間旱, 則苗
> 혹일파병화렬토　가이정화제신　계수무근　여칠팔월지간한　칙묘
> 槁矣, 此命孤苦零丁, 或有甲木, 又見丙火重重, 無滴水解炎, 亦孤
> 고의　차명고고령정　혹유갑목　우견병화중중　무적수해염　역고
> 貧到老.
> 빈도로

或 한 무리의 丙火가 土를 燥烈하게 하는데 다시 丁火가 더하여 辛金
을 制剋하면 癸水가 無根하게 되어 마치 七 八月 사이에 가뭄이 든 것
과 같이 싹이 마르니 이런 命局은 의지할 곳 없이 외롭다. 或 甲木이
있고 또한 丙火가 重重하게 있는데 水로 적셔 그 뜨거움을 식혀주지
못하면 亦是 늙도록 孤貧하다.

烈土란 마른 土를 말한다. 己土가 비록 田園의 낮고 축축한 土의
성질을 가졌으나 다만 여름에 나고 한 무리의 丙丁火를 만나면 田園
이 말라 균열이 생기니 건조한 土가 된다. 癸水는 辛金을 짝으로 根
源을 삼으니 丁火로 辛金을 剋하면 癸水의 뿌리가 없게 되어 火土가
타서 마르고 土가 乾燥하게 된다. 火는 타오르고 土는 乾燥하면 生의
기틀이 다하여 끊어지니 반드시 貧苦할 命이다. 이는 丙火와 癸水와
辛金이 透干하여 서로 障礙가 없어야 하는 것을 말한 것이다.

만약 丙火와 甲木이 나란히 透干해도 壬癸水가 土를 潤澤하게 하
고 木을 生해줌이 없으면 뜨거움과 乾燥함을 풀 수 없고 또한 土가
盛하게 되어 木이 부러지게 되며 火가 旺하므로 木이 타게 되어 乾燥
한 것에 치우치는 象이 된다. 그러므로 외롭고 가난한 命이 된다.

> 如有壬水, 又見庚辛, 此又不作孤看, 但恐目疾, 心腎肝臟之災, 若
> 여유임수 우견경신 차우불작고간 단공목질 심신간장지재 약
> 壬水有根, 辛金得地, 又非此而論, 或壬癸並出, 破火潤土, 此人聰
> 임수유근 신금득지 우비차이론 혹임계병출 파화윤토 차인총
> 穎特達, 富中取貴, 又轉禍爲福也.
> 영특달 부중취귀 우전화위복 야

萬一 壬水가 있고 다시 庚辛金이 있으면 이 또한 孤獨하게 되지는 않
으나 但 目疾이 두렵고 心腸 腎腸 肝腸에 病이 있다. 萬若 壬水가 있고
辛金이 得地하면 이와 같이 論하지 않는다. 或 壬癸水가 나란히 出干
하여 火를 破하고 潤土하게 되면 이는 聰明하여 特達하니 富 中에 貴
를 取한다. 또한 轉禍爲福이 된다.

이는 앞의 丙火와 뜨거운 土에 대한 글을 이은 것이다. 四柱에 壬
水와 庚辛金이 있으면 외롭고 苦生스러움에까지 이르지는 않는다.
火와 土가 지나치게 乾燥하고 뜨거우면 金과 水가 마르게 되니 눈과
心腸과 腎臟에 病이 드는 것을 못 면한다. 만약 金과 水가 得地하고

根源이 있으면 富貴한 命에 속하게 되므로 그와 같이 論하지 않는다. 만약 壬癸水가 함께 투간하고 通根하면 비록 庚辛金의 生함이 없어도 역시 뜨거움을 풀고 土를 윤택하게 한다. 그러므로 身이 旺하게 되니 才를 다룰 수 있으므로 富 중에 貴를 얻는 命이 된다.

用癸者, 金妻, 水子, 用丙者, 木妻, 火子.
용계자 금처 수자 용병자 목처 화자

癸水를 쓰면 金을 妻로 보고 水를 子息으로 보며 丙火를 쓰면 木을 妻로 보고 火를 子息으로 본다.

才를 쓰는 경우는 食傷을 妻로 보고 才를 子息으로 본다. 印을 쓰는 경우는 官煞을 妻로 보고 印을 子息으로 본다.

戊	己	己	己
辰	巳	巳	巳

此命大富 己生初夏 戊己多 得三庚生癸 故妙

巳火 중에 庚金 세 개가 辰土宮에 癸水를 生한다. 金과 水가 갖추어지고 감추어졌으니 才가 庫로 돌아온다. 그와 같으니 富한 命이다.

辛	己	辛	乙	金多洩土 旱而乏水 專用胎元
未	巳	巳	巳	

胎元이 壬申이다. 己土가 비록 金을 生할 수 있으나 四柱에 水가 없다. 그러므로 지나치게 乾燥하여 胎元인 壬水를 用神으로 삼는다.

庚	己	辛	乙	辛生丑宮 不爲旱田 位至方伯
午	巳	巳	丑	

丑土宮에 癸水가 감추어져 있으니 水가 있어 潤澤하여 마른 밭이 안 된다. 地位가 方伯에 이르렀다.

乙	己	癸	丙	丙癸俱全 才旺生扶 一品夫人
亥	亥	巳	申	

女命으로 乙木을 用神으로 삼는다. 기쁜 것은 才와 印이 함께 透干하였고 乙木이 亥水에 앉았다. 才가 旺하여 官을 生하니 夫星이 生扶를 얻었다.

胎元 : 입태(入胎)한 月을 말한다.

3) 三秋己土

三秋己土, 萬物收藏之際, 外虛內實, 寒氣漸升, 須丙火溫之, 癸水
삼추기토 만물수장지제 외허내실 한기점승 수병화온지 계수
潤之, 不特此也, 且癸能洩金, 丙能制金, 補土精神, 則秋生之物咸
윤지 불특차야 차계능설금 병능제금 보토정신 칙추생지물함
茂矣, 癸先丙後.
무의 계선병후

三秋 己土는 萬物이 收藏되는 때이니 外는 虛하여도 內는 實하며 寒氣가 漸漸 上昇하니 丙火로 따뜻하게 하고 癸水로 滋潤해야 한다. 또한 癸水는 能히 金氣를 洩氣하고 丙火는 金을 剋制하니 土의 精神을 돕는다. 그와 같으면 가을에 生하는 萬物이 모두 茂盛해진다. 그러므로 癸水를 먼저 쓰고 丙火를 後에 쓴다.

三秋 己土는 三秋 戊土와 같다. 그러므로 才와 印이 配合하는데 있어서 모두 부족해서는 안 된다. 癸水를 먼저 쓰고 丙火는 후에 쓴다. 先後를 나누는 것은 마땅히 서로 障礙가 없어야 한다는 말이다.

丙癸兩透, 雁塔題名, 或無癸, 有兩丙透者, 異途顯達, 或武職權高,
병계량투 안탑제명 혹무계 유량병투자 이도현달 혹무직권고
或有丙火, 不見壬癸, 爲假道斯文, 終無誠實, 或有壬癸無丙者, 衣
혹유병화 불견임계 위가도사문 종무성실 혹유임계무병자 의

288

食充足, 才能而已.
식 충 족 재 능 이 이

丙火와 癸水가 더불어 透干하면 과거에 이름이 오른다. 或 癸水가 없
고 두 개의 丙火가 透出하면 異途顯達하거나 武職으로 權勢가 높다.
或 丙火가 있으나 壬癸水를 보지 못하면 선비 行勢를 하나 끝내 이루
는 것이 없다. 만약 壬癸水가 있고 丙火가 없으면 衣食만 충족하고 才
造가 있을 뿐이다.

丙火와 癸水가 더불어 透干하고 서로 障礙가 안 되면 印이 日元을
生하고 食傷과 才가 있으면 食傷의 氣運이 才로 흐르니 配合이 되어
中和를 이루어 반드시 貴한 命造가 된다.
　癸水가 없고 丙火만 두 개인 경우는 月令에 있는 食傷이 洩氣를
하니 비록 日元이 旺함에 치우친다 해도 그 氣勢가 마르지 않는다.
즉 己土는 본래 陰柔한 土이니 「만약 중요한 物이라, 旺해야 한다면
마땅히 돕고 또 도와야 한다.」는 것은 이것을 이르는 것이다. 그와
같이 두 개의 丙火가 도와주면 氣勢가 족하게 되어 身이 旺하게 된
다. 그러므로 비록 치우침은 있지만 역시 貴하게 될 수 있으니 異途
로 武職을 하게 된다.
　만약 하나의 丙火가 있고 壬癸水가 없으면 己土의 氣勢가 부족하
게 되니 食傷의 氣運 역시 흐르지 못하게 되어 中和는 되지만 정신
이 缺乏된다. 이와 같으면 病도 없고 藥도 없는 것이니 어리석고 무
능한 것들이다. 반대로 壬癸水는 있으나 丙火가 없으면 있는 才를
쓰니 配合은 적당하나 일개 富者에 그치고 만다.

或支成金局, 癸透有根, 此人家畜萬緡, 富中取貴.
혹 지 성 금 국 계 투 유 근 차 인 가 축 만 민 부 중 취 귀

支에 金局을 이루고 癸水가 透出하여 뿌리가 있으면 이 사람은 큰 富

를 누리며 富한 中에 貴하게 된다.

八月의 己土가 支에 金局을 이루고 癸水가 透干하면 그 뿌리가 되
니 食神生才格이 된다. 이는 富의 幾微가 된다. 日柱 역시 原局에 比
와 印이 몰래 감추어지면 日柱가 氣勢가 있는 것이니 비로소 富 中
에 貴를 얻게 된다. 富 중에 貴를 얻는다는 것은 異途로 功名한다는
것이다.

或支四庫, 甲透者富, 乏甲者孤貧, 或甲出無癸乏金, 積德可全科甲,
혹지사고 갑투자부 핍갑자고빈 혹갑출무계핍금 적덕가전과갑
或會火局, 無水救, 乃大奸大惡之徒.
혹회화국 무수구 내대간대악지도

地支가 四庫이고 甲木이 透出하면 富하고 甲木이 窮乏하면 苦貧하다.
或 甲木이 出干하고 癸水가 없고 金이 窮乏하면 積德을 하여야 科甲을
할 수 있다. 或 火가 모여 局을 이루고 水의 救助가 없으면 크게 奸邪
하고 惡한 무리가 된다.

九月의 己土가 支에 모두 四庫로 되면 土가 重하니 반드시 甲木으
로 土를 파헤쳐주어야 한다. 그러므로 甲木 官星이 休囚되고 才로
生함이 없으면 약간의 富만 얻게 되고 貴는 얻을 수 없다. 만약 科甲
을 하게 되면 이는 德을 쌓아서 된 것이니, 이 命을 論하면 氣勢가
濁한 것에 가깝다.《滴天髓》에 이르기를「비록 그러하나 濁한 氣勢
역시 中間 정도의 格式이라 科甲이 불가능하지 않다.」하였다.
만약 甲木이 없으면 반드시 외롭고 가난한 象이 된다. 더불어 九
月에 生하고 支 전체가 寅午戌이면 火局을 이룬 것이니 甲木이 透干
하면 火를 生하여 旺하게 되어 疏土의 쓰임을 잃게 된다. 四柱에 水
가 없어야 救하는 경우가 되지만 氣勢는 마르고 건조한 것에 치우쳐

290

旺하니 奸惡한 무리가 된다. 또한 旺함이 몸에 이르러 그치고 마니
반드시 뒤를 이을 子息이 없게 된다.

或丙透癸藏, 遇金頗有選援, 加一壬輔, 富貴慷慨, 有賢聲, 見戊透
혹병투계장 우금파유선원 가일임보 부귀강개 유현성 견무투
者, 主遭凶厄且貧.
자 주조흉액차빈

或 丙火가 透干하고 癸水가 감추어지고 金을 만나면 選拔이 될 수 있
고, 더불어 壬水가 補佐하면 富貴하고 慷慨하며 賢明하니 名聲이 있다.
戊土가 透出하여 나타나면 主로 凶厄을 만나고 또한 貧困하게 된다.

이는 앞글과 더불어 支에 金局을 이룬 것과 같은 종류의 내용이
다. 앞글이 八月에 生한 것이라면, 이는 九月에 生한 것이 다르다.
丙火가 透干하고 癸水는 숨고 다시 金을 만나면 이것이 바로 食神生
才에 印을 허리에 두른 것이라 한다.
하나의 壬水를 더하여 金을 洩氣하면 富貴하고 영웅호걸이 된다.
戊土가 透干하여 나타나면 比劫爭才가 되어 用神이 傷害를 입게 되
니 이르기를 忌神이 變하여 굴러와 공격한다고 하여 凶厄으로 가난
하고 곤란을 겪는 象이 된다.

八月支成金局, 無丙丁出救, 此人零丁孤苦, 如得丙透丁藏, 生己元
팔월지성금국 무병정출구 차인령정고고 여득병투정장 생기원
神, 此人名魁天下, 五福完人.
신 차인명괴천하 오복완인

八月에 支에 金局을 이루고 丙丁火가 出干하여 救함이 없으면 이 사람
은 零落 당하여 외롭고 괴롭게 되나, 萬若 丙火가 透干하고 丁火가 감
추어지면 己土를 生하는 元神이 되니 이 사람은 이름이 天下에 으뜸이
되고 五福이 완전한 사람이 된다.

앞글에서 八月의 己土가 支에 金局을 이루고 癸水가 透干하여 金氣를 洩하면 부유하게 된다고 했다. 이 말은 丙丁火가 透干하여 金神을 制剋하여야 貴하게 된다는 말이다. 八月은 金神이 權勢를 잡으니 己土의 氣가 洩氣되어 다하기 때문에 丙丁火를 얻어 元神을 輔佐하고 金神을 制剋하면 반드시 모인 무리들 중에서도 뛰어나므로 選拔되어 福의 潤澤함이 남다르게 된다.

總之三秋己土, 先癸後丙, 取辛輔癸, 九月土盛, 宜甲木疏之, 餘皆
총 지 삼 추 기 토   선 계 후 병   취 신 보 계   구 월 토 성   의 갑 목 소 지   여 개
酌用.
작 용

三秋 己土를 總論하면 먼저 癸水를 쓰고 後에 丙火를 쓰며 辛金으로 癸水를 補佐해야 한다. 九月에 土가 盛하니 마땅히 甲木으로 疏土하고 나머지 모두는 參酌하여 쓴다.

三秋 己土는 氣가 차고 洩氣되니 才를 쓸 경우에 印이 없으면 안 된다. 또한 印이 있으면 洩氣가 없으면 안 된다. 또한 土가 튼튼하면 官을 쓰니 반드시 그와 같은 法으로 봐야 配合에 이르게 되니 마땅한 것을 따라 參酌하여 써야 한다.

壬	己	癸	甲	甲丙癸壬全 提督
申	未	酉	寅	

이 命造는 月令의 食神으로 才를 生한다. 甲木 官星이 祿을 얻었고 時에 壬申을 만났으니 비록 辛金이 勢力을 잡았으나 才와 官을 取하여 쓴다. 다만 기쁜 것은 印과 劫이 돕는 것이다.

壬	己	甲	己	戊己局全于四季 火運大魁
申	丑	戌	巳	

292

이 命造는 甲木과 己土가 合하여 土로 化하였다. 그러므로 金과
水로 洩氣하여야 한다. 化神은 旺地로 가는 것을 기뻐하니 반드시
丙火를 用神으로 삼아야 한다.

> 勾陳全備潤下, 勞碌奔波之客, 土凝水竭, 離鄉背井之流.
> 구진전비윤하 로록분파지객 토응수갈 리향배정지류

句陳(戊己)이 모두 갖추어져 있고 潤下를 이루면 쓸데없는 勞苦가 많
고 奔走한 사람이다. 土가 뒤섞여 水가 마르니 故鄉을 떠나 祖業을 등
질 부류이다.

句陳은 戊己土를 말하고 潤下는 申子辰을 말한다. 土는 水를 剋하
지만 水가 많으면 土가 쓸려내려가게 된다. 그러므로 天干에만 戊己
土가 있고 支에 申子辰이 있으면 土가 虛하여 水를 멈출 수 없게 되
니 苦生과 파란이 많은 象이다. 그러나 土가 많으면 水는 마르게 된
다. 그러므로 天干에 戊己土가 있고 다시 支에 墓庫가 모이면 한 두
개의 癸水로는 救濟할 水氣가 부족하니 고향을 떠나고 祖業을 등질
부류인 것이다. 한 번 身弱이 되면 才를 감당할 수 없게 되고 한 번
의 比劫이면 才를 다투게 되는 것이다.

墓庫 : 辰戌丑未를 말한다.

> 勾陳得位會才官, 無沖無破必然端, 甲子北方寅卯木, 管教環拱戴金
> 구진득위회재관 무충무파필연단 갑자북방인묘목 관교환공대금
> 冠, 戊己喜亥卯未爲官, 申子辰爲才, 忌刑沖殺害.
> 관 무기희해묘미위관 신자진위재 기형충살해

句陳(戊己)이 得位하여 才官이 모이고 沖破가 없으면 반드시 端正하
다. 甲子時가 北方과 寅卯木으로 흐르면 宮中의 雅樂소리에 둘러싸여
서 金冠을 머리에 쓰게 된다. 戊己土가 기뻐하는 것은 亥卯未로 官이

되고 申子辰으로 財가 되는 것이다. 그러나 刑冲과 殺害를 꺼린다.

戊己土가 四庫에 臨하면 得位한 것이니 土가 旺하면 마땅히 甲木으로 土를 파헤쳐주어야 한다. 甲木은 官星으로 才가 生해주면 기쁜 것이니 冲도 없고 破도 없으면 반드시 貴格이 된다. 甲子를 말한 것은 이른바 己丑 日元에 甲子時면 天地德合으로 日과 時가 서로 貴하게 된다. 즉 句陳이 得位하고 才와 官이 모이고 또한 天乙貴人이 臨하며 運路가 寅卯東方으로 가면 官星이 得地하여 貴하게 顯達하지 않은 경우를 아직은 본적이 없다.

管 : 궁중아악에 쓰이던 관악기를 말한다.

4) 三冬己土

三冬己土, 濕泥寒凍, 非丙暖不生, 取丙爲尊, 甲木參酌, 戊土癸水
삼동기토 습니한동 비병난불생 취병위존 갑목참작 무토계수
不用, 惟初冬壬旺, 取戊制之, 餘皆用丙丁, 但丁不能解凍除寒, 不
불용 유초동임왕 취무제지 여개용병정 단정불능해동제한 불
能大濟.
능대제

三冬己土는 濕한 진흙이 추위에 얼어붙으니 丙火의 따뜻함이 아니면 生할 수가 없으므로 丙火를 으뜸으로 귀하게 取하고 甲木을 參酌하여 쓴다. 戊土와 癸水는 쓰지 않으나 오직 초겨울(亥月)에는 壬水가 旺하니 戊土를 取하여 壬水를 剋制하여주고 나머지 달에는 모두 丙丁火를 쓴다. 但 丁火로는 解凍하고 寒氣를 除去할 수 없으니 크게 救濟하지는 못한다.

己土는 田園의 낮고 축축한 土이니 겨울에 生하면 축축한 진흙이 얼게 되므로 丙火를 보지 못하면 터럭만큼도 生意가 없는 것이다.

294

그러므로 丙火를 가장 우선으로 필요로 하는 神이다. 丙火를 取하여 쓰면 最上의 格이 된다. 官煞을 用神으로 쓰든 食傷을 쓰든 才星을 쓰든 간에 丙火가 부족해서는 안 된다. 丙火가 調候를 위해 반드시 필요한 神이니 이외에 모든 것은 格局의 配合을 위해 서로 制御하기 위해서 쓰는 것들이니 마땅히 參酌하여 쓴다.

土가 旺하면 甲木으로 制剋하고 水가 旺하면 戊土로 制剋하니 病에 對應하여 藥을 쓰는 것으로 中等의 格局은 된다. 丙火와 丁火는 같은 火이나 추위를 풀고 얼음을 除去하는 것에는 반드시 丙火를 써야 한다. 丁火는 燈燭의 빛이니 그 힘이 부족하다. 丁火를 쓰려면 반드시 甲木이 있어야 하며 다시 支에 寅木이 있어서 甲木과 丙火가 暗藏되어 있어야 비로소 쓸 수 있게 된다.

或 하나의 丙火가 透干하고 또 支에 丙火가 숨고 더불어 甲木이 透干하면 科甲이 확실하다. 丙火가 숨고 剋制함이 없으면 衣衿은 있다.

三冬은 萬物을 거두어 간직하는 때이니 하나의 丙火가 홀로 나타나면 그 力量이 부족한 것을 매우 싫어하므로 天干에 透干하여 있든 支에 暗藏이 되어 있든 甲木이 丙火를 도와주어야만 官印相生이 되어 그 力量이 비로소 드러난다.

숨어있는 丙火를 剋制하는 것이 없는 경우에 만약 寅木을 보고 冲하는 申金이 없으며, 또한 巳火를 보고 冲하는 亥水가 없고 다시 運이 흐르는 過程에서 丙火가 引出되면 역시 貴를 이룰 수 있게 된다.

凡三冬己土, 見壬水出干, 爲水浸湖田, 此人孤苦, 若見火不孤, 見
범삼동기토 견임수출간 위수침호전 차인고고 약견화불고 견
土不貧.
토불빈

或 壬水가 많고 戊土가 透出하여 剋制함을 얻으면 이 命은 安定되고
富한 中에 貴를 取한다. 그러나 戊土가 없으면 富屋貧人이다. 무릇 三
冬의 己土는 壬水가 出干하여 나타나면 田畓이 강물에 沈愁된 것이니
이 사람은 외롭고 孤獨하다. 그러나 火를 보면 외롭지 않게 되고 土를
보면 貧困하지 않게 된다.

己土는 낮고 축축한 土이고 壬水는 부딪히며 흐르는 물이니 己土
로 壬水를 극제할 수 없다. 그러므로 반드시 戊土를 써서 己土를 도
와야 富格이 되어 편안하고 富가 尊貴하고 榮華롭게 된다. 돈을 주
고 官職을 사는 것은, 즉 富 中에 貴를 얻는 것을 말한다. 그러므로
戊土가 없으면 才多身弱이 된다.

三冬의 己土가 火를 보면 土가 生意가 있게 되니 외롭지 않으며
土를 보면 才를 감당할 수 있게 되니 가난하지 않게 된다. 그와 같지
않으면 물 따라 흘러가게 되어 추운 氣勢가 뼈를 뚫게 되니 외롭고
가난한 命이 된다.

或一派癸, 不見比劫, 此爲從才, 反主富貴, 雖不科甲, 恩誥有之, 若
혹일파계 불견비겁 차위종재 반주부귀 수불과갑 은고유지 약
見比爭, 平常人物, 妻子主事, 從才者, 木妻, 火子.
견비쟁 평상인물 처자주사 종재자 목처 화자

或 한 무리의 癸水가 있고 比劫을 보지 않으면 從財格이 되니 오히려
富貴하게 된다. 비록 科甲은 못해도 恩誥가 있다. 萬若 比劫이 爭財함
이 있으면 平凡한 人物이며 妻子가 일을 主觀한다. 從才者는 木을 妻
로 보고 火를 子息으로 본다.

從格은 氣勢가 한 방향으로 치우치니 그 旺한 勢力을 거스르는 것을 크게 꺼린다. 三冬은 水가 旺한 때인데 다시 한 무리의 壬癸水를 만나면 다만 그 勢力을 따르는 것을 用神으로 삼아야 한다. 比劫이 나타나 거스르면 이미 從할 수 없게 되니 도리어 才多身弱이 되고 만다. 그와 같으면 妻子가 모든 일을 하게 된다.

從才는 木을 妻로 보고 火를 子息으로 본다. 그런데 이 글은 誤字로 의심된다. 대개는 丙火를 쓰는 경우에는 木을 妻로 보고 火를 子息으로 보지만 여기서는 從才의 경우이므로 金을 妻로 보고 水를 子息으로 봐야 마땅하기 때문이다.

> **或一派戊己, 取甲制之, 甲透者富貴.**
> 혹 일 파 무 기 취 갑 제 지 갑 투 자 부 귀

或 한 무리의 戊己가 있으면 甲木을 取하여 剋制해야 하니 甲木이 透干하면 富貴한다.

한 무리의 戊己土가 있으면 身旺해지니 才를 감당할 수 있으며 다시 甲木이 透干하여 나타나면 富貴할 徵兆이다.

> **或一片辛庚, 須用丙火, 環須丁火爲助, 丙藏, 富貴奇特之命.**
> 혹 일 편 신 경 수 용 병 화 환 수 정 화 위 조 병 장 부 귀 기 특 지 명

或 한 조각의 辛庚金이 있으면 마땅히 丙火를 쓰되 도리어 丁火가 도움이 된다. 丙火가 숨으면 富貴가 奇特한 命局이다.

가을과 겨울의 己土가 한 무리의 庚辛金을 만나면 丙火로 食傷을 制剋하여야 한다. 이를 土金傷官이 印을 허리에 둘렀다 하여 極富하고 極貴할 命造이다. 이는 五行의 常識的인 理致에서 벗어나는 경우

이다. 그러므로 奇異하고 特異하다고 한다. 앞글에서 "木을 妻로 보고 火를 子息으로 본다."는 구절은 이 節 아래에 있어야 하는 것이 아닌가 의심이 든다. 아마도 編纂하는 中에 잘못 配置한 것 같다.

甲	己	癸	壬	木疏癸土格 侍郎
戌	丑	丑	申	

水는 차고 土는 얼었다. 기쁜 것은 甲戌時를 얻은 것이다. 戌土는 火의 庫地라 추운 계곡에 봄을 머금고 있으며 다시 甲木이 土를 파헤치니 丁火를 이끌어 生한다. 運이 東南으로 가니 木火가 得地하여 마땅히 귀하게 현달하였다.

己	己	癸	壬	才旺生殺格 狀元
巳	卯	丑	子	

이 命造는 앞의 命造와 서로 같다. 기쁜 것은 己巳時를 만난 것이니 巳火 中에 丙火를 감추고 있다. 그러므로 추운 계곡에 봄이 돌아오고 運이 東南으로 가니 자연히 貴하게 顯達하였다. 그렇지 않았다면 비록 才가 旺하여 煞을 生한다 한들 어찌 貴를 얻을 수 있었겠는가.

第4章 論 金

金以至陰爲體, 中含至陽之精, 乃能堅剛, 獨異衆物, 若獨陰而不堅,
금 이 지음 위 체 중 함 지 양 지 정 내 능 견 강 독 이 중 물 약 독 음 이 불 견

冰雪是也, 遇火則消矣. 故金無火煉, 不能成器, 金重火輕, 執事繁
빙 설 시 야 우 화 칙 소 의 고 금 무 화 련 불 능 성 기 금 중 화 경 집 사 번

難, 金輕火重, 煆煉消亡. 金極火盛, 爲格最精. 金火全, 名曰鑄印.
난 금 경 화 중 하 련 소 망 금 극 화 성 위 격 최 정 금 화 전 명 왈 주 인

犯丑字·即爲損模. 金火多名爲乘軒, 遇死衰·反爲不利. 木火煉
범 축 자 즉 위 손 모 금 화 다 명 위 승 헌 우 사 쇠 반 위 불 리 목 화 련

金, 成名銳而退速. 純金遇水, 逢富顯以贏餘, 金能生水, 水旺則金
금 성 명 예 이 퇴 속 순 금 우 수 봉 부 현 이 영 여 금 능 생 수 수 왕 칙 금

沉, 土能生金, 金多則土賤. 金無水乾枯, 水重·則沉淪無用. 金無土
침 토 능 생 금 금 다 칙 토 천 금 무 수 건 고 수 중 칙 침 륜 무 용 금 무 토

則死絶, 土重, 則埋沒不顯. 兩金兩火·最上. 兩金兩木·才足. 一
칙 사 절 토 중 칙 매 몰 불 현 량 금 량 화 최 상 량 금 량 목 재 족 일

金生三水, 力弱難勝, 一金得三木, 頑鈍自損. 金成則火滅, 故金未
금 생 삼 수 력 약 난 승 일 금 득 삼 목 완 둔 자 손 금 성 칙 화 멸 고 금 미

成器, 欲得見火, 金已成器, 不欲見火. 金到申酉巳丑, 亦可謂之成
성 기 욕 득 견 화 금 이 성 기 불 욕 견 화 금 도 신 유 사 축 역 가 위 지 성

也, 運喜西北, 不利東南.
야 운 희 서 북 불 리 동 남

金은 지극히 陰한 것을 體로 삼고 지극히 陽한 精을 包含하고 있으니
이는 堅固하고 剛한 것이 衆物과 달리 獨步的이다. 萬若 유독 陰으로
만 되었으면 堅固하지 못할 것이니 눈과 얼음이 바로 그와 같다. 그러
므로 火를 만나면 弱해진다. 그러나 金은 火의 製鍊이 없으면 그릇을
이루지 못한다. 金이 重하고 火가 輕하면 하는 일이 煩雜하고 어렵게

되며 金이 輕하고 火가 重하면 金이 뜨거운 불에 녹아 없어지게 된다. 그러므로 金이 旺하고 火가 盛해야 格이 가장 精巧해지니 金과 火가 完全하면 부르기를 鑄印이라 한다. 그러나 丑土 字가 犯하면 法을 損傷하게 된다. 金과 火가 많으면 부르기를 乘軒이라 하고 死衰地를 만나면 도리어 不利하다.

木과 火가 金을 鍛煉하면 이름을 빨리 이루지만 退步도 빠르다. 純粹한 金이 水를 만나면 富하게 顯達하여 바구니가 차고 넘친다. 金은 能히 水를 生하니 水가 旺하면 金이 가라앉고 土는 能히 金을 生하나 金이 많으면 土가 弱해진다. 그러나 金은 水가 없으면 乾燥해지며 水가 重하면 가라앉아 쓸모 없게 되며 金은 土가 없으면 死絶되나 土가 重하면 埋沒되어 나타나지 못한다.

두 개의 金과 두 개의 火가 最上格이 되며, 두 개의 金과 두 개의 木은 財物이 豊足하고, 하나의 金이 三개의 水를 生하면 힘이 약해지니 뛰어나게 되기 어렵고, 하나의 金이 三개의 木을 얻으면 무뎌져 스스로 損傷을 입는다. 金이 盛하면 火가 滅하므로 金이 미처 그릇을 이루지 못하니 火를 必要로 하고, 金이 이미 그릇을 이루었으면 火가 나타나는 것을 願하지 않는다. 金이 申酉巳丑에 이르면 이른바 이루었다 한다. 그러므로 西北方이 좋고 東南方은 不利하다.

金의 性質을 總論한 것이다. 五行의 쓰임은 水와 火가 서로 짝을 삼고 金과 木이 서로 짝을 삼는다. 木은 外는 陽이나 內는 陰이고 金은 外는 陰이나 內는 陽이다. 그러므로 丁火와 壬水는 化하여 木이 되니 水와 火의 氣가 化한 것이다. 丙火와 辛金은 化하여 水가 되니 氷雪이 火를 만나면 사라지게 되는 것이다.

庚金은 外는 陰이나 內는 陽이니 굳고 단단한 性質이 있으므로 여러 물건 중에서도 유독 다르다. 그러므로 火로 뜨겁게 달구지 않으면 그릇을 만들 수 없다. 火가 능히 金을 剋하나 金이 重하고 火가 弱하면 火가 다하여 꺼지며 金이 가볍고 火가 強하면 金이 녹아 없어지게 된다. 그러므로 金과 火가 서로 均等하면 格의 이름이 鑄印

格이라 이르니 가장 精巧한 格局이라 한다. 만약 庚金이 八月에 生하였는데 辛金이 透干하고 丙丁火를 보면 煞刃格이 된다.

그러나 丑土字를 보면 火와 土와 金이 서로 生하니 煞刃이 되므로 印을 쓴다. 그러나 丑土는 金의 墓地다. 그러므로 이르기를 法을 損傷한다고 한 것이다. 金이 많고 火가 旺하면 煞과 印이 서로 均衡이 맞게 되어 최고로 精巧하게 되지만 마땅치 않은 것은 운이 死衰地로 가는 것이다. 木과 火로 金을 鍛鍊한다면 庚金이어야 반드시 功名이 드러나게 된다. 純金이 水를 만난다면 辛金이어야 財祿이 풍부하게 된다.

다음은 土金水가 반대로 生하고 반대로 剋하는 理致에 대해 말한다. 지나친 것이나 모자란 것은 모두 아름답지 못한 것이다. 金이 아직 그릇을 이루지 않았으면 火를 보기를 원하니 어찌 그릇을 이룰 수 없다고 이르겠으며, 水木火土의 配合을 갖추게 되면 格局을 이루지만 配合에 火가 없어서는 안 되니 어찌 그릇을 이룰 수 있다 하겠는가.

支에 申酉戌 西方이 모이거나 또는 巳酉丑 金局을 이루면 金이 形象을 갖게 되니 마땅히 水로 洩氣하여야 하고 火를 보는 것은 좋지 않다. 그러므로 運이 北西로 가야 좋고 東南으로 가는 것은 不利하다 한 것이다. 만약 生하는 것이 겨울이라면 金水傷官이 되니 官을 보는 것이 기쁘다. 이는 調候關係 때문이니 傷官格 中에 例外에 속한다.

生於春月, 餘寒未盡, 貴乎火氣爲榮, 性柔體弱, 欲得厚土爲助, 水盛增寒, 難施鋒銳之勢, 木旺損力, 有挫鈍之危, 金來比助, 扶持最妙. 比而無火, 失類非良.

302

봄의 金은 추운 기운이 다하지 않았으니 貴하구나. 火氣를 만나야 榮華롭고 性은 무르고 體는 弱하니 厚土로서 도와야 하며 水가 盛하면 추운 氣를 더하므로 劍 끝의 銳利한 氣勢가 弱해지고 木이 旺하면 힘이 損傷되어 무뎌질 危險이 있다. 金 比劫이 도우면 취고로 빼어나게 되지만 火가 없으면 도움이 所用없다.

春月의 金은 추운 氣가 아직 없어지지 않았으니 火가 不足해서는 안 된다. 그러나 놓인 때가 休囚이니 體는 무르고 質은 弱하다. 그러므로 火가 旺하면 녹아 흩어질 우려가 있으므로 반드시 두터운 土로 輔佐하고 比劫이 身을 도와주기를 願한다. 그와 같으면 煞印相生이 되어 비로소 큰 格局을 이루게 된다. 이른바 金이 그릇을 이루지 못하면 火를 보기 願한다는 것이 이것이다. 金이 弱한데 水를 보면 洩氣되고 木을 보면 힘을 損傷한다. 그러므로 봄의 金은 食傷을 써서 才를 生하게 되면 上格이 아니다.

夏月之金, 尤爲柔弱, 形質未備, 尤嫌死絶. 火多而却爲不厭, 水盛
하월지금 우위유약 형질미비 우혐사절 화다이각위불염 수성
而滋潤呈祥, 見木而助鬼傷身, 遇金而扶持精壯, 土薄而最爲有用,
이자윤정상 견목이조귀상신 우금이부지정장 토박이최위유용
土厚而埋沒無光.
토후이매몰무광

여름의 金은 매우 무르고 弱하여 形質이 아직 갖추어지지 않았으니 死絶됨을 특히 싫어한다. 그러나 火가 많은 것은 오히려 싫어하지 않고 水가 盛하면 滋潤하여 祥瑞로움을 띤다. 木을 보면 鬼인 火를 도우니 身을 傷하고 金을 보면 精을 지켜 壯하며 土가 엷으면 가장 요긴하게 쓰이나 두터우면 埋沒되어 빛을 잃는다.

金은 土를 어미로 삼으니 어미가 旺하면 子息은 相이 된다. 그러

나 夏月의 土는 火의 鄕에 寄生하여 旺하므로 乾燥하고 뜨거우니 어찌 金을 生할 수 있겠는가. 그러므로 여름의 金은 매우 무르고 弱한 것이다.

金의 長生이 巳火에 있으니 氣勢가 모름지기 움터 動하나 形質이 아직 갖추어지지 않았으므로 반드시 축축한 土로 生해주어야 하고 比劫으로 도와야 한다. 그러므로 金의 무리가 여름에 生하면 句陳을 쓰는 것을 기뻐한다함은 이것을 이르는 것이다. 여름의 金은 質이 弱하다고 이미 말하였으나 어찌 火가 많은 것을 싫어하지 않는가. 대개 四月 巳宮과 五月 午宮에 戊己土가 祿을 얻었으니 비록 金을 生하지는 못하지만 또한 金을 녹이지도 못하기 때문이다. 그러므로 夏月의 金이 가장 기뻐하는 것은 水를 보는 것이다.

水를 얻으면 火를 制剋하고 土를 潤澤하게 하여 金을 生하기 때문이다. 그러나 木을 보면 土를 剋制하고 火를 도와 金을 剋하게 된다. 또한 微弱한 金은 土가 生하는 것을 기뻐하나 土가 두터운 것도 마땅하지 않으니 土가 두터우면 金이 파묻히기 때문이다. 비록 한 두 개의 土가 다시 水를 얻으면 潤澤하게 되고 또한 火가 도와주면 가장 쓸모가 있게 된다.

秋月之金, 當權得令, 火來煅煉, 遂成鍾鼎之材, 土多培養, 反惹頑
추월지금 당권득령 화래하련 수성종정지재 토다배양 반야완
濁之氣. 見水則精神越秀, 逢木則琢削施威, 金助愈剛, 剛過則決.
탁지기 견수칙정신월수 봉목칙탁삭시위 금조유강 강과칙결
氣重愈旺, 旺極則衰.
기중유왕 왕극칙쇠

가을의 金은 權勢를 잡고 우두머리가 되니 火를 얻어 달구어 鍛鍊하여야 鐘鼎의 材를 이룬다.
土가 많아 培養하면 오히려 頑固하고 氣가 濁해진다. 水를 보면 精神이 卓越하게 빼어나게 되고 木을 만나면 깎고 다듬는 威嚴을 베푼다.

304

金이 도우면 더욱 더 剛해지니 剛함이 지나치면 부서진다. 氣가 重하면 더욱 더 旺해지니 旺함이 剋에 다다르면 衰弱해진다.

가을의 金은 剛하고 銳利함이 極에 이른다. 그러므로 庚金이 기뻐하는 것은 火로 달구고 鍛鍊하여 큰 그릇을 이루는 것이다. 辛金은 水로 秀氣를 洩하는 것을 기뻐하니 그 精神이 드러나기 때문이다. 그러므로 秋月의 金은 火를 쓰거나 水를 써야 비로소 上格을 이룰 수 있다.

土가 많으면 어리석고 頑固한 무리이며 木이 많으면 商業을 하는 사람이다. 또한 金이 지나치게 剛하면 쉽게 부러지게 되니 지나치면 덜어주어야 한다. 그러므로 印과 劫이 있는 것은 모두 마땅한 것이 못된다.

冬月之金, 形寒性冷, 木多則難施琢削之功, 水盛未免沉潛之患. 土
동월지금 형한성랭 목다즉난시탁삭지공 수성미면침잠지환 토
能制水, 金體不寒, 火來助土, 子母成功, 喜比肩聚氣相扶, 欲官印
능제수 금체불한 화래조토 자모성공 희비견취기상부 욕관인
溫養爲利.
온양위리

冬月의 金은 形勢가 차고 性質이 冷冷하니 木이 많으면 깎고 다듬는 功力을 베풀기 어려우며 水가 盛하면 가라앉는 憂患을 免하기 어렵다. 土는 能히 水를 制剋할 수 있으니 金의 몸을 춥지 않게 할 수 있으며 火가 와서 土를 도와주면 子息과 어미가 成功한다.
比肩이 모여서 金氣를 부축하는 것을 기뻐하며 官과 印으로 따사로이 培養하면 利롭게 된다.

冬月의 金은 官印과 比劫이 없어서는 안 된다. 才가 旺하면 마땅히 比劫으로 도와야 하며 傷官이 旺하면 반드시 官과 印으로 도와야

한다.

冬月은 水가 旺하여 勢力을 잡으니 眞傷官格이 된다. 그러므로 土가 있어 水를 制御해야 金이 가라앉지 않게 되며 火가 있어야 추위를 풀고 金氣를 따뜻하게 할 수 있다. 그러므로 金과 土가 도와야 子息과 어미가 成功한다. 때문에 冬月의 金은 金水傷官이 되면 官을 보아야 最高의 格局을 이룰 수 있다.

第1節 庚金論

庚金喜用提要

正月 戊甲壬丙丁 用丙煖庚性, 慮土厚埋金, 須甲疏洩, 火多用土,
정월 무갑임병정 용병난경성 려토후매금 수갑소설 화다용토
地成火局用壬
지성화국용임

正月은 戊土와 甲木과 壬水와 丙丁火를 쓴다.
丙火로 金을 따뜻하게 하고 土가 두터우면 金이 묻힐 우려가 있으니
木으로 疏土하고 洩氣해야 한다.
火가 많으면 土를 쓰고 地支에 火局을 이루면 壬水를 써야 한다.

二月 丁甲丙庚 庚金暗强, 專用丁火, 借甲引丁, 用庚劈甲, 無丁用丙
이월 정갑병경 경금암강 전용정화 차갑인정 용경벽갑 무정용병

二月은 丁火와 甲木과 丙火와 庚金을 쓴다.
庚金이 暗强하니 丁火를 쓰고 甲木을 借用하여 庚金을 써서 甲木을 쪼개어 丁火를 引火해주어야 한다. 丁火가 없으면 丙火를 쓴다.

三月 甲丁壬癸 頑金宜丁, 旺土用甲, 不用庚劈, 支火宜癸, 干火宜壬
삼 월 갑정임계 완금의정 왕토용갑 불용경벽 지화의계 간화의임

三月은 甲木과 丁火와 壬水를 쓴다.

무딘 金에는 마땅히 丁火를 써야 하고 土가 旺하면 甲木을 써야 하는데 庚金이 甲木을 쪼개면 쓸 수 없게 된다.

地支에 火가 있으면 마땅히 癸水를 쓰고 天干에 火가 있으면 마땅히 壬水를 쓴다.

四月 壬戊丙丁 丙火鎔金, 惟喜壬制, 次取戊土, 丙火爲佐, 支成金
사 월 임무병정 병화용금 유희임제 차취무토 병화위좌 지성금
局, 變弱爲强, 須用丁火
국 변약위강 수용정화

四月은 壬水와 戊土와 丙丁火를 쓴다.

丙火가 金을 녹이니 壬水로 制剋함을 기뻐하며 다음으로 戊土를 取하여 쓰고 丙火로 輔佐한다. 地支에 金局을 이루면 弱한 것이 變하여 强하게 되는 것이니 모름지기 丙火를 써야 한다.

五月 壬癸 專用壬水, 癸次之, 須支見庚辛爲助, 無壬癸, 用戊己洩
오 월 임계 전용임수 계차지 수지견경신위조 무임계 용무기설
火之氣
화 지 기

五月은 壬癸水를 쓴다.

오로지 壬水를 먼저 쓰고 癸水를 그 다음으로 쓴다. 모름지기 地支에 庚辛金이 나타나면 도움이 된다.

壬癸水가 없으면 戊己土로 火의 氣運을 洩氣해주어야 한다.

六月 丁甲 若支會土局, 甲先丁後
육 월 정갑 약지회토국 갑선정후

六月은 丁火와 甲木을 쓴다.

萬若 地支에 土가 모여 局을 이루면 甲木을 먼저 쓰고 丁火를 뒤에 쓴다.

七月 丁甲 專用丁火, 甲木引丁
칠 월 정 갑 전 용 정 화 갑 목 인 정

七月은 丁火와 甲木을 쓴다.
오로지 丁火를 쓰고 甲木으로 丁火를 引火해주어야 한다.

八月 丁甲丙 用丁甲煅金, 兼用丙火調候
팔 월 정 갑 병 용 정 갑 하 금 겸 용 병 화 조 후

八月은 丁火와 甲木과 丙火를 쓴다.
오로지 丁火와 甲木으로 金을 덥히고 丙火를 함께 써서 調候를 맞춘다.

九月 甲壬 土厚先用甲疏, 次用壬洗, 忌見己土濁壬
구 월 갑 임 토 후 선 용 갑 소 차 용 임 세 기 견 기 토 탁 임

九月은 甲木과 壬水를 쓴다. 土가 두터우면 먼저 甲木으로 疏土를 하
고 다음으로 壬水로 씻어낸다. 꺼리는 것은 己土가 나타나 壬水를 濁
하게 만드는 것이다.

十月 丁丙 水冷金寒愛丙丁, 甲木輔丁
십 월 정 병 수 냉 금 한 애 병 정 갑 목 보 정

十月은 丁火와 丙火를 쓴다.
水氣가 차가워서 金이 얼게 되므로 丙丁火를 좋아한다. 甲木으로 丁火
를 도와야 한다.

十一月 十二月 丁甲丙 仍取丁甲, 次取丙火照暖, 一派金水, 不入和
십 일 월 십 이 월 정 갑 병 잉 취 정 갑 차 취 병 화 조 난 일 파 금 수 불 입 화
暖之鄉, 孤貧, 丙丁須臨寅巳午未戌支, 方爲有力
난 지 향 고 빈 병 정 수 임 인 사 오 미 술 지 방 위 유 력

十一月과 十二月은 丁火와 甲木과 丙火를 쓴다.
거듭 丁火와 甲木을 取하고 다음으로 丙火를 取하여 따뜻하게 비춰주
어야 한다. 한 무리의 金水가 있으면 따뜻하게 和合하는 곳에 들어가

지 못하게 되니 외롭고 貧困하게 된다. 丙丁火가 모름지기 地支의 寅巳午未戌에 臨하면 비로소 힘을 갖게 된다.

1) 三春庚金

正月庚金, 木旺之際, 有土皆死, 不能生金, 且金之寒氣未除, 先用
정월경금 목왕지제 유토개사 불능생금 차금지한기미제 선용
丙暖庚性, 又慮土厚埋金, 須甲疏洩, 丙甲兩透, 科甲顯榮, 二者透
병난경성 우려토후매금 수갑소설 병갑량투 과갑현영 이자투
一, 亦有生監, 丙藏甲透, 異路功名.
일 역유생감 병장갑투 이로공명

正月의 庚金은 木이 旺한 시기이니 土가 있으면 모두 죽게 되어 金을 능히 生하지 못하고 또한 金이 寒氣가 除去되지 않았으므로 먼저 丙火를 써서 金性을 따뜻하게 해줘야 하며, 主意할 것은 土가 두터우면 金이 묻히니 모름지기 甲木으로 土를 파헤치고 洩氣해야 한다. 丙火와 甲木이 더불어 透干하면 科甲하여 顯達하며 榮華롭다. 둘 中에 하나만 透干해도 亦是 貢監은 하며 丙火는 숨고 甲木이 투간하면 異路로 功名하게 된다.

正月의 庚金은 絶地에 臨하므로 반드시 土가 있어서 生해주면 弱이 極에 이르렀다가 다시 生하는 象이 되므로 輔助하는데 土가 없으면 안 된다. 그러나 正月은 木이 旺하여 土를 剋하니 있는 土가 모두 죽게 된다. 추운 土는 얼어붙어 단단하여 金을 生할 수 없으므로 丙火를 얻어야 土를 生하고 金을 따뜻하게 할 수 있게 되며 滿盤이 모두 活潑하게 되어 되살리는 공을 이루게 된다. 그러므로 丙火가 가장 중요한 用神이다.

그러나 土가 너무 두터우면 金이 파묻힐 두려움이 있으므로 마땅히 甲木을 써서 土를 파헤쳐주어야 한다. 그러므로 丙火와 甲木이

더불어 透干해야 비로소 짝을 얻어 中和가 된다. 만약 하나가 透干하고 하나가 숨어도 역시 顯達은 할 수 있으니 없는 것이 문제가 될 뿐이다.

或柱中土多, 甲透者貴, 甲藏者富, 庚出則否.
혹주중토다 갑투자귀 갑장자부 경출즉부

或是 四柱 中에 土가 많고 甲木이 透干하면 貴하게 되고 甲木이 숨으면 富하게 되나 庚金이 透干하면 그와 같지 못하다.

이는 才를 쓰는 경우에 比劫을 보면 안 되는 것에 대하여 말한 것이다. 土가 많으면 金이 파묻히게 되는 것을 꺼리므로 甲木이 있어서 土를 剋制해주는 것이 필요하니 才를 써서 印을 덜어주어야 한다. 그러나 庚金이 出干하면 比劫爭才라 하여 名利가 모두 헛되게 된다.

或丁火出干, 加以戊己而無水者, 又主富貴, 何也, 寅中甲木, 引丁
혹정화출간 가이무기이무수자 우주부귀 하야 인중갑목 인정
有根, 無水爲病, 名官星有氣, 才旺生扶, 故以富貴推之, 如火多則
유근 무수위병 명관성유기 재왕생부 고이부귀추지 여화다즉
用土, 用土者火妻土子.
용토 용토자화처토자

혹시 丁火가 出干하고 더불어 戊己土가 있고 水가 없는 경우도 또한 富貴하게 되는데 어째서 그런가?
寅木 中에 甲木이 丁火를 이끄는 뿌리가 되므로 水가 없으면 病이 되는 것이다. 부르기를 官星이 氣勢가 있다 하니, 財가 旺하여 扶助하므로 富貴하다고 하는 것이다. 또한 火가 많으면 土를 쓴다. 土를 쓰면 火를 妻로 보고 土를 子息으로 본다.

이는 官을 쓸 때는 傷官을 봐서는 안 되는 것에 대해 말한 것으로 水가 없는 것이 중요한 條件이 된다. 官을 쓰게 되면 才와 印의 輔佐가 없어서는 안 된다. 身旺하고 官이 淸하면 이는 才로 官을 生하여야 쓸 수 있으나 官이 거듭 있는데 煞이 섞이면 火가 지나치게 强한 것이니 마땅히 印으로 官과 煞을 化하는데 써야 한다.

水는 病神이니 만약 官星이 透干하고 食傷이 支에 숨어 있어도 戊己土로 그것을 制剋하여야 官星에 害를 주지 않게 되어 그 貴를 損傷하지 않게 된다.

> 或支成炎局, 壬透, 有根者, 大富貴, 無根者, 小富貴, 乏水者, 殘疾之人.
> 혹지성염국 임투 유근자 대부귀 무근자 소부귀 핍수자 잔질지인

或是 地支에 火局을 이루고 壬水가 透干하고 뿌리가 있으면 크게 富貴하게 되고 뿌리가 없으면 작은 富貴를 얻으며 水가 缺乏된 경우는 殘疾이 있는 사람이다.

이는 官煞이 모여 무리를 지으면 食神으로 救해야 한다는 말이다. 寅月에 庚金이 絶이 되므로 支에 火局을 이루면 반드시 壬水가 透干하여야 救할 수 있다. 壬水가 透干하고 뿌리가 있으면 病도 重하고 藥도 重한 것이니 반드시 크게 富貴하게 되지만 뿌리가 없으면 煞을 制剋하는 것이 弱하니 制剋이 弱하면 七煞이 몸을 치게 된다.

> 或木被金傷, 無丙丁出制, 支無丁火, 此係平人, 或丙遭癸困, 無戊制者亦然.
> 혹목피금상 무병정출제 지무정화 차계평인 혹병조계곤 무무제자역연

或是 木이 金에 傷하는데 丙丁이 出干하여 剋制함이 없고 支에 丁火도

없으면 平常人이다. 或是 丙火가 癸水를 만나 困하게 되고 戊土의 剋制함이 없으면 亦是 平常人이다.

이는 比劫爭才하면 官煞로 救해야 하는 것에 대해 말한 것이다. 金으로 木이 傷害를 입는 경우는 比劫이 지나치게 많은 것이니 모름지기 官煞로서 比劫을 制剋하여야 才가 存立할 수 있게 된다. 대개 木은 살아있는 나무이고 金은 剛한 金이니 四柱에 火로 구해줌이 없으면 平常人이 된다.

혹 丙火를 쓰는데 丙火가 癸水를 만나서 困難하게 되었는데 戊土로 救해 줌이 없거나, 壬水를 쓰는데 壬水가 戊土를 만나서 困難한데 甲木으로 救해줌이 없으면 모두 平常人이 되는데 그것은 病은 있으나 藥이 없기 때문이다.

總之正月庚金, 丙甲爲上, 丁火次之, 春金多火, 不夭則貧, 陽金最
총 지 정 월 경 금　병 갑 위 상　정 화 차 지　춘 금 다 화　불 요 칙 빈　양 금 최
喜火煉, 煆煉太過, 反主奔流.
희 화 련　하 련 태 과　반 주 분 류

총체적인 正月의 庚金은 丙火와 甲木이어야 上格이 되고 丁火는 그 다음이 된다. 그리고 春金은 火가 많으면 夭折하지 않으면 貧困하게 된다.

庚金은 굳세고 剛한 성질을 가졌으나 生한 것이 正月이면 死絶地에 臨한 것이니 완고하고 무딘 金이 된다. 그러므로 火로 鍛鍊해주지 않으면 그릇을 이루지 못하게 된다. 그러나 지나치면 金이 녹게 되니 헛되이 떠도는 사람이 된다. 總論을 자세히 살펴보라.

庚　庚　壬　壬
辰　申　寅　子
水盛金寒, 專用丙戊, 早年困苦, 入東南運入泮

水가 盛하고 金이 차가우니 寅木 中의 丙火와 戊土를 쓴다. 丙火
와 戊土가 모두 透干하지 않으면 가난하고 薄福한 命이 된다.

| 丙 | 庚 | 庚 | 辛 | 支成火局無水 僧道 |
| 戊 | 戊 | 寅 | 巳 | |

寅木과 戊土가 모여 局을 이루고 丙火가 透干하여 火局을 이루었
다. 年에서 또한 巳火를 만났으니 鍛鍊하는 것이 지나치게 되었
다. 반드시 壬水로 救해야 하지만 原局에 救해줄 것이 없고 比劫만 重疊
되어 보이니 從煞도 못하였다. 당연히 외롭고 窮乏한 命이 되고 말
았다.

二月庚金, 柱中自然有乙, 當令之乙, 見庚必留情於乙, 此金有暗強
이월경금 주중자연유을 당령지을 견경필류정어을 차금유암강
之勢, 如秋金一理, 故二月庚金, 專用丁火, 借甲引丁, 借庚劈甲, 無
지세 여추금일리 고이월경금 전용정화 차갑인정 차경벽갑 무
丁用丙者, 富貴多出於勉強.
정용병자 부귀다출어면강

二月의 庚金은 乙木이 司令하므로 四柱 內에 自然히 乙木이 있는 것이
니 庚金을 보면 반드시 乙木에게 情을 주고 金은 암암리에 강한 勢力
이 있게 되어 가을의 金과 같다. 그러므로 二月 庚金은 丁火를 專用하
고 甲木으로 丁火를 이끌어주어야 하니 庚金을 빌어 甲木을 쪼개준다.
丁火가 없어 丙火를 쓰게 되면 근면하고 강해야 富貴함이 많게 된다.

이 節에서 論하는 것은 매우 妙하다. 月垣에 乙木이 庚金과 暗合
을 하면 그 강한 勢力을 돕게 된다. 이는 이 책에서만 독자적으로 분
명하게 밝힌 것이다. 그러므로 庚金이 暗強하게 되니 오로지 丁火를
쓴다. 丁火를 쓰면 甲木의 도움이 없어서는 안 되니 이는 才로서 官
을 生하는 것이다.

만약 丙火七煞을 쓰면 모름지기 水를 써서 制剋하여야 한다. 그러

나 配合해도 中和가 쉽지 않으니 富貴가 勤勉하고 强한데서 나오는 것이다.

或丁在干, 甲透引丁, 支下再見一庚制甲, 配得中和, 必然大貴, 如
혹정재간 갑투인정 지하재견일경제갑 배득중화 필연대귀 여
不見庚合者, 雖丁甲兩透, 亦屬平人, 春丁不旺不衰, 故用甲爲佐丁
불견경합자 수정갑량투 역속평인 춘정불왕불쇠 고용갑위좌정
之物, 甲若無庚劈, 則不能引丁, 乙木雖多, 又忌溼乙傷丁, 難爲丁
지물 갑약무경벽 칙불능인정 을목수다 우기습을상정 난위정
母, 故有丁甲無庚者, 常人, 有丁庚, 甲不出干者, 常人, 或丁透無庚
모 고유정갑무경자 상인 유정경 갑불출간자 상인 혹정투무경
甲者, 可許貢監, 無丁有丙者, 異路功名.
갑자 가허공감 무정유병자 이로공명

或 丁火가 天干에 있고 甲木이 透干하여 丁火를 이끌어주고, 支下에서 다시 하나의 庚金을 보아 甲木을 剋制하면 짝을 얻어 中和하니 반드시 크게 貴하게 된다. 庚金이 合을 보지 못하면 비록 丁火와 甲木이 透干하여도 平常人에 屬한다. 봄의 丁火는 旺하지도 衰하지도 않다. 그러므로 甲木을 써서 丁火를 補佐하는 것을 쓰나 萬若 甲木을 庚金이 쪼개주지 않으면 丁火를 이끌어낼 수 없다.
乙木이 비록 많다 해도 꺼리는 것은 축축한 乙木이 丁火를 傷하게 하니 丁火의 어미가 되기는 어렵다. 그러므로 丁火와 甲木이 있으나 庚金이 없으면 平常人인 것이다. 丁火와 庚金은 있어도 甲木이 出干을 안 하면 平常人이다. 또한 丁火는 透干하고 庚金과 甲木이 없으면 貢監은 可能하다. 丁火는 없고 丙火가 있으면 異路로 功名한다.

支下에 庚金이 나타나는 것은 申金을 이르는 것으로 卯木과 合하고 甲木을 쪼개어 丁火를 이끌고, 日元 또한 通根하여 祿을 얻으면 세 가지의 그 쓰임을 얻은 것이니 庚金이 合을 보지 않아야 한다.
이른바 申金과 卯木은 合이 없어도 才를 써서 丁火 官을 生하는 것은 같으니 配合하여 輔佐한다. 또한 크게 分別이 있는데 만약 庚

314

金이 없는 配合이면 비록 같은 才官格이라도 平常人에 불과하게 된
다. 이 이치도 역시 본 책에서 분명하게 밝힌 것이다.

그 다음을 말하면 그 理致가 봄날에는 丁火는 甲木이 없으면 안
되고 甲木을 쓰는데 庚金이 부족하면 안 된다. 乙木은 비록 많아도
쓸모가 없으니 丁火를 生하고 이끌 수 없다.

그러므로 丁火와 甲木은 있으나 庚金으로 甲木을 쪼개지 않으면
平常人이 된다. 또한 丁火와 庚金은 있으나 甲木이 透干하지 않아도
역시 平常人이다. 그러나 丁火는 透干하고 庚金과 甲木이 없으면 丁
火 官과 乙木 印을 쓰니 貢監은 될 수 있으며 丁火가 없어서 丙火를
쓰면 煞과 印을 쓰는 것으로 異途로 功名한다.

或一片甲乙, 忌庚出聱破才, 乃從才格, 反主富貴, 若見一比, 又主
혹일편갑을 기경출방파재 내종재격 반주부귀 약견일비 우주
孤貧.
고빈

或 한 조각의 甲乙木이 꺼리는 것은 庚金이 出干하여 떼를 지어 才를
破하는 것이니, 즉 從財格이 되면 오히려 富貴하고 萬若 하나의 比肩
을 보게 되면 외롭고 가난하게 된다.

二月은 木이 正氣로 旺한 때이니 만약 한 조각의 甲乙木이 있으면
夫가 妻를 따라 化하니 木을 따르는 從才格이라 한다. 만약 庚辛金
比劫을 보면 日元은 돕지만 木이 堅固하므로 金이 상한다. 그러므로
格局이 완전히 깨지게 되므로 도리어 才多身弱이 된다.

從才者, 火妻土子, 用丁者, 取甲爲妻, 若有庚制, 難許同偕.
종재자 화처토자 용정자 취갑위처 약유경제 난허동해

從才하는 境遇는 火를 妻로 보고 土를 子息으로 본다. 丁火를 쓰면 甲

木을 妻로 보는데 萬若 庚金이 있어 剋制하면 해로하기 어렵다.

從才는 從해야 할 神이 用神이다. 그러나 水를 妻로 보고 土를 자식으로 본다고 했는데 誤字가 아닌지 의심된다. 官星을 쓰는 경우는 才로서 妻로 삼는다. 四柱 中에 만약 庚金의 剋制가 있으면 비록 配合上으로 필요한 것이지만 妻를 剋하는 것을 免치 못하게 된다.

死金嫌蓋頂之泥, 重見戊己, 如人壓伏之象, 須甲透爲妙.
사 금 혐 개 정 지 니 중 견 무 기 여 인 압 복 지 상 수 갑 투 위 묘

死金은 진흙이 정수리를 덮는 것을 싫어하니 戊己土를 거듭 보면 사람이 壓迫에 屈伏 當하는 象이라 반드시 甲木이 透干해야 妙하게 된다.

金이 寅卯月에 臨하면 死絶地가 되니 가장 꺼리는 것은 土가 重하여 金이 묻히게 되는 것이다. 甲木이 透出하여 있으면 才가 와서 印을 쳐부숴주면 도리어 金의 쓰임이 드러나게 된다. 즉 《滴天髓》의 反生의 理致이다.

| 丁 | 庚 | 己 | 庚 | 貴自富得, 慷慨好施 |
| 丑 | 寅 | 卯 | 申 | |

申金과 卯木이 合하고 甲木이 寅木에 감추어지니 才가 旺하며 官을 生한다. 貴가 따르고 富를 얻는다.

| 甲 | 庚 | 己 | 庚 | 甲透丁藏, 武魁 |
| 申 | 子 | 卯 | 午 | |

| 丁 | 庚 | 辛 | 辛 | 武狀元, 甲透丁藏 |
| 亥 | 寅 | 卯 | 酉 | |

위의 두 命造는 서로 같은 種類로 才官을 쓴다.

316

丁	庚	辛	丙	大貴乏子
亥	辰	卯	申	

庚金이 辰土에 앉으니 印의 生이 있고 丙火가 辛金煞을 合去하여
官만 남았다. 才가 官을 生하여 旺하니 마땅히 크게 貴하게 되었다.
그러나 火가 亥水에 이르러 絶地가 되니 後嗣가 끊겼다.

> 三月庚金, 戊土司令, 無生金之理, 有埋金之憂, 故先甲後丁, 不用
> 삼월경금 무토사령 무생금지리 유매금지우 고선갑후정 불용
> 庚劈甲, 三月之庚, 土旺金頑, 頑金宜丁, 旺土須甲, 乏甲不能立業,
> 경벽갑 삼월지경 토왕금완 완금의정 왕토수갑 핍갑불능립업
> 乏丁焉能成名, 二者少 一, 富貴不眞, 庚金無火, 非夭則貧, 身弱才
> 핍정언능성명 이자소 일 부귀불진 경금무화 비요칙빈 신약재
> 多, 富貴不久.
> 다 부귀불구

三月 庚金은 戊土가 司令하나 金을 生하는 理致가 없으며 오히려 金이
파문힐 憂患이 있다. 그러므로 먼저 甲木을 쓰고 後에 丁火를 쓰며 庚
金으로 甲木을 쪼개지 않는다.
三月의 庚金은 土旺하고 金이 무디니 무딘 金은 丁火가 마땅하고 旺한
土는 마땅히 甲木이 必要하니 甲木이 부족하면 業을 일으키기가 불가
능하며 丁火가 끊기면 어찌 이름을 이루겠는가. 둘 中에 하나만 부족
하여도 富貴가 완전하지 못하고 庚金에 火가 없으면 短命하지 않으면
貧困하며 身弱하고 才가 많으면 富貴가 오래가지 못한다.

三月의 庚金은 月令에 土가 旺하여 權勢를 잡으니 戊土를 써서 金
을 生하는 理致가 없다. 그러므로 만약 戊土가 透干하면 金이 파문
히는 憂慮가 있으니 甲木을 써서 土를 制剋하여야 하고, 甲木이 丁
火를 이끄는 것이 아니므로 庚金으로 甲木을 쪼개지 않아야 한다.
甲木으로 土를 파헤치면 金이 드러나니 事業을 일으키게 된다. 또
한 丁火가 있어 金을 鍛鍊하여 그릇을 이루면 名譽를 이루게 된다.

丁火와 甲木은 반드시 함께 쓰는데 어느 하나라도 없어서는 안 된다. 戊土가 透干하지 않으면 甲木은 없어도 되지만 丁火는 절대로 없으면 안 된다.

　庚金은 火가 없으면 반드시 가난하고 夭折하게 되니 金이 實하면 鈍하기 때문이다. 才와 官을 쓰면 반드시 身强해야 하니 그와 같으면 富貴하고 榮華롭다. 만약 才多身弱하면 富貴가 길지 못하다.

得丁甲丙透, 不見比肩, 科甲之命, 但要好運相催, 甲透丁藏, 採芹
득정갑병투　불견비견　과갑지명　단요호운상최　갑투정장　채근
拾芥, 甲藏丁透, 異路功名, 丁甲俱藏, 不受庚制, 富中取富, 刀筆起
습개　갑장정투　이로공명　정갑구장　불수경제　부중취부　도필기
家, 有甲無丁, 平常之輩, 有丁無甲, 迂儒腐儒, 丁甲兩無, 下賤之流.
가　유갑무정　평상지배　유정무갑　우유부유　정갑량무　하천지류

丁火와 甲木과 丙火가 모두 透干하고 比肩을 보지 않으면 科甲을 할 命이나, 단 좋은 運을 만나야 한다. 甲木이 透干하고 丁火가 숨으면 겨우 衣食은 얻으며, 甲木이 숨고 丁火가 透干하면 異路로 功名하며, 甲木과 丁火가 모두 감추어지고 庚金의 剋制를 받지 않으면 富中에 貴를 取하며 刀筆로 집을 일으킨다. 甲木이 있고 丁火가 없으면 平常人이요, 丁火가 있고 甲木이 없으면 지조 없고 섞어빠진 선비가 되고, 甲木과 丁火가 모두 없으면 下賤한 무리다.

　丁火와 甲木의 用法에 대하여 다시 설명한다. 보통 最上의 格은 좋은 運이 아니어도 역시 發한다. 그러나 거스르는 것은 꺼리는 運이니 除해야 한다. 다음으로 一等인 格은 좋은 運이 도와주지 않으면 불가하다. 만약 庚金이 三月에 生하면 비록 丁火와 甲木이 함께 透干하여도 역시 運이 도와주어야 發福한다. 그러므로 혹시 숨거나 透干하면 異途로 생계를 維持하게 된다.

　丁火와 甲木 중에 하나가 없으면 平常人이 된다. 이로 말미암아

格局의 높고 낮음이 있기 때문이다. 만약 丁火와 甲木이 갖추어지면 별도로 取할 用神이 없으니 아름다운 命造가 아니다.

> **或一甲, 無丁, 有丙, 由行伍而得官職, 須不見壬, 癸, 爲妙.**
> 혹일갑 무정 유병 유행오이득관직 수불견임 계 위묘

或 하나의 甲木에 丁火가 없고 丙火가 있으면 行伍(軍隊)에서 官職을 얻는다. 마땅히 壬癸水를 보지 않아야 빼어나게 된다.

다섯 陽干이 서로 剋制하면 甲木은 庚金을 기뻐하고, 丙火는 壬水를 기뻐하고, 戊土는 甲木을 기뻐하고, 壬水는 戊土를 기뻐하니 모두 陽이어야 陽을 剋制할 힘이 있다. 그러나 庚金만 홀로 丁火로 뜨겁게 달구는 것이 좋다. 丙火는 庚金의 힘을 制剋할 수 없으니 이 역시 성질의 特殊함 때문이다.

三月의 庚金은 甲木과 丁火를 보면 科甲을 한다. 그러나 甲木과 丙火를 보면 武職으로 나간다. 丙火를 쓰든 丁火를 쓰든 모두 마땅치 않은 것은 壬癸水가 나타나 格을 깨는 것이다.

> **或支成土局, 無木, 貧賤僧道, 見乙, 奸詐小人.**
> 혹지성토국 무목 빈천승도 견을 간사소인

或 支에 土局을 이루고 木이 없으면 貧賤하거나 僧道의 命이고 乙木을 보면 奸詐한 小人이다.

支에 土局을 이루고 土가 透干하면 金이 파묻힐 우려가 있으며 透干하지 않아도 역시 金이 實하게 되어 소리가 없는 것을 싫어한다. 그러므로 반드시 木이 있어서 救해주어야 한다. 甲木이 나타나 土를 파헤쳐 金이 나오면 平常人으로 衣祿만 있다(丁火가 없어 뚫지를 못한다). 乙木을 보면 土를 파헤치지 못하니 奸詐한 小人輩이다.

> 或支成火局, 癸水透, 富貴, 有丙丁出干, 見壬制之, 方吉, 無制, 殘
> 혹지성화국 계수투 부귀 유병정출간 견임제지 방길 무제 잔
> 疾之人.
> 질지인

或 支에 火局을 이루고 癸水가 透干하면 富貴하며 丙丁火가 透干하면 壬水가 나타나서 剋制해야 비로소 吉하다.(丙丁火를)剋制하지 못하면 殘疾이 있는 사람이다.

支에 火局을 이루면 金이 녹을 우려가 있으니 반드시 壬癸水로 救해야 한다. 丙丁火가 支에 감추어지고 壬癸水가 투간하면 그 氣勢가 스스로 和한다. 支에 火局을 이루고 또한 丙丁火가 出干하면 반드시 壬癸水가 透出하여 制剋해야 한다. 旺한 火는 病이 되고 壬癸水가 藥이 된다.

> 用甲者, 水妻木子, 用丁者, 木妻火子.
> 용갑자 수처목자 용정자 목처화자

甲木을 쓰는 境遇는 水를 妻로 보고 木을 子息으로 보며, 丁火를 쓰는 境遇는 木을 妻로 보고 火를 子息으로 본다.

三月의 庚金은 才와 官을 쓰는 것을 벗어날 수 없다. 才를 쓰는 경우는 食傷을 妻로 보고 才를 子息으로 본다. 官을 쓰는 경우는 才를 妻로 보고 官을 子息으로 본다.

壬	庚	庚	庚	時出壬水, 支成水局, 名井欄叉格, 官至太師
午	申	辰	子	

이는 井欄叉格이나 時의 午火가 格을 깨니 그 끝이 아름답지 못하지 않을까 두렵다. 만약 이것이 當代의 중요한 사람이라면 便安하지 않게 죽었다는 말을 들었을 것이다.

320

2) 三夏庚金

四月庚金, 長生於巳, 巳內有戊, 丙不鎔金, 故不畏火炎, 丙亦可作
사월경금 장생어사 사내유무 병불용금 고불외화염 병역가작
用, 但先壬水, 方得中和, 故曰群金生夏, 喜用勾陳, 次取戊土, 丙火
용 단선임수 방득중화 고왈군금생하 희용구진 차취무토 병화
佐之, 三者皆全, 登科及第, 卽透一二, 亦非白丁.
좌지 삼자개전 등과급제 즉투일이 역비백정

巳月의 庚金은 巳火에 長生이고 巳火 中에 戊土가 있으니 丙火가 金을
녹이지 못한다. 그러므로 火의 타오르는 불길을 두려워하지 않는다.
丙火 亦是 用神으로 쓸 수 있다. 그러나 먼저 壬水를 써서 짝을 이루어
中和를 얻어야 한다. 그러므로 金의 무리가 여름에 나면 기쁘게 쓰는
것이 句陳이니 다음으로 戊土를 取하며 丙火로 補佐한다. 三者가 모두
있으면 登科及第하며 한 두 개만 透干하여도 白丁은 되지 않는다.

巳火宮에 丙火와 戊土가 祿을 얻고 庚金이 長生한다. 庚金은 비록
火旺地에서 生하지만 戊土의 化煞이 있으니 녹게 되지는 않는다. 단
지 氣勢가 弱해질 뿐이다. 그러므로 夏月의 金은 戊土를 쓰는 것을
기뻐하나 火와 土가 乾燥함에 치우치면 壬水로 救濟해야 하며, 丙火
또한 쓸 수 있지만 모름지기 壬水가 있어서 그것을 制御해야 한다.
　壬水와 丙火와 戊土 三者를 가지런히 쓰면 最上의 格이 된다. 그
다음의 경우는 病에 대응하여 藥을 쓰는 것으로 마땅히 參酌하는 것
에 따라 쓰면 된다.

或一派丙火, 名曰假殺爲權, 須不見壬制者, 此人假作淸高, 並無仁
혹일파병화 명왈가살위권 수불견임제자 차인가작청고 병무인
義, 刑妻剋子, 有壬制者, 又主榮華, 壬藏支者, 有富貴之名, 而無
의 형처극자 유임제자 우주영화 임장지자 유부귀지명 이무
其實.
기실

或 한 무리의 丙火가 있으면 부르기를 假煞로 權勢를 삼는다 하니 마
땅히 壬水의 剋制함을 보지 못하면 이 사람은 假飾으로 淸高하고 또한
仁義가 없으며 刑妻剋子한다. 壬水의 剋制함이 있으면 榮華가 있고 壬
水가 地支에 숨으면 富貴로 이름은 있으나 實이 없다.

丙火를 쓰는데 壬水가 없으면 안 된다. 만약 한 무리의 丙火에 壬
水의 剋制가 없으면 月垣 中에 비록 戊土가 있어 化煞을 한다 해도
乾燥함에 치우쳐서 中和를 얻지 못한다. 따라서 性情이 어그러짐이
크게 되고 刑剋이 너무 심하게 된다. 그러므로 壬水가 出干하여 煞을
制御하면 자연히 치우친 것을 補完하고 어그러진 것을 救해야 한다.
　다만 四月의 壬水는 絶地가 되어 氣勢가 弱하고 또한 火와 土가
同行하니 반드시 壬水가 透干하고 通根하면 비로소 土를 潤澤하게
하여 金을 生할 수 있고 더위를 풀어줄 수 있는 調候가 된다. 그와 같
으면 반드시 富貴하고 榮華롭게 된다. 만약 겨우 支에 숨어있으면 火
와 土가 마르고 乾燥한 것을 怨望하니 이르기를 有名無實이라 한다.

或支成金局, 變弱爲强, 用丙無力, 用丁方妙, 故丁透者吉, 無丁, 無
혹지성금국 변약위강 용병무력 용정방묘 고정투자길 무정 무
用之人, 或丁出三四, 煆制太過, 其人奔波.
용지인 혹정출삼사 하제태과 기인분파

地支에 金局을 이루면 弱한 것이 强한 것으로 變하니 丙火를 쓰면 無
力하고 丁火을 써야 비로소 빼어나게 된다. 그러므로 丁火가 透干하면
吉하나 없으면 쓸모없는 사람이다. 丁火가 三 四個 나타나면 製鍊이
太過하게 되니 그 사람은 奔走하고 波瀾이 많다.

庚金을 뜨겁게 불려서 다듬으려면 반드시 丁火를 써야 한다. 丙火
는 太陽의 火로 金을 달구어 그릇을 만들 수 없다. 따라서 丙火를 쓰
면 無力하고 丁火를 써야 비로소 빼어나게 된다. 그러므로 필요한

322

것은 반드시 丁火가 透干하여야 吉하게 된다.

그러나 四月은 火가 旺한 때이니 丁火가 지나치게 旺한 것은 마땅
치 않다. 書에 庚金을 지나치게 달구면 變革하여 奔走하고 波瀾이
있다(變革奔波)는 것은 이와 같음을 이르는 것이다.

> 四月庚金, 須用壬丙戊, 但非拘執先後, 宜分病用藥, 妻子仝前.
> 사월경금 수용임병무 단비구집선후 의분병용약 처자동전

四月 庚金은 마땅히 壬水와 丙火와 戊土를 쓴다. 그러나 先後에 拘碍
되지 말고 마땅히 病과 藥을 區分해야 한다. 妻子는 앞의 境遇와 같다.

妻子는 앞과 같다는 것은 三月을 이르는 것이다. 庚金이 四月에
生하면 水를 取해 土를 潤澤하게 해야 金을 生할 수 있다. 火가 旺하
고 水가 없으면 土를 取해서 火를 洩하여야 한다. 丙火와 戊土가 비
록 當令한 神이지만 생각해 보면 乾燥함에 치우치게 되어 싫어하니
水로서 調和해야 아름답게 된다.

> 劍戟成功, 入火鄕而反害, 金逢火已損, 再見火必傷, 庚辛火旺怕南
> 검극성공 입화향이반해 금봉화이손 재견화필상 경신화왕파남
> 方, 逢辰巳之鄕, 又爲榮斷.
> 방 봉진사지향 우위영단

칼이나 창으로 만들어진 것이 火運으로 가면 도리어 害로운 것이다.
왜냐하면 金이 火를 만나면 이미 다듬어진 것인데 다시 火를 보면 반
드시 傷하게 된다. 그러므로 庚辛金은 火가 旺하면 南方이 두려우며
辰土와 巳火 를 만나면 榮華가 끊어지게 된다.

庚金이 申巳酉丑을 보면 支에 金局을 이루니 劍戟을 이룬 것이다.
月令에 巳火를 만나면 火旺地가 되니 이르기를 火를 만나면 損傷을

입게 될 뿐이라 하였다. 그러므로 四柱에 다시 火를 만나면 반드시 金을 녹이게 되며 만약 運이 또다시 南方火運으로 가게 된다면 반드시 그 害를 입게 된다.

이는 金이 이미 그릇을 이루었을 때를 가리켜 말한 것이다(總論을 보라). 그러므로 四柱에 旺한 火를 보면 運이 다시 南方으로 가는 것을 두려워한다고 말한 것이다. 辰土를 만나면 축축한 土가 火의 빛을 가리고 巳火를 만나면 金의 長生地가 되니 榮華롭게 된다고 判斷한다.

五月庚金, 丁火旺烈, 庚金敗地, 專用壬水, 癸又次之.
오월경금 정화왕렬 경금패지 전용임수 계우차지

五月庚金은 丁火가 旺하고 뜨거우니 庚金의 敗地라 오로지 壬水를 써야 하고 癸水를 다음으로 쓴다.

五月의 丁火와 巳火는 同宮이니 官印相生이 되지만 특히 火가 뜨겁게 타오르고 土는 乾燥하니 水를 써서 火를 破하고 土를 潤澤하게 하지 않으면 金을 保存하지 못하게 된다. 그러므로 오로지 壬水를 먼저 쓰며 癸水는 그 다음이다(辛金의 五月을 살펴보라). 그러므로 水로 土를 潤澤하게 함이 없으면 福이 潤澤하지 못하게 되므로 끝내 上等의 格을 이룰 수 없게 된다.

壬透癸藏, 支見庚辛, 必然科甲, 切忌戊己透干制水, 則否, 戊藏支
임투계장 지견경신 필연과갑 절기무기투간제수 칙부 무장지
內, 不失儒林, 或壬在支, 有金生助, 又得金神出干, 明經之貴, 或癸
내 불실유림 혹임재지 유금생조 우득금신출간 명경지귀 혹계
出帶辛, 異路之榮.
출대신 이로지영

324

壬水가 透干하고 癸水가 숨고 地支에 庚辛金을 보면 반드시 科甲하며 絶對로 꺼리는 것은 戊己土가 透干하여 水를 剋制하는 것이니 그와 같으면 쓸모없어진다. 戊土가 地藏干에 감추어져 있으면 儒林은 잃지 않는다.
或 壬水가 地支에 있고 金이 生助하고 또한 金神이 出干하면 明經의 貴를 하게 된다. 만약 癸水가 透干하고 辛金을 허리에 두르면 異路의 榮華가 있다.

五月의 庚金은 敗地에 臨한 것이니 氣勢가 極히 弱하므로 모름지기 壬癸水로 土를 潤澤하게 하면 되살아난다. 거듭 比劫으로 도와야 하니 支에 庚辛金이 숨어 있으면 弱하든 것이 强하게 變한다. 그러므로 壬水가 秀氣를 洩하고 겸해서 潤土가 金을 生하면 이르기를 반드시 貴하게 顯達한다 하였다.
戊己土가 함께 透干하면 用神을 剋傷하니 根源은 맑으나 흐르면서 濁하게 되므로 꺼린다. 그러므로 戊己土가 支에 숨고 水가 傷함을 당하지 않게 되면 儒林은 잃지 않는다는 것이다.
만약 壬水가 支에 숨고 金이 透干하면 모름지기 水가 傷하지 않게 되나 쓰임이 나타나지 않은 것이니 明經의 貴에 지나지 않게 된다. 癸水의 效用이 壬水와 같으나 그 力量이 弱하므로 겨우 異路의 榮華만 얻게 되는 것이다.

或支成火局, 乏水者, 奔波之客, 有壬癸制者, 捐納之人, 又見戊己
혹 지성화국 핍수자 분파지객 유임계제자 연납지인 우견무기
透者則否, 無壬癸制火者, 又宜戊己出干補金洩火, 庶不夭折孤貧.
투자칙부 무임계제화자 우의무기출간보금설화 서불요절고빈

만약 地支에 火局을 이루고 水가 窮乏하면 奔走하고 波瀾에 떠도는 사람이다. 壬癸水의 剋制함을 얻으면 財産을 기부할 능력이 있는 사람이나 다시 戊己土를 보면 그렇게 되지 못한다.

壬癸水가 火를 剋制하지 않고 또한 마땅히 戊己土가 出干하여 金을 保護하고 火를 洩氣하면 대개는 夭折하거나 貧困하게 되지는 않는다.

支에 火局을 이루면 火가 旺하여 金을 녹이니 水가 아니면 制剋이 안 되므로 水로서 구제해야 한다. 그러므로 戊己土가 나타나서 水用神을 剋하는 것이 좋지 않으니 만약 剋을 한다면 가난하고 賤한 命局이 된다. 만약 水가 없으면 土로서 火의 氣運을 洩해야 하니 官印相生이라 하여 역시 우두머리가 나올 곳이니 결코 夭折하거나 외롭고 가난에 이르지는 않는다. 그러나 끝내 火와 土가 건조함에 치우치는 것을 싫어하니 밖으로는 여유가 있어 보이나 안으로는 부족하게 되니 福의 潤澤함에 欠缺이 있다.

> 總之仲夏無水, 必非上格, 或一派木火, 無傷, 印, 比劫, 又作從殺
> 총지중하무수 필비상격 혹일파목화 무상 인 비겁 우작종살
> 而論.
> 이론

總體的으로 한여름에 水가 없으면 반드시 上格이 되지 못하며 或 한 무리의 木火가 있고 傷官과 印星과 比劫이 없으면 從殺을 지었다고 論한다.

한 여름에 水가 없으면 전체적으로 乾燥함에 치우치게 된다. 從煞은 반드시 木이 있어서 印을 깨고 煞을 生해야 비로소 從이라 한다. 傷官이란 水를 말하니 水가 있으면 되살리는 功을 이룰 수 있다. 月令 자체에 己土가 있으니 五月에 庚金이 있고 己土가 透干하면 결코 從하지 않는다. 水가 있어도 역시 從하지 않는다.

| 壬 | 庚 | 庚 | 己 | 從殺格, 先貧後富, 壽考子多 |
| 午 | 戌 | 午 | 未 | |

326

이 命造는 從殺인지 아닌지 깊이 硏究해 봐야 한다. 庚金과 壬水가 모두 뿌리가 없고 己土 正印은 透干하여 午火와 未土에 뿌리를 내리니 從을 할 수 있는지 없는지가 문제다. 같이 생각해봐야 할 命造가 和德의 命造인데

己	庚	丙	丁
卯	午	午	卯

한 무리의 木과 火로 從하는 象이니 분명히 眞從인 듯한데 己土가 出干하여 午火에 祿을 얻으니 從을 할 수 없다. 또한 뜻을 얻은 것이 辛丑 庚子運이다. 또한 이 命造는 先貧後富하였는데 더욱이 의심스러운 것은 富가 乙丑 甲子運에 있었다는 것이다. 그러나 庚金은 陽干으로 從하기 쉽지 않은 것이니 비록 名利는 높았으나 刻苦의 勤勉과 苦生스러운 勞力이 있었던 것이다.

가장 좋았던 것은 水가 土와 金運을 帶했을 때이다(現代命鑑을 參照하라). 또한 다음으로는 「三命通會」에 이르기를 "庚金이 午火에 앉으면 다시 끌려가게 되니 丁巳가 가지런하고 분명하게 두 개여야 마땅하게 된다." 하였다. 干支에 丙火가 와서도 混雜함이 없고 水가 絶이 되고 比肩이 많아 富를 이룬 것이 아닌가 생각된다. 註에 이르기를 「庚午日 生이 五月에 나고 丁巳가 透干하면 官印을 갖춘 것이 分明하며 水가 火를 制剋하는 것은 좋지 않다.」 하였다. 또 다른 命造인데

丁	庚	庚	己
丑	午	午	丑

四柱에 두 개의 丑土가 보이므로 金水가 뿌리가 없지 않으니 從殺하지 않는다. 己未生과 丁卯生 양 命造와 비교하여 더욱 明確한 것

이니 기록해서 참고로 삼으라.

六月庚金, 三伏生寒, 頑鈍極矣, 先用丁火, 次取甲木.
룩월경금 삼복생한 완둔극의 선용정화 차취갑목

六月 庚金은 三伏에 寒氣가 生하고 金이 무딘 것이 極에 달한다. 먼저
丁火을 쓰고 그 다음으로 甲木을 쓴다.

六月 三伏의 庚金은 寒氣가 生하나 土가 旺하여 金이 得氣하므로
먼저 丁火를 쓰고 다음으로 甲木을 取한다. 身旺하면 才와 官을 기
뻐하고 身弱하면 金水로 生扶하는 것을 기뻐한다. 用神은 丁火와 甲
木을 떠날 수 없다.

丁甲兩透名顯身榮, 忌癸傷丁, 有甲無丁, 庸俗, 有丁無甲, 生員, 丁
정갑량투명현신영 기계상정 유갑무정 용속 유정무갑 생원 정
甲全無, 下賤之人, 木雖有, 丁不透, 支又見水, 執鞭之士, 丁火無
갑전무 하천지인 목수유 정불투 지우견수 집편지사 정화무
傷, 貿易之流.
상 무역지류

丁火와 甲木이 모두 透干하면 이름이 나고 몸이 榮華로우나 꺼리는 것
은 癸水가 丁火를 損傷하게 하는 것이다.
甲木은 있고 丁火가 없으면 庸劣하고 俗되며 丁火는 있고 甲木이 없으
면 生員은 한다. 丁火와 甲木이 모두 없으면 下賤한 사람이다. 비록 木
이 있어도 丁火가 透干하지 않고 또 地支에 水를 보면 執鞭之士가 되
며 丁火의 損傷이 없으면 貿易을 하는 부류이다.

六月 大暑 前은 金이 아직 進氣가 아니므로 取用法이 五月과 같
다. 大暑 後는 金水의 氣가 앞으로 나가니 七月과 같으므로 반드시
丁火로 鍛鍊하여야 한다. 그러므로 甲木으로 丁火를 이끌어주어야

328

한다. 단 丁火를 쓸 때 꺼리는 것은 癸水가 用神을 傷하는 것이다.
또한 甲木은 있으나 丁火가 없으면 오로지 才星을 쓰니 잔머리로 이
익을 얻으려는 庸劣하고 저속한 謀利輩가 된다. 또한 丁火는 있으나
甲木이 없으면 官星을 돕는 것이 없으니 衣衿만 있을 뿐이다.

다음으로 丁火와 甲木의 變局에 대해서 論한다. 丁火는 透干하지
않고 支에 水를 보는 경우는 用神이 傷害를 입게 되니 下賤한 사람
이 된다. 또한 用神인 丁火가 用神으로부터 傷害를 입으면 貿易業을
하는 부류이다. 傷害를 입었는지 與否는 支의 놓인 位置를 보아야
한다.

執鞭之士 : 벼슬아치나 貴人이 외출할 때에 채찍을 들고 따라다니며 길을 열던 사람.

支會土局, 甲先丁後, 甲透者, 文章顯達, 丁透者, 刀筆揚名, 或柱多
지회토국 갑선정후 갑투자 문장현달 정투자 도필양명 혹주다
金, 有二丁出制, 異路功名.
금 유이정출제 이로공명

支에 土가 모여 局을 이루면 甲木을 먼저 쓰고 丁火를 뒤에 쓴다. 甲木
이 透干하면 文章으로 顯達하고 丁火가 透干하면 刀筆로 이름을 떨친
다. 或 四柱에 金이 많고 두개의 丁火가 出干하여 剋制하면 異路功名
한다.

이는 土가 中하면 金이 묻히게 되니 甲木을 救해야 하는 것을 말
한다. 그러므로 甲木을 먼저 쓰고 丁火를 나중에 쓴다.

或柱多金, 有二丁出制, 異路功名
혹주다금 유이정출제 이로공명

或 四柱에 金이 많은데 두 개의 丁火가 나와서 制剋하면 異路로 功名
을 이룬다.

앞의 글의 支에 土가 모여 局을 이루고 四柱에 金이 많으면 土가
비록 두터워도 金이 파묻히게 되지는 않는다는 말을 이은 것으로 위
의 말에서는 丁火가 透干하면 刀筆로 이름을 날린다 하였다. 이 글
에서는 만약 두 개의 丁火가 나타나서 制剋을 하면 역시 異途로 功
名을 이룬다 하였다. 위의 刀筆과 같은 것이다.

| 丁 | 庚 | 丁 | 丙 | 丁透甲藏 早年得志 一榜 少兄弟 |
| 亥 | 申 | 未 | 辰 | |

庚辛 日元이 오로지 祿이나 壬水가 土를 潤澤하게 하여 金을 生하
니 庚金이 極旺하다. 또한 丙丁火가 나란히 透干하여 官煞混雜이 되
었다. 그러므로 才를 써서 官煞을 生할 수 없고 다만 印으로 化하여
야 한다.

| 壬 | 庚 | 乙 | 丙 | 壬透制火, 縣令, 大有才幹 |
| 午 | 寅 | 未 | 午 | |

이 命造는 五月의 글 中에 乙未生의 한 命造와 비슷하다. 壬水가
비록 뿌리가 없으나 능히 土를 潤澤하게 하니 庚金이 死絶地에 臨하
였으나 從하지 않는다. 당연히 胞胎格을 지은 것으로 보니 未土 正
印을 用神으로 쓴다. 運이 土의 마을로 가니 火를 洩하여 金을 護衛
하므로 최고로 아름다운 運이 된다.

甲	庚	己	癸	
申	子	未	巳	
此傷官格, 制殺太過, 入木火運, 才旺生殺, 大發				

子水와 申金이 모여 局을 이루고 癸水가 透干하니 傷官格이다. 己
土가 旺하고 勢力을 잡으니 傷官을 지나치게 制剋한다. 木運으로 들
게 되어 才가 旺하여져서 印을 깨 버리니 大發하였다. 原文에 틀림

없이 誤字가 있다.

癸	庚	乙	丙	一丙二丁, 取癸制殺, 爲役起家
未	辰	未	辰	

庚辰으로 印에 앉으니 潤澤한 土가 金을 生한다. 乙木이 庚金을 쫓아 合하고 癸水를 制殺하는 用神으로 삼는다. 六月에 生하여 火의 餘氣가 있고 水가 絶地에 臨하였으므로 거듭 制殺하는 運이 마땅하다.

3) 三秋庚金

七月庚金, 剛銳極矣, 專用丁火煆煉, 次取木引丁, 故曰, 秋金銳銳
칠월경금 강예극의 전용정화하련 차취목인정 고왈 추금예예
最爲奇, 壬癸相逢總不宜, 如逢木火來成局, 試看福壽與天齊, 如得
최위기 임계상봉총불의 여봉목화래성국 시간복수여천제 여득
丁甲兩透, 定步淸雲, 若有丁無甲爲俊秀, 有甲無丁是平人, 丁甲兩
정갑량투 정보청운 약유정무갑위준수 유갑무정시평인 정갑량
無無用物, 只堪門下作閒人.
무무용물 지감문하작한인

七月의 庚金은 剛하고 銳利함이 極度에 달하므로 오로지 丁火를 사용하여 달구고 단련하여야 한다. 다음으로 取할 것은 木으로 丁火를 이끌어 준다. 그러므로 가을의 金은 예리하게 날카로운 것이 가장 奇特한 것이니 壬癸水를 만나는 것은 모두가 마땅치 않다. 그러나 木火가 와서 局을 이루면 경험해 본 바로는 福壽가 마치 天道와 같이 고르다. 만약 丁火와 甲木이 모두 더불어 透干하면 반드시 걸어서 靑雲에 오른다. 丁火는 있고 甲木이 없으면 俊秀하며 甲木은 있고 丁火가 없으면 平常人이다. 丁火와 甲木이 모두 없으면 쓸 것이 없으니 다만 門前下人에 불과하게 된다.

七月은 庚金이 權勢를 잡으므로 오로지 旺한 때이니 단단하고 예리함이 極에 달한다. 《明理賦》에 이르기를 「强金이 水를 얻으면 비로소 그 예리함이 꺾이니 마땅히 水로 金을 洩하여야 한다.」 하였으나 庚金의 성질을 알지 못하는가. 반드시 火로 달구고 鍛鍊하여야 큰 그릇을 이룰 수 있으니 오로지 丁火를 써야 한다. 甲木이 寅月에 生하면 洩을 해야지 剋함은 마땅치 않은 것이나 庚金은 申月에 生하면 剋이 마땅하고 洩하는 것은 마땅치 않은 것이다. 그러므로 五行은 각기 다 특수한 성질이 있는 것이다.

또 한편으로는 氣候의 관계가 있으니 이 理論은 本書에서만 이렇게 밝혀 놓은 것으로 다른 종류의 命理書에는 실려 있지 않은 것이다. 庚金을 달구고 鍛鍊하는 데는 丁火가 으뜸이며 丁火는 반드시 甲木에 붙어서 존재하니 《滴天髓》에 이르기를 「嫡母에는 가을도 可하고 겨울도 可하다.」하였다. 그러므로 丁火만 있고 甲木이 없으면 才가 官을 生함이 없어 겨우 俊秀함에 멈추게 된다. 또한 甲木만 있고 丁火가 없으면 申金宮에 壬水가 長生하므로 食神生才格은 이루지만 甲木 才가 申金月에 休囚되어 衣食만 充足한 平常人이 되는 것이다. 만약 丁火와 甲木이 둘 다 없으면 名利가 모두 缺陷이 있으니 金水만 旺하고 돌아가 머무를 집이 없어 下格이 되고 만다.

或支成水局, 乏丁用丙, 柱中卽有丙火, 不見甲木者, 必主愚懦, 何
혹지성수국　핍정용병　주중즉유병화　불견갑목자　필주우나　하

也, 當時金水兩旺, 金生水以制火, 何能發達, 或見甲出引丁, 可云
야　당시금수량왕　금생수이제화　하능발달　혹견갑출인정　가운

生監, 甲弱者, 衣食充盈.
생감　갑약자　의식충영

或 地支에 水局을 이루고 丁火가 窮乏하면 丙火를 쓰는데 命局에 木이 없으면 반드시 愚鈍하고 懦弱하다.

왜 그런가? 時期가 金과 水 모두 旺한 때이니 金이 水를 生하고 그 水
로서 火를 剋하면 어찌 發達하겠는가?
或 甲木이 나타나 丁火를 이끌어주면 生監은 할 수 있고 甲木이 弱한
경우는 衣食만 充足할 따름이다.

庚金을 鍛鍊하는 데는 丁火가 으뜸이 되고 氣候를 調和하는 데는
丙火가 優先이다. 이것이 火爐의 불과 太陽의 불에 다름이다. 七月
의 庚金은 모름지기 불로 달구고 불려야 그릇을 이루게 될 수 있으
므로 丙火는 丁火의 힘에 미치지 못한다. 그러므로 四柱에 丁火가
없을 때만 부득이 丙火를 쓸 뿐이다. 그러나 그나마 甲木이 없으면
안 되니 甲木이 透干하여 있어야 水를 洩하여 火를 生하기 때문이
다. 비록 原局에 丁火가 없어서 丙火를 쓰게 되면 才滋弱煞은 되어
才로서 官을 生하는 것과 의미는 같으나 力量이 薄弱하여 生監에 불
과한 것이다. 만약 甲木이 弱한 경우는 食神으로 才를 生하고 丙火
로 調候하여 輔佐하여야 한다. 그와 같으면 衣食은 充足하게 된다.

> **或支成土局, 先甲後丁,**
> 혹 지 성 토 국   선 갑 후 정

地支에 土局을 이루면 먼저 甲木을 쓰고 뒤에 丁火를 쓴다.

支에 土局을 이루면 土를 파헤쳐주는 것이 필요하니 土를 파헤쳐
야 金이 드러나게 된다. 그러므로 甲木을 먼저 쓰고 거듭해서 丁火
가 빠져서는 안 된다.

> **支成火局, 富貴中人, 金剛木明, 行商坐賈之人, 金備申酉戌之地,**
> 지 성 화 국   부 귀 중 인   금 강 목 명   행 상 좌 가 지 인   금 비 신 유 술 지 지
> **富貴無疑, 金神入火鄕, 逢羊刃富貴榮華.**
> 부 귀 무 의   금 신 입 화 향   봉 양 인 부 귀 영 화

地支에 火局을 이루면 富貴한 사람이며 金이 剛하고 木이 밝으면 다니면서 장사를 하거나 坐板에서 장사를 하는 사람이며 金이 申酉戌의 地를 모두 갖추면 富貴를 疑心하지 않고 金神이 火運에 들고 陽刃을 만나면 富貴榮華가 있다.

庚金이 月令에 建祿이 되니 支에 火局을 이루면 庚金을 불리고 단련해서 그릇을 이룰 수 있게 되므로 반드시 富貴한 사람이 된다. 그러나 金은 旺하고 才는 가벼운데 丁火가 없으면 富는 얻어도 貴는 얻을 수 없다. 金이 申酉戌의 地를 갖추면 金이 그릇을 이루니 반드시 부귀하게 된다.

地에 火局을 이루고 다시 陽刃을 만나면 金神이 火의 마을로 들어간다 한다. 그와 같은 두 格局은 모두 富貴하게 된다. 子平法을 빌리면 가을은 金이 權勢를 잡으니 모두 金神이라 부르는데, 오로지 金으로만 되어 있지 않은 乙丑, 己巳, 癸酉도 金神이라 하니 이것만 봐도 自明한 것이다.

> 八月庚金, 剛銳未退, 用丁甲, 丙不可少, 若丁甲透, 又見一丙, 功名
> 팔월경금 강예미퇴 용정갑 병불가소 약정갑투 우견일병 공명
> 顯赫, 且見羊刃無刑沖, 丙殺藏支, 名爲羊刃架殺, 主出將入相, 直
> 현혁 차견양인무형충 병살장지 명위양인가살 주출장입상 직
> 介忠臣.
> 개 충 신

八月 庚金은 剛하고 銳利함이 아직 물러가지 않았으니 丁火와 甲木을 쓰나 丙火가 적으면 不可하니, 萬若 丁火와 甲木이 透干하고 하나의 丙火를 보면 功名이 顯赫하고, 또한 羊刃을 보고 刑沖이 없고 丙火 七殺이 地支에 감추어지면 이르기를 羊刃架殺이라 하며 出將入相하고 直介忠臣이다.

344

八月의 庚金은 月垣이 酉金으로 陽刃이 權勢를 잡으니 金氣가 최고로 剛하고 銳利하다. 깊은 가을의 때에 머물고 寒氣가 점점 심해지므로 丙火와 丁火를 用神으로 삼는데, 丁火로는 庚金을 다스리고 丙火로는 寒氣를 除去하고 풀어주어야 한다. 이것이 官과 煞을 함께 쓰는 法이다.

이와 같은 경우를 자주 경험을 하여 왔는데 오직 本書에만 이와 같이 명확히 밝혀 놓았고 다른 종류의 命理書에는 이와 같은 것이 없다. 특히 官과 煞이 섞이는 것을 꺼리지 않는 것은 아니나 반드시 나란히 보여야 비로소 貴하게 될 수 있다.

그리고 煞과 刃은 본래 印을 써야 마땅하지만 八月의 庚金은 煞刃格으로 刃이 旺하고 煞은 退氣하니 마땅히 才를 써서 煞을 生해주어야 한다. 특히 陽刃은 刑과 冲을 보는 것을 꺼린다. 그러므로 刑과 冲이 없으면 刃이 맑고 煞이 드러나니 반드시 極品의 貴를 하게 되고 兵權을 掌握하게 된다.

> **或丙火重重, 一丁高透, 亦主科甲, 丙出丁藏, 異路之仕.**
> 혹병화중중 일정 고투 역주과갑 병출정장 이로지사

或 丙火가 重重하고 하나의 丁火가 뚜렷이 透出하면 亦是 科甲을 한다. 丙火는 透干하고 丁火가 감추어지면 異路로 벼슬한다.

이는 앞글의 丙丁火가 반드시 함께 透干해야 비로소 貴하게 된다는 뜻을 되풀이한 것이다. 대개 丙火로는 추위를 푸는데 쓰고 丁火로는 金을 다스리는데 쓴다. 그러므로 丁火가 透干해야 貴하게 되고 만약 丙火가 出干하고 丁火가 숨으면 異途로 어느 정도는 富貴할 수는 있다.

或甲藏支, 火透而水不透者, 亦主清高, 衣衿可望.
혹 갑 장 지 화 투 이 수 불 투 자 역 주 청 고 의 금 가 망

甲木은 地支에 숨고 火가 透干하면 水가 透干하지 않은 경우만 역시 淸高하고 衣食은 있다.

甲木은 숨어 透干하지 않아도 다만 火는 出干함이 필요하니 역시 功名을 이루며, 火는 透干하고 水는 숨어서 丁火를 傷하지 않으면 破格은 되지 않는다.

或丁藏支內, 重見丙火者, 此名假殺重重, 雖羊刃帖身, 却難從殺也.
혹 정 장 지 내 중 견 병 화 자 차 명 가 살 중 중 수 양 인 첩 신 각 난 종 살 야

或 丁火는 地支 內에 감추어지고 丙火를 거듭 보면 이를 부르기를 假殺이 重重하다 하나 羊刃이 몸에 가까이 붙어있으니 從殺은 어렵다.

八月의 庚金은 陽刃이 權勢를 잡으니 丙丁火가 어떻게 重하게 나타나든 겹쳐서 나타나든 결코 從殺하는 理致가 없다.

卽一丙透, 秀而不富, 或支見重重甲乙, 無用人也, 總之旺金木衰,
즉 일 병 투 수 이 불 부 혹 지 견 중 중 갑 을 무 용 인 야 총 지 왕 금 목 쇠
非火莫制, 不見丙丁, 藝術之輩.
비 화 막 제 불 견 병 정 예 술 지 배

卽 하나의 丙火가 透出하면 뛰어나지만 富는 없다. 만약 支에 甲乙木이 重重하면 쓸모없는 사람이다.
總論하면 金은 旺하고 木은 衰한데, 火가 아니면 剋制할 것이 없으니 丙丁火를 보지 못하면 藝術하는 무리다.

앞글의 丁火는 支內에 숨고 다시 丙火는 出干하는 句節을 이은 글로 다시 "丙火가 出干하면 ..."라는 글귀를 보라. 丁火가 숨으면 앞

글에 이르기를 異途의 벼슬을 한다고 했다. 또한 이르기를 뛰어나지만 富는 못한다고 한 말은 總論의 "富貴는 고르나 부족함이 있다"는 말이다. 만약 天干에 丙火와 丁火는 없고 支에 甲乙木이 重複되서 나타나면 陽刃이 才를 만난 것이니 食傷이 아니면 풀지 못한다.

金은 旺하고 木은 衰하니 食傷을 사용하여 才를 生하여 格을 이루어야 한다. 그와 같으면 商業界의 中人이 된다. 만약 火가 나타나 劫才를 制御하지 않으면 才를 보호하지 못한다. 火가 나타나 金을 制剋하여 木을 保護하면 夫가 튼튼하여 妻가 두려워한다. 만약 丙丁火를 보지 못하면 藝術을 하는 무리들이다.

| 丙 | 庚 | 丁 | 丙 | 身旺任殺 一品 |
| 子 | 子 | 酉 | 子 | |

이는 明代의 喬行簡 尙書의 命造이다. 傷官으로 制煞하니 用神으로 삼는다.

| 丁 | 庚 | 乙 | 乙 | 歸靈格, 才旺生官, 副使 |
| 亥 | 午 | 酉 | 巳 | |

才가 旺하여 官을 生하는 것이 至極히 分明하게 드러난다. 格局名稱을 옛날의 五星 理論으로 풀리지 않는 것이 너무 많다.

| 戊 | 庚 | 癸 | 己 | 羊刃架殺格, 尙書 |
| 寅 | 申 | 酉 | 亥 | |

이는 身은 旺하나 煞은 가벼우니 陽刃加煞格이다. 기쁜 것은 大運이 逆行하여 南方으로 가는 것이다.

九月庚金, 戊土司令, 最怕土厚埋金, 宜先用甲疏, 後用壬洗, 則金
구월경금 무토사령 최파토후매금 의선용갑소 후용임세 칙금
自出矣, 忌見己土濁壬.
자출의 기견기토탁임

九月의 庚金은 戊土가 司令하니 제일 두려운 것은 土가 두터워서 金이 묻히는 것이다. 마땅히 먼저 甲木으로 疎土하고 後에 壬水로 씻어주면 金이 스스로 드러난다. 꺼리는 것은 己土가 壬水를 濁하게 하는 것이다.

九月의 庚金은 土가 旺하여 權勢를 잡는다. 支가 모두 四庫이고 戊己土가 透干하면 土가 두터워 金이 파묻히니 마땅히 먼저 甲木을 써서 土를 파헤쳐주어야 한다. 또한 戊土宮에 丁火가 숨어 있으니 官星入墓가 된다. 그러므로 유독 丁火를 쓰지 않으니 格局이 變한다.

九月의 庚金은 餘氣가 오히려 旺하니 壬水를 써서 씻어주라, 그러면 그 氣를 洩하여 金水의 氣가 마땅히 맑게 된다. 戊土를 보면 그 흐름이 막히고 己土는 水를 막기에는 부족할 뿐 아니라 壬水의 氣를 濁하게 한다. 그러므로 壬水를 쓸 경우는 戊己土 둘 다 보는 것을 꺼린다.

壬甲兩透, 科甲相宜, 或甲透壬藏, 鄕魁可望, 甲藏壬透, 廩貢堪謀,
임갑량투 과갑상의 혹갑투임장 향괴가망 갑장임투 름공감모
有甲無壬, 猶有學問, 有壬無甲, 莫問衣衿, 壬甲兩無, 則爲下格.
유갑무임 유유학문 유임무갑 막문의금 임갑량무 칙위하격

壬水와 甲木이 더불어 透干하면 科甲을 하고, 甲木이 透出하고 壬水가 숨으면 지방의 우두머리는 될 수 있다.
甲木이 숨고 壬水가 透出하면 穀物을 관리하는 직책 정도는 勘當할 머리는 있다. 甲木이 있고 壬水가 없으면 다만 學問은 있으며, 壬水가 있고 甲木이 없으면 衣衿을 묻지 말고, 壬水와 甲木이 모두 없으면 下格이다.

이것은 格局의 높고 낮은 것을 말한 것이다. 壬水와 甲木이 함께 透干하면 甲木으로 戊土를 剋制하고 壬水로 庚金을 洩하면 配合이

적당한 것이니 科甲을 바랄 수 있다. 甲木이 透干하고 壬水가 감추어지면 그 다음이고 甲木이 감추어지고 壬水가 透干하면 다시 그 다음이 된다.

甲木은 있으나 壬水가 없으면 오로지 才를 써서 印을 덜어준다. 비록 秀氣가 흘러 通하지는 않지만 庚金이 埋沒되는데 이르지는 않으니 스스로 그 쓰임을 드러낸다. 壬水는 있고 甲木이 없으면 重한 土가 庚金의 정수리까지 덮으니 庚金이 눌려 아래에 묻혀서 고요하고 고요하여 찾을 수 없게 되므로 壬水와 甲木이 모두 없으면 下格이 되고 만다.

> 或支成水局, 丙透救之, 此人才高邁衆, 名重鄕閭, 不見癸水, 一榜
> 혹 지 성 수 국 병 투 구 지 차 인 재 고 매 중 명 중 향 려 불 견 계 수 일 방
> 可許.
> 가 허

地支에 水局을 이루고 丙火가 透出하여 救하면 이 사람은 재주 높아 사람들에게 알려지고 그 이름이 마을 입구 門에 새겨진다. 癸水가 나타나지 않으면 及第할 수 있다.

支에 水局을 이루면 金의 秀氣를 洩하니 金水傷官이 되므로 聰明함이 切釘에 이르니 반드시 才操가 높아 많은 사람 가운데 으뜸이 된다. 또한 丙火가 調候를 하면 金과 水의 寒氣를 救濟하니 金水傷官格은 官星을 보는 것을 기뻐하는 것이다.

그러나 丙火와 癸水가 나란히 透干하면 官星이 剋傷을 입으니 어찌 貴를 바라겠는가. 丙火는 太陽의 火이고 癸水는 雨露의 水이니 丙火는 壬水를 두려워하지 않지만 癸水는 두려워하니 역시 五行 相剋의 한 가지 理致라 한다.

或四柱戊多金旺, 全無甲壬者, 卽有衣祿, 亦不能久, 或庚戊多無壬
혹 사 주 무 다 금 왕   전 무 갑 임 자   즉 유 의 록   역 불 능 구   혹 경 무 다 무 임
甲者, 愚頑之輩.
갑 자   우 완 지 배

或 命局에 戊土가 많고 金이 旺한데 甲木과 壬水가 전혀 없으면 衣祿
은 있으나 오래갈 수 없다.
或 庚金과 戊土가 많고 壬水와 甲木이 없으면 愚鈍하고 頑固한 무리다.

戊土가 많으면 土가 重한 것이니 金이 묻히게 된다. 그러므로 甲
木의 救助가 없고, 身은 旺하나 壬水로 洩하지 않고, 역시 丁火의 剋
도 없으면 반드시 下格이라 한다. 兩節의 뜻을 重複 설명한 것이다.

甲	庚	戊	辛	尙書
申	申	戌	酉	

甲木으로 疏土하고 申金宮에 壬水가 있어 氣를 洩하니 그 水氣가
있다.

辛	庚	丙	庚	方伯
巳	戌	戌	寅	

丙火 偏官이 生을 만나 祿을 얻고 印으로 化煞하니 用神으로 삼
는다.

辛	庚	戊	辛	太尉
巳	申	戌	酉	

이는 巳火宮의 丙火로 用神을 삼는다. 기쁜 것은 運이 南方으로
行하니 七煞이 得地하여 貴를 얻었다. 또한 明代의 王 東台少 卿의
命造이다.

340

4) 三冬庚金

> 十月庚金, 水冷性寒, 非丁莫造, 非丙不暖.
> 십월경금 수랭성한 비정막조 비병불난

十月 庚金은 水도 冷하고 性도 차가우니 丁火가 아니면 造化가 없고,
丙火가 아니면 따스하게 하지 못한다.

庚金은 단단하고 銳利한 金이니 丁火가 아니면 불리고 鍛鍊하지
못하고 十月은 寒氣가 점점 더 심해지니 丙火가 아니면 추위를 풀
수 없다. 그러므로 官과 煞이 반드시 나란히 나타나야 아름답게 된
다. 丁火를 쓰는데 甲木을 떼어 놓을 수 없다. 그러나 丁火가 주된
것이고 丙火와 甲木으로 輔佐를 해야 한다.

> 丁甲兩透, 支無水局, 一榜有之, 支藏丙火, 桃浪之仙, 支見亥子, 得
> 정갑량투 지무수국 일방유지 지장병화 도랑지선 지견해자 득
> 己出制, 亦有功名.
> 기출제 역유공명

丁火와 甲木이 더불어 透干하고 地支에 水局이 없으면 及第할 수 있
다. 더구나 地支에 丙이 숨으면 貴하게 되니 桃浪의 仙人이라 한다. 地
支에 亥子水를 보면 己土가 出하여 剋制하여야 亦是 功名이 있다.

丁火는 甲木을 떼어 놓을 수 없으니 丁火와 甲木이 더불어 透干하
고 丙火가 없으면 科甲功名한다. 더불어서 丙火가 支에 감추어지면
추위를 풀고 언 것을 除去하니 貴함이 반드시 드러나게 된다. 꺼리
는 바는 地支에 水가 旺하여 局을 이루면 丙丁火로 하여금 그 쓰임
을 드러낼 수 없게 한다. 支에 水局은 없어도 만약 亥子水를 보면 戊
己土를 얻어 制剋해야 역시 功名이 있다. 十月의 亥水宮에는 자연히

甲木이 있으므로 己土가 壬水와 섞이면 甲木의 쓰임이 자연히 드러
나니 역시 水를 剋制하여 火를 保存하는 한 가지 방법이다.

若見丙透無丁者, 決無顯達. 丁藏甲透, 武職之人. 以上不合者,
약 견 병 투 무 정 자 결 무 현 달 정 장 갑 투 무 직 지 인 이 상 불 합 자
庸俗.
용 속

萬若 丙火가 透出하고 丁火가 없으면 결코 顯達하지 못한다. 丁火가
숨고 甲木이 透干하면 武官이 되며 以上에 該當되지 않으면 庸劣한 俗
人이다.

丙火가 透干하고 丁火가 없으면 아래에 庚金을 녹여 그릇을 이룰
수 없다 하였으니 顯達을 바랄 수 없다. 그러나 丁火가 숨고 甲木이
透干하고 東南運의 도움이 있으면 역시 顯達할 수 있게 된다. 十月
의 庚金은 별다른 용법이 없으니 丙丁火 用神이 아니면 반드시 庸劣
한 俗人이 된다.

如金水混雜, 全無丙丁者, 鄙夫, 支成金局, 無火者, 僧道之命也, 書
여 금 수 혼 잡 전 무 병 정 자 비 부 지 성 금 국 무 화 자 승 도 지 명 야 서
曰, 水冷金寒愛丙丁.
왈 수 랭 금 한 애 병 정

萬若 金水가 混雜하고 丙丁火가 모두 없으면 吝嗇한 사람이고 地支에
金局을 이루고 火가 없으면 僧道의 命이 된다. 書에 이르기를 水는 차
고 金은 얼었으니 丙丁火를 사랑한다 하였다.

水가 차고 金이 추우므로 丙丁火를 制外하고 별다른 쓸 것이 없는
理致를 거듭 말한 것이다.

壬	庚	辛	丁	甲丁得全 廉訪
午	子	亥	亥	

이는 金水傷官格으로 기쁜 것은 官星을 본 것이니 이는 午火 中에
丁火를 用神으로 삼는다.

丙	庚	辛	壬	女命 金清水秀 夫榮子貴 美而且賢
子	辰	亥	辰	

이 역시 金水傷官格으로 기쁜 것은 丙火가 透干한 것이다.

十一月庚金, 天氣嚴寒, 仍取丁甲, 次取丙火照暖, 或丁甲兩透, 丙
在支中, 必主科甲, 卽無丙火, 亦有衣衿, 有丁無甲, 亦可富中取貴,
有甲無丁, 只作常人, 或丙透丁藏, 異途名望, 丁藏有甲, 武學可許.

十一月의 庚金은 天氣가 몹시 추우니 거듭 丁火와 甲木을 取하고 다음
으로 丙火로 따뜻하게 비춰줌을 取한다. 만약 丁火와 甲木이 더불어
透干하고 丙火가 地支 中에 있으면 반드시 科甲하고 丙火가 없어도 亦
是 衣食은 있다.
丁火는 있고 甲木이 없으면 亦是 富 中에 貴를 取함이 可能하며 甲木
은 있고 丁火가 없으면 단지 平常人이다. 丙火는 透出하고 丁火가 숨
으면 異路로 功名하고 丁火는 숨고 甲木이 있으면 武學을 할 수 있다.

庚金이 十一月에 生하면 金水眞傷官이 되니 반드시 丙丁火가 없
어서는 안 된다. 寒氣를 제거하고 추위를 풀려면 반드시 丙火를 써
야 하고 또한 十一月은 丁火와 甲木을 取하는 것을 높이 치지만 十
二月은 丁火와 甲木이 모두 쓸데가 없다. 그러나 丙火가 아니면 안
된다. 丁火와 甲木과 丙火가 완전히 갖추어지고 丁火는 透干하고 丙
火가 감추어지면 반드시 科甲은 할 수 있다. 그러나 丙火가 없으면

겨우 衣衿만 있을 뿐이니 추위를 풀지 못하기 때문이다.

다음으로 말할 것은 丁火와 甲木이다. 丁火는 있으나 甲木이 없고 支에 午火가 있어 通根하면 역시 富한 中에 貴를 가질 수 있다. 그러나 甲木은 있고 丁火가 없으면 平常人이 된다. 대개 중요한 것은 丁火에게 있으니 甲木은 丁火의 力量을 더하는 것 뿐이므로 丁火가 없으면 甲木 역시 소용이 없게 된다.

다음으로 말할 것은 丙丁火이다. 丙火가 透干하고 丁火가 숨으면 비록 차가운 氣勢는 풀 수 있으나 庚金을 制剋하는 것은 부족하다. 그러므로 異途의 벼슬을 하게 되고 丁火는 감추어지고 甲木이 있으면 丁火가 없는 것 보다는 낫고, 運이 南方으로 가면 역시 貴하게 된다. 단 十一月과 十二月에 丙火와 丁火는 반드시 通根해야 하니 支에 寅巳午未戌 등이 있어야 비로소 쓸 수가 있게 된다. 그렇지 않으면 언 나무가 火를 生할 수 없게 된다.

> 或重重丙火, 可許一富, 但不淸高, 丙戊生寅, 或丙底坐寅, 有一二
> 혹 중 중 병 화 　가 허 일 부 　단 불 청 고 　병 무 생 인 　혹 병 저 좌 인 　유 일 이
> 者, 富眞貴假, 若見癸透, 一介寒儒.
> 자 　부 진 귀 가 　약 견 계 투 　일 개 한 유

만약 丙火가 重疊되면 가히 一富는 되나 다만 淸高하지는 못하다. 丙火와 戊土가 寅에 長生이 되니 丙火가 寅木에 앉고 한 두 개의 丙火가 더 있으면 富는 참되지만 貴는 잠시 뿐이다. 萬若 癸水가 透干하여 나타나면 한낱 가난한 선비가 된다.

金水가 맑고 차가우니 겹겹이 丙火를 얻어 局이 따뜻해지면 추위의 威勢가 이미 풀어진 것이니 水運으로 가면 金의 秀氣를 洩하여 淸高하고 貴하게 顯達한다. 만약 다시 運이 火로 가면 일개 富者가 될 뿐이다. 丙火가 寅木에 앉으면 煞과 印이 반드시 通根되므로 비

344

로소 쓰일 뜻이 있는 것이다.

丙火 또한 그러하니 丁火를 서둘러 論하면 丁火로 얼음을 녹이고 추위를 제거하여 富를 가질 수 있으나 用神은 丙火에 있는 것이다. 그러므로 丁火를 쓰게 되면 富는 참되나 貴는 헛된 것이니 속된 富者가 되므로 淸高함은 없다. 만약 癸水가 透干하여 丙火를 剋制하면 格局이 깨져 버리게 되므로 일개 가난한 선비가 될 뿐이라 한 것이다. 金水는 秀氣가 되므로 비록 가난하지만 學者는 되는 것이다.

> 或支成水局, 不見丙丁者, 此乃傷官格, 爲人淸雅, 衣祿常盈, 但子
> 혹지성수국 불견병정자 차내상관격 위인청아 의록상영 단자
> 息艱難耳.
> 식 간 난 이

或 地支에 水局을 이루고 丙丁火를 보지 않으면 이는 傷官格이니 사람됨이 淸雅하며 衣祿은 恒常 넉넉하나 다만 자식 因緣이 어려울 뿐이다.

支에 水局을 이루면 金水傷官이 되나 洩氣가 지나치게 심하니 반드시 官煞을 봐야 비로소 貴하게 顯達할 수 있다. 만약 丙丁火를 보지 못하면 사람이 비록 淸雅하나 貴하게 되지 못하고 衣祿 또한 넘치나 富者도 못된다. 왜냐하면 丙丁火를 보지 못하면 金이 차고 물이 얼게 되니 터럭만큼도 生機가 없게 되므로 妻子와 財祿에 欠과 缺陷을 못 면하기 때문이다.

> 或丙丁太多, 名官煞混雜最無良, 又怕身輕有損傷, 如遇東南二運
> 혹병정태다 명관살혼잡최무량 우파신경유손상 여우동남이운
> 地, 爲能埃得過時光, 過於淸冷, 似有凄涼, 柱中一派金水, 不入火土
> 지 언능애득과시광 과어청랭 사유처량 주중일파금수 불입화토
> 之鄕, 主一生孤貧浪蕩, 難望有成也.
> 지향 주일생고빈랑탕 난망유성야

或 丙丁火가 너무 많으면 부르기를 官殺混雜이라 하여 좋을 것이 없다. 또한 두려운 것은 身弱하여 損傷되는 것이니 東南의 두 개의 運을 만나면 어찌 때 지나간 시간의 영광을 얻는다 할 것인가. 淸冷함이 지나치면 凄凉한 것과 같으니, 命局에 한 무리의 金水를 이루고 火土의 運으로 가지 못하면 一生이 孤獨하고 貧困하며 매사가 파도에 쓸린듯 하여 所望을 이루기 어렵다.

冬節에 金水傷官이 丙丁火가 지나치게 많으면 이것을 따뜻한 손님이 주인의 자리를 빼앗은 것이나, 기쁜 것은 官煞을 본 것으로 氣候가 調和를 얻은 것이니 만약 官煞이 지나치게 많으면 剋과 洩이 함께 모여 일어나므로 傷官이 필요로 하는 官의 의미를 잃게 된다. 그러므로 運이 東南으로 가면 이미 剋을 받은 身이 다시 剋을 당하니 두렵고 北地로 가면 또한 洩氣를 싫어한다. 그러므로 좋은 運이 없겠다. 만약 官煞을 보지 않으면 지나치게 맑고 차가운 것을 싫어하니 火土地로 가지 않으면 성취를 바라기 어렵다. 格局은 모두 配合에 있는 것이니 輕重에 따라 出入의 차이가 큰 것이다.

| 庚 | 庚 | 壬 | 壬 | 井欄叉格 尙書 |
| 辰 | 申 | 子 | 子 | |

井欄叉格으로, 즉 金水傷官格의 變局이다. 原局에 火가 없으니 運이 東南으로 가서 大發한 것이다.

| 癸 | 庚 | 庚 | 辛 | 丁甲在支 富大貴小 |
| 未 | 辰 | 子 | 亥 | |

金水傷官으로 未土 中의 한 점 丁火를 取하나 氣勢가 不足하다. 그러므로 運이 南方 火運으로 가지 않으면 안 된다.

戊	庚	戊	乙	甲丙得位 富重取貴
寅	寅	子	卯	

이는 寅木 中에 甲木과 丙火를 取한다. 金水傷官이 冬節에 있으니 반드시 丙火를 取하여야 한다.

十二月庚金, 寒氣太重, 且多溼泥, 愈寒愈凍, 先取丙火解凍, 次取
십 이 월 경 금　한 기 태 중　차 다 습 니　유 한 유 동　선 취 병 화 해 동　차 취
丁火煉金, 甲亦不可少.
정 화 련 금　갑 역 불 가 소

十二月 庚金은 寒氣가 대단히 甚하니 다시 축축한 진흙이 많으면 더욱 춥고 더욱 얼어붙는다. 먼저 丙火를 取하여 解凍하고 다음으로 丁火를 取하여 金을 製煉하니 甲木이 적으면 不可能하다.

　　三冬에 庚金은 丙火와 丁火를 떠날 수 없다. 十月과 十一月은 丁火를 主로 하고 丙火로 輔佐를 삼으나 十二月은 寒氣가 매우 심하니 丙火를 主로 삼고 丁火를 輔佐로 삼아 甲木으로 丙丁火를 도와야 하니 역시 甲木이 적으면 안 된다. 그 외에는 十一月과 이치가 같다.

丙丁甲透者, 即不科甲, 亦有恩榮, 有丙無丁甲者, 富中取貴, 有丁
병 정 갑 투 자　즉 불 과 갑　역 유 은 영　유 병 무 정 갑 자　부 중 취 귀　유 정
甲無丙者, 特達才人, 有丙丁無甲者, 白手成家, 刀筆亨通, 乏金更
갑 무 병 자　특 달 재 인　유 병 정 무 갑 자　백 수 성 가　도 필 형 통　핍 금 경
美, 或支成金局無火, 僧道之流.
미　혹 지 성 금 국 무 화　승 도 지 류

丙火와 丁火와 甲木이 透干하면 科甲은 못하더라도 恩榮은 있다. 丙火는 있으나 丁火와 甲木이 없으면 富 中 貴를 얻는다.
丁火와 甲木은 있고 丙火가 없으면 特別히 發達한 才操가 있는 사람이다.
丙火와 丁火는 있고 甲木이 없으면 自手成家하고 刀筆에 亨通한다.

金이 乏絶되면 다시 좋아지지만 만약 支에 金局을 이루고 火가 없으면 僧道의 命이다.

丙火로 局을 따듯하게 하면 富를 얻을 수 있고 丁火로 金을 製鍊하면 貴를 얻을 수 있다. 그리고 丁火를 쓰는데 甲木이 없어서는 안되지만 輔佐의 역할일 뿐이다. 丙丁火와 甲木이 透干하면 富貴가 완전하게 된다. 그러나 丙火는 있는데 丁火와 甲木이 없으면 富 中에 貴를 얻게 되니 財物을 바치고 官을 얻는다.

丁火와 甲木은 있고 丙火가 없으면 비록 맑고 才操는 뛰어나나 富는 얻지 못한다. 또한 丙丁火는 있으나 甲木이 없으면 富하고 才操는 있으나 貴는 얻지 못한다. 부족한 것이 庚金이면 다시 아름답게 되니 支에도 申酉金이 없어야 한다. 혹은 支에 金局을 이루고 火가 없으면 金은 차고 水가 얼게 되니 외롭고 가난한 象이다.

癸	庚	己	庚	夫婦白頭, 五子大貴
未	戌	丑	辰	

戌土 中의 한 점 丁火를 用神으로 삼는다. 기쁜 것은 時에도 用神이 있는 것으로 中年 以後 南方 木火운으로 가므로 당연히 子息이 貴하게 되어 晩年까지 福을 누렸다.

甲	庚	丁	己
申	子	丑	巳
兄弟雙生, 兄擧人, 弟茂才, 弟酉時, 無甲故也			

丁火로 庚金을 鍛鍊하고 巳火 中의 丙火로 局을 따뜻하게 하였다. 丁火와 甲木의 사이가 멀기 때문에 없는 것과 같아 丁火의 쓰임이 不足하다. 그러므로 貴하지 못하였다.

第2節 辛金論

辛金喜用提要

正月 己壬庚 辛金失令, 取己土爲生身之本, 欲得辛金發用, 金賴壬
정월 기임경 신금실령 취기토위생신지본 욕득신금발용 금뢰임
水之功 , 壬己並用, 以庚爲助
수지공 임기병용 이경위조

正月은 己土와 壬水와 庚金을 쓴다.
辛金이 失令하였으니 己土를 取하여 生身의 根本으로 삼고 辛金이 發
用하고자 한다. 金은 壬水의 功에 맡기니 壬水와 己土를 並用하고 庚
金으로 輔佐한다.

二月 壬甲 與正月同
이월 임갑 여정월동

二月은 壬水와 甲木을 쓴다.
나머지는 正月과 理致가 같다.

三月 壬甲 若見丙火合辛, 須有癸制丙, 支見亥子申, 爲貴
삼월 임갑 약견병화합신 수유계제병 지견해자신 위귀

三月은 壬水와 甲木을 쓴다.
萬若 丙火가 나타나면 辛金과 合을 하므로 마땅히 癸水로 丙火를 剋制
해야 한다. 地支에 亥子申이 있으면 貴하게 된다.

四月 壬甲癸 壬水洗淘, 兼有調候之用, 更有甲木制戊, 一淸澈底
사월 임갑계 임수세도 겸유조후지용 갱유갑목제무 일청철저

四月은 壬水와 甲木과 癸水를 쓴다.
壬水로 씻어내고 더불어 調候로도 쓴다. 다시 甲木이 있어서 戊土를
剋制하면 하나같이 밑바닥까지 맑게 된다.

五月 壬己癸 己無壬不濕, 辛無巳不生, 故壬己並用, 無壬用癸
오 월 임 기 계 기 무 임 불 습 신 무 사 불 생 고 임 기 병 용 무 임 용 계

五月은 壬水와 己土와 癸水를 쓴다. 己土에 壬水가 나타나지 않으면
辛金이 巳火에서 生하지 못하게 된다.
그러므로 壬水와 己土를 함께 써야 한다. 壬水가 없으면 癸水를 써도
된다.

六月 壬庚甲 先用壬水, 取庚爲佐, 忌戊出, 得甲制之, 方吉
육 월 임 경 갑 선 용 임 수 취 경 위 좌 기 무 출 득 갑 제 지 방 길

六月은 壬水와 庚金과 甲木을 쓴다.
먼저 壬水를 쓰고 庚金으로 輔佐한다. 꺼리는 것은 戊土가 出干하는 것
이니 甲木이 制之하는 것을 만나야 한다. 그래야 비로소 吉하게 된다.

七月 壬甲戊 壬水爲尊, 甲戊酌用, 不可用癸水
칠 월 임 갑 무 임 수 위 존 갑 무 작 용 불 가 용 계 수

七月은 壬水와 甲木과 庚金을 쓴다.
壬水를 높이 쓰고 甲木과 戊土를 參酌하여 쓴다. 癸水를 쓰는 것은 不
可하다.

八月 壬甲 壬水淘洗, 如見戊己, 須甲制土, 支成金局, 無壬, 須用
팔 월 임 갑 임 수 도 세 여 견 무 기 수 갑 제 토 지 성 금 국 무 임 수 용
丁火
정 화

八月은 壬水와 甲木을 쓴다.
壬水로 씻어내야 한다. 더불어 戊己土를 보면 마땅히 甲木으로 土를

350

制剋해야 한다. 地支에 金局을 이루고 壬水가 없으면 마땅히 丁火를 써야 한다.

九月 壬甲 九月辛金, 火土爲病, 水木爲藥
구 월 임 갑 구월신금 화토위병 수목위약

九月은 壬水와 甲木을 쓴다.
九月은 辛金이 旺하므로 火土가 病이 되고 水木이 藥이 된다.

十月 壬丙 先壬後丙, 名金白水清, 餘皆酌用
십 월 임병 선임후병 명금백수청 여개작용

十月은 壬水와 丙火를 쓴다.
먼저 壬水를 쓰고 뒤에 丙火를 쓴다. 이를 부르기를 金白淸水라 한다.
나머지 모두는 參酌하여 쓴다.

十一月 丙戊壬甲 冬月辛金, 不能缺丙火溫暖, 餘皆酌用
십 일 월 병무임갑 동월신금 불능결병화온난 여개작용

十一月은 丙火와 戊土와 壬水와 甲木을 쓴다.
겨울의 辛金은 丙火가 따뜻하게 비춰주는 것이 不足해서는 안 된다.
나머지는 모두 參酌하여 쓴다.

十二月 丙壬戊己 同上, 丙先壬後, 戊己次之, 總之丙火不可少也
십 이 월 병임무기 동상 병선임후 무기차지 총지병화불가소야

十二月은 丙火와 壬水와 戊己土를 쓴다.
나머지는 위와 같으니 丙火를 먼저 쓰고 뒤에 壬水를 쓴다. 戊己土는 그 다음으로 쓴다.
모두 丙火가 적어서는 안 된다.

1) 三春辛金

正月辛金, 陽氣舒而寒未除, 不知正月建寅, 中有長生之丙, 解去寒
정월신금 양기서이한미제 불지정월건인 중유장생지병 해거한
氣, 忌甲木司權, 辛金失令, 取己土爲身之本, 欲得辛金發現, 全賴
기 기갑목사권 신금실령 취기토위신지본 욕득신금발현 전뢰
壬水之功, 己壬兩透, 支見庚制甲, 科甲定然, 或己土透干, 支中有
임수지공 기임량투 지견경제갑 과갑정연 혹기토투간 지중유
甲, 異路恩榮, 或己土不全, 號曰君臣失勢, 富貴難全, 或有丙火出
갑 이로은영 혹기토불전 호왈군신실세 부귀난전 혹유병화출
干, 亦主武學, 或見壬, 無己庚者, 貧賤之徒.
간 역주무학 혹견임 무기경자 빈천지도

正月의 辛金은 陽氣가 펼쳐지나 추위가 아직 가시지 않았다. 그러나 正月의 月建이 寅木인 것을 알지 못함이니 中氣에 長生의 丙火가 있어서 寒氣를 풀어 除去할 수 있다. 그러나 문제는 甲木이 權勢를 맡게 되어 辛金이 失令한 것이니 己土를 取하여 身의 根本으로 삼아야 한다. 또한 辛金이 發現하려면 전적으로 壬水의 功에 依支 하여야 한다. 그러므로 己土와 壬水가 더불어 透干하고 地支에 庚金이 甲木을 剋制하면 科甲이 定然하다.

만약 己土가 透干하고 支 中에 甲木이 있으면 異路로 恩榮이 있으며 만약 己土가 완전하지 못하면 이르기를 君臣이 失勢하였다 하여 富貴가 온전키 어렵다. 或 丙火가 出干하면 亦是 武學을 한다. 그러나 壬水는 나타나도 己土와 庚金이 없으면 貧賤한 무리가 된다.

正月의 辛金은 寅木宮에 스스로 丙火가 있으니 별도로 調候를 取할 필요가 없다. 辛金이 때를 잃고 休囚가 극도에 이르니 己土로 金을 生하지 않으면 그 根本을 堅固하게 하기에 부족하고 壬水로 씻어내지 않으면 그 쓰임의 功을 나타내는 것이 만족스럽지 못하게 된다. 그러므로 正月의 辛金은 己土와 壬水를 떠날 수 없다.

혹은 이른바 正月의 庚金은 丙火로 추위를 풀어주는 것을 기뻐하

352

고 土에 눌려서 파묻히는 것을 꺼린다고 하였는데 어찌 辛金과 相反
되는가. 이는 庚金의 단단함과 銳利함을 모르기 때문이다. 金의 성
질이 스스로 차가운데 더하여 때가 한기가 다하지 않았으니 庚金은
丙火가 透干하여 추위를 풀어주는 것을 기뻐한다. 辛金도 따뜻하고
潤澤해야 하는데 寅木宮에 丙火가 있어 土를 따뜻하게 하기에 충분
하니 土가 따뜻하게 되면 金氣도 자연히 따뜻하게 되기 때문이다.

　正月의 庚金도 역시 土의 生함이 있으나 특히 戊土는 金을 生하지
못하니 土가 많으면 도리어 金이 묻히게 되나 己土는 능히 金을 生
한다. 그러므로 庚金이 戊土를 보면 甲木으로 疏土하고 洩하는 것을
기뻐하지만 오히려 辛金은 己土를 쓰는데 꺼리는 것이 甲木이 疏土
하는 것이다.

　또한 庚金은 剋하는 것이 功이 되나 辛金은 洩氣하여야 아름답게
되니 그 質이 다르기 때문이다. 그러나 庚金도 역시 洩을 쓰기도 하
고 辛金도 역시 剋을 쓰기도 한다. 그러므로 丙火가 出干하면 역시
主로 武學을 하게 되는데 그러나 格이 上等은 될 수 없다.

　日柱는 君이고 輔佐는 臣下가 된다. 正月의 辛金과 己土가 모두
休囚死絶地에 臨하게 되므로 만약 己土로 相生함이 없거나 또는 己
土는 있는데 甲木이 나타나서 剋制하는데 이때 庚金으로 甲木 才를
制剋하여 己土 印을 保護함이 없으면 모두 君臣이 勢力을 잃은 것이
므로 富貴한다 말할 수 없다. 己土는 透干하고 甲木이 감추어지면
비록 剋制의 뜻은 있으나 剋制의 實은 없으니 異路의 恩榮이 있다.
그러나 富貴가 科甲에서 나오지 않으니 出身이 다소 낮다. 만약 己
土로 相生하지 않으면 庚金으로 돕게 된다. 단 한 무리의 壬水가 있
어서 弱한 辛金의 氣勢를 洩하면 가난하고 賤한 무리가 된다.

或支成火局, 卽壬水出干, 不剋己土, 亦尋常之人, 或庚壬兩透, 破
혹지성화국 즉임수출간 불극기토 역심상지인 혹경임량투 파
局制火, 必爲顯達之人.
국제화 필위현달지인

或 地支에 火局을 이루고 壬水가 出干하고 己土가 剋하지 않으면 亦是
平常人이고 만약 庚金과 壬水가 더불어 透干하여 破局하고 火를 剋制
하면 반드시 顯達할 사람이다.

辛金의 성질이 본래 무르고 弱한데 또한 태어난 月에 休囚되고 支
에 火局까지 이루면, 壬水를 얻고 출간하지 않으면 救濟할 수 없다.
다만 봄에 水는 衰한 상태로 氣勢가 물러가니 모름지기 庚金으로 水
를 生하여주어야 비로소 火를 깨고 制剋하여 金을 보존하는 功을 이
룰 수 있다. 그렇지 않으면 비록 己土의 相生이 있고 甲木의 剋이 없
어도 역시 쓸데가 없게 된다.

或支成水局, 不見丙火, 名爲金弱沉寒, 平常之士, 書曰 金水性寒寒
혹지성수국 불견병화 명위금약침한 평상지사 서왈 금수성한한
到底, 凄凉難免少年憂, 得丙透照暖, 反主富貴.
도저 처량난면소년우 득병투조난 반주부귀

支에 水局을 이루고 丙火가 없으면 이르기를 金이 찬물에 가라앉았다
하여 平凡한 선비가 된다. 書에 이르기를 金水의 性質이 찬데 차가움
이 더욱 甚해지면 凄凉하게 되므로 어려서 憂患을 免하기 어렵다. 그
러나 丙火가 透干하여 따뜻하게 비춰주면 도리어 富貴한다.

支에 水局을 이루면 金水傷官이 되나 金과 水가 모두 失令하였다.
그러므로 이르기를 金이 弱해지니 가라앉아 차가워진다고 했다. 寅
木宮의 丙火는 申金과 子水에 制剋되므로 丙火는 반드시 透干하여
야 비로소 調候를 이룬다. 書에 이르기를「金水의 성질이 차갑다...」

는 두 구절은 바로 「支에 水局을 이루면 金이 弱해지니 가라앉아 차가워진다.」는 말을 가리키는 것이다. 丙火가 出干하여 따뜻하게 비쳐주면 그 缺陷을 補完하게 된다.

故正月辛金, 先己後壬, 己爲君, 庚爲佐, 如用丙火須參看, 用己, 火
고정월신금 선기후임 기위군 경위좌 여용병화수참간 용기 화
妻土子, 用壬, 金妻水子.
처토자 용임 금처수자

그러므로 正月의 辛金은 먼저 己土를 쓰고 後에 壬水를 쓴다. 己土가 君이 되고 庚金이 輔佐한다. 萬若 丙火를 쓸 境遇에는 모름지기 살펴보아야 한다.
己土를 쓰면 火를 妻로 보고 土를 子息으로 보며, 壬水를 쓰면 金을 妻로 보고 水를 子息으로 본다.

앞글의 전체적인 결론으로 正月의 辛金이 己土와 壬水를 쓰는 것을 떼어 놓을 수 없다. 만약 丙火를 쓰려면 모름지기 局勢를 參酌하여 보아야 한다. 옳고 그름을 救하는 것은 필요에 따라 정하는 것이지 하나로 정해져서 쓰는 것이 아니다. 己土를 쓰는 경우는 土를 子息으로 보고 火를 妻로 본다. 壬水를 쓰는 경우는 水를 子息으로 보고 金을 妻로 본다.

辛金珠玉, 最怕紅爐, 辛逢卯日, 子時, 名曰朝陽.
신금주옥 최파홍로 신봉묘일 자시 명왈조양

辛金은 珠玉이므로 가장 꺼리는 것은 붉은 火爐이니 辛金이 卯日을 만나고 戊子時면 부르기를 朝陽이라 한다.

가장 두려운 것이 큰 火爐이다. 즉 앞글의 "地에 火局을 이룬다."는 것을 말하는 것이다. 支에 水局을 이루어 丙火를 얻으면 救할 수

있으나 支에 火局을 이루면 壬水로 救濟할 수 없으니 반드시 庚金과
壬水를 함께 보아야 하며 己土가 剋하지 않아야 한다. 세 가지 중에
하나라도 없으면 顯達을 바라기 어렵다. 그러므로 가장 두려워하는
것이다.

己	申	庚	丙	有己無壬 秀才而已
丑	酉	寅	辰	

己土가 相生하고 丙火가 따뜻하게 비추고 庚金으로 甲木을 制剋
하여 格局이 제법 完全한 듯하다. 그러나 壬水가 부족하여 辛金의
秀氣가 通하지 못하므로 겨우 일개 秀才에 불과하였다.

二月辛金, 陽和之際, 壬水爲尊, 見戊己爲病, 得甲制伏, 則辛金不致
이월신금 양화지제 임수위존 견무기위병 득갑제복 칙신금불치
埋沒, 壬水不致混濁, 合此者必身入玉堂, 故二月庚金, 有壬甲透者
매몰 임수불치혼탁 합차자필신입옥당 고이월경금 유임갑투자
貴顯, 不則, 鄕紳, 或壬坐亥支, 不見土出, 可能入芥, 家亦小康, 得
귀현 불칙 향신 혹임좌해지 불견토출 가능입개 가역소강 득
申中之壬者, 異途名望, 無壬者常人, 其生剋之理, 與正月辛金皆同.
신중지임자 이도명망 무임자상인 기생극지리 여정월신금개동

陽이 和暢한 때이니 壬水가 으뜸으로 貴하다. 戊己土를 보면 病이 되
니 甲木을 얻어 制伏시켜야 한다. 그러면 辛金도 埋沒되지 않고 壬水
도 混濁해지지 않는다. 이와 같으면 반드시 身分이 玉堂에 오르게 된
다. 그러므로 二月의 辛金은 壬水와 甲木이 더불어 透干하면 貴하게
顯達한다. 아니면 鄕紳이라도 된다.
만약 壬水가 支의 亥水에 앉고 土는 透干하지 않으면 말단 벼슬이라도
하고 작은 富도 있다. 申金 中의 壬水를 얻으면 異途로 名望을 얻고 壬
水가 없으면 平常人이다. 生剋의 理致는 正月 辛金과 同一하다.

二月의 氣運이 따뜻하니 金도 따뜻하다. 辛金은 그 쓰임을 드러내

356

기를 願하나 항상 壬水가 씻어주지 않으면 功을 이룰 수 없게 된다.
그러므로 壬水가 가장 중요하니 戊己土는 숨는 것이 마땅하고 透干
하는 것은 마땅하지 않다. 만약 土가 透干하면 金이 파묻히게 되고
壬水를 흐리게 하니 病이 된다. 戊己土를 보면 반드시 才가 있어서
印을 剋制하고 食傷을 保護해야 하므로 壬水를 쓸 때는 甲木이 病을
제거하는 藥이 된다. 壬水와 甲木이 더불어 透干하면 貴하게 顯達할
징조이다.

　만약 壬水가 透干하지 않고 支의 亥水 中에 숨으면 壬水가 祿을
얻은 것이니 역시 富貴가 있다. 단 壬水가 支에 숨으면 功의 쓰임이
드러나지 않으므로 富貴가 모두 적다. 申金 中에 壬水를 쓰게 되면
兼해서 庚金이 돕게 되니 역시 이도로 功名을 이룬다. 거듭 土가 出
干하여 나타나지 않아야 한다. 또는 土가 나타나면 甲木으로 制剋하
는 것이 필요하다.

或壬戊透, 甲不出干, 此爲病不遇藥, 平常之人, 得乙破戊, 頗有衣
혹임무투　갑불출간　차위병불우약　평상지인　득을파무　파유의
衿, 但假名假利, 刻薄乖張.
금　단가명가리　각박괴장

或 壬水와 戊土가 透干하고 甲木이 出干하지 않으면 이는 病은 있으나
藥이 없음이니 平常人이다.
乙木을 얻어 戊土를 破해주면 어느 정도 衣食은 있으나 잠시 잠깐의
名利이고 刻薄하고 삐딱하게 큰다.

乙木은 陰柔한 木이니 戊土를 剋하지 못하므로 病을 깨끗하게 제
거하지 못하니 名利가 참되지 못하다 한 것이다. 二月은 月垣이 卯
木이다. 그러므로 卯木을 얻었다는 것은 이른바 乙木이 透干하였다
는 것이다.

或一派壬水汪洋, 名金水淘洗太過, 不得中和, 略有衣食, 全無作爲,
혹 일 파 임 수 왕 양　명 금 수 도 세 태 과　불 득 중 화　략 유 의 식　전 무 작 위
如壬水重重, 得戊反吉.
여 임 수 중 중　득 무 반 길

한 무리의 壬水가 汪洋하면 부르기를 金水로 씻어내는 것이 지나치니
中和를 얻지 못한 것이다. 그러므로 약간의 衣食은 있으나 하는 일은
전혀 이루지 못한다. 이처럼 壬水가 重重한 境遇는 戊土를 얻어야 오
히려 吉하다.

壬水가 汪洋하여 泛濫하면 病이 된다. 그러므로 모름지기 戊土로
서 堤防을 삼아야 한다. 그러나 己土는 利益이 없고 도리어 壬水만
混濁하게 되므로 말하기를 "戊土를 얻어야 오히려 吉하게 된다."고
한 것이다. 그러므로 己土는 말할 가치도 없다.

或支成木局, 洩盡壬水, 有庚富貴, 無庚平人.
혹 지 성 목 국　설 진 임 수　유 경 부 귀　무 경 평 인

만약 地支에 木局을 이루면 壬水를 지나치게 洩氣시키니 庚金이 있어
야 富貴하다. 庚金이 없으면 平常人이다.

支에 木局을 이루면 壬水를 洩氣하는 것이 지나치니 庚金으로 木
을 制剋하고 水를 生해주어야 아름답게 된다.

或支成火局, 名官印相爭, 金水兩傷, 下流之格, 得二壬出制, 富貴
혹 지 성 화 국　명 관 인 상 쟁　금 수 량 상　하 류 지 격　득 이 임 출 제　부 귀
反奇.
반 기

만약 地支에 火局을 이루면 부르기를 官印相爭이라 하며 金과 水가 모
두 傷하게 되어 下流의 格이 된다. 두개의 壬水가 나타나 火를 剋制하

면 富貴가 반대로 奇特하게 된다.

支에 火局을 이루면 火土가 지나치게 旺하므로 반드시 金과 水가 함께 損傷을 입게 되니, 만약 두 개의 壬水가 나타나서 剋制하면 오히려 金水의 氣가 뛰어나게 되므로 病이 重하나 藥을 얻은 것이니 도리어 富貴함이 奇特하게 된다.

辛金生於春季, 一派壬水, 而無丙火, 卽能顯達, 家無宿春, 得壬丙
신 금 생 어 춘 계 일 파 임 수 이 무 병 화 즉 능 현 달 가 무 숙 춘 득 임 병
齊透, 方許大富大貴.
제 투 방 허 대 부 대 귀

辛金이 봄에 生하고 한 무리의 壬水가 있고 丙火가 없으면 顯達은 하나 끼니 걱정을 하게 되고, 壬水와 丙火가 가지런히 더불어 透干해야 비로소 大富大貴하게 된다.

앞글을 總論하면 한 무리의 壬水면 金水傷官格이 되니 氣勢가 지나치게 춥다. 그러므로 顯達을 한다 해도 집에 하루 먹을 끼니가 없다. 그러므로 반드시 官星이 나타나야만 비로소 富貴할 수 있으니, 즉 調候를 뜻하는 것이다.

甲	辛	己	乙	用貽元庚金破木, 太守
午	酉	卯	卯	

丙	辛	己	乙	用庚不用壬, 侍郞
申	卯	卯	酉	

두 命造는 才가 지나치게 旺하므로 印을 쓸 수가 없다. 그러므로 比劫을 用神으로 삼아 才를 分奪해야 한다.

己	辛	丁	己	文學蓋世, 但一秀才耳
亥	巳	卯	未	

支에 木局을 이루고 才가 旺하여 煞을 生한다. 巳火와 亥水가 冲
하여 壬水를 제거하니 己土를 써서 化煞한다. 그러나 싫은 것은 己
土가 나란히 透干한 것으로 火의 氣勢를 지나치게 洩하는데 才가 支
아래에 있어서 印을 깰 수 없는 것이다.

己	辛	丁	甲	才旺生官. 狀元
亥	未	卯	午	

支가 하나같이 木局을 이루니 才가 旺하여 官을 生한다. 그러므로
이 命造는 짝을 얻어 中和를 이루었으므로 貴格을 이루었다.

壬	辛	癸	壬	女命, 金水汪洋, 一生淫賤孤寡
辰	卯	卯	子	

水가 旺하여 金이 가라앉았으나 戊土로 制剋함이 없다.

三月辛金, 戊土司令, 辛承正氣, 母旺子相, 先壬後甲, 壬甲兩透, 富
貴必然, 壬透甲藏, 廩貢不失, 甲透壬藏, 富貴可云, 壬甲皆無, 平常
之格.

三月 辛金은 戊土가 司令하고 辛金이 正氣를 타니 어미가 旺하여 子息
은 相이 된다. 먼저 壬水를 쓰고 後에 甲木을 쓴다. 壬水와 甲木이 더
불어 透干하면 반드시 富貴하게 된다. 壬水는 透干하였으나 甲木이 숨
으면 財物은 잃지 않는다. 甲木이 透干하고 壬水가 숨으면 富貴할 수
있다. 하나 壬水와 甲木이 모두 없으면 平常人 이다.

三月 辛金은 月垣이 正印이고 축축한 辰土가 生하니 氣勢가 弱하

지 않으므로 壬水와 甲木으로 配合한다. 戊土가 勢力을 잡은 때이니 甲木이 없으면 안 된다. 또한 辛金의 秀氣를 洩해야 하니 壬水가 없어서는 안 된다. 그러므로 壬水와 甲木이 더불어 透干하면 富貴가 모두 완전하게 된다.

所忌者丙貪合也, 如月時皆丙, 名爲爭合, 主慷慨風流, 交遊四海,
소 기 자 병 탐 합 야 여 월 시 개 병 명 위 쟁 합 주 강 개 풍 류 교 유 사 해
若癸出干制丙, 可許採芹, 或支坐亥子之鄕, 支又見申, 卽非玉堂,
약 계 출 간 제 병 가 허 채 근 혹 지 좌 해 자 지 향 지 우 견 신 즉 비 옥 당
亦必高增祿位, 若戊出干制水, 不見甲乙, 淸閑之人.
역 필 고 증 록 위 약 무 출 간 제 수 불 견 갑 을 청 한 지 인

꺼리는 것은 丙火와 貪合하는 것이니, 卽 月과 時가 모두 丙火이면 부르기를 쟁합이라 하여 慷慨하고 風流를 좋아하며 天下를 交流 遊覽한다. 萬若 癸水가 出干하여 丙火를 剋制하면 가히 衣祿은 있다.
또한 地支에 亥子를 얻고 또 申金을 보면 玉堂의 자리는 못해도 반드시 높은 직급을 얻는다. 만약 戊土가 水를 剋制하는데 甲木이 나타나지 않으면 淸閑人이다.

三月에 月建이 辰土이니 月令이 水庫가 된다. 辛金이 丙火를 보고 相合하면 水로 化할 수 있다. 化하여 辰土를 얻으면 眞化가 되는데 月令에서 辰土를 만나니 마땅히 合을 貪하게 된다. 만약 化하여 純粹하면 아름다운 格을 이루지만 化하여 純粹하지 못하면 도리어 病이 된다. 그러므로 두 개의 丙火가 爭合하면 中樞의 주인이 없으니 무엇을 따를지를 알지 못하게 된다. 그러므로 하나의 癸水가 透干하여 하나의 丙火를 제거하여 주면 하나의 丙火에 하나의 辛金이 되어 局이 맑게 된다. 만약 支가 亥子水의 고을에 앉고 支에 또한 申金을 보면 化氣가 純粹하게 된다.

그러나 丙火가 旺함을 願하지만 때를 놓쳤으니 한탄함을 면하지

못하나 역시 상당한 祿의 자리가 있고 富貴를 기약할 수 있다. 戊土
가 出干하여 水를 剋制하면 化神의 氣勢를 거스르니 甲乙木을 보지
못하면 病은 있으나 藥이 없는 것이니 名利가 모두 헛되게 된다.

又或支見四庫, 名土厚埋金, 不見甲制, 愚頑之輩. 或四柱火多, 無
우혹지견사고 명토후매금 불견갑제 우완지배 혹사주화다 무
水制伏, 名火土雜亂, 主作緇衣, 見癸可解.
수제복 명화토잡란 주작치의 견계가해

或 支에 四庫를 보면 부르기를 土가 두터워 埋金된 것이라 하여 甲木
의 剋制가 없으면 愚鈍하고 頑固한 사람이 된다. 或 四柱에 火가 많은
데 水가 制伏해주지 않으면 이르기를 火土雜亂이라 하여 僧服을 짓게
되지만 癸를 보면 解消된다.

支에 四庫를 보고 天干에 戊己土가 透干하면 土가 두터워 金이 파
묻히게 되므로 甲木의 剋制를 보지 못하면 病이 藥을 만나지 못한
것이니 어리석고 賤한 命造가 된다.

或比劫重重, 壬癸淺弱, 主夭, 有甲出干, 則貴, 然無庚制方妙,
혹비겁중중 임계천약 주요 유갑출간 칙귀 연무경제방묘

或 比劫이 重重하고 壬癸水가 얕고 弱하면 夭折하고 甲木이 出干하면
오히려 貴하게 된다. 그러므로 庚金의 剋制가 없어야 비로소 빼어나게
된다.

三月의 月建은 辰土이니 水의 墓庫가 되나 壬癸水가 얕고 弱하니
마치 저수지의 물과 같으므로 金氣를 씻어내기에 부족하다. 그러므
로 甲木이 出干하여 있으면 食神生才格이 되니 才를 써서 印을 剋制
하여 食傷을 보호해야 한다. 만약 庚金이 다시 出干하여 甲木을 剋
制하면 쓸 수 없게 된다.

362

2) 三夏辛金

四月辛金, 時道首夏, 忌丙火之燥烈, 喜壬水之洗淘, 支成金局, 水
사월신금 시도수하 기병화지조렬 희임수지세도 지성금국 수
透出干, 有木制戊, 名一淸澈底, 科甲功名, 癸透壬藏, 富眞貴假, 若
투출간 유목제무 명일청철저 과갑공명 계투임장 부진귀가 약
壬癸皆藏, 戊己亦藏, 略富, 若壬癸俱無, 反見火出, 必主鰥獨.
임계개장 무기역장 략부 약임계구무 반견화출 필주환독

四月의 辛金은 여름의 처음이 되는 時期이니 꺼리는 것은 丙火의 燥烈
함이기에 기쁜 것은 壬水로 씻어 주는 것이다. 支에 金局을 이루고 水
가 出干하고 木이 있어서 戊土를 剋制하면 하나의 淸氣가 澈底한 것이
니 科甲하여 功名한다.
癸水가 透干하고 壬水가 숨으면 富는 變하지 않으나 貴는 잠시 잠깐 있
을 뿐이다. 壬癸水가 모두 숨고 戊己土 亦是 숨으면 若干의 富는 있고
壬癸水가 모두 없고 오히려 火가 透干하면 반드시 홀아비로 孤獨하다.

　四月의 辛金은 庚金과 더불어 거의 같으나 月令의 戊土가 正印이
지만 相生이 안 된다. 왜냐하면 丙火가 旺하여 燥熱함이 지나치기
때문이다. 그러나 壬水로 씻어내는 것을 얻으면 金氣가 더욱 더 발
전하여 그 빛을 발하나 休囚의 때에 놓이니 洩氣되어 弱하게 된다.
그러므로 月垣의 巳火와 支에 酉金과 丑土가 모여 金局을 이루어 日
元을 돕고, 水가 出干하며 甲木이 있어서 戊土를 制剋하면 맑음이
하나같이 澈底하게 되니 비로소 功名顯達하게 된다. 그러나 癸水가
透干하고 壬水가 숨으면 力量이 줄어들어 가벼워진다.
　만약 壬癸水가 숨고 戊己土 亦是 숨으면 겨우 土를 潤澤하게 하고
金을 生하니 金의 빼어난 氣勢가 드러나지 못하므로 약간의 富貴만
있다. 또한 壬癸水가 모두 없고 도리어 火가 出干하여 나타나면 幼
弱한 金이 녹는 피해를 입으니 夭折하지 않으면 반드시 홀아비로 외

롭게 된다.

或支成火局, 有制者吉, 無制者凶, 凡火旺無水, 取土洩之.
혹지성화국 유제자길 무제자흉 범화왕무수 취토설지

或 支에 火局을 이루고 水의 剋制함이 있으면 吉하고 剋制하는 것이 없으면 凶하다. 火가 旺하고 水가 없으면 土를 取하여 火氣를 洩하여야 한다.

支 中에 숨은 火가 干頭에 出干하고 또한 支에 火局을 이루어 모이면 動하여 發用하게 되므로 火가 旺하면 金이 녹게 되니 剋制하지 않으면 안 된다.

火가 旺하고 水가 없으면 土로 火의 氣勢를 洩해야 한다. 그러나 이는 부득이하게 쓰는 방법으로 겨우 火를 洩氣하고 어둡게 하여 辛金이 녹는 지경까지 이르지 않게 하는 것이지 金을 生하지는 못한다.

若壬水藏亥, 戊不出干, 亦主上達, 有戊常人, 有一甲透, 衣祿可求,
약임수장해 무불출간 역주상달 유무상인 유일갑투 의록가구
若有甲無壬癸者, 富貴虛浮, 所謂羊質虎皮是也.
약유갑무임계자 부귀허부 소위양질호피시야

萬若 壬水가 亥水 中에 숨고 戊土가 出干하지 않으면 亦是 上達하나 戊土가 있으면 平常人이다. 하나의 甲木이 透干하면 亦是 衣祿은 있다. 萬若 甲木은 있으나 壬癸水가 없으면 富貴가 헛되다 하니 이른바 羊이 호랑이 가죽을 쓴 것과 같다고 한다.

甲木은 본래는 病을 제거하는 藥이 아니다. 그러므로 만약 壬癸水가 없이 오로지 甲木만 透干하였다면 쓸 곳이 없는 것이다.

壬, 癸, 甲, 三者全無, 又不合格, 斯爲下品
임 계 갑 삼자전무 우불합격 사위하품

壬水와 癸水와 甲木 셋 中에 하나도 없으면 格에 附合하지 못한 것이니 이것은 下格이 되고 만다.

壬癸水와 戊己土가 함께 透干하면 甲木을 救하여 土를 制剋하여야 藥이 된다. 또한 格에 附合한다는 것은 이른바 從煞格에 附合한다는 것이다.

乙	辛	辛	乙	兩干不雜. 但非時耳, 茂才
未	亥	巳	未	

從才格이지만 때를 못 만났다.

五月辛金, 丁火司權, 辛金失令, 陰柔之極, 不宜煆煉, 須己壬兼用,
오월신금 정화사권 신금실령 음유지극 불의하련 수기임겸용
何也, 己爲泥沙, 壬爲湖海, 己無壬不濕, 辛無己不生, 故壬己並用,
하야 기위니사 임위호해 기무임불습 신무기불생 고임기병용
無壬, 癸亦可用, 但癸力小, 或支成火局, 卽重見癸出, 亦不濟, 得壬
무임 계역가용 단계력소 혹지성화국 즉중견계출 역불제 득임
透破火方可, 必主生員, 若無壬, 癸見戊, 雖有午宮己土, 燥泥成灰,
투파화방가 필주생원 약무임 계견무 수유오궁기토 조니성회
金必煆鎔, 反遭埋沒, 必爲僧道, 有一二重比肩, 不致孤獨.
금필하용 반조매몰 필위승도 유일이중비견 불치고독

五月 辛金은 丁火가 權勢를 부리니 辛金이 失令하여 陰柔함이 極에 달하니 製煉함이 마땅하지 않다.
모름지기 己土와 壬水를 함께 쓰는데 어째서인가? 己土는 진흙과 모래라 하고 壬水는 江과 바다라고 한다.
己土는 壬水가 없으면 축축하지 못하고 辛金은 己土가 없으면 生하지 못한다. 그러므로 壬水와 己土를 나란히 쓰는데 壬水가 없으면 癸水라도 쓸 수 있으나 力量이 不足하다. 或 地支에 火局을 이루면 癸水가 거듭 나타나더라도 亦是 救濟되지 못하니 壬水의 透干함을 얻어야 비로소 火局을 깨트릴 수 있으니 반드시 生員은 할 수 있다.

萬若 壬水는 없고 癸水가 戊土를 보면 비록 午火宮에 己土가 있으나 마른 진흙이 재가 되니 반드시 金이 불살라져 녹게 되어 오히려 埋沒 당하는 것으로 반드시 僧道의 命이다. 한 두 개의 比肩이 重複되면 孤獨하게 되지는 않는다.

五月에 壬水와 辛金은 幼弱함이 極度에 이르니 반드시 印을 써야 하나 한여름은 火가 旺한 때라 그와 같지 않으니 土가 말라붙어 金을 生하지 못한다. 그러므로 반드시 겸해서 壬水를 써야 한다. 壬水를 쓰는 것은 土를 潤澤하게 하기 위해서이다. 壬水가 없다면 癸水도 쓸 수 있으나 癸水는 힘이 弱하다. 만약 支에 火局을 이루고 癸水가 重複되어 나타난다 해도 역시 끓어올라 乾燥하게 되므로 壬水가 아니면 火를 깰 수 없다.

만약 壬水가 없고 癸水가 戊土와 나란히 透干하면 한 방울의 물이 乾燥한 土를 만난 것이니 바로 깨끗이 흡수되므로 터럭만큼도 救濟할 수가 없다. 午火宮에 비록 己土 偏印이 있으나 마른 진흙이 재가 되니 金을 生하지 못하는 것이 당연하며 도리어 金을 녹일 지경이 된다.

五月辛金, 壬, 癸, 己, 三者皆用.
오 월 신 금 임 계 기 삼 자 개 용

五月의 辛金은 壬水와 癸水와 己土 세 가지를 모두 쓴다.

壬水와 癸水와 己土 三者를 모두 사용한다는 것은, 즉 윗글의 壬癸水와 己土를 나란히 쓰는 것을 말하며 壬水가 없으면 癸水를 역시 쓸 수 있다.

366

或壬己兩透, 支見癸水, 不沖, 定主顯達, 卽己藏支, 亦有廩貢, 或無
혹임기량투 지견계수 불충 정주현달 즉기장지 역유름공 혹무
壬有己, 須得異途, 或癸出有庚, 必主衣錦, 叨受恩榮, 若水土多者,
임유기 수득이도 혹계출유경 필주의금 도수은영 약수토다자
見甲方妙.
견갑방묘

만약 壬水와 己土가 더불어 透干하고, 地支에 癸水가 있는데 沖되지
않으면 반드시 顯達하게 된다.
己土가 地支에 감추어져도 亦是 俸祿은 있다. 또는 壬水는 없고 己土
만 있으면 異途로 간다. 或 癸水가 나타나고 庚金이 있으면 반드시 비
단옷을 입고 恩榮을 쉽게 누린다. 만약 水와 土가 많으면 甲木을 보아
야 비로소 빼어나게 된다.

支에 癸水가 보인다는 것은 子水를 말한다. 子水와 午火는 相沖하
니 水와 火가 剋하여 싸우는 것이다. 혹시 사이가 떨어져 있으면 沖
하지 않고 서로 救濟할 수 있게 되어 반드시 顯達한다.
또한 五月의 辛金은 己土가 없으면 안 된다. 만약 己土가 透干하
지 않더라도 숨어 있으면 역시 바탕에서 生助하게 된다. 壬水는 없
고 己土만 있으면 역시 異途의 恩榮이 있다.

庚辛生於夏月, 要壬癸得地, 若木多火多, 不見金水, 逢金水運必敗.
경신생어하월 요임계득지 약목다화다 불견금수 봉금수운필패

庚辛金이 夏月에 生하면 重要한 것은 壬癸水가 得地하는 것이니 萬若
木火는 많고 金水는 없는데 運에서 金水를 만나면 반드시 敗한다.

庚金과 辛金이 여름에 生하는 理致를 總論한 것이다. 得地란 支의
亥子申에 뿌리는 둔 것을 말한다. 여름은 火가 旺하여 金이 衰하니
역시 金이 休囚된다. 壬癸水가 得地하여 뿌리를 두지 못하면 한 방

울의 물이 끓어 마르게 되어 쓸 수 없게 된다. 原局에 木이 많고 火가 많으면 金과 水가 뿌리가 없는 것이니 마땅히 從才나 從煞을 지었다고 論한다. 그러므로 金水運을 만나면 반드시 敗하게 된다.

| 壬 | 辛 | 甲 | 丙 | 用午宮丁己, 又透甲木, 中書 |
| 辰 | 亥 | 午 | 子 | |

壬癸水와 己土 三者를 모두 쓸 것이니 앞글의 壬水와 癸水를 나란히 쓴다. 만약 壬水가 없으면 癸水 역시 쓸 수 있다.

六月辛金, 己土當權, 輔助太多, 恐掩金光, 先用壬水, 取庚佐之, 壬庚兩透, 科甲功名, 卽不出干藏支得所, 亦有榮華, 但忌戊出, 得甲制之, 方吉, 甲須隔位, 恐貪己合, 反掩金光, 又塞壬水之流, 下賤之格, 又忌庚出制甲, 或只有未中一己, 見子壬水, 又爲溼泥, 不可見甲, 甲出, 反作平人, 總以一壬一己, 見庚無甲, 方妙, 與五月用己壬同.

六月의 辛金은 己土가 當權하는데 輔助하는 것이 지나치게 많으면 金의 빛을 가리는 것이 두려우니 먼저 壬水를 쓰고 庚金을 取하여 輔佐한다. 壬水와 庚金이 더불어 透干하면 科甲功名한다. 만약 天干에 出干치 않고 支藏干에 숨어도 亦是 榮華가 있다. 다만 꺼리는 것은 戊土가 나타나는 것이니 甲木을 얻어 剋制하여야 비로소 吉하다. 그러나 甲木은 마땅히 떨어져 位置해야 한다. 왜냐하면 己土와 합을 貪하는 것이 두렵기 때문이니 오히려 金의 빛을 가리게 되며, 또한 壬水의 흐름을 막히게 하여 下賤한 格이 된다.

또한 庚金이 出干해서 甲木을 制剋하는 것을 꺼린다. 혹시 未土 中에 하나의 己土만 있고 子壬水를 보게 되면 축축한 진흙이 되니 甲木을 보는 것이 不可하며 甲木이 透出하면 도리어 平常人이 된다. 전체적으로

368

하나의 壬水와 하나의 己土가 있고 庚金을 보고 甲木이 없어야 비로소
빼어나게 된다. 나머지는 五月의 己土와 壬水의 쓰임과 同一하다.

未月의 己土는 마른 진흙으로 재가 되므로 반드시 壬水를 取하여
土를 潤澤하게 해야 하고 庚金이 도와야 하니 理致는 五月과 같다.
壬水를 쓰면 戊土가 出干하는 것을 꺼리니 반드시 甲木으로 救해야
한다. 甲木을 쓰게 되면 또한 庚金이 甲木을 剋制하는 것을 꺼린다.
그러므로 六月의 己土는 戊土와 甲木을 보지 않고 오로지 壬水를 써
서 土를 潤澤하게 하고 庚金으로 輔佐해야만 비로소 빼어나게 된다.
그렇지 않으면 救濟하고 保護하는 것이 돌고 돌게 되고 꺼리는 規則
이 많게 되어 도리어 평범한 사람이 된다.

甲木이 六月에 있고 己土가 보이면 相合하니 水로서 사이를 띠우
지 않으면 木이 재가 되니 반드시 土로 변하고 만다. 그러므로 土가
乾燥하여 金을 生하지 못하고 도리어 金의 빛만 가리니 配合으로 마
땅치 않다. 이것도 역시 生剋의 理致인 것이다.

或丁乙出干, 又有庚壬者, 顯貴, 無壬者, 否, 或支成木局, 得壬透,
혹정을출간 우유경임자 현귀 무임자 부 혹지성목국 득임투
又有庚金發水之源, 可云富貴.
우유경금발수지원 가운부귀

或 丁火와 乙木이 出干하고 또 庚金과 壬水가 있으면 貴顯하나, 壬水
가 없으면 그와 같지 않게 된다.
或 地支에 木局을 이루고 壬水가 透干하고 또 庚金이 있어 水의 根源
이 되면 가히 富貴를 말할 수 있다.

未土 中에 숨은 것이 丁火와 乙木과 己土 이 세 개이니 앞글은 己
土를 論한 것이고 여기서는 丁火와 乙木이 出干함을 論한 것이니 역

시 壬水와 庚金이 없으면 안 된다.

支에 木局을 이루면 역시 쓰임이 드러나게 되니 무릇 支 中에 숨은 것은 透干하거나 또는 局을 맺어야 움직여서 드러나게 되는 것이다(子平眞詮評註를 參照하여 살펴보라). 未月은 己土를 쓰는 것을 論하지 않으니 丁火나 乙木도 만약 壬水의 配合이 없으면 모두 치우치고 마르게 되니 貴하게 될 수 없다.

甲	辛	丁	壬	丁壬兩透, 大貴之命
午	丑	未	辰	

이 命造는 妙한 것이 辛金이 丑土에 앉은 것으로 身의 墓庫에 뿌리를 둔 것이다. 未土 中에 丁火가 透干하여 午火에 祿을 얻고 壬水 역시 身의 庫地에 앉으니 丁火와 壬水가 合煞하여 貴하게 되었다. 明代의 劉覺吾郎中 命造이다.

丁	辛	辛	甲	七殺無制, 貧苦終身
酉	未	未	寅	

辛金이 未土에 앉았으나 마른 진흙이 재가 되고 비록 時에 祿이 돌아와 만나지만 七煞을 制剋함이 없으므로 乾燥함에 치우친 命造이다.

3) 三秋辛金

七月辛金, 値庚司令, 不旺自旺, 且壬水居申, 四柱不見戊土, 胎元
칠월신금 치경사령 불왕자왕 차임수거신 사주불견무토 태원
戊藏申內, 爲壬岸, 人命得此, 爲官淸正, 但不富耳.
무장신내 위임안 인명득차 위관청정 단불부이

七月의 辛金은 庚金이 司令하니 旺하지 않아도 스스로 旺하다. 또한

370

壬水가 申金 中에 居하고 四柱에 戊土가 없어도 申金 中에 胎元인 戊
土가 숨었으니 壬水의 언덕이 된다. 人命이 이와 같으면 官은 淸正하
나 富하지는 못하다.

胎元 : 입태(入胎)한 月을 말한다.

이는 金水傷官을 말한 것이다. 七月의 辛金이 스스로 旺하고 申金
宮은 壬水의 長生地이니 자연히 金의 秀氣를 洩한다. 胎元은 月令을
말하는 것이다. 申金宮의 戊土는 氣가 洩하여 흐트러지니 水를 制剋
하지 못하고 헛되이 障礙만 될 뿐이다.

庚金인 경우는 七月에 태어나면 丁火의 制剋을 기뻐하고 壬癸水
로 洩하는 것은 좋지 않으나, 辛金이 七月에 나면 洩하는 것이 좋고
剋하는 것은 마땅치 않다. 이는 陰干과 陽干의 性質이 다르기 때문
이다.

或有土無甲, 爲有病無藥, 常人, 有甲者, 衣衿可望.
혹유토무갑 위유병무약 상인 유갑자 의금가망

或 土는 있고 甲木이 없으면 病은 있으나 藥이 없는 것이니 平常人이
며 甲木이 있으면 衣衿은 바랄 수 있다.

七月의 辛金은 스스로 旺하므로 戊土의 生이 없어야 한다. 戊土가
있게 되면 헛되이 傷官 用神이 막히게 되니 病이 된다. 申金宮 中에
戊土는 비록 力量이 微弱하나 만약 天干에 透出하면 障礙가 되므로
病이 된다. 그러므로 반드시 甲木으로 救해야 한다. 甲木이 없으면
病은 있고 藥은 없는 것이다. 傷官은 聰明함을 주관하니 甲木이 있
어서 戊土를 剋하여 제거하면 傷官이 損傷당함이 없다. 이와 같으면
衣衿을 바라볼 수 있다.

或四柱金多, 宜水洩之, 若一派金水, 得一戊土, 反爲辛用, 又宜甲
혹 사 주 금 다　의 수 설 지　약 일 파 금 수　득 일 무 토　반 위 신 용　우 의 갑
制, 自然富貴.
제　자 연 부 귀

或 命局에 金이 많으면 水로 洩氣함이 마땅하고 만약 한 무리의 金水
에 하나의 戊土를 얻으면 오히려 辛金을 用神으로 삼아야 한다. 또한
마땅히 甲木을 剋制하여야 자연히 富貴하게 된다.

이 節은 앞글의 甲木을 써서 戊土를 剋制하는 것과 의미가 같지
않다. 앞글은 金水傷官格으로 戊土를 꺼리니 水가 막혀 病이 되므로
甲木을 取해서 救해야 한다는 것이고, 이 節에서 말하는 것은 金이
많고 水가 旺하면 하나의 戊土를 얻어서는 水를 막기에 부족하고 되
레 辛金을 돕고 生하게 된다는 것이다. 그러므로 그 旺神을 쫓아 用
神을 삼는 것이고, 역시 甲木을 보는 것이 좋다는 것은 戊土를 剋制
하여 傷官의 氣勢를 流通시키기 때문이다. 그러므로 도리어 辛金을
用神으로 삼는다.《滴天髓》에 이르기를「全象은 마땅히 才地로 가야
한다.」하였다. 그러므로 才가 旺함이 필요하다. 甲木이 才神이니 바
로 이런 類의 格局을 지적한 것이다.

或干支水多, 重見戊土, 逢生得位, 福壽之造.
혹 간 지 수 다　중 견 무 토　봉 생 득 위　복 수 지 조

或 干支에 水가 많고 戊土를 거듭 보면 生을 만나 得位한 것이니 壽와
福이 있다.

앞글은 金이 많은 것을 말한 것이고 이는 水가 많은 것을 말한 것
이다. 그러므로 戊土로 剋制하는 것이 마땅하다. 申金宮은 戊土의
生地라 한다. 그러나 申金宮은 戊土의 뿌리로는 부족하니 모름지기

寅巳戌을 봐야 비로소 生을 만나 得位를 할 수 있게 된다.

> 七月辛金, 壬不在多, 故書曰, 水淺金多, 號曰體全之象, 壬水爲尊,
> 칠월신금 임불재다 고서왈 수천금다 호왈체전지상 임수위존
> 甲戊酉用可也, 癸水不可爲用.
> 갑무작용가야 계수불가위용

七月의 辛金은 壬水가 많이 있지 않으면 古書에 이르기를 水가 얕고 金이 많으면 부르기를 體全의 象이라 하여 壬水를 으뜸으로 貴하게 여기며 甲木과 戊土를 參酌하여 쓸 수 있다 하였다. 그러므로 癸水는 用神으로 쓸 수 없다.

七月의 辛金은 申金宮이 壬水의 長生地이니 하나의 壬水가 透干하면 金과 水의 氣가 맑게 된다. 壬水는 흘러 움직이고 癸水는 滋潤하니 壬水가 마땅하고 癸水는 마땅치 않은 것이다. 이는 陰干과 陽干의 성질이 다르기 때문이다.

| 癸 | 辛 | 壬 | 甲 | 壬甲兩透, 詞林 |
| 巳 | 卯 | 申 | 午 | |

金水傷官은 官星을 보는 것을 기뻐한다. 官은 감추어지고 傷官이 神靈하니 둘이 서로 障礙가 없다.

> 八月辛金, 當權得令, 旺之極矣, 專用壬水淘洗, 故云金見水以流通,
> 팔월신금 당권득령 왕지극의 전용임수도세 고운금견수이류통
> 如見戊己, 則生扶太過, 故以土爲病, 見甲制土, 方妙, 無戊, 不宜
> 여견무기 칙생부태과 고이토위병 견갑제토 방묘 무무 불의
> 用甲.
> 용갑

八月의 辛金은 當權하고 得令하여 旺함이 極에 달하니 오로지 壬水를 써서 씻어야 한다. 그러므로 이르기를 金이 水를 보면 흘러서 通한다

하며 戊己土를 보면 生扶가 太過하여 土가 病이 되니 甲木으로 土를 剋制하여야 비로소 빼어나게 되며 戊土가 없으면 甲木을 쓰는 것이 適當하지 않다.

八月의 辛金은 月令이 建祿이니 壬水가 있으면 壬水를 써서 洩하여야 한다. 壬水가 없고 丁火가 透干하면 丁火로서 剋制해야 하니 이는 바꿀 수 없는 法이다. 格局의 높낮이를 論하면 丁火로 剋하는 것은 壬水로 洩하는 것만 같지 않다.

辛金의 旺盛함이 極에 이르는 때이니 어찌 戊己土인 印綬로 生하겠는가. 공연히 金이 파묻히게 될 뿐이다. 그러므로 戊己土가 病이 되니 戊己土가 나타나면 甲木 才星을 써서 깨야 한다. 그러므로 土가 없으면 甲木도 쓸 곳이 없는 것이다.

或四柱一點壬水, 甲多洩水, 此爲用神無力, 奸詐之徒, 得庚制者,
혹 사 주 일 점 임 수   갑 다 설 수   차 위 용 신 무 력   간 사 지 도   특 경 제 자
反主仁義, 或三點辛金, 一重壬水, 多見甲木, 有庚透者, 主大富貴,
반 주 인 의   혹 삼 점 신 금   일 중 임 수   다 견 갑 목   유 경 투 자   주 대 부 귀
不見丁爲美, 若見一丁, 此人風雅淸高, 衣食饒裕而已.
불 견 정 위 미   약 견 일 정   차 인 풍 아 청 고   의 식 요 유 이 이

만약 命局에 하나의 壬水가 있고 甲木이 많으면 水를 洩하니 用神이 無力하게 되어 奸詐한 무리들이다. 그러나 庚金이 있어 剋制해 주면 오히려 어질고 義理가 있다.

세 개의 辛金을 보고, 하나의 重한 壬水를 보고, 甲木이 많고 庚金이 透出하면 크게 富貴하나 丁火를 보지 않아야 좋으니, 萬若 하나의 丁火를 보면 이 사람은 風流를 즐기고 優雅하며 淸高하나 衣食이 넉넉하고 餘裕가 있을 뿐이다.

이는 才多身弱이다. 비록 月令에 建祿이 되나 四柱에 比劫의 도움

374

이 없고 壬水 傷官이 겨우 하나 있는데 甲木이 많이 나타나면 도리어 客이 主人이 된다. 이는 반드시 甲木 才가 많아 病이 된 것이니 庚金 劫才가 藥이 된다. 그러므로 庚金이 制剋하면 仁義가 있고 比劫이 重疊되면 크게 富貴하게 된다. 이는 病이 重한데 藥을 얻은 것이니 丁火를 보면 庚金을 剋制하여 제거하게 되니 만약 丁火를 보면 格局이 변하여 才滋弱煞이 된다. 그러나 才와 煞이 모두 氣勢를 못얻은 것이니 주로 風流와 優雅함을 좋아하고 淸高하나 衣食에 여유 정도만 있을 뿐이다.

或一二比肩, 壬甲皆一, 無庚出干, 亦有恩榮.
혹 일 이 비 견   임 갑 개 일   무 경 출 간   역 유 은 영

或 한 두 개의 比肩이 있고, 또 壬水와 甲木이 모두 하나씩 있고, 庚金이 出干하지 않아도 亦是 恩榮이 있다.

月令에 建祿이고 다시 四柱에 한 두 개의 比肩이 있고 壬水와 甲木이 모두 하나씩이면 傷官生才格의 定石이다. 氣勢가 맑고 純粹하니 貴하게 顯達한다. 그러나 꺼리는 것은 庚金이 才를 빼앗는 것이다.

若二三比肩, 一點壬水, 戊土多見, 此爲土厚埋金, 此人愚懦, 見一
약 이 삼 비 견   일 점 임 수   무 토 다 견   차 위 토 후 매 금   차 인 우 나   견 일
甲出, 必爲創立之人.
갑 출   필 위 창 립 지 인

萬若 두 세 개의 比肩과 한 點 壬水에 戊土가 많이 나타나면 이는 土가 두터워 埋金된 것이니 이 사람은 어리석고 懦弱하다. 그러나 하나의 甲木이 出干하여 나타나면 반드시 創立할 사람이다.

月令이 建祿이고 두 세 개의 比肩이 더 있으면 旺함이 極에 이르

게 되는데 단지 하나의 壬水만 있고 겹겹이 土가 있어 그 水를 制剋하면 秀氣가 다하고 없어져 보이지 않게 되니 어리석고 미련하게 됨을 알 수 있다. 그러나 하나의 甲木이 出干하여 나타나면 病이 重한데 藥을 얻은 것이니 스스로 事業을 일으킬 사람이다.

或一派辛金, 一位壬水, 無庚雜亂, 又主富中取貴.
혹 일 파 신 금 일 위 임 수 무 경 잡 란 우 주 부 중 취 귀

或 한 무리의 辛金에 하나의 壬水가 있고, 庚金의 亂雜함이 없으면 富中에 貴를 取한다.

한 무리의 辛金에 하나의 壬水만 있으면 오로지 傷官을 쓰는 것이니 부르기를 一神一用이라 하여 앞글의 「한 두 개의 比肩이 있고 壬水와 甲木이 모두 하나씩이면」과 같은 의미이다. 이와 같이 氣勢가 純粹하고 맑으면 부유한 中에 貴를 갖는다.

或一派壬水洩金, 無戊出制, 爲沙水同流, 主奔波貧苦, 若得支見一
혹 일 파 임 수 설 금 무 무 출 제 위 사 수 동 류 주 분 파 빈 고 약 득 지 견 일
戊止流, 其人頗有才略, 藝術過人.
무 지 류 기 인 파 유 재 략 예 술 과 인

或 한 무리의 壬水가 金을 洩氣하고, 戊土가 透出하여 剋制하지 않으면 모래가 물에 쓸려가는 것과 같으니 奔波가 많고 貧苦하다. 萬若 地支에 하나의 戊土가 나타나서 흐름을 막으면 爲人이 두루 才略이 있고 藝術에 뛰어난 사람이다.

金이 水를 生할 수 있으나 水가 많으면 金이 가라앉게 된다. 그러므로 반드시 戊土로 制御해야 한다. 制御하는 것이 있으면 水가 바르게 돌아가고 制御가 없으면 金이 水의 흐름을 따라가니 말하기를

모래가 물과 같이 흘러간다고 한다. 그와 같으면 奔走하고 波瀾이
많으니 가난하고 苦生을 한다.

或支成金局, 干見比肩, 無壬淘洗, 此宜用丁, 無丁必主凶頑無賴,
혹 지 성 금 국 간 견 비 견 무 임 도 세 차 의 용 정 무 정 필 주 흉 완 무 뢰
若得一壬高透, 以洩群金, 又名一淸到底, 定有治國之材.
약 득 일 임 고 투 이 설 군 금 우 명 일 청 도 저 정 유 치 국 지 재

地支에 金局을 이루고 天干에서 比肩을 보고 壬水로 씻어줌이 없으면
이것은 丁火를 쓰는 것이 마땅하고 丁火가 없으면 사납고 固執스러워
意志할 곳이 없다. 만약 하나의 壬水를 얻고 뚜렷하게 透干하면 群金
을 洩氣하니, 부르기를 一淸到底라 하여 반드시 나라를 다스릴 人材가
된다.

　三秋에 庚金은 丁火를 쓰는 것을 기뻐하나 辛金은 壬水를 보는 것
을 기뻐한다. 金神이 當令하였는데 會局을 이루면 勢力의 旺함이 極
에 달하니 剋洩이 없으면 안 된다. 특히 陰干과 陽干의 성질이 서로
다르니 剋하는 것을 기뻐하는 것과 洩을 기뻐하는 것으로 나누어진
다. 剋을 기뻐하는데 洩을 하거나 洩을 기뻐하는데 剋을 하는 것은
한결같이 最上格은 안 된다. 그러나 쓸 수 없는 것은 아니다.
　만약 辛金이 旺한데 壬水의 洩이 없고 또한 丁火로 剋制함이 없으
면 반드시 愚鈍하고 어수선한 무리다. 또한 하나의 壬水가 높이 透
干하고 旺한 金의 秀氣를 洩하면 맑고 맑음이 철저하여 極에 이른
다. 이와 같으면 才幹이 높고 博學하니 國家柱石의 臣下가 된다.

或支成金局, 戊己透干, 壬透無火, 名白虎格, 運行西北, 富貴大顯,
혹 지 성 금 국 무 기 투 간 임 투 무 화 명 백 호 격 운 행 서 북 부 귀 대 현
子息艱難, 或透丙火, 雖有壬出, 亦屬平庸.
자 식 간 난 혹 투 병 화 수 유 임 출 역 속 평 용

或 地支에 金局을 이루고, 戊己土가 透干하고, 壬水도 透干하였는데
火가 없으면 부르기를 白虎格이라 하니 運이 西方으로 行하면 크게 富
貴하고 顯達하나 子息 因緣이 어렵고, 或 丙火가 透干하면 비록 壬水
가 透出하여 있어도 亦是 平常人에 不過하다.

이는 앞글에 "하나의 壬水가 높이 透干하면 하나의 맑음이 철저하
여 極에 이른다."는 말을 이은 것으로 그 氣勢를 順하는 것을 用神으
로 삼고 運이 西北으로 向하면 金水의 旺地가 되니 반드시 富貴하게
된다.

단 戊己土와 함께 壬水가 나란히 보이면 梟印이 食傷을 없애니 주
로 子息을 얻기 어렵게 된다. 만약 丙火가 透干하면 丙火와 辛金이
相合하니 格局이 亂雜하게 된다. 비록 壬水가 丙火를 制剋한다 해도
貴를 갖기에는 부족함이 생긴다.

> 或一二辛金, 一派己土, 定爲僧道, 或干透己土, 支見庚甲, 一生
> 혹 일 이 신 금 일 파 기 토 정 위 승 도 혹 간 투 기 토 지 견 경 갑 일 생
> 安閑.
> 안 한

或 한 두 개 辛金과 한 무리의 己土가 있으면 僧道의 命이다. 만약 天
干에 己土가 透出하고 地支에 庚金과 甲木을 보면 一生이 安樂하고 한
가하다.

이것은 土가 두터우면 金이 파묻히게 된다는 것으로 앞글에서는
戊土를 말하였고 여기서는 己土를 말하는 것이다. 이 경우는 반드시
庚金과 甲木으로 救해야 한다. 支에 甲木이 있으면 才를 써서 印을
剋制해야 하고, 庚金의 도움이 있다면 辛金이 능히 그 才를 마음대
로 할 수 있다.

앞글은 戊土에 金이 파묻히면 반드시 甲木이 나타나 救濟를 해야 한다면 여기서는 己土에 金이 파묻히면 庚金이 있어야 救濟가 된다고 말하는 것이다.

或一派乙木, 不見庚壬, 爲才多身弱, 一見庚制, 富貴可期.
혹 일 파 을 목 불 견 경 임 위 재 다 신 약 일 견 경 제 부 귀 가 기

或 한 무리의 乙木이 庚金과 壬水를 보면 財多身弱이 되며 하나의 庚金이 剋制하면 富貴를 가히 期待할 수 있다.

八月의 辛金은 月令이 建祿이 된다. 그러나 辛金이 부드럽고 弱한 金이니 庚金의 단단하고 銳利함에 비교할 수 없다. 그러므로 한 무리의 乙木이 보이면 才多身弱이 되니 반드시 庚金으로 救해야 한다. 하나의 庚金이 나타나면 身이 旺하게 되어 才를 마음대로 할 수 있으니 富貴를 기대할 수 있다. 壬水가 보이면 金과 水가 相生한다. 대개 祿刃이 才를 쓰는 경우는 반드시 食傷이 軸이 되어 굴러가야 한다.

金生秋月土重, 貧無寸鐵, 六辛日透戊子時, 運喜西方, 陰若朝陽,
금 생 추 월 토 중 빈 무 촌 철 육 신 일 투 무 자 시 운 희 서 방 음 약 조 양
切忌丙丁離位, 庚辛局全巳酉丑, 位重權高.
절 기 병 정 이 위 경 신 국 전 사 유 축 위 중 권 고

金이 가을에 나고 土가 重하면 몹시 貧困하고 六辛金 日柱에 戊子時이면 運이 西方을 기뻐하며 陰이고, 萬若 朝陽이면 丙丁離位를 最大로 꺼리며, 庚辛金이 局을 이뤄 모두 巳酉丑이면 重要職에 權勢가 높다.

土가 重하다함은 土가 두터워 金이 파묻히게 된다는 것이다. 己土가 보이고 救하는 것이 없으면 가난하고 苦生하는 것이 특별히 예외의 경우가 아니다. 즉 六辛日에 戊子時를 만나는 것이 그것이다. 辛

金이 戊子時를 만나면 土金이 相生하니 氣勢가 順하게 되어 당연히 食傷格을 지은 것으로 본다.

　天干에 庚辛金이 모이고 支에 巳酉丑이 다 있으면 金이 이미 그릇을 이룬 것이니 火를 보는 것은 마땅치 않고 반드시 壬水로 그것을 洩하여야 한다. 더불어 앞글에 하나의 壬水가 높이 透干하면 金의 무리를 洩한다는 것과 의미가 같다. 특히 하나는 干에 있고 하나는 支에 있는 것에 차이가 있을 뿐이다. (外格全釋을 참고로 살펴보라)

己	辛	癸	己	二人同命, 一文擧, 家貧, 一武擧, 家富
亥	未	酉	酉	

亥水 中에 壬水와 甲木이 있으니 亥水와 卯木이 암암리에 모여 木局이 되므로 才가 된다. 그러나 뛰어났으나 富는 없었다. 富하면 뛰어날 수 없는 것이다. 그러나 아직은 수그러진 수레와 같다 할 수 없다.

丙	辛	己	丁	身强殺淺, 辛日坐酉, 丙宮生印, 太守
申	酉	酉	酉	

官煞이 나란히 나타나나 印으로 그것을 化煞하므로 混雜을 꺼리지 않는다. 身은 强하고 煞은 弱하니 煞이 混雜해지는 것을 다시 좋아한다. 기쁜 것은 運이 官煞이 旺한 곳으로 가는 것으로 丁未, 丙午運으로 가니 마땅히 貴가 太守에 이른 것이다.

壬	辛	己	丁	丁壬兩透, 經魁
辰	亥	酉	卯	

丁火와 壬水가 더불어 透干하고 그 사이가 떨어져 合을 못하는 것이 기쁘다. 木火土金水의 順序로 相生하니 壬水 傷官을 用神으로 삼는다.

九月辛金, 戌土司令, 母旺子相, 須甲疏土, 壬洩旺金, 先壬後甲, 壬
구월신금 성토사령 모왕자상 수갑소토 임설왕금 선임후갑 임
甲兩透, 桃洞之仙, 或壬透甲藏, 又見者, 平人, 甲透, 壬藏, 戊在支
갑량투 도동지선 혹임투갑장 우견자 평인 갑투 임장 무재지
內, 異途之仕.
내 이도지사

九月辛金은 戊土가 司令하니 母旺子相하다. 오로지 甲木으로서 疎土하고 壬水로 旺金을 洩氣해줘야 하니 먼저 壬水를 쓰고 後에 甲木을 쓴다. 壬水와 甲木이 더불어 透干하면 桃洞의 神仙이다. 혹 壬水가 透干하고 甲木이 숨었는데 다시 庚金을 보면 平常人이요 甲木이 透干하고 壬水가 숨고 戊土가 地支에 있으면 異途로 일을 삼는다.

辛金은 무릇 金이니 壬水로 그 秀氣를 洩하는 것을 기뻐하여 金水가 맑고 鮮明해지니 貴하게 된다. 九月에 戊土가 權勢를 잡는 때에 生하였으므로 土가 旺하여 金이 파묻히게 되는 것을 꺼린다. 戊土가 透干하면 반드시 甲木으로 制剋해야 하고 戊土가 透干하지 않으면 오로지 壬水를 쓴다. 그러므로 먼저 壬水를 쓰고 다음으로 甲木을 取하여 쓴다. 壬水와 甲木이 더불어 透干하면 最高의 上格이 된다.

壬水와 戊土가 透干하고 甲木이 支에 감추어지면 壬水를 制剋하는 戊土를 甲木이 剋制하지 못하게 되어 病은 있으나 藥이 없는 것이니 이는 평범한 사람이 되고 만다. 甲木이 透干하고 壬水와 戊土가 地支 안에 숨으면 甲木이 능히 戊土를 剋制하고 壬水를 保護하니 비록 病을 깨끗이 除去하지는 못하나 역시 異途로 貴하게 된다.

或辛日甲月, 壬水在支, 有庚自能去濁留清, 秋闈一榜, 若戊戌月,
혹신일갑월 임수재지 유경자능거탁류청 추문일방 약무술월
即有甲在支亦否.
즉유갑재지역부

或 辛日 甲月에 壬水가 地支에 있고 庚金이 있으면 스스로 能히 去濁留
淸하여 科甲하나 辛日 戊戌月이면 甲木이 地支에 있는 것이 좋지 않다.

이는 庚金을 써서 戊土의 病을 고친다는 말이다. 壬水가 支에 있
으면 土의 制剋을 쉽게 당하므로 만약 庚金이 出干하면 戊土가 金을
生하고 金이 水를 生하게 되니 자연히 濁한 것을 除去하여 맑은 것
만 남게 된다.
이는 辛金이 甲戌月에 生하면 庚金으로 病을 고칠 수 있는 것을
말한 것이나, 만약 戊戌月이고 戊土가 透干하면 다른 곳에라도 甲木
이 出干하여 그것을 制剋하지 않으면 안 된다. 그러나 甲木이 支에
있으면 天干에 戊土를 剋制할 수 없게 된다.

總之土太多, 甲不出干, 莫問功名, 一壬出, 洗土助甲, 雖不發達, 富
총지토태다 갑불출간 막문공명 일임출 세토조갑 수불발달 부
而可求.
이가구

總論하면 土가 지나치게 많은데 甲木이 出干하지 않으면 功名을 묻지
말 것이며 하나의 壬水가 透出하면 土를 씻어내고 甲木을 돕게 되니
비록 發達하지 못해도 富는 가히 求할 수 있다.

앞글의 結論으로 土가 많아 金이 파묻히는데 甲木이 나타나서 制
剋하지 않으면 결코 功名의 빛이 없다. 甲木이 支에 숨고 壬水가 出
干하면 甲木을 돕고 土를 씻어내어 일개 富者에 불과할 뿐이다. 이
는 戊土가 出干하지 않은 때를 가리키는 말이다. 만약 戊土가 透干
하면 壬水가 剋制를 당하니 甲木이 出干하지 않으면 안 된다. 앞의
글을 보라.

或土多無壬甲, 時月多透丙辛者, 略貴, 加以辰字在支, 則榮顯莫及.
혹 토 다 무 임 갑 시 월 다 투 병 신 자 략 귀 가 이 진 자 재 지 칙 영 현 막 급

或 土가 많은데 壬水와 甲木이 없고 時月에 丙火와 辛金이 많이 透干
하면 若干의 貴는 있다. 더불어 辰土가 地支에 있으면 대단히 크게 顯
達한다.

이는 化氣가 아니고 官印格이다. 특히 九月에 마른 土는 金을 生
하지 못하니 辰土가 支에 있으면 축축한 土가 金을 生하여주니 官星
이 日元과 合하므로 用神이 親切하여 榮華가 크게 드러난다.

或木多土厚, 無水者常人, 或干上重見癸水, 雖無淘洗之功, 頗有淸
혹 목 다 토 후 무 수 자 상 인 혹 간 상 중 견 계 수 수 무 도 세 지 공 파 유 청
金之用, 此命主富, 辛苦.
금 지 용 차 명 주 부 신 고

或 木이 많고 土는 두터운데 水가 없으면 平常人이며, 或 天干에 癸水
가 重하게 나타나면 비록 씻어주는 功德은 없어도 자못 맑은 金을 쓸
수 있으니 이 命은 富는 하나 辛苦함이 있다.

九月의 辛金은 壬水로 씻어주어야 上格이 된다. 甲木을 쓰는 경우
는 土를 제거해야 하니 두터우면 金을 파묻히게 하는 病이 된다. 만
약 甲木은 있으나 壬水가 없으면 辛金의 쓰임이 나타나지 않기 때문
에 평범한 사람이 된다. 壬水는 없고 癸水가 있으면 역시 쓸 수 있으
니 食神生才가 되어 일개 富者의 命은 되나 고생이 많다.

或己透無壬有癸, 亦能滋生金力, 衣衿之貴, 但恐己多, 不免濁富.
혹 기 투 무 임 유 계 역 능 자 생 금 력 의 금 지 귀 단 공 기 다 불 면 탁 부

或 己土가 透出하고 壬水가 없고 癸水가 있으면 能히 金力을 滋生하므
로 衣衿의 貴는 있다. 다만 두려운 것은 己土가 많은 것이니 濁富를 免

하지 못한다.

己土는 낮고 축축한 土로 金을 生해도 파묻히게 하지는 않는다.
그러므로 衣衿과 貴는 있다. 단 己土는 壬水를 濁하게 하니 富에 여
유는 있으나 貴는 부족하게 된다.

九月辛金, 火土爲病, 水木爲藥.
구 월 신 금　화 토 위 병　수 목 위 약

戌月 辛金은 火土가 病이 되고 水木이 藥이 된다.

앞글에 대한 結論이다.

壬	辛	戊	丙	印重最喜才鄕, 壬丙俱透, 尙書
辰	未	戌	戌	

이 命造는 傷官이 나란히 透干하고 土가 重하여 金이 파묻혔으니
印을 써서 傷官을 制剋해야 한다. 그러나 튼튼함이 才를 쓴 것만 같
지 못하다. 印으로 傷官을 化하여 官을 生하니 四柱에 비록 木은 없
어도 반드시 水木운으로 大運이 行하여 이내 發達하였다.

戊	辛	壬	戊	去濁留淸, 孝廉
子	酉	戌	戌	

六辛朝陽格이다. 月干의 壬水를 戊土가 制剋하니 쓸 것은 時支의
子水다. 그러므로 이른바 去濁留淸이라 한다.

丁	辛	戊	丙	用戊生金, 用丙暖土
酉	未	戌	戌	

官煞이 함께 나타나니 印으로 化煞하여야 한다. 싫은 것은 壬癸水

384

가 없는 것으로 辛金의 氣勢가 몸에 미치고 洩하지를 못한다.

4) 三冬辛金

十月辛金, 時值小陽, 陽漸升, 寒氣將降, 先用壬水, 次取丙火, 壬丙
십월신금 시치소양 양점승 한기장강 선용임수 차취병화 임병
兩透, 金榜題名, 何也, 蓋辛金有壬水丙火, 名金白水淸, 又在亥月
량투 금방제명 하야 개신금유임수병화 명금백수청 우재해월
故發
고발

十月의 辛金은 少陽의 時期에 놓여 있으니 陽氣가 漸次 오르고 寒氣는
將次 내려온다. 그러므로 壬水를 먼저 쓰고 다음으로 丙火를 取한다.
壬水와 丙火가 더불어 透干하면 金榜에 이름이 오르니 어째서인가?
대개 辛金에 壬水와 丙火가 있으면 부르기를 金白水淸이라 하며 亥月
에 있으므로 發達하게 되는 것이다.

辛金은 壬水로 씻어내는 것을 기뻐하나 十月에 나면 반드시 丙火
를 兼해야 하니 寒氣가 점점 增加하기 때문이다. 그러므로 丙火를
얻으면 水와 金이 따뜻하게 되고 壬水를 얻으면 金은 깨끗하게 되고
水는 맑아진다.
亥月은 小陽春으로 木氣가 싹터 움직이고 丙火의 남은 빛을 되비
치니 역시 活動의 氣運이다. 그러므로 능히 顯達하게 된다.

丙透壬藏, 採芹之造, 丙藏壬透, 富有千金, 壬丙在支, 聰明之士.
병투임장 채근지조 병장임투 부유천금 임병재지 총명지사

丙火가 透出하고 壬水가 숨으면 벼슬은 할 수 있으며, 丙火가 숨고 壬
水가 透出하면 千金의 富者가 되고, 丙火와 壬水가 地支에 있으면 聰
明한 선비가 된다.

壬水와 丙火가 더불어 透干하면 科甲으로 貴하게 되고, 丙火가 透干하고 壬水가 숨으면 貴는 적고, 壬水는 透干하고 丙火가 숨으면 작은 富를 한다. 그러나 壬水와 丙火가 모두 숨으면 비록 聰明하고 빼어남은 있으나 發達하지 못한다. 그러므로 대개 丙火는 貴하게 되고 壬水는 富하게 된다.

戊壬存柱, 積蓄之人, 或壬多無戊, 名辛水汪洋, 反成貧賤, 戊多壬
무임존주 적축지인 혹임다무무 명신수왕양 반성빈천 무다임
少, 又主成名.
소 우주성명

戊土와 壬水가 있으면 積蓄하는 사람이고 或 壬水가 많고 戊土가 없으면 이르기를 辛水汪洋이라 하니 오히려 貧賤하다. 戊土가 많고 壬水가 적으면 또한 名譽는 얻을 수 있다.

壬水는 富를 主管한다. 그러므로 壬水가 많으면 戊土가 있어 制剋하면 傷官佩印이라 하여 반드시 蓄財하여 致富한다. 그러나 壬水는 많고 戊土가 없으면 물이 흘러가 고이지 않으니 도리어 貧困하고 賤하게 된다. 또한 戊土는 많고 壬水가 적으면 原局에 印이 旺하므로 傷官運으로 가면 도리어 이름을 이룬다.

或甲多戊少, 因藝術而蓄金.
혹갑다무소 인예술이축금

或 甲木이 많고 戊土가 적으면 藝術로 蓄金을 한다.

十月 亥水宮은 자연 旺한 壬水가 있으므로 壬水를 따로 말하지 않아도 된다. 水가 많으면 戊土를 얻어 剋制를 해야 才物이 모여 쌓인다. 그러나 甲木이 많아 戊土를 制剋하면 月令의 傷官으로 才를 生

하는데 써야하니 藝術人이 되며 오직 金錢만 쌓일 뿐이다.

若己多有戊, 壬水被困, 金被埋, 不過誠實之人, 或壬癸多無戊丙者,
약 기 다 유 무 임 수 피 곤 금 피 매 불 과 성 실 지 인 혹 임 계 다 무 무 병 자
勞碌辛苦, 十月辛金, 先壬後丙, 餘皆參用.
로 록 신 고 십 월 신 금 선 임 후 병 여 개 참 용

萬若 己土가 많은데 戊土가 있으면 壬水가 困窮해지니 金이 묻히게 되어 成實한 사람에 지나지 않는다.
或 壬癸水는 많은데 戊土와 丙火가 없으면 勞碌으로 辛苦한다. 十月 辛金은 먼저 壬水를 쓰고 다음으로 丙火를 쓰니 나머지도 모두 參酌하여 쓴다.

戊己土가 많으면 金을 묻고 水를 制剋하니 終身토록 아래에 묻혀 지내게 된다. 총체적으로 十月에 壬癸水가 많고 丙火가 없으면 따뜻하지 않게 되며 戊土가 없으면 蓄積이 안 된다. 그러므로 戊土와 丙火가 없으면 헛수고가 많고 苦生하는 사람이다. 十月의 辛金은 壬水와 丙火가 喜神과 用神으로 필요한 神이다. 그리고 나머지 모두는 病에 대응하여 藥으로 쓴다.

十一月辛金, 癸水司令, 爲寒冬雨露, 切忌癸出凍金, 而困丙火, 壬
십 일 월 신 금 계 수 사 령 위 한 동 우 로 절 기 계 출 동 금 이 곤 병 화 임
丙兩透, 不見戊癸, 衣錦腰金, 卽壬藏丙透, 一榜堪圖.
병 량 투 불 견 무 계 의 금 요 금 즉 임 장 병 투 일 방 감 도

十一月의 辛金은 癸水가 司令하여 추운 겨울의 雨露이니 절대로 꺼리는 것은 癸水가 出干하여 辛金을 얼게 하고 丙火를 困窮하게 하는 것이다. 壬水와 丙火가 더불어 透干하고 戊土와 癸水가 나타나지 않으면 비단옷과 금띠를 두른다. 卽 壬水가 감추어지고 丙火가 透出하면 科擧 及第를 할 수 있다.

辛金은 壬水와 丙火를 떼어 놓을 수 없는데 十一月은 추운 겨울이니 재차 丙火가 중요하다. 月令의 癸水가 透出하면 丙火의 거처가 困難해지니 發展을 바라기 어렵게 된다. 壬水와 丙火가 더불어 透干하면 戊土가 나타나 壬水를 困難하게 하지 않아야 하고 癸水가 나타나 丙火를 困難하게 하지 않으면 極品의 貴를 누릴 수 있게 된다. 만약 壬水가 支에 숨으면 丙火의 透干이 필요하니 자연히 功名을 이룬다.

或壬多有戊, 丙甲出干者, 淸雲之客, 若壬多無戊丙者, 洩金大過,
혹임다유무 병갑출간자 청운지객 약임다무무병자 설금태과
定主寒儒, 或壬多, 甲乙重重, 無丙火者, 貧寒.
정주한유 혹임다 갑을중중 무병화자 빈한

或 壬水가 많고 戊土가 있으며 丙火와 甲木이 出干하면 靑雲의 客이고, 壬水가 많고 戊土와 丙火가 없으면 金을 洩氣함이 지나치게 되니 가난한 선비이다. 만약 壬水가 많고 甲乙木이 重重한데 丙火가 없으면 貧寒하게 된다.

앞글은 壬水가 透干하면 戊土가 壬水를 困難하게 하는 것을 꺼린다는 말이다. 이글은 반대로 壬水가 많은 경우를 말한 것으로 모름지기 戊土로 制剋을 해야 하고 더불어 丙火와 甲木이 出干하면 반드시 貴하게 된다.

만약 戊土가 壬水를 剋制함이 없고 다시 丙火가 金을 따뜻하게 함이 없으면 洩氣가 지나치게 되니 반드시 가난한 선비가 된다. 壬水가 많고 甲乙木이 重重하면 언 金이 木을 제어할 수 없으니 도리어 才多身弱이 되고 만다. 다시 丙火가 金의 추위를 풀어주지 않으면 반드시 貧寒하게 된다.

或支成水局, 癸水出干, 有二戊制者, 富貴恩榮, 無戊者常人.
혹지성수국 계수출간 유이무제자 부귀은영 무무자상인

地支에 水局을 이루고 癸水가 出干하고, 두 개의 戊土가 剋制하면 富貴恩榮이 있고 戊土가 없으면 平常人이다.

支에 水局을 이루고 癸水가 出干하면 旺하여 勢力이 剋에 이르니 모름지기 두 개의 戊土로 剋制하여야 病과 藥이 비로소 서로 均衡이 맞게 되고 다시 丙火가 있어야 비로소 富貴의 恩榮을 이룬다. 戊土와 丙火가 없으면 반드시 貧寒하게 된다.

或支見亥子丑, 干出比劫, 無丙, 名潤下格, 富貴雙全, 運喜西北, 若無庚辛, 又出甲乙, 無戊丙者, 必主僧道.
혹지견해자축 간출비겁 무병 명윤하격 부귀쌍전 운희서북 약무경신 우출갑을 무무병자 필주승도

或 地支에 亥子丑을 보고, 比劫이 出干하고, 丙火가 없으면 이르기를 潤下格이되어 富貴雙全하며 運은 西北方이 기쁘다.
萬若 庚辛金이 없고, 또한 甲乙木이 出干하고, 戊土와 丙火가 없으면 반드시 僧道의 命이다.

支가 모두 亥子丑 北方이고 天干에 比劫이 나타나면 氣勢가 오로지 旺하게 되니 潤下格을 이룬다. 반드시 丙火와 戊土가 없어야 格이 완전하게 되고 運이 西北으로 가야 富貴가 모두 完全하게 된다.
만약 庚辛金이 없고 또한 甲乙木이 나타나면 차가운 金과 언 木이 되니 壬癸水가 비록 많다고는 하나 潤下格이라 하지 않는다. 水가 모여 얼게 되니 丙火의 調候가 없고 戊土가 水를 制剋함이 없으면 才多身弱이 되니 반드시 외롭고 가난하게 된다.

或支成木局, 有丁出干, 又見戊者, 功名特達, 冬月辛金, 須丙溫暖, 方妙.
혹지성목국 유정출간 우견무자 공명특달 동월신금 수병온난 방묘

或 地支에 木局을 이루고 丁火가 出干하고, 또한 戊土를 보면 功名이
特達한다. 겨울의 辛金은 오직 火로 따스하게 해야 비로소 빼어나게
된다.

十二月은 水가 旺한 때이니 支에 木局을 이루고 또한 丁火와 戊土
가 보이면 이는 天干은 官印相生하고 支는 食神生才하니 根源이 멀
고 길게 흐르게 된다. 十二月 辛金을 總論하면 層層이 얼어 단단하
니 丙火의 따뜻함이 아니면 功을 이루지 못한다. 丙火는 모름지기
뿌리가 있어야 한다. 뿌리가 없으면 力量이 부족하게 되니 싫어한
다. 十一月 庚金도 같은 경우니 金水傷官은 반드시 官을 봐야 한다.
그래야만 貴하게 될 수 있다.

十二月辛金, 寒凍之極, 先丙後壬, 無丙不能解凍, 無壬不能洗淘,
십 이 월 신 금   한 동 지 극   선 병 후 임   무 병 불 능 해 동   무 임 불 능 세 도
丙壬兩透, 金馬玉堂之客, 壬丙俱藏, 游庠食廩之人, 有丙無壬, 富
병 임 량 투   금 마 옥 당 지 객   임 병 구 장   유 상 식 희 지 인   유 병 무 임   부
眞貴假, 有壬乏丙, 賤而且貧, 或丙多, 無壬, 有癸, 市中貿易之流.
진 귀 가   유 임 핍 병   천 이 차 빈   혹 병 다   무 임   유 계   시 중 무 역 지 류

十二月의 辛金은 추위가 至極하니 먼저 丙火를 쓰고 뒤에 壬水를 쓴
다. 丙火가 없으면 解凍을 할 수 없고 壬水가 없으면 씻어내지 못한다.
丙火와 壬水가 더불어 透干하면 金馬玉堂의 客이다.
丙火와 壬水가 모두 숨으면 鄕學에서 유유히 노닐며 먹고사는 사람이
다. 丙火는 있고 壬水가 없으면 富는 참되나 貴는 잠시뿐이다. 壬水가
있고 丙火가 窮乏하면 下賤하고 貧困하다. 或 丙火가 많고 壬水가 없
고 癸水만 있으면 市中에서 貿易하는 사람이다.

十二月 辛金은 오로지 丙火를 取하여 調候를 하므로 丙火를 主로
삼고 壬水로 輔佐해야 하니 十一月과 같다. 壬水와 丙火가 모두 갖

추어지면 名利를 모두 얻게 된다. 丙火가 없고 壬水가 있으면 언 金이 따뜻함을 얻은 것이니 衣食은 充足하게 되고, 壬水는 있으나 丙火가 없으면 貧賤하게 된다. 그러므로 壬水가 없는 것은 가능하나 丙火가 없는 것은 안 된다. 丙火가 많은데 壬水는 없고 癸水가 出干하면 丙火를 困難하게 하니 格은 이루어도 病은 있게 되어 市政에서 貿易을 하는 부류이다.

> 或水多, 有戊己出干, 又有丙丁, 必主衣食充盈, 一生安樂, 十二月
> 혹 수다 유 무 기 출간 우유병정 필주 의식 충영 일생 안락 십이월
> 辛金, 丙先壬後, 戊己次之.
> 신금 병선 임후 무기차지

或 水가 많고 戊己土가 出干하고 또한 丙丁火가 있으면 반드시 衣食이 充分하며 一生이 安樂하다. 十二月 辛金은 丙火를 먼저 쓰고 壬水를 뒤에 쓰며 戊己土는 그 다음으로 쓴다.

十二月의 辛金은 丙火로서 主를 삼고 戊己土는 病藥에 따라 쓰는 것에 불과하다. 水가 많으면 戊己土를 取하여 制剋하는 것이므로 丙火와 丁火가 없어서는 안 된다. 水가 많지 않으면 戊己土를 쓰지 않는다.

戊	辛	己	乙	侍郎
子	丑	丑	丑	

土와 金으로 格을 이루었으나 어미는 旺하고 子息은 외로운 象이다. 가장 마땅한 것은 西方金運이니 어미의 慈愛로 子息이 便安하다.

戊	辛	癸	丁	用丁火 按擦
子	卯	丑	丑	

언 나무에 陰火인데 또한 癸水가 出干하여 火를 剋制하니 乙木과

丁火를 결코 用神으로 삼을 수가 없다. 그러므로 반드시 金水로서 象을 이루니 그 氣勢에 따라 用神으로 삼아야 한다.

| 丁 | 辛 | 己 | 乙 | 先貧後富 且壽 |
| 酉 | 未 | 丑 | 卯 | |

이 命造는 乙木과 丁火를 쓸 수 있다. 卯木과 未土가 모여 局을 이루므로 地支에 溫暖한 氣運이 있다. 그러나 마른 풀로 등불을 붙일 능력이 微弱하므로 丙火가 없으면 貴하게 될 수 없었다. 먼저 貧困하고 後에 富者가 되었으니 木火運이 도와준 것이다.

| 己 | 辛 | 丁 | 甲 | 才旺生殺 制軍 |
| 亥 | 卯 | 丑 | 申 | |

이 命造는 亥水와 卯木이 合하여 局을 이룬 것으로 甲木으로 丁火를 이끌고 生한다. 그러므로 才가 旺하여 殺을 生한 것이니 가히 用神으로 삼을 수 있다. 역시 運이 陽氣가 溫暖한 東南地로 가니 貴하게 되었다.

第5章 論　水

天傾西北, 亥爲出水之方, 地陷東南, 辰爲納水之庫, 逆流到申而作
천경서북　해위출수지방　지함동남　진위납수지고　역류도신이작
聲, 故水不西流. 水性潤下, 順則有容, 順行十二神, 順也, 主有度
성　고수불서류　수성윤하　순칙유용　순행십이신　순야　주유도
量, 有吉神扶助, 乃貴格. 逆則有聲, 逆行十二神, 逆也, 入格者, 主
량　유길신부조　내귀격　역칙유성　역행십이신　역야　입격자　주
淸貴, 有聲譽. 忌刑剋, 則橫流, 愛自死自絶則吉.
청귀　유성예　기형극　칙횡류　애자사자절칙길

하늘이 西北으로 기울어 亥는 水가 나오는 方位이고 땅은 東南으로 가
라 앉았으므로 辰方은 水를 거두는 倉庫이다. 물이 거꾸로 흘러 申에
다다르면 소리를 낸다. 그러므로 물은 西方으로 흐르지 않는다. 水의
性品은 아래를 적시니 順理따라 받아들이는 寬容이 있다.

十二神을 順行하면 順이라 하여 度量이 있으며 吉神이 도와주면 貴格
이 된다. 거스르면 소리가 있으니 逆行하여 十二神을 가면 逆이라 한
다. 入格하면 주로 淸貴하며 名譽가 있다. 刑冲을 꺼리니 그와 같으면
橫流하기 때문이며 스스로 死絶됨을 사랑하니 그와 같이 되면 吉하게
된다.

水는 申에서 生하고 亥子에 祿이 되니 자연히 西로부터 北으로 가
고 다시 東으로 南으로 가는 것을 順이라 하고, 反對의 境遇를 逆이
라 한다. 西北地는 높고 東南은 가라앉아 낮으므로 東南으로 흘러가
니 아래로 氣勢가 쫓아가는 것이 水의 性質이다.

申, 酉, 戌, 亥, 子, 丑, 寅, 卯, 辰, 巳, 午, 未를 順行이라고 하고

394

申, 未, 午, 巳, 辰, 卯, 寅, 丑, 子, 亥, 戌, 酉를 逆行이라 한다. 入格
여부는 別途의 配合을 보는 것이다.

　順行은 主로 度量이 있고 逆行은 主로 소리가 聲響가 있다. 吉神
이 돕는 것을 기뻐하고 刑冲하면 부딪쳐서 쓸어버리니 꺼린다. 스스
로 死하는 곳은 寅卯로 그 氣를 거두어 들이며, 스스로 絶하는 곳은
이른바 巳宮으로 丙火와 戊土가 陽和의 氣이니 堤防으로 쓴다.

水不絶源, 仗金生而流遠, 水流泛濫, 賴土剋以堤防. 水火均, 則合
既濟之美. 水土混, 則有濁源之凶. 四時皆忌火多, 則水受渴. 忌見
土重, 則水不流. 忌見金死, 金死則水困. 忌見木旺, 木旺則水死. 沈
芝云 : 水命動搖, 多主濁濫, 女人尤忌之. 口訣云 : 陽水身弱·窮,
陰水身弱·主貴.

水의 源泉이 끊이지 않음은 金에 依支하며 生을 받으면 멀리 흐른다.
水가 흘러 泛濫하면 土가 剋하여 堤防을 이룬다. 水火가 고르면 合하여
既濟의 功을 이룬다. 水土가 混雜하면 根源이 濁해지는 凶함이 있다.
四時 모두 火가 많은 것을 꺼리니 水가 마르기 때문이다.
土가 重疊되는 것을 꺼리니 水가 흐르지 못하기 때문이다. 金이 죽는
것을 꺼리니 水의 根源이기 때문이다. 木이 旺해지는 것을 꺼리니 木이
旺하면 水가 죽기 때문이다. 沈芝가 이르기를 水의 命造가 動搖하고,
많아서 濁하게 泛濫하면 女人의 命造에는 더욱 꺼린다 하였다. 口訣에
이르기를 陽水가 身弱하면 貧困하고, 陰水가 身弱하면 주로 貴하다 하
였다.

　水가 春夏에 生하면 休囚地가 되니 根源이 없게 된다. 그러므로
金이 護衛하여 生하면 根源이 멀리 오래 흐른다. 水가 秋冬에 生하

면 旺함이 極에 이르러 泛濫하므로 반드시 土를 바탕으로 堤防을 쌓
아주면 水가 바른 軌道로 들어간다. 水와 火가 均衡을 이룬다는 것
은 丙火를 말하는 것으로 勢力이 서로 對等하고 食傷이 있어서 그
氣運을 通해주면 旣濟의 아름다움을 이룬다.

　水와 土가 뒤섞인다는 것은 己土를 가리키는 것으로 食傷이 官을
制剋하지 않으면 根源이 濁해져 凶이 있게 된다. 그러므로 壬水는
官星을 用神으로 쓰는 것을 꺼린다. 火가 많으면 土도 따라서 반드
시 旺하게 되니 火가 旺하고 土가 乾燥하면 물이 말라붙게 되고 戊
土가 重重하면 비록 火를 보지 않는다 해도 역시 水를 剋制하여 흐
르지 못하게 한다. 그러나 水는 흐름이 通해야 아름답게 되므로 火
가 많고 土가 重한 것은 四時에서 모두 꺼린다.

　또한 水는 金이 護衛하여 生하면 흘러서 멀리 갈 수 있으나 金이
子에 이르면 死地가 되어 어미가 죽으니 子息이 외롭게 된다. 泛濫
만 있고 그침이 없으면 困難하니 木으로 水의 氣를 洩하여야 한다.
그러나 寅卯木이 旺한 때는 水의 死地가 되니 水는 金을 根源으로
하므로 金水가 相生하면 사람이 반드시 聰明하다. 水는 많고 金은
없고 또한 戊土로 剋制함도 없으면 대부분이 물이 넘쳐 濁한 물이
된다.

生於春月, 性濫滔滔, 再逢水助, 必有崩堤之勢. 若加土盛, 則無泛
생 어 춘 월　성 람 도 음　재 봉 수 조　필 유 붕 제 지 세　약 가 토 성　칙 무 범
漲之憂. 喜金生扶, 不宜金盛, 欲火旣濟, 不要火多, 見木而可施功,
창 지 우　희 금 생 부　불 의 금 성　욕 화 기 제　불 요 화 다　견 목 이 가 시 공
無土仍愁散漫.
무 토 잉 수 산 만

春月에 나면 性質이 넘치고 淫亂한데 다시 水의 生助를 보면 반드시
堤防을 무너뜨리는 勢力이 된다. 만약 土가 盛하면 泛濫할 憂慮가 없

으므로 金의 生扶를 기뻐하지만 金이 盛해도 좋지 않다. 火로 旣濟하기를 願하지만 火가 많은 것을 願하지 않는다. 木을 보면 가히 功德을 베푸나 土가 없으면 흩어져 질펀해질 것이 근심된다.

東南이 가라앉아 낮으니 水를 들이는 곳집이고 이는 죽은 물이지 살아있는 물이 아니다. 만약 水가 많이 보이면 반드시 泛濫에 이르는 근심이 있으니 반드시 戊土로 堤防을 삼으면 넘쳐·흩어지지 않게 된다.

봄의 물은 休囚의 때이니 金의 生扶를 기뻐하지만 木이 當令한 用神이니 金이 盛하면 木을 傷하게 되어 그 秀氣를 損傷하게 되므로 丙火를 보아야 勢力을 잡고 있는 木의 氣勢가 通하게 되어 자연히 旣濟의 아름다움을 얻게 된다.

그러나 木과 火를 많이 보면 水가 마르게 된다. 木을 보면 水木傷官이 되고, 土가 없으면 거듭 우려하는 것은 水의 勢力이 泛濫하는 것이다. 그러므로 水木傷官은 才와 官을 보는 것을 기뻐하니 貴하게 된다.

夏月之水, 執性歸源, 時當涸際, 欲得比肩, 喜金生而助體. 忌火旺
하 월 지 수   집 성 귀 원   시 당 학 제   욕 득 비 견   희 금 생 이 조 체   기 화 왕
而焙乾. 木盛則盜其氣. 土旺則制其流.
이 배 건   목 성 칙 도 기 기   토 왕 칙 제 기 류

여름의 水는 根源으로 回歸하는 性品이 있다. 또한 때가 말라붙을 때이니 比肩을 얻고자 하며 金이 生해주어 體를 도와주는 것이 기쁘다.
꺼리는 것은 火가 旺하게 내리 쬐여 乾燥하게 되는 것이고, 木이 盛하여 그 氣를 빼앗기게 되는 것이고, 土가 旺해져 그 흐름이 막히는 것이다.

여름은 물이 마르고 乾燥한 때이며 또한 水의 絶地가 된다. 比肩

이 도와주고 다시 金이 生해주고, 劫刃이 나란히 나타면 이는 生扶의 아름다움을 얻은 것이다. 火가 旺하면 물이 마르게 되고, 土가 旺하면 乾燥하게 되며, 木이 旺하면 氣勢를 洩하여 弱해지니 모두 마땅하지 않은 것이다.

秋月之水, 母旺子相, 表裏晶瑩, 得金助則澄淸. 逢土旺而混濁. 火
추월지수 모왕자상 표리정형 득금조칙징청 봉토왕이혼탁 화
多而財盛, 木重而子榮, 重重見水, 增其泛濫之憂. 疊疊逢土, 始得
다이재성 목중이자영 중중견수 증기범람지우 첩첩봉토 시득
淸平之意.
청평지의

가을의 水는 어미인 金이 旺하니 子息인 水도 旺하게 되어 겉과 속이 맑게 된다. 金의 도움을 얻은 즉 맑고 깨끗하게 되나 旺한 土를 만나면 混濁해지고 火가 旺하면 財가 盛해진다. 木이 重하면 子孫이 榮華롭게 된다. 또한 重重한 水를 보면 水가 불어나게 되어 泛濫의 憂患이 있게 되니 土를 疊疊이 만나야 비로소 맑고 平安해지려는 뜻을 얻는다.

水가 가을에 生하면 旺한 金의 相生이 있으니 밝고 맑은 물이 된다. 그러므로 戊土로 制御하는 것을 기뻐하고 己土가 섞이면 濁하게 되므로 싫어한다. 木과 火를 쓰는 것이 마땅하니 火가 많으면 才物이 盛하고 木이 많으면 子息이 榮華롭다.

만약 水가 泛濫하면 반드시 戊土로 堤防을 삼아야 바른 軌道로 들어감을 얻게 된다. 水는 마땅히 흘러 通해야 하니 己土를 보면 水를 그치게 하지 못하고 되레 壬水를 濁하게 한다. 그러므로 가을의 壬水는 官星을 쓰는 것을 꺼린다.

冬月之水, 司令當權, 遇火‧則增暖除寒, 見土‧則形藏歸化. 金
동월지수 사령당권 우화 칙증난제한 견토 칙형장귀화 금

398

多·反曰無義. 木盛·是謂有情. 土太過·勢成涸轍. 水泛濫·喜土
다 반왈무의 목성 시위유정 토태과 세성학철 수범람 희토
堤防.
제 방

冬月의 水는 司令當權하니 火를 만나면 따스함을 더하여 寒氣를 除去
할 수 있고 土를 보면 모습을 숨기고 歸化한다. 金이 많으면 오히려 올
바름이 없다 말하고, 木이 盛하면 이를 情이 있다 말하고, 土가 지나치
게 많으면 勢力이 바퀴자국에 고인 물과 같이 하찮게 된다. 水가 泛濫
하면 기쁜 것은 土로서 堤防하는 것이다.

겨울에는 水가 旺한 때이므로 추위의 威勢가 날로 심해지니 水가
凝結되고 얼게 되니 반드시 丙火의 따뜻함을 더하여 추위를 제거해
야 한다. 그러므로 겨울의 水는 丙火가 없어서는 안 된다. 天地가
끊어져 막히고 萬象이 거두어져 들어가니 水도 따라 支下로 들어가
서 바른 軌道로 들어가는 것이다. 水가 成한 때이니 金이 水를 生하
는 勞苦가 없어야 하며 그렇지 않으면 헛되이 추위만 더하여 얼게
된다. 그러므로 이르기를 義가 없다고 말한다. 木氣가 마른다 하더
라도 水가 많은들 어찌 利益이 되겠는가. 이것이 이른바 無情한 것
이다.
　十月 十一月은 水勢가 泛濫하니 土로 堤防을 삼는 것을 기뻐한다.
그러나 十二月은 土가 지나치게 旺하므로 도랑의 물이 마른 자국만
남길까 걱정이 된다.(溝渠之水 涸轍堪虞)

第1節 壬水論

壬水喜用提要

正月 庚丙戊 無比劫者, 不必用戊, 專用庚金, 以丙爲佐, 如比劫多,
정월 경병무 무비겁자 불필용무 전용경금 이병위좌 여비겁다
又宜制之, 一戊出干, 名一將當關, 羣邪自伏
우의제지 일무출간 명일장당관 군사자복

正月은 庚金과 丙火와 戊土를 쓴다.
比劫이 없으면 戊土를 쓸 필요가 없고 오로지 庚金을 쓰고 丙火로 輔佐한다.
만약 比劫이 많으면 마땅히 制剋해야 한다. 하나의 戊土가 出干하면 부르기를 一將當關이라 하여 邪된 무리가 스스로 僕從한다.

二月 戊辛庚 三春壬水絶地, 取庚辛發水之源, 水多用戊
이월 무신경 삼춘임수절지 취경신발수지원 수다용무

二月은 戊土와 辛金과 庚金을 쓴다.
三春은 壬水의 絶地니 水의 發源인 庚辛金을 쓴다. 水가 많으면 戊土를 쓴다.

三月 甲庚 甲疏季土, 次取庚金發水源, 金多須丙制之, 爲妙
삼월 갑경 갑소계토 차취경금발수원 금다수병제지 위묘

三月은 戊土와 甲木과 庚金을 쓴다.
甲木으로 季土를 疏土하고 다음으로 庚金으로 水의 發源을 삼는다. 金이 많으면 마땅히 丙火로 制剋하면 비로소 妙하게 된다.

四月 壬辛庚癸 壬水弱極, 取庚辛爲源, 壬癸比助
사 월 임 신 경 계 임 수 약 극 취 경 신 위 원 임 계 비 조

四月은 壬水와 辛金과 庚金과 癸水를 쓴다.
壬水가 極弱하니 庚辛金을 取하여 根源으로 삼고 壬癸水로 돕는다.

五月 癸庚辛 取庚爲源, 取癸爲佐, 無庚用辛
오 월 계 경 신 취 경 위 원 취 계 위 좌 무 경 용 신

五月은 癸水와 庚辛金을 쓴다. 庚金을 取하여 水의 根源으로 삼고 癸
水를 取하여 輔佐한다. 庚金이 없으면 辛金을 쓴다.

六月 辛甲 以辛金發水源, 甲木疏土
육 월 신 갑 이 신 금 발 수 원 갑 목 소 토

六月은 辛金과 甲木을 쓴다.
辛金으로 發水의 根源을 삼고 甲木으로 疏土한다.

七月 戊丁 取丁火佐戊制庚, 戊土通根辰戌, 丁火通根午戌, 方可
칠 월 무 정 취 정 화 좌 무 제 경 무 토 통 근 진 술 정 화 통 근 오 술 방 가
爲用
위 용

七月은 戊土와 丁火를 쓴다.
丁火를 取하여 戊土를 輔佐하고 庚金을 剋制한다. 丁火가 午戌에 通根
하면 비로소 쓸 수 있다.

八月 甲庚 無甲, 用金發水之源, 名獨水犯庚辛, 體全之義
팔 월 갑 경 무 갑 용 금 발 수 지 원 명 독 수 범 경 신 체 전 지 의

八月은 甲木과 庚金을 쓴다.
甲木이 없으면 金을 發水의 根源으로 삼으니 부르기를 獨水가 庚辛을
犯했다고 한다.
體가 全體的으로 바르다.

九月 甲丙 以甲制戌中戊土, 丙火爲佐
구 월 갑 병 이 갑 제 술 중 무 토　병 화 위 좌

九月은 甲木과 丙火를 쓴다.
甲木으로 戌土 中의 戊土를 制剋하고 丙火로 輔佐한다.

十月 戊丙庚 和甲出制戊, 須以庚金爲救
십 월 무 병 경　화 갑 출 제 무　수 이 경 금 위 구

十月은 戊土와 丙火와 庚金을 쓴다.
甲木이 出干하여 戊土를 制剋하면 마땅히 庚金을 救할 수 있다.

十一月 戊丙 水旺宜戊, 調候宜丙, 丙戊必須兼用
십 일 월 무 병　수 왕 의 무　조 후 의 병　병 무 필 수 겸 용

十一月은 戊土와 丙火를 쓴다. 水가 旺하면 마땅히 戊土를 써야 하고
丙火로 調候를 해야 한다. 丙火와 戊土는 반드시 兼用하여야 한다.

十二月 丙丁甲 上半月專用丙火, 下半月用丙, 甲木爲佐
십 이 월 병 정 갑　상 반 월 전 용 병 화　하 반 월 용 병　갑 목 위 좌

十二月은 丙火와 丁火와 甲木을 쓴다. 上半月은 丙火만 專用하고 下半
月은 丙火를 쓰고 甲木으로 輔佐해야 한다.

1) 三春壬水

正月壬水, 汪洋之象, 能幷百川之流, 然水性柔弱, 宜用庚金之源,
정 월 임 수　왕 양 지 상　능 병 백 천 지 류　연 수 성 유 약　의 용 경 금 지 원
庶不致汪洋無度, 有庚丙戊三者齊透, 科甲功名, 或庚戊藏支, 丙坐
서 불 치 왕 양 무 도　유 경 병 무 삼 자 제 투　과 갑 공 명　혹 경 무 장 지　병 좌
寅支者, 亦有恩誥, 卽一庚透, 貢監有之.
인 지 자　역 유 은 고　즉 일 경 투　공 감 유 지

正月 壬水는 넓은 바다의 象이니 능히 百川 枝流의 江과 어울릴 수 있다. 그러나 水의 性質은 柔弱하니 宜當 庚金을 源泉으로 쓰면 많고 가득차서 넘쳐도 節度 없이 되지 않는다.

庚金과 丙火와 戊土 三者가 고르게 透干하면 科甲하여 功名을 이루게 된다. 만약 庚金과 戊土가 감추어지고 丙火가 寅木에 앉으면 역시 恩誥는 있다. 그리고 하나의 庚金이 透干해도 貢監은 할 수 있다.

正月의 壬水는 겉모양은 *泛濫*하나 氣勢는 休囚에 놓여있으니 반드시 庚金이 있어야 根源이 끊이지 않게 된다. 또한 戊土가 있으면 가득차서 넘쳐도 節度 없이 되지 않으며 丙火가 있으면 봄의 강물이 따듯해지니 보통 壬水는 丙火를 떼어 놓을 수 없다. 그러므로 壬水가 丙火를 얻으면 水晶과 같이 물이 밝고 맑게 된다.

庚金과 丙火와 戊土 三者가 가지런히 透干하면 科甲하여 功名을 이룰 수 있다. 寅木宮에 丙火와 戊土가 감추어져 있으니 하나의 庚金이 透干하면 功名이 있다.

凡壬日無比肩羊刃者, 不必用戊, 專用庚金, 以丙爲佐.
범임일무비견양인자 불필용무 전용경금 이병위좌

무릇 壬 日干에 比劫 羊刃이 없으면 戊土를 쓸 必要가 없고 오로지 庚金을 쓰고 丙火로서 輔佐한다.

戊土는 水의 堤防이 되므로 水가 가득차서 넘쳐도 *泛濫*하는 것을 막는다. 만일 壬日에 比劫이 없으면 戊土의 制剋이 필요하지 않고 오로지 庚金만 쓰고 丙火로 輔佐하는 것이 좋다.

或見比劫, 又有庚辛, 此弱極復旺, 又宜制伏, 戊透, 可云科甲, 戊
혹견비겁 우유경신 차약극부왕 우의제복 무투 가운과갑 무
藏, 則是秀才, 然必丙透不合, 爲妙.
장 칙시수재 연필병투불합 위묘

或 比肩이 있고 또 庚辛金이 있으면 極弱했던 것이 다시 旺하게 된다. 그러므로 당연히 制伏하는 것이 좋으며 戊土가 透干하면 科甲한다 하겠다. 그러나 戊土가 감추어져 있으면 이는 秀才이다. 그러나 반드시 丙火가 透出 하여 合되지 않아야 비로소 빼어나게 된다.

앞글에서는 劫刃이 없는 경우로 戊土의 制剋이 필요 없다 하였고 이 절에서 劫刃이 있는 경우는 水의 勢力이 泛濫하면 반드시 戊土로 制剋을 하여야 한다고 말한 것이다. 또한 庚辛金을 보면 다시금 그 氣勢가 더욱 增加하므로 戊土를 보아야 貴하게 된다.

또한 壬水는 丙火를 떼어놓을 수 없으니 戊土로 水를 制剋하고 재차 丙火가 透干하여야 한다. 그와 같으면 봄의 江이 따뜻해지고 서로 비추어 光彩를 이룬다. 그러나 辛金이 丙火를 合하면 그 쓰임을 잃게 된다. 그러므로 丙火가 透干해도 辛金과 合하지 않아야 아름답게 된다.

> 或支見多戊, 又有甲出干, 名一將當關, 群邪自伏, 主光明磊落, 名
> 혹 지 견 다 무 우 유 갑 출 간 명 일 장 당 관 군 사 자 복 주 광 명 뢰 락 명
> 重百寮.
> 중 백 료

或 地支에 戊土가 많고 甲木이 透干하면 이르기를 一將當關이라 하니 奸邪한 무리들이 스스로 엎드리며 광명뇌락(光明磊落)하니 이름이 벼슬아치 中에서도 높다.

앞글은 水가 旺하면 반드시 戊土로 剋制해야 한다고 말했으나 만약 四柱에 戊土가 지나치게 많으면 煞이 旺한 것을 싫어하며, 土가 많으면 水가 마르니 모름지기 甲木이 있어서 戊土를 剋制해야 한다. 즉 하나의 장수가 빗장을 지킨다 하여 邪惡한 무리가 스스로 엎드린

404

다. 身强하고 煞도 旺하면 制御함이 있으니 富貴할 命造이다.

或支成火局, 借不逢時, 主名利皆虛, 文章駭俗.
혹 지 성 화 국 차 불 봉 시 주 명 리 개 허 문 장 해 속

만약 支에 火局을 이루어도 애석한 것은 때를 만나지 못한 것이니 名利가 모두 빈 것이다. 그러나 文章으로 世俗을 놀라게 한다.

支에 火局을 이루면 從才格이라 한다. 그러나 哀惜한 것은 正月에 生하여 때를 못 만난 것이니 비록 文章이 世上을 놀라게 하지만 名利 모두를 이루지 못한다.

用庚者, 土妻金子, 用丙者, 木妻火子, 用戊者, 火妻土子.
용 경 자 토 처 금 자 용 병 자 목 처 화 자 용 무 자 화 처 토 자

庚金을 쓰는 境遇는 土를 妻로 보고 金을 子食으로 본다. 丙火를 쓰는 境遇는 木을 妻로 보고 火를 子食으로 보고, 戊土를 쓰는 境遇는 火를 妻로 보고 土를 子息으로 본다.

正月의 壬水는 庚金과 丙火와 戊土를 쓰는 것을 벗어날 수 없다. 庚金 印을 쓰는 경우는 官煞을 妻로 보고 印을 子息으로 본다. 丙火를 쓰는 경우는 食傷을 妻로 보고 才를 子息으로 본다. 戊土 官煞을 쓰는 경우는 才를 妻로 보고 官을 子息으로 본다. 坊本에 木을 妻로 보고 火를 子息으로 본다고 되어 있는데 誤謬인 듯하다. 書에 이르기를 身이 旺하면 才를 子息으로 보고 身이 衰하면 印을 子息으로 본다하였는데 이것을 이르는 것이다.

| 庚 | 壬 | 丙 | 己 | 惜戊不出干, 富而不貴 |
| 子 | 辰 | 寅 | 巳 | |

봄에 물이 汪洋한데 哀惜한 것은 戊土가 透干하지 않은 것이니 配

合에 缺點이 있다. 그러므로 才로서 官을 生하는데 쓴다. 己土가 壬水를 흐리게 하므로 富하였으나 貴하지는 못했다.

二月壬水, 寒氣初除, 有幷流之象, 不用丙暖, 專取戊土辛金, 二月
이 월 임 수 한 기 초 제 유 병 류 지 상 불 용 병 난 전 취 무 토 신 금 이 월
壬水, 先戊後辛, 庚金次之.
임 수 선 무 후 신 경 금 차 지

二月의 壬水는 추운 氣運이 除去되기 시작하니 물이 어우르며 흐르는 象이다. 丙火의 따스함을 쓰지 않으며 오로지 戊土와 辛金을 取해 用神으로 삼는다. 먼저 戊土를 쓰고 뒤에 辛金을 쓰며 庚金은 그 다음으로 取한다.

二月은 氣가 陽和하게 轉換하니 水性이 이미 따뜻하므로 丙火를 쓰지 않는다. (坊本에 寒氣가 아직 除去되지 않았다고 한 것은 誤謬인 듯하다.) 그러므로 오로지 戊土로 堤防을 삼고 辛金으로 水를 發하는 根源으로 삼는다. 그러므로 먼저 戊土를 쓰고 뒤에 辛金을 取한다. 만약 庚金의 경우는 月垣인 卯木과 더불어 위치에 間隔이 있어서 合하지 않아야만 역시 쓸 수 있다. 그러므로 辛金 다음으로 쓰는 것이다.

戊辛兩透, 雁塔題名, 戊透辛藏, 亦有恩誥, 或戊辛不透, 有庚出干
무 신 량 투 안 탑 제 명 무 투 신 장 역 유 은 고 혹 무 신 불 투 유 경 출 간
者, 主富.
자 주 부

戊土와 辛金이 더불어 透干하면 登科하고 戊土가 透干하고 辛金이 숨어도 亦是 恩誥는 있다.
戊土와 辛金이 透干하지 않고 庚金이 出干하는 境遇는 主로 富하게 된다.

辛金은 水가 發하는 根源이고 戊土는 堤防이 되니 煞印相生이 되어 功名顯達한다. 庚金이 透干하여도 卯木과 合을 하지 않으면 壬水가 根源이 있는 것이니 月令 傷官을 取하여 쓰므로 주로 富者가 된다.

> 或支成木局, 有庚透者, 金榜題名, 庚在支者, 異途之任.
> 혹지성목국 유경투자 금방제명 경재지자 이도지임

或 地支에 木局을 이루고 庚金이 透干해 있는 경우는 登科하고 庚金이 支에만 있으면 異途의 職을 맡는다.

支에 木局을 이루고 庚金이 透干하면, (즉 앞글의 庚金이 出干하여 있는 意味이다.) 傷官이 모여 局을 이루고 壬水 日元이 印을 두르면 水木이 맑고 華麗하게 된다. 그러므로 金榜에 이름이 오른다. 庚金 印綬가 支에 숨으면 異途로 벼슬을 하고 運에서 만나 引出되면 역시 富貴하게 될 수 있다.

> 或木出火多, 名木盛火炎, 須比肩羊刃, 尤宜水透, 富貴恩榮, 乏水
> 혹목출화다 명목성화염 수비견양인 우의수투 부귀은영 핍수
> 者則否.
> 자 칙 부

或 木이 出干하고 火가 많으면 부르기를 木盛火炎이라하니 마땅히 比劫 羊刃이 있어야 한다.
더욱 水가 透干하면 富貴恩榮이 있으나 水가 乏絶하면 안 된다.

比肩 陽刃이라 함은 즉 水가 透干한 것이다. 이것은 특히 重複된 경우를 말한 것으로 중복되어 있는 比刃이 도우면 身旺하게 되니 비로소 貴하게 된다. 그렇지 않으면 일개 商人의 命일 뿐이다.

或比肩重重, 又須戊土, 書曰, 土止流水福壽全, 若戊不見, 名水泛
혹비견중중 우수무토 서왈 토지류수복수전 약무불견 명수범
木浮, 一生辛苦, 再行水運, 落水身亡.
목부 일생신고 재행수운 락수신망

或 比肩이 重重하면 戊土가 있어야 하니 書에 이르기를 土가 水를 制
止해야 壽福이 온전하다 하고, 만약 戊土를 보지 못하면 부르기를 水
泛木浮라 하여 평생 辛苦하며 다시금 水運으로 向하면 물에 빠져 몸을
亡친다.

앞글을 이은 것으로 比刃이 지나치게 旺하면 모름지기 土로 制剋
하여야 한다. 十一月 甲乙木의 理致와 같으니 한 평생 苦生을 하고
죽어서도 棺이 없다. 十一月의 甲乙木을 찾아보라.

或甲乙重重無比肩者, 此依人度日, 全無作爲, 若見庚辛, 飢寒可免.
혹갑을중중무비견자 차의인도일 전무작위 약견경신 기한가면

或 甲乙木이 重重하고 比肩이 없는 境遇라면 이는 사람에 依支하여 하
루를 살아가야 하니 이루는 일이 하나도 없으며 만약 庚辛金을 보면
추위와 굶주림은 免할 수 있다.

甲乙木이 重重하고 比劫이 없는 경우는 壬水의 洩이 지나치게 심
하니 터럭만큼도 되는 일이 없게 된다. 그러므로 庚辛金이 나타나서
水를 生하고 木을 剋制해주면 배고픔과 추위는 면할 수 있게 된다.

三月壬水, 戊土司權, 恐有推山填塞之患, 先用甲疏季土, 次取庚金.
삼월임수 무토사권 공유추산전새지환 선용갑소계토 차취경금

三月 壬水는 戊土가 勢力을 부리니 두려운 것은 山을 옮겨 메워서 막
힐 우려가 있음이니 먼저 甲木을 써서 季土를 疎土하여야 하며 그 다
음으로 庚金을 取한다.

408

　三月의 壬水는 月令이 水庫가 되고 戊土가 旺하게 오르니 水가 멈추어 고여서 흐르지 않게 된다. 그러므로 甲木을 써서 土를 파헤치고 다음으로 庚金을 取해 壬水의 根源을 疏通해주어야 한다. 그러나 甲木과 庚金은 나란히 透干하지 않아야 하니 그렇지 않으면 서로 障礙가 된다.

　甲木으로 土를 파헤치는 것을 食神制煞이라 하는데 庚金이 甲木을 制剋하면 偏印이 食神을 奪取하게 되어 도리어 害가 된다. 그러므로 甲木과 庚金은 서로 떨어져 있어야 配合이 마땅하다 한 것이다. 그와 같으면 각각의 쓰임을 얻어 아름답게 된다.

甲庚俱透, 科甲定然, 甲透庚藏, 修齊品格, 甲藏有根, 可云俊秀, 有
갑경구투　과갑정연　갑투경장　수제품격　갑장유근　가운준수　유
癸滋甲, 必主干城, 獨甲藏支, 必富, 獨庚在柱, 常人, 無甲, 剛暴之
계자갑　필주간성　독갑장지　필부　독경재주　상인　무갑　강폭지
徒, 乏庚, 愚頑之輩.
도　핍경　우완지배

　甲木과 庚金이 모두 透干하면 科甲이 확실하며 甲木이 透干하고 庚金이 숨으면 修養된 品格은 갖춘다. 甲木이 숨고 뿌리가 있으면 가히 俊秀하며 癸水가 있어 甲木을 滋潤해주면 반드시 나라의 干城이 된다. 또한 甲木이 홀로 支에 감추어져 있으면 반드시 富裕하고 庚金이 홀로 四柱에 있으면 平常人이다. 甲木이 없으면 剛暴한 모리배이고 庚金이 없으면 愚頑한 무리들이다.

　이것은 甲木과 庚金 두 가지는 서로 救濟를 하는데 쓰이니 하나라도 없으면 안 되는 것을 말한 것이다. 癸水가 있어 甲木을 滋潤하는 경우, 즉 甲木이 癸水를 滋潤하는데 戊土가 癸水와 合을 하면 안 되니 甲木을 써서 戊土를 制剋하여야 한다는 말이다. 만약 癸水가 戊土와 合을 하면 甲木을 滋潤하는 쓰임을 잃게 된다.

三月은 戊土가 權勢를 부리니 甲木으로 土를 파헤쳐서 壬水로 하여금 疏通을 하고 흐를 수 있게 하여야 한다. 그러므로 甲木이 적어서는 안 된다. 甲木이 없으면 七煞을 制剋할 수 없게 되니 사람됨이 반드시 이해심과 지혜가 부족하고 자제심이 부족하게 된다. 또한 庚金이 없으면 壬水가 根源이 없는데 洩氣가 지나치니 도리어 어리석고 頑固하게 된다.

> 或時干透丁者, 此爲化合, 助火而不助水, 見丁未一理.
> 혹 시 간 투 정 자 차 위 화 합 조 화 이 불 조 수 견 정 미 일 리

或 時干에 丁火가 透出하면 이는 化合이 되므로 火를 돕고 水를 돕지는 못한다. 丁未時를 보아도 같은 理致다.

三月은 木의 餘氣가 아직은 旺하니 丁火가 透干하면 壬水와 合하여 木으로 化한다. 단 木火가 相生하니 木으로 化하여 從火한다. 비록 丁未時를 만나도 역시 같다. 化氣는 나를 生하는 化神을 用神으로 삼으니 만약 從火하면 당연히 從才를 지었다고 論한다.

> 或支成四庫, 乏甲者, 名殺重身輕, 終身有損.
> 혹 지 성 사 고 핍 갑 자 명 살 중 신 경 종 신 유 손

或 地成四庫에 甲木이 없으면 이르기를 殺重身輕이라 하니 終身토록 損傷됨이 있다.

壬水는 흘러서 通해야 貴하게 되는데, 支에 四庫를 이루어 重重하면 水가 막히는 障礙가 생기는데 甲木이 끊겨서 土를 파헤치지 못한다면 어찌 害가 없겠는가.

<blockquote>
凡水旺多見庚金者, 乃無用之人, 須丙制之方妙.
범수왕다견경금자   내무용지인   수병제지방묘
</blockquote>

대개 水가 旺한데 庚金을 많이 보면 쓸모없는 사람이니 丙火로 剋制해
주어야만 비로소 빼어나게 된다.

봄에 水는 休囚되니 반드시 庚金으로부터 그 根源이 나와야 한다.
만약 水가 旺하고 庚金이 많이 보이면 金은 가라앉고 물은 차갑게
되니 모름지기 丙火로 庚金을 制剋하고 다시 戊土로 水를 制剋해야
비로소 빼어나게 된다.

甲	壬	甲	壬	食神制殺格, 提督
辰	辰	辰	申	

이 命造는 支에 水庫인 辰土가 모였고 辛金宮에 庚金이 水가 나오
는 根源이 되니 甲木을 써서 土를 파헤쳐주면 水의 勢力이 흘러서
通하게 된다. 運이 南方으로 가니 봄에 강물이 따뜻하다. 順行하여
酉金으로 가니 마땅히 나라의 干城으로 選拔되었다.

2) 三夏壬水

<blockquote>
四月壬水, 丙火司權, 水弱極矣, 專取壬水比肩爲助, 次取辛金發源,
사월임수   병화사권   수약극의   전취임수비견위조   차취신금발원
且暗合丙火, 庚金爲佐.
차암합병화   경금위좌
</blockquote>

四月의 壬水는 丙火가 司令하니 水의 弱함이 極度에 다다르므로 오로
지 壬水 比肩을 取해서 도와야 한다.
다음으로 辛金을 取하여 水의 發源으로 삼고 또한 암암리에 丙火를 合
한다. 그리고 庚金으로 輔佐한다.

春夏의 壬癸水는 氣가 休囚에 놓였으니 봄의 水는 마땅히 庚金을 써야 하고 여름의 水는 比劫을 쓰는 것이 좋다. 三春은 木이 旺하여 洩氣가 매우 심하므로 印을 써서 食傷을 制剋하고 身을 도와야 한다. 三夏는 火가 盛하니 才가 旺하고 身은 弱하게 된다. 그러므로 比劫을 써서 才를 나누고 身을 도와야 하니 司令하는 神이 같지 않다.

다음으로 辛金을 取하여 根源으로 삼아야 하는데 三夏는 火가 旺하여 水가 마르니 辛金이 丙火를 暗合하면 剋이 도움으로 바뀌기 때문이다. 庚金이 오로지 水가 發하는 根源이 되니 壬水를 쓸 수 있게 된다. 그러므로 庚金을 取하여 輔佐해야 한다.

壬辛兩透, 金榜有名, 或癸辛兩出, 加以甲透, 亦主異路之榮, 無甲者, 富貴門下之客.
임 신 량 투 금 방 유 명 혹 계 신 량 출 가 이 갑 투 역 주 이 로 지 영 무 갑 자, 부 귀 문 하 지 객

壬水와 辛金이 더불어 透干하면 金榜에 이름이 오르고, 或 癸水와 辛金이 더불어 出干하고 甲木이 透干하면 주로 異路로 榮華를 얻고, 甲木이 없으면 富貴한 집안의 손님이다.

壬水와 辛金이 더불어 透干하면 四月의 壬水가 최적의 쓰임이 되어 富貴를 모두 갖추게 된다. 癸水와 辛金이 더불어 透干하면 辛金이 능히 丙火와 合하고, 역시 巳火宮의 戊土와 癸水가 合하는 것을 막아야 한다. 그러므로 반드시 甲木이 透干하여 戊土를 制剋하여야만 비로소 異途의 恩榮이 있다.

甲木이 없는 경우는 才가 旺하고 煞을 보게 되니 夫가 妻를 두려워하므로 富貴가 자기 소유가 아니다. 그러므로 이르기를 門 아래의 손님이라 한다. 官階나 出身이 시대를 따라서 바뀌고 변화하니 모아서 모름지기 그 의미를 생각해야 한다.

如無壬, 木少火多者, 又作棄命從才格, 因妻致富, 癸透者殘疾.
여 무 임 목 소 화 다 자 우 작 기 명 종 재 격 인 처 치 부 계 투 자 잔 질

壬水가 없고 木도 적고 火가 많으면 棄命從財格이 되니 妻로 因하여 致富하게 되며 癸水가 透出하면 殘疾이 있다.

壬水가 比劫의 도움이 없고 四柱에 木이 적고 火가 많은 경우는 棄命從才를 지었다고 論한다. 또한 木이 많고 火가 많으면 木과 火의 旺한 勢力을 따라야 하니 從强을 지었다고 論한다. 그러므로 癸水가 透干하면 破格이 된다. 火는 타오르고 土는 乾燥하므로 적은 물이 끓어올라 말라버리게 되어 殘疾이 있게 된다. 전체적으로 볼 때 乾燥함에 치우치게 되면 貧困한 命이 된다.

或四柱多金得地, 則弱極復强, 須用巳中戊土, 亦主名利雙全, 或異
혹 사 주 다 금 득 지 칙 약 극 부 강 수 용 사 중 무 토 역 주 명 리 쌍 전 혹 이
途之貴, 若見一甲藏寅, 與巳相刑, 主有暗疾, 名利皆虛, 不能創立.
도 지 귀 약 견 일 갑 장 인 여 사 상 형 주 유 암 질 명 리 개 허 불 능 창 립

만약 四柱에 金이 많고 得地하면 弱함이 剋에 달했다가 다시 强해지니 마땅히 巳火 中에 戊土를 쓰면 亦是 名利雙全하거나 或 異途로 貴하게 된다. 萬若 하나의 甲木이 寅木에 감추어져 있고 巳火와 相刑이 되면 주로 暗疾이 있으며 名利 모두가 헛되니 創立이 不可하다.

巳火宮에 庚金이 長生하니 酉金과 丑土가 나타나 모여서 局을 이루면 金이 많아 得地한다. 文章 中에 빠진 句節이 있는 듯하다. 巳火 中의 戊土를 쓰면 반드시 比劫이 出干하여야 水勢가 泛濫하여 極度로 弱하든 것이 다시 强하게 된다.
才로 弱한 煞을 滋潤해주면 異途로 貴하게 되므로 煞이 弱하면 剋制하는 것은 좋지 않으니 官星을 傷하는 것이 좋지 않음은 서로

같다.

하나의 甲木이 寅木에 감추어지고 寅木과 巳火가 相刑하여 戊土를 剋制하니 偏官이 傷함을 당하게 되어 名利가 모두 헛되게 된다.

或多甲乙, 有庚出干者, 貴, 無庚者否.
혹 다 갑 을 유 경 출 간 자 귀 무 경 자 부

或 甲乙木이 많고 庚金이 出干되면 貴하고 庚金이 없으면 그렇지 않다.

四月의 壬水는 氣勢가 休囚에 놓이고 또한 甲乙木이 많으면 洩氣되어 弱한 것이 대단히 심해지니 庚金으로 木을 抑制하고 身을 도와주어야 貴하게 된다.

或支成水局, 大貴.
혹 지 성 수 국 대 귀

或 地支에 水局을 이루면 크게 貴하게 된다.

支에 水局을 이루고 壬水가 得地하고 月垣에 才와 煞이 勢力을 잡으니 進神을 얻어 쓰게 되므로 반드시 貴하게 된다.

| 乙 | 壬 | 乙 | 壬 | 三刑合局, 制軍 |
| 巳 | 午 | 巳 | 寅 | |

從才格으로 三刑이 得氣하니 威嚴과 勢力이 멀리까지를 制壓한다.

| 乙 | 壬 | 乙 | 壬 | 才旺生官, 尙書 |
| 巳 | 申 | 巳 | 午 | |

壬水가 長生의 支에 앉고 또한 庚金이 相生을 하니 巳火宮의 戊土를 用神으로 삼는다. 煞이 旺한데 制剋함이 있으니 格은 才官을 取

414

한다. 運이 마침 身을 도와주는 金水地로 가니 좋다.

壬	壬	癸	丙	土木交鋒, 孤貧一世
寅	辰	巳	辰	

壬水가 身의 庫地에 뿌리를 두고 艮에 比劫이 서로 도와주니 才를 써서 약한 煞을 북돋아주어야 한다. 그러나 寅木 中의 甲木으로 煞을 制剋하고 寅木과 巳火가 서로 刑하여 用神이 損傷을 입었다. 그러므로 土와 木의 칼끝이 마주치니 一生이 외롭고 貧困하였다.

五月壬水, 丁旺壬弱, 取癸爲用, 取庚爲佐, 無庚不能發水, 無癸不
오월임수 정왕임약 취계위용 취경위좌 무경불능발수 무계불
能傷丁, 五月壬水, 辛癸亦可參用, 其理與四月皆同.
능상정 오월임수 신계역가참용 기리여사월개동

午月의 壬水는 丁火가 旺하고 壬水가 弱하니 癸水를 取하여 쓰고 庚金으로 輔佐해야 한다. 庚金이 없으면 水가 發하지 못하며 癸水가 없으면 丁火를 損傷하지 못한다. 五月 壬水는 辛金과 癸水를 참작하여 쓰니 그 理致가 巳月과 모두 同一하다.

四月의 壬水는 쓰임이 壬水와 辛金에 있다면 五月의 壬水는 쓰임이 癸水와 庚金에 있다. 四月은 巳火宮에 丙火와 戊土가 勢力을 잡으니 辛金으로 丙火를 暗合하여 剋을 도움으로 바꾸었으나 壬水는 戊土와 合하지 않으니 剋制하는 것을 썼다.

그러나 午火宮은 (지장간에)丁火와 己土가 用事하므로 壬水가 丁火를 보면 合하여 用神을 傷하게 한다. 그러므로 癸水를 取하여 用神으로 삼아야 한다. 또한 辛金이 丁火를 보면 制剋으로 損傷을 입게 되니 庚金을 取하여 水가 發하는 根源으로 삼아야 한다.

月令의 才星이 旺하므로 癸水 劫才를 取하여 도와야 하니 庚辛金

과 壬癸水가 한가지 理致다. 다만 地位의 마땅함이 중요하니 合과 制剋이 미치지 않도록 모두 참작하여 써야 한다.

庚癸兩透, 科甲必然, 庚壬兩透, 官居極品, 有庚無壬癸者, 常人.
경계량투 과갑필연 경임량투 관거극품 유경무임계자 상인

庚金과 癸水가 더불어 透干하면 반드시 科甲을 하고 庚金과 壬水가 더불어 透干하면 官이 極度의 品位에 오른다. 庚金이 있고 壬癸水가 없으면 平常人이다.

五月의 壬水는 庚辛金의 生이 있고 다시금 壬癸水 比劫으로 도와야 한다. 그렇지 않으면 火가 旺하게 되어 金을 녹이니 水를 生할 수 없게 된다. 그러므로 印과 比가 함께 나타나야 極品의 貴를 하게 된다. 만약 庚金은 있으나 壬癸水가 없으면 平常人 된다. 그러므로 才星이 旺한 때이므로 比劫으로 才를 分奪하지 않으면 印이 스스로 存立할 수 없게 된다.

或支成火局, 全無金水, 名才多身弱, 富屋貧人, 若又甲乙多者, 僧
혹지성화국 전무금수 명재다신약 부옥빈인 약우갑을다자 승
道之命.
도지명

或 地支에 火局을 이루고 金水가 全無하면 이르기를 財多身弱이라 하니 富屋貧人이며 萬若 다시 甲乙木이 많으면 僧道의 命이다.

이는 四月의 棄命從才節의 글과 의미가 서로 섞인 것이 보이니 參酌하여 보라. 支에 火局을 이루었는데 從才를 못하면 반드시 才多身弱이 된다. 陽干은 微細하게라도 印이나 劫의 뿌리가 보이거나 또는 地支에 辰土나 丑土 등이 보이면 從하지 않는다.

만약 甲乙木이 많이 보이면 壬癸水의 氣가 木으로 빠져 나가게 되며 月垣에 丁火가 權勢를 부리는데 木이 旺盛하게 火를 生하니 土를 써도 그 氣勢를 洩하지 못하게 되어 乾燥함에 치우치는 象이 된다. 그러므로 僧道의 命이라 한 것이다. 또는 가난하고 고생스러운 홀아비로 외롭고 기대고 의지할 육친이 없다고 말한다.

辛	壬	壬	庚	庚壬兩透, 財旺生官, 尙書
亥	寅	午	午	

午火 中의 丁火와 己土가 才官이 된다.

甲	壬	丙	丁	太守
辰	寅	午	酉	

壬水가 辰土에 뿌리를 두고 酉金 中에 辛金이 壬水를 生한다. 그러므로 才官을 쓸 수 있다.

六月壬水, 己土當權, 丁火退氣, 先用辛金癸水, 次用甲木劈土, 六月壬水, 先辛後甲, 次取癸水,

六月 壬水는 己土가 當權하고 丁火의 氣運이 물러간다. 먼저 辛金과 癸水를 쓰고 다음으로 甲木으로 劈土한다.
六月壬水는 먼저 辛金을 쓰고 後에 甲木을 쓰며 그 다음으로 癸水를 쓴다.

六月의 壬水는 五月과 대략적으로 같다. 辛金과 癸水를 쓰고 庚金과 壬水는 말하지 않는 것은 丁火와 壬水가 合하는 것을 防止하여야 하기 때문이다. 辛金은 水가 나오는 根源으로 癸水를 돕는다. 그러나 六月은 己土가 勢力을 잡으므로 壬水의 흐름을 막는다. 그러므로 먼저 甲木을 써서 土를 파헤쳐야 하는데 癸水의 滋潤이 없으면 甲木의 쓰임이 드러나지 않는다. 그러므로 다음으로 癸水를 取하는 것이다.

辛甲兩透, 富貴淸高, 甲藏辛透, 貢監生員, 辛藏甲透, 異途武職, 甲
신갑량투 부귀청고 갑장신투 공감생원 신장갑투 이도무직 갑
壬兩透, 無傷, 有治國之貴, 卽甲藏壬出無破, 是拾芥之才, 或支多
임량투 무상 유치국지귀 즉갑장임출무파 시습개지재 혹지다
土火, 又只淸貧.
토화 우지청빈

辛金과 甲木이 같이 透干하면 富貴淸高하며 甲木이 숨고 辛金이 透干하면 貢監이나 生員은 할 수 있다. 辛金이 숨고 甲木이 透干하면 異途로 가거나 武職을 갖는다.
甲木과 壬水가 같이 透干하고 傷함이 없으면 나라를 다스리는 貴가 있다. 甲木이 숨고 壬水는 出干하고 破하는 것이 없으면 이는 쉽게 얻는 才操가 있다. 或 地支에 火土가 많으면 다만 淸貧할 뿐이다.

己土가 權勢를 잡으니 壬水를 混濁하게 한다. 그러므로 甲木으로 救濟함이 不足하면 안 된다. 六月의 水는 休囚에 놓이니 甲木이 土를 剋制함이 있어야 辛金을 쓰든 癸水를 쓰든 하나같이 貴함을 얻게 된다. 특히 辛金과 甲木이 더불어 透干하고 癸水가 도와주면 富貴하고 淸高하게 된다.
甲木과 壬水가 더불어 透干하고 丁火가 壬水를 合으로 損傷함이 없어야 나라를 다스리는 훌륭한 臣下가 된다. 단 支에 金과 水가 있어서 도와주어야 하고 만약 支에 火와 土가 많고 壬水와 辛金의 뿌리가 없게 되면 淸貧하게 된다.

或一派己土, 此假從殺格, 爲人奸詐, 且主孤貧, 得甲乙出制可救,
혹일파기토 차가종살격 위인간사 차주고빈 득갑을출제가구

418

凡土居生旺之地, 須用木制方妙.
범 토 거 생 왕 지 지　수 용 목 제 방 묘

或 한 무리의 己土가 있으면 이를 假從殺格이라 하며 사람됨이 奸詐하고 孤貧하며 甲乙木이 出干하여 剋制하면 救濟가 있다. 무릇 土가 生旺之地에 居하면 마땅히 木으로 剋制해야 비로소 妙하다.

壬水가 戊土를 보면 모름지기 비로소 眞從이 된다. 陽干은 陰을 쫓는 것이 하나같은 理致이다. 한 무리의 己土에 壬水의 뿌리가 없고 또한 印의 生함이 없으면 不得不 從하게는 되나 이는 假從이 된다. 또 未土는 木의 墓庫이니 土의 氣를 거스르므로 비록 從煞格을 이룬다 해도 오히려 성품이 奸詐하며 외롭고 가난하게 된다. 甲乙木이 나타나서 剋制하면 從煞로 論하지 않는다.

보통 土가 生旺地에 머물면 반드시 木이 剋制해야 하나 壬水가 지나치게 弱하게 된다. 총론하면 모름지기 四柱에 印과 劫이 나타난다 해도 運이 金水로 가야만 비로소 富貴를 말할 수 있다.

或支成木局, 洩水太過, 當用金水爲貴, 以金爲妻, 水爲子.
혹 지 성 목 국　설 수 태 과　당 용 금 수 위 귀　이 금 위 처　수 위 자

或 支에 木局을 이루면 水의 洩氣가 太過해지니 마땅히 金水를 써야 貴하다. 金을 妻로 보고 水를 子息으로 본다.

이는 앞의 글을 이어 말한 것이니 土가 旺地에 머물면 木이 救援의 神이나 역시 지나치게 많으면 안 된다. 만약 原局에 戊己土가 지나치게 旺하면 水의 흐름이 막히고 濁하게 되므로 木을 取하여 剋制해야 한다. 그러나 支에 木局을 이루면 水의 洩氣가 지나치게 過하게 되니 마땅히 金과 水로서 用神을 삼아야 한다. 六月의 壬水는 辛金과 癸水가 없으면 안 된다. 癸水를 쓰면 金을 妻로 보고 水를 子息

으로 본다.

3) 三秋壬水

> 七月壬水, 庚金司令, 壬得申之長生, 源流自遠, 轉弱爲强, 專用戊
> 칠월임수 경금사령 임득신지장생 원류자원 전약위강 전용무
> 土, 次取丁火佐戊制庚, 但用辰戌之戊, 不用申中受病之戊, 戊丁俱
> 토 차취정화좌무제경 단용진술지무 불용신중수병지무 무정구
> 透, 科甲生員, 戊透天干, 丁藏午戌, 恩封可待, 特忌戊癸化合, 卽支
> 투 과갑생원 무투천간 정장오술 은봉가대 특기무계화합 즉지
> 見寅戌, 年出丁火, 可許衣衿, 或丁戊兩藏, 富中取貴.
> 견인술 년출정화 가허의금 혹정무량장 부중취귀

七月 壬水는 庚金이 司令하니 壬水가 申金의 長生을 얻어 原流가 스스로 멀리 흐른다. 弱한 것이 變하여 强하게 되니 戊土를 專用한다. 다음으로 丁火를 取하여 戊土를 돕고 庚金을 剋制한다. 但 辰戌土 中의 戊土를 쓸 수 있으나 申金 中의 戊土는 病이 들었으니 쓸 수 없다.
戊土와 丁火가 모두 透出하면 科甲生員하며 戊土가 天干에 透出하고 丁火가 午戌 中에 숨으면 恩封은 企待할 수 있다. 特別히 꺼리는 것은 戊土와 癸水가 合化하는 것이니 地支에 寅木과 戌土를 보고 年에 丁火가 出干하여도 衣衿은 可하다. 或 丁火와 戊土가 모두 숨으면 富한 中에 貴를 얻는다.

七月의 申金宮은 壬水가 長生하고 庚金의 祿旺地다. 그러므로 申金은 壬水가 發하는 根源地이니 한 번 물을 쏟으면 천리를 간다. 그러므로 戊土를 취하여 堤防을 쌓지 않으면 안 되니, 戊土가 비록 寅木과 申金 兩宮에 寄生하나 寅木 中의 戊土는 쓸 수 있으나 申金 中의 戊土는 쓸 수 없으니 水를 따라 휩쓸려 떠내려가는 土이기 때문이다. 어찌 堤防으로 쓸 수 있겠는가. 辰戌의 土가 當旺한 土이니 높고 厚重하여 자연히 水를 거둬들이니 바른 軌道가 된다.

그러므로 戊土와 丁火가 갖추어져 透干하면 四柱의 配合이 고쳐지
니 科甲의 榮華가 있고 다음으로 역시 衣衿이 뛰어나게 된다. 戊土가
透干하고 丁火가 午火와 戌土에 감추어져 있으면 恩封을 받게 된다.
그러나 戊土와 癸水가 合하면 堤防의 쓰임을 잃게 된다. 支에 寅木과
戌土가 나타나고 年干에 丁火가 나타나면 역시 庠序의 中人에 불과
하게 된다. 丁火와 戊土가 透干하지 않고 支에 감추어져 있으면 모름
지기 行運에서 戊土를 引出하여야 富한 中에 貴를 얻게 된다.

> 或四柱多壬戊又透干, 名假殺化權, 閬苑之仙, 支中見甲, 亦不忌也,
> 혹사주다임무우투간 명가살화권 랑원지선 지중견갑 역불기야
> 但太多者, 常人, 有庚居申, 頗有衣祿.
> 단태다자 상인 유경거신 파유의록

或 命局에 壬水와 戊土가 많이 透干하면 이르기를 假煞이 權勢가 된다
고 이르니 큰 大門과 동산이 있는 곳에 사는 神仙이 된다. 만약 支 中
에 甲木을 봐도 亦是 꺼리지 않으나 但 지나치게 많으면 平常人이다.
庚金이 申金에 居하니 자못 衣祿은 있다.

이는 身은 强하고 煞은 弱한 것을 말한다. 그러므로 才(丁火)가
煞을 돕는 것을 기뻐하니 弱한 煞이 勢力을 펼 수 있게 된다. 만약
支 中에 甲木이 나타나도 天干의 戊土를 制剋하지 못하므로 꺼리지
않는다. 그러나 甲木이 지나치게 많은 것은 좋지 않다. 다행인 것은
申月에 生하여 자연히 庚金이 있는 것이니 甲木이 많으면 庚金으로
制剋하지만 평범한 사람이 된다. 그러나 衣祿에 여유는 있다.

> 或戊多而透, 得一甲制, 略貴, 無甲常人, 或一派甲木, 又見火多, 無
> 혹무다이투 득일갑제 략귀 무갑상인 혹일파갑목 우견화다 무
> 庚出者, 別祖離鄕, 隨緣度日 蓋申中之庚, 不能救也
> 경출자 별조리향 수연도일 개신중지경 불능구야

或 戊土가 많이 透出하고 甲木의 制剋을 받으면 若干의 貴가 있으며 甲木이 없으면 平常人이다. 혹 한 무리의 甲木에 火가 많고 庚金이 出干하지 않으면 祖業을 離別하고 故鄕을 떠나 因緣 따라 하루하루를 살아간다. 申金 中에 庚金이 있어도 救濟할 수가 없다.

앞글에서는 身은 强하고 煞이 弱하면 才로서 弱한 煞을 도와야 한다고 말했는데 여기서는 煞이 强하면 모름지기 甲木 食神을 얻어 그것을 剋制하여야 한다는 말이다. 만약 剋制함이 없으면 반드시 平常人이 된다. 한 무리의 甲木에 다시 많은 火를 보면 洩氣가 지나치게 심하니 반드시 印을 써야 하는데 겨우 申金 中의 庚金으로는 救하기에 부족하니 타향을 떠돌게 된다. 木과 火의 氣가 섞여 있으면 貿易을 하는 부류이다.

七月壬水, 栽用戊土, 丁火爲佐.
칠월임수 재용무토 정화위좌

申月 壬水는 오로지 戊土를 쓰고 丁火로 輔佐한다.

앞의 글의 총체적인 結論으로 申金宮에 壬水가 長生하고 庚金이 生하니 水가 멀리 오래도록 흐를 수 있다. 그러므로 당연히 戊土를 取하고 丁火로 局을 따뜻하게 하며 마땅히 따라서 보좌한다.

| 壬 | 壬 | 庚 | 戊 | 此用戊丙, 按院 |
| 寅 | 辰 | 申 | 寅 | |

才滋弱煞格으로 年上의 戊寅을 取한다. 才는 감추어지고 煞은 透干하였는데 時에 長生이니 마땅히 貴하게 되었다.

| 丙 | 壬 | 戊 | 丁 | 此身旺任才, 丁戊俱透, 尙書 |
| 午 | 辰 | 申 | 亥 | |

身旺하여 才를 감당할 수 있고 戊土가 透干하여 앞의 命造와 더불어 才滋弱煞格으로 대략 같다.

辛	壬	庚	癸	此用辰中戊土, 衣人而富
亥	辰	申	酉	

이 命造는 金水成象이니 ≪滴天髓≫에 이른바 「二人同心」이라 하였는데 이것이 그렇다. 단 金은 맑고 水는 차가우니 運이 南方 陽氣의 따뜻한 곳으로 간다. 그러므로 富者는 되었으나 貴를 얻지는 못하였다.

八月壬水, 辛金司權, 正金白水淸, 忌戊土爲病, 專用甲木, 甲木一
팔월임수 신금사권 정금백수청 기무토위병 전용갑목 갑목일
透制戊, 壬水澈底澄淸, 名高翰苑, 若甲出時干, 功名顯達, 設見庚
투제무 임수철저징청 명고한원 약갑출시간 공명현달 설견경
破, 又屬常人, 卽甲藏支, 無庚, 秀才可許.
파 우속상인 즉갑장지 무경 수재가허

八月은 壬水와 辛金이 司令하니 金白水淸이라 하여 戊土가 病이 되어 꺼린다. 그러므로 오로지 甲木을 쓴다.
하나의 甲木이 透干하여 戊土를 剋制하면 壬水가 맑고 맑아지니 이름 높은 翰苑이 된다. 萬若 甲木이 時에 透出하면 功名顯達할 수 있으며 庚金이 透出하여 甲木을 剋制하면 平常人에 屬한다. 甲木이 地支에 숨고 庚金이 없으면 秀才는 된다.

八月 壬水는 辛金 正印이 權勢를 잡으니 이르기를 金은 희고 물은 맑으니 戊土로 剋制하는 것을 꺼리고 오로지 甲木 食傷을 써서 戊土를 制剋하며 壬水를 洩氣하는 것을 기뻐한다. 그와 같으면 壬水가 맑고 선명하게 된다.
더욱이 甲木이 時干에 透干하면 몹시 아름답게 된다. 즉 戊土가

年干에 있고 辛金이 月에 있고 壬水가 日에 있고 甲木이 時干에 있으면 順序대로 相生하여 剋하는 障礙가 없으므로 功名이 顯達할 뿐만 아니라 福의 潤澤함도 함께 無窮하게 된다. 甲木이 있어 用神으로 삼으면 庚金을 보아서는 안 되니 梟印이 食傷을 剋하기 때문이다.

梟印 : 효인(梟印)은 편인(偏印)을 말하는 것으로 일명 효신(梟神)이라고도 한다.

或天干有壬, 支見申亥, 此非用甲, 戊土作用, 亥雖有甲, 又有申中
혹천간유임 지견신해 차비용갑 무토작용 해수유갑 우유신중
之金制甲, 秀才一定, 且富足多才
지금제갑 수재일정 차부족다재

或 天干에 壬水가 있고 支에 申金과 亥水를 보면 이때는 甲木을 쓰지 않고 戊土를 쓴다. 亥水 中에 甲木이 있으나 申金 中에 庚金이 甲木을 剋制하니 秀才가 確實하고 또 富가 足하고 才能이 많다.

干에 比劫이 나타나고 支에 申金과 亥水가 보이면 水의 勢力이 奔放하여 넘쳐흐르게 된다. 水가 旺하면 休囚된 木이 水를 거둬들이지 못하고 木이 떠내려가게 된다. 비록 亥水 中에 甲木이 있으나 申金 中의 庚金에 의해 甲木이 剋을 받으므로 甲木을 쓸 수가 없게 된다. 그러므로 반드시 戊土를 쓰고 다시 才로서 戊土를 生하여야 하니 才滋弱殺格이 된다.

或無戊, 多金水者, 主人淸才濁, 困苦寒儒.
혹무무 다금수자 주인청재탁 인고한유

或 戊土가 없고 金水가 많으면 사람이 맑기는 하나 才操는 濁하니 困苦한 선비에 지나지 않는다.

水가 차고 金도 차가우니 才와 官이 없으면 顯達을 바라기 어렵

424

다. 金과 水의 氣運이 맑고 빼어나고 才가 있어도 官이 없으면 發達을 못한다.

甲木이 없고 庚金을 쓰면 水가 發하는 源泉이 되니 이르기를 하나의 水가 庚辛金을 세 번 犯한 것이라 하여 부르기를 體全의 象이라 한다.

水가 적고 金이 많은데 甲木도 없고 戊土도 없으면 오로지 金으로 水가 나오는 根源을 삼으니 하나의 水에 庚辛金 세 개가 있으면 부르기를 體全之象이라 하여 별다른 하나의 格局을 이루게 된다. 孔祥熙院長의 命造가 이와 같은데 庚辰, 乙酉, 癸卯, 庚申이다.

八月 壬水는 오직 甲木을 쓰고 庚金을 다음으로 쓴다. 甲木을 쓰는 境遇는 水를 妻로 보고 木을 子息으로 본다.

八月 壬水는 甲木을 써야 上格이 되고 다음으로는 庚金을 써야 아름다운 格局을 이룬다. 格을 이루지 못하면 金水가 차가워지니 富貴가 부족하게 된다. 그러므로 戊土를 쓰는 경우는 부득이 쓰는 것으로 평범한 格局이 된다. 甲木을 쓰는 경우는 食傷이 子息星이 되니 比劫을 妻星으로 본다.

| 壬 | 壬 | 丁 | 辛 | 龍虎拱天門, 又曰壬趨艮格, 探花 |
| 寅 | 辰 | 酉 | 酉 | |

辰土는 龍, 寅木은 호랑이로 卯木을 껴안고 있으니 두 개의 酉金

이 卯木宮을 暗冲한다. 卯는 日月이 드나드는 門이니 天門이라 한다. ≪蘭臺妙選≫에 酉生인 사람이 卯와 對冲하면 卯는 門이라 하여 卯木를 보지 않더라도 寅木과 辰土를 보면 龍虎가 門을 껴안고 있는 것이라 한다. 生剋을 論하면 寅木 中 甲木과 丙火를 쓰니 食神生才格이라 한다.

| 庚 | 壬 | 己 | 壬 | 印旺身强, 富大貴小 |
| 戌 | 子 | 酉 | 子 | |

印이 旺하고 身이 强하니 己土官星을 用神으로 삼는다. 단 己土는 水를 濁하게 해도 水를 멈추게 할 수 없다. 그러므로 貴를 取하기 어렵다. 時上의 才星이 庫地로 돌아오니 富格임을 알 수 있다.

| 己 | 壬 | 丁 | 丙 | 身旺無依, 一生貧苦 |
| 酉 | 子 | 酉 | 子 | |

水를 그치기에 부족하니 水가 旺하고 木이 없으면 水의 氣를 洩할 수 없다. 그러므로 겨우 貧苦하지 않게 되고 後嗣를 두는 것도 역시 어렵다.

| 甲 | 壬 | 乙 | 庚 | 庚甲兩透, 詞林 |
| 辰 | 子 | 酉 | 午 | |

乙木과 庚金이 合化하고 年과 月에 印이 旺하니 오로지 時干의 甲木을 用神으로 삼는다. 다시금 기쁜 것은 甲木이 辰土에 臨한 것이니 水와 木이 有情하다.

九月壬水進氣, 其性將厚, 若一派壬水, 見一甲, 制戌中之戊, 戊又
구 월 임 수 진 기 기 성 장 후 약 일 파 임 수 견 일 갑 제 술 중 지 무 무 우
出干, 斯用丙火, 此格清貴極矣, 正合一將當關, 群邪自伏, 或不見
출 간 사 용 병 화 차 격 청 귀 극 의 정 합 일 장 당 관 군 사 자 복 혹 불 견

426

丙戌, 亦不爲妙.
병무 역불위묘

九月 壬水는 그 氣가 前進하니 그 性質이 將次 두터워진다. 萬若 한 무리의 壬水가 하나의 甲木을 보면 戊土 中의 戊土를 剋制하고 또 戊土가 出干하면 곧 丙火를 쓰니 이 格은 淸貴가 極에 이른다. 一將當關에 바로 符合되니 삿된 무리들이 스스로 屈伏한다. 或 丙火와 戊土를 보지 않으면 妙함이 없다.

九月은 戊土가 權勢를 잡으니 자연히 壬水의 堤防이 있고 또한 壬水가 冠帶의 地에 놓이니 旺하게 된다. 그러므로 반드시 木과 火를 써야 한다. 만약 壬水가 旺하고 甲木과 丙火와 戊土가 함께 透干하면 戊土는 七煞이 되고 當令한 眞神이므로 才가 戊土를 生하면 이는 甲木 食神으로 制煞을 하여야 한다. 이른바 一將當關이라 하여 邪惡한 무리들이 스스로 屈伏하게 되는 것이 바로 이것이다.

그러므로 차례 順序는 모름지기 煞이 앞서고 다음이 食神이 되니 才로 煞을 生하고 食神으로 制煞하면 비로소 빼어나게 된다. 만약 食神을 먼저 쓰고 다음으로 煞을 쓰면 食神生才로 변하게 되어 才가 무리를 지어 煞을 이루니 아름답지 못하게 된다. 혹 丙火와 戊土를 보지 못하면 오로지 甲木 食神을 쓰게 되니 역시 보통의 格局이라 한다.

或一派戊土, 無一己庚雜亂, 得一甲透時干, 玉堂淸貴, 卽甲透月上,
혹일파무토 무일기경잡란 득일갑투시간 옥당청귀 즉갑투월상
亦主科甲, 若支藏己土, 一榜可圖, 或庚乏丁, 貧賤之人.
역주과갑 약지장기토 일방가도 혹경핍정 빈천지인

或 한 무리의 戊土가 하나의 己土와 庚金의 雜亂함이 없고 하나의 甲木이 時에 透干하면 玉堂淸貴할 사람이다.
甲木이 月上에 있으면 亦是 科甲한다. 萬若 地支에 己土가 감추어지면

하나의 及第는 할 수 있다. 或 庚金이 있는데 丁火가 없으면 貧賤한 사람이다.

한 무리의 戊土면 純粹한 煞이라 맑게 되나 己土를 보면 官煞混雜이니 庚金을 보면 戊土의 氣를 印으로 洩하면 食神制殺格은 아니어도 마땅하다. 甲木이 透干하여 時干에 있든 月干에 있든 따질 것 없이 煞이 먼저가 되고 食神이 다음이 되어야 아름답게 되므로 반드시 科甲을 하여 淸貴하게 된다. 己土가 支에 감추어지면 논할 것도 없다. 壬水가 장차 進氣가 되고 戊土가 當旺한 神이니 마땅히 食神으로 制煞해야 하고 印으로 化하는 것은 좋지 않다. 그러므로 만약 庚金이 있는데 丁火로 庚金을 剋制하여 救함이 없으면 貧賤한 사람이다.

或丁透見甲, 略貴.
혹 정 투 견 갑 략 귀

或 丁火가 透干하고 甲木을 보면 若干 貴하다.

앞글에 丙火와 戊土를 보지 않는 것을 말한 것으로 하나의 甲木을 써도 역시 빼어난 것은 아니라고 하였고 여기서는 丁火가 透干한 것을 말한 것으로 才를 쓴다는 것이다. 그러므로 甲木이 보이면 食神으로 才를 生하니 貴는 얻을 수 있는 格이다.

或水多乏丙者, 又用戊土, 常人.
혹 수 다 핍 병 자 우 용 무 토 상 인

或 水가 많아 丙火가 乏絶되어 다시 戊土를 써도 平常人에 지나지 않는다.

水가 많으면 丙火가 窮乏하게 되므로 부득이 月令인 戊土宮의 戊

428

土를 써야 하니 才와 官이 庫에 숨으면 平常人이 된다.

九月壬水, 栽用甲木, 次用丙火, 用土者, 火妻土子.
구월임수 재용갑목 차용병화 용토자 화처토자

九月 壬水는 전적으로 甲木을 쓰고 다음으로 丙火를 쓴다. 土를 쓰는 境遇는 火를 妻로 보고 土를 子息으로 본다.

九月의 壬水는 戊土가 當令한 神이다 그러므로 甲木을 쓰는 경우는 食傷을 取하여 制煞을 해야 한다고 말하니 八月에 쓰는 甲木과는 같지 않다. 八月에 쓰는 甲木은 食神으로 秀氣를 洩하는 것이고 九月에 쓰는 甲木은 食神으로 制煞을 하는 것이니, 하나는 月令이 印綬이고 하나는 月令이 七煞이기 때문이다. 壬水는 丙火가 없으면 안되니 水火旣濟로 아름답게 된다. 그러므로 다음으로 쓰는 것이 丙火이다. 土를 쓰는 경우는 煞로서 子息을 삼으니 才가 妻星이 된다.

| 辛 | 壬 | 戊 | 丙 | 身旺官旺, 又得丙透, 參政 |
| 丑 | 戌 | 戌 | 寅 | |

才로 旺한 煞을 生하고 甲木이 없으니 辛金을 用神으로 삼아 化煞한다. 甲木이 寅木에 숨어 있고 寅木과 戌土가 모여 局을 이루니 取하여 制煞을 할 수 없다.

| 甲 | 壬 | 戊 | 辛 | 支成四庫, 一甲透時, 太史 |
| 辰 | 戌 | 戌 | 丑 | |

支에 四庫가 모이고 戊土 七煞이 透干하니 甲木을 用神으로 삼아 制煞한다.

4) 三冬壬水

十月壬水司權, 至旺之極, 取戊爲用, 若生辰日干, 又見辰時, 必須
십월임수사권 지왕지극 취무위용 약생진일간 우견진시 필수

戊透, 又須庚制甲, 不傷戊土, 戊庚兩全, 定主登科及第, 位顯權高,
무투 우수경제갑 불상무토 무경량전 정주등과급제 위현권고

或甲出制戊, 不見庚救者, 斷之困窮, 戊藏無制, 可許生員, 或戊庚
혹갑출제무 불견경구자 단지곤궁 무장무제 가허생원 혹무경

兩透無甲者, 亦主榮顯.
량투무갑자 역주영현

十月 壬水는 旺함이 極에 다다르니 戊土를 取하여 쓴다. 만약 辰日에
나고 辰時를 본다면 반드시 戊土가 透干해야 하며 또한 庚金이 甲木을
剋制하여야 戊土가 傷하지 않는다. 戊土와 庚金이 모두 온전하면 登科
及第가 確實하며 地位가 顯達하고 權勢가 높다.
或 甲木이 出干하여 戊土를 剋制하는데 庚金의 救함이 없으면 斷絶되
어 困窮하며 戊土가 감추어져 剋制받지 않으면 가히 生員은 할 수 있
다. 或 戊土와 庚金이 더불어 透干하고 甲木이 없으면 亦是 榮華롭고
顯達한다.

十月은 壬水의 建祿이 되어 沖奔하는 성질이 있으니 반드시 戊土
를 取하여 堤防을 삼아야 하고 다음으로 丙火로 輔佐해야 한다(끝
節을 보라). 才滋弱煞의 경우는 甲木 食神이 나타나 制煞하면 안 된
다. 만약 辰日 辰時고 煞이 透干하면 뿌리가 되니 甲木이 透干하면
庚金으로 制剋하여야 戊土를 傷하지 않게 되어 반드시 最上의 貴格
이 된다.
만약 甲木이 煞을 制剋하는데 庚金의 制剋이 없으면 도리어 困窮
하게 된다. 戊土가 감추어져도 역시 平常人의 格이 된다. 戊土와 庚
金이 더불어 透干하고 甲木이 없는 경우는 才와 煞를 取하여 쓰며,
庚金이 日元을 도와주면 그 旺한 勢力을 보탤 뿐이니 煞印相生을 取

430

하지 않는다.

> 或支木局, 有甲乙出干, 得庚透者, 富貴, 無庚者, 平常.
> 혹지목국 유갑을출간 득경투자 부귀 무경자 평상

或 地支에 水局을 이루고 甲乙木이 出干하여 있으면 庚金의 透干을 얻어야 顯達하며 庚金이 없으면 平常人이다.

支에 木局을 이루고 甲乙木이 出干하면 水木傷官格이 된다. 亥水中에 甲木이 長生을 얻고 壬水인 元神을 암암리에 洩氣한다. 그러므로 비록 佩印을 했다고 하나 傷官이 局을 이루어 지나치게 旺하므로 庚金으로 傷官을 制剋하고 身을 도와주면 양쪽을 아울러 돌보는 것이 된다.

佩印 : 傷官佩印에서 나온 말로 佩印은 印綬가 일간을 生助한다는 뜻이다.

> 或支成水局, 不見戊己, 名潤下格, 運行西北, 大富貴, 行東南者,
> 혹지성수국 불견무기 명윤하격 운행서북 대부귀 행동남자
> 必危.
> 필위

或 地支에 水局을 이루고 戊己土를 보지 못하면 이르기를 潤下格이라 하니 運이 西北으로 가면 크게 富貴한다.
運이 東南으로 가면 반드시 危殆롭게 된다.

支에 水局을 이루고 戊己土가 보이지 않으면 氣勢가 오로지 旺하기만 하다. 그러므로 그 氣勢를 따라야 하므로 運은 西北이 이롭고 東方으로 가도 역시 좋으나 南方은 반드시 꺼린다.

> 或丙戊兩透, 行火土運, 名利雙全, 或有丙無戊, 可云衣祿, 有戊無
> 혹병무량투 행화토운 명리쌍전 혹유병무무 가운의록 유무무

丙, 難許推盈, 十月壬水, 專用戊丙, 次取庚金.
병 난허추영 십월임수 전용무병 차취경금

或 丙火와 戊土가 더불어 透干하고 火土運으로 가면 名利雙全하며, 或 丙火는 있고 戊土가 없으면 가히 衣祿은 있으며, 戊土는 있고 丙火가 없으면 여유 있게 되기는 어렵다. 十月 壬水는 오로지 戊土와 丙火를 쓰며 庚金을 그 다음으로 取한다.

支에 水局을 이루고 丙火와 戊土가 出干하면 第一節과 의미가 같다. 身旺하면 才로서 弱한 煞을 生해주어야 한다. 煞을 쓰면 반드시 才로 生해야 하므로 丙火는 있고 戊土가 없으면 비록 貴하게 되지는 않아도 衣祿은 있다. 그러나 戊土는 있는데 丙火가 없으면 비록 法에는 맞으나 名利가 모두 부족하게 된다.

十月의 壬水는 오로지 偏在와 七煞을 기뻐하니(丙戊) 正才와 正官은(丁己) 쓸 수 없다. 己土로는 水를 制御하지 못하고 오히려 濁하게 하기 때문이고 丁火는 壬水와 合하여 才가 官을 生하지 못하게 되기 때문이다. 그러므로 반드시 丙火와 戊土를 써야 한다.

甲木 食神이 나타나고 庚金이 있게 되면 梟印이 食神을 分奪한다. 辛金 正印 역시 그 힘이 弱하여 싫어하는 것이다.

庚	壬	丁	庚	得庚制甲, 會元
戌	戌	亥	子	

오로지 戊土 中의 戊土를 取하여 水를 制剋하고 庚金이 透干하여 煞印相生이다.

辛	壬	辛	壬	支見亥子, 四柱無戊, 命旺盛無依, 爲僧
亥	子	亥	申	

潤下格을 이루었으나 運이 東南으로 가는 것이 哀惜할 뿐이다.

十一月壬水, 陽刃幫身, 較前更旺, 先取戊土, 次用丙火, 丙戊兩透,
십일월임수 양인방신 교전경왕 선취무토 차용병화 병무량투
富貴榮華, 有戊無丙, 略可言富, 有丙無戊, 好謀無成.
부귀영화 유무무병 략가언부 유병무무 호모무성

十一月 壬水는 陽刃이 日柱를 도우니 앞과(亥月) 견주어 볼 때 더욱
旺하다. 먼저 戊土를 取하고 그 다음으로 丙火를 取한다. 丙火와 戊土
가 더불어 透干하면 富貴榮華한다.
戊土가 있고 丙火가 없으면 若干의 富는 말할 수 있으나 丙火가 있고
戊土가 없으면 꾀하는 바가 좋아도 이루는 것이 없다.

十一月 壬水는 月令이 陽刃이 된다. 用法은 앞의 十月 建祿 때와
같이 오로지 丙火와 戊土를 取하여 쓴다.

或支成水局, 丙不出干, 卽有戊土, 亦係庸人, 或丙透得所, 卽戊藏
혹지성수국 병불출간 즉유무토 역계용인 혹병투득소 즉무장
支, 亦可顯達, 須運得用方妙.
지 역가현달 수운득용방묘

或 地支에 水局을 이루고 丙火가 出干하지 않으면 비록 戊土가 있어도
平常人에 지나지 않는다. 或 丙火가 透干하여 有根하고 萬若 戊土가
地支에 숨으면 亦是 顯達하나 마땅히 運을 얻어 써야 비로소 妙하다.

十一月의 壬水는 丙火가 없어서는 안 된다. 丙火가 出干하지 않고
戊土가 있으면 지나치게 寒冷하게 됨을 싫어하니 역시 庸劣한 平常
人이 된다. 반대로 丙火가 透干하고 戊土가 支에 감추어지면 顯達할
수 있다. 그러나 運이 南方으로 가야 丙火와 戊土가 得地하게 되어
비로소 發達할 수 있다. 이 節은 앞글과 意味가 重複되는 것이다.

或支成火局, 一富而已.
혹지성화국 일부이이

或 地支에 火局을 이루면 一介 富者일 뿐이다.

앞글의 支에 水局을 이루고 丙火가 出干하면 才滋弱煞이 되어 비로소 貴를 이루게 된다 하였다. 만약 支에 火局을 이루면 陽刃이 才를 보게 되니 반드시 木이 있어서 轉換의 軸이 되어야 한다. 身과 才가 모두 旺하니 일개 부자가 될 뿐이다. 만약 印이 弱하고 才가 旺한데 運이 劫과 印으로 가면 역시 富格이 된다.

> 或比見月時, 年見丁火, 平常之輩, 支成四庫, 富貴中人, 或丁出時
> 혹비견월시 년견정화 평상지배 지성사고 부귀중인 혹정출시
> 干, 名爲爭合, 主名利難成.
> 간 명위쟁합 주명리난성

或 比肩이 月時에 있고 年에 丁火를 보면 平常人이며 地支가 四庫이면 富貴가 큰 사람이며, 或 時에 丁火가 透干하면 이르기를 爭合이라 하여 名利를 이루기 어렵다.

丁火로는 추위를 풀고 얼음을 除去할 수 없으며 比肩을 보면 丁火와 壬水가 하나로 合하여 그 쓰임을 잃게 된다. 만약 支에 四庫를 보면 水가 堤防이 있는 것이므로 丁火가 透干하면 역시 쓸 수 있으니 富貴가 중간은 가는 사람이 된다. 이것은 比肩이 月과 時에 보이고 年에 丁火가 나타난 것을 말하는 것이다. 그러나 四庫의 堤防이 없이 比肩이 月이나 時에 있고 丁火가 出干하면 양쪽의 壬水가 하나의 丁火를 爭合하여 名利를 이루기가 어렵게 된다.

> 或壬子日, 丁未時, 雖不能科甲, 亦有恩榮, 何也, 蓋用子中癸水爲
> 혹임자일 정미시 수불능과갑 역유은영 하야 개용자중계수위
> 宮, 號曰用神得地, 亦主榮華.
> 궁 호왈용신득지 역주영화

434

或 壬子日 丁未時면 비록 科甲은 못하여도 恩榮은 있다. 어째서 그런가?

子水 中의 癸水의 宮이 있으니 일러 말하기를 用神得地라 하여 亦是 榮華가 있는 것이다.

앞글을 이어서 말하는 것으로 만약 年干에 丁火가 있고 月에 壬水가 있고, 다시 壬子日을 만나고 丁未時를 만나면 두 개의 丁火가 두 개의 壬水와 合하여 身도 旺하고 才도 旺하다. 그러므로 才가 와서 나를 따르고 丁火가 未土에 뿌리를 두니 用神이 得地한 것이다.

子水 中에 癸水를 쓰면 陽刃이 身을 도와주니 身이 旺하여 才를 감당할 수 있게 된다. 그러므로 하나의 神에 하나의 쓰임이 되니 반드시 富貴榮華를 누리게 된다. 原文에 빠진 글자가 있는데 爲宮 두 字가 크게 잘못 된 것 같다.

十一月壬水, 丙戊並用.
십일월임수 병무병용

十一月 壬水는 丙火와 戊土를 並用한다.

十一月의 壬水는 丙火와 戊土가 喜神과 用神이 된다.

| 壬 | 壬 | 壬 | 壬 | 天元一氣, 段旺得地, 侍郎 |
| 寅 | 寅 | 子 | 寅 | |

오로지 寅木 中에 丙火와 戊土를 用神으로 삼으니 才煞이 得地하였다.

| 甲 | 壬 | 壬 | 壬 | 飛天祿馬格, 尙書 |
| 辰 | 子 | 子 | 子 | |

水木傷官格으로 오로지 甲木을 取하여 用神으로 삼으니 飛天祿馬

格이라 하여 傷官格의 變格이다.

> 十二月壬水, 旺極復衰, 何也, 上半月癸辛主事, 故旺, 專用丙火, 下
> 십이월임수 왕극부쇠 하야 상반월계신주사 고왕 전용병화 하
> 半月己土主事, 故衰, 亦用丙火, 甲木佐之.
> 반월기토주사 고쇠 역용병화 갑목좌지

十二月 壬水는 旺함이 極에 다다랐다가 다시 衰해지니 어째서인가. 上
半月은 癸水와 辛金이 主事하니 故로 旺한 것이라 오로지 丙火를 쓰고
下半月은 己土가 主事하니 故로 衰하므로 오로지 丙火를 쓰고 甲木으
로 輔佐한다.

十二月의 壬水는 上半月은 十一月과 같으니 丙火를 위주로 하고
戊土로 輔佐를 삼는다. 下半月은 己土가 主事하므로 丙火를 主로 하
고 甲木을 輔佐로 삼는다.

> 有丙解凍, 名利雙全, 丙透甲出, 科甲之貴, 然四柱無壬, 方妙, 無
> 유병해동 명리쌍전 병투갑출 과갑지귀 연사주무임 방묘 무
> 丙, 單寒之士.
> 병 단한지사

丙火가 있으면 解凍해주니 名利雙全하고 丙火가 透干하고 甲木이 出
干하면 科甲의 貴를 얻으나 四柱 中에 壬水가 없어야 빼어나게 된다.
丙火가 없으면 다만 가난한 선비일 뿐이다.

이는 오로지 앞에서 말한 下半月의 용법을 쓰는 것으로 기쁜 것은
丙火로 얼음을 풀어주는 것이고, 다시 甲木으로 土를 制剋하고 火를
生해주는 것이니 科甲하여 貴하게 된다.
四柱에 만약 壬水가 다시 보이면 水의 勢力이 넘치게 되니 반드시
戊土로 制剋하여야 하므로 甲木이 나타나 戊土를 剋制하면 格의 病
이 된다. 丙火가 없으니 水가 얼고 木이 마르니 추위에 고통스럽고

処

처량한 象이 된다.

처량한 象이 된다.

> 或四柱多壬, 戊透制之, 衣衿可望.
> 혹 사 주 다 임 무 투 제 지 의 금 가 망

或 四柱에 壬水가 많고 戊土가 透出하여 剋制하면 衣衿은 可히 바랄
수 있다.

四柱에 壬水가 많으면 반드시 戊土로 制剋하여야 하며 또한 丙火
가 있으면 富貴를 바랄만하나 丙火가 없으면 氣勢가 춥고 얼게 되니
衣衿만 있을 뿐이다.

> 或丁出時干, 化合成木, 月干又見丁火, 無癸破格, 亦主富貴.
> 혹 정 출 시 간 화 합 성 목 월 간 우 견 정 화 무 계 파 격 역 주 부 귀

或 丁火가 時에 透干하고 合化하여 木을 이루고 또 月干에 다시 丁火
를 보면, 癸水가 格을 깨지 않으면 亦是 富貴는 있다.

이것은 化木格이 아니므로 正才인 丁火로서 用神을 삼는다. 十二
月은 氣運이 차가우므로 두 개의 丁火가 있고 丁火를 剋하는 癸水가
없으면 능히 쓸 수 있다. 그리고 甲木으로 輔佐하고 支에 通根하면
비로소 빼어나게 된다. 그렇지 않으면 丁火가 비록 透干하여도 반드
시 쓸 만한 것은 못된다.

> 或支成金局, 不見丙丁, 名金寒水冷, 一世孤貧, 見火略可, 卽丙透
> 혹 지 성 금 국 불 견 병 정 명 금 한 수 랭 일 세 고 빈 견 화 략 가 즉 병 투
> 遇辛, 亦不爲妙, 見丁頗吉.
> 우 신 역 불 위 묘 견 정 파 길

或 地支에 金局을 이루고 丙丁火가 없으면 이르기를 金은 차고 水가

冷하다 하니 終身토록 孤貧하다.

火를 보면 어느 程度 可하나 丙火를 보고 辛金을 보면 亦是 妙함이 없고, 丁火를 보면 자못 吉하다.

支에 金局을 이루면 母旺子衰한 局이 된다. 단 十二月에 놓여있으므로 金이 차갑고 水는 얼게 되니 丙火가 아니면 마땅하게 取할 것이 없다. 그러나 支에 金局을 이루고 辛金이 透干하고 丙火가 透干하면 역시 빼어나게 될 수 없다. 丙火는 辛金을 만나는 것을 두려워하니 丙火와 辛金이 하나로 合하면 그 쓰임을 잃게 되기 때문이다. 그러므로 부득이 그 다음을 救하여야 하니 다만 丁火만을 쓸 수 있다. 丁火도 자못 吉하나 역시 通根이 되어야 비로소 쓸 수가 있다.

臘月壬水, 先取丙火, 丁甲爲佐, 故水冷金寒愛丙丁, 用火者, 木妻
랍 월 임 수　선 취 병 화　정 갑 위 좌　고 수 랭 금 한 애 병 정　용 화 자　목 처
火子.
화 자

十二月 壬水는 먼저 丙火를 取하고 丁火와 甲木으로 輔佐한다. 그러므로 水冷하고 金寒하면 丙丁火를 기뻐한다. 火를 쓰면 火를 子息으로 보고 木을 妻로 본다.

臘月의 壬水는 丙火를 主로 하고 丁火와 甲木을 輔佐로 한다. 調候가 급하므로 才官印을 論하지 않는다. 모두 펼쳐 놓으면 말이 늘어지게 되기 때문이다.

水旺居垣須有智, 水土混雜必愚頑, 壬癸路經南域, 主健, 富貴堪圖,
수 왕 거 원 수 유 지　수 토 혼 잡 필 우 완　임 계 로 경 남 역　주 건　부 귀 감 도
又云, 惟有水木傷官格, 才官相見始爲歡.
우 운　유 유 수 목 상 관 격　재 관 상 견 시 위 환

水가 旺하고 흙담 안에 居하면 智慧가 있고 水土가 混雜하면 반드시 愚鈍하고 頑固하다. 壬癸水의 길이 南쪽 領域이면 부귀를 圖謀한다. 또 이르기를 오직 水木傷官格은 財官을 마주 보아야 비로소 기쁘게 된다.

水가 맑으면 지혜로우나 己土가 섞여 濁해지면 되레 어리석고 頑固해진다. 壬癸水가 겨울에 生하면 日干이 健旺하여 丙火와 戊土를 쓰니 運이 南方으로 가면 반드시 富貴하게 된다. 才官은 偏官과 偏在를 말한다.

第2節　癸水論

癸水喜用提要

正月 辛丙 用辛生癸水爲源, 無辛用庚, 丙不可小
정월 신병 용신생계수위원 무신용경 병불가소

正月은 辛金과 癸水를 쓴다. 辛金은 癸水를 生하는 根源으로 쓴다. 辛金이 없으면 庚金을 쓰고, 丙火가 적어서는 안 된다.

二月 庚辛 乙木司令, 專用庚金, 辛金次之
이월 경신 을목사령 전용경금 신금차지

二月은 庚金과 辛金을 쓴다. 乙木이 사령하므로 오로지 庚金을 쓰고 辛金은 그 다음으로 쓴다.

三月 丙辛甲 上半月專用丙火, 下半月雖用丙火, 辛甲輔佐
삼 월 병신갑 상반월전용병화 하반월수용병화 신갑보좌

三月은 丙火와 辛金과 甲木을 쓴다. 上半月은 오로지 丙火만 쓰고 下半月은 丙火를 쓰더라도 辛金과 甲木으로 輔佐한다.

四月 辛 無辛用庚
사 월 신 무신용경

四月은 辛金을 쓴다. 辛金이 없으면 庚金을 쓴다.

五月 庚壬癸 庚辛爲生身之本, 但丁火司權, 金難敵火, 宜兼用比劫, 方得庚辛之用
오월 경임계 경신위생신지본 단정화사권 금난적화 의겸용비겁 방득경신지용

五月은 庚金과 壬癸水를 쓴다. 庚辛金으로 生身의 根本으로 삼는다. 但, 丁火가 司權하니 金이 火를 對敵할 수 없으므로 마땅히 比劫을 써야 비로소 庚辛金을 쓸 수 있다.

六月 庚辛壬癸 上半月金神衰弱, 火氣炎熱, 宜比劫幫身, 同五月
육월 경신임계 상반월금신쇠약 화기염열 의비겁방신 동오월

六月은 庚辛金과 壬癸水를 쓴다. 上半月은 火氣가 炎熱하니 金神이 衰弱하므로 마땅히 比劫으로 도와야 한다.
五月과 같은 理致이다.

七月 丁 庚金得所, 必丁火制金爲用, 丁火以通根午戌未爲妙
칠월 정 경금득소 필정화제금위용 정화이통근오술미위묘

七月은 丁火를 쓴다. 庚金이 得地하였으니 반드시 丁火로 金을 制剋하는데 써야 한다. 丁火가 午戌未 中에 通根하여야 妙하게 된다.

八月 辛丙 辛金爲用, 丙火佐之, 名水暖金溫, 須隔位同透, 爲妙
팔월 신병 신금위용 병화좌지 명수난금온 수격위동투 위묘

八月은 辛金과 丙火를 쓴다. 辛金을 쓰게 되면 丙火가 도와야 하니 부르기를 水暖金溫이라 한다.
모름지기 더불어 透干하여야 비로소 妙하게 된다.

九月 辛甲壬癸 專用辛金, 忌戊土, 要比劫滋甲, 制戊, 爲妙
구월 신갑임계 전용신금 기무토 요비겁자갑 제무 위묘

九月은 辛金과 甲木과 壬癸水를 쓴다. 오로지 辛金을 쓰고 己土의 出干을 꺼리므로 必要한 것은 比劫으로 甲木을 滋潤하여 戊土를 剋制하는 것이다. 그래야 비로소 妙하게 된다.

十月 庚辛戊丁 亥中甲木長生, 洩散元神, 宜用庚辛, 水多用戊, 金多用丁
십월 경신무정 해중갑목장생 설산원신 의용경신 수다용무 금다용정

十月은 庚辛金과 戊土와 丁火를 쓴다. 亥水 中에 甲木이 長生하므로 水인 元神을 洩氣하여 흩어지게 한다.
마땅히 庚辛金을 써야 한다. 水가 많으면 戊土를 써야 하고 金이 많으면 丁火를 쓴다.

十一月 丙辛 丙火解凍, 辛金滋扶
십일월 병신 병화해동 신금자부

十一月은 丙火와 辛金을 쓴다. 丙火로 추위를 풀어주고 辛金으로 滋潤하고 도와야 한다.

十二月 丙丁 丙火解凍, 通根寅巳午未戌, 方妙, 癸巳會堂, 年透丁火, 名雪後燈光, 夜生者貴, 支成火局, 又宜用庚辛
십이월 병정 병화해동 통근인사오미술 방묘 계사회당 년투정 화 명설후등광 야생자귀 지성화국 우의용경신

十二月은 丙火와 丁火를 쓴다. 丙火로 추위를 풀어주어야 한다. 寅巳

午未戌에 通根하여야 비로소 妙해진다.

癸水와 巳火가 모여 무리를 짓고 年干에 丁火가 透干하면 부르기를 눈이 온 後에 등잔에 빛이 난다하여 밤에 태어난 사람은 貴하게 된다. 地支에 火局을 이루면 마땅히 庚辛金을 써야 한다.

1) 三春癸水

正月癸水, 值三陽之後, 雨露之精, 其性至柔, 先用辛金, 生癸水之
정월계수 치삼양지후 우로지정 기성지유 선용신금 생계수지
源, 次用丙火照暖, 名陰陽和合, 萬物發生, 辛丙兩透, 金榜有名.
원 차용병화조난 명음양화합 만물발생 신병량투 금방유명

正月 癸水는 三陽에 다다른 後이므로 雨露의 精이니 그 性質이 매우 여리다. 먼저 辛金을 써서 癸水를 生해주는 源泉으로 삼고 다음으로 丙火를 써서 따스하게 쬐여주는 것이니, 이르기를 陰陽和合이라 하여 萬物이 發生한다. 辛金과 丙火가 더불어 透干하면 이름이 金榜에 오른다.

正月의 癸水는 旺함이 剋에 達하였다가 衰해지니 그 氣勢가 이제 물러가기 시작하므로 辛金이 그 根源을 發해줌이 없으면 안 된다. 크게 보면 壬水와 같다. 辛金이 없으면 庚金을 쓰고 다음으로 丙火를 써서 따뜻하게 비추어주면 水火旣濟를 이루어 陰陽이 化合하여 萬物이 發生하게 된다. 丙火와 辛金이 더불어 透干하고, 丙火가 寅木에 通根하고, 辛金과 合하여 化하지 않아야 각기의 쓰임을 얻게 되어 金榜에 이름이 오른다.

或支成火局, 辛金受傷, 有壬出救者, 富貴, 無壬者, 貧窮, 或丙出天
혹지성화국 신금수상 유임출구자 부귀 무임자 빈궁 혹병출천
干, 辛在酉丑, 亦有衣衿, 若辛丙皆無, 貧寒下格, 或辛透丙藏, 恩榮
간 신재유축 역유의금 약신병개무 빈한하격 혹신투병장 은영

之造, 丙辛在柱, 以富得官.
지조 병신재주 이부득관

或 地支에 火局을 이루면 辛金이 損傷을 當하니 壬水가 透干하여 救해주어야 富貴하며 壬水가 없으면 貧窮하다.
或 丙火가 天干에 出干하고 辛金에 酉金과 丑土가 있으면 亦是 衣衿은 있다. 萬若 丙火와 辛金이 모두 없으면 貧寒한 下格이다.
或 辛金이 透干하고 丙火가 숨으면 恩榮을 받게 되며 丙火와 辛金이 命局에 있으면 富하고 官을 얻는다.

丙火와 辛金이 더불어 透干하고 丙火가 寅木에 得氣하였다. 그러나 염려스러운 것은 金이 損傷을 입는 것이지 丙火가 合으로 무너지는 것이 아니다. 支에 火局을 이루면 辛金이 損傷을 당하니 이는 壬水로 救해주어야 富貴하게 된다. 丙火가 天干에 나오고 辛金이 酉金과 丑土에 감추어지면 天干의 火가 支의 金을 傷하게 할 수 없으므로 역시 衣衿은 있다.

반대로 辛金이 天干에 나타나고 丙火가 寅木 中에 감추어지면 運에서 引出해야 恩惠와 令達의 命造가 된다. 또한 丙火와 辛金이 모두 숨으면 才를 쓰니 運에서 引出되어야 富 中에 貴를 얻게 되어 異途로 벼슬을 한다. 그러나 辛金과 丙火가 없으면 下格이 된다.

或戊透月上, 坐辰時, 不見比劫, 丙丁出干, 此爲化合, 定主腰金, 見
혹무투월상 좌진시 불견비겁 병정출간 차위화합 정주요금 견

刑冲, 則否.
형충 칙부

或 戊土가 月上에 透出하고, 辰時에 태어나고, 比劫이 없고, 丙丁火가 出干하면 이를 化合格이라 하니 반드시 허리에 금띠를 두른다. 그러나 刑이나 冲을 만나면 그렇지 못하다.

癸水가 至極히 弱하므로 戊土를 보게 되면 반드시 合化하게 된다. 寅月에 生하면 火土가 氣勢가 있으니 丙丁火를 보면 化氣의 元神이 透出한 것이다. 그러므로 比劫으로 그 氣勢를 거스르지 않아야 한다. 이것은 化合이 때를 만난 것이니 반드시 貴하게 顯達한다. 申金이 나타나 刑冲하면 破格이 된다.

或支成水局, 宜有丙透, 無壬者, 衣祿不少, 若見丙火重重, 又作貴推.
혹지성수국 의유병투 무임자 의록불소 약견병화중중 우작귀추

或 地支에 水局을 이루면 丙火가 透干해야 마땅한데 壬水가 없으면 衣祿이 적지는 않으며 만약 丙火가 重重하면 貴하게 된다.

支에 水局을 이루고 丙火가 透干하면 身旺하니 才를 쓴다. 壬水 比劫이 爭才하지 않으면 반드시 富裕함을 미루어 볼 수 있다. 支에 水局을 이르고 丙火가 重重하면 才가 旺하여 官을 暗暗리에 生하니 또한 貴하게 된다고 한다.

正月癸水, 辛金爲主, 庚金次之, 丙亦可少, 若無庚辛, 雖有丙火, 無
정월계수 신금위주 경금차지 병역가소 약무경신 수유병화 무
用之人, 或火多土多, 殘疾不免.
용지인 혹화다토다 잔질불면

正月 癸水는 辛金이 主가 되고 庚金이 그 다음이며 丙火는 역시 적어야 한다. 만약 庚辛金이 없으면 비록 丙火가 있어도 쓸모없는 사람이다. 만약 火土가 많으면 殘疾을 못 免한다.

正月에 用神을 取하는 理致를 論한다. 癸水의 氣勢가 비로소 물러가니 성질이 지극히 衰弱하므로 化合하면 없어져 버린다. 그러나 支에 水局을 이루면 弱하든 것이 다시 旺하게 되니 예외가 된다. 나머

지 경우에는 모두 辛金을 主로 하고 만약 辛金이 없으면 庚金을 쓴다. 만약 水를 發하는 根源인 庚辛金이 없으면 비록 丙火가 있다 해도 역시 쓸모가 없게 된다. 만약 火土가 많고 庚辛金의 救助가 없으면 외롭고 고생스러움을 면하지 못하고 癸水가 끓어올라 마르게 되니 殘疾이 있게 된다.

> **用辛者, 土妻金子.**
> 용신자 토처금자

辛金을 쓰면 土를 妻로 보고 金을 子息으로 본다.

正月의 癸水는 庚辛金을 쓰는 것을 벗어날 수 없는 것이라. 그러므로 官煞을 妻로 보고 印綬를 子息으로 본다.

> **二月癸水, 不剛不柔, 乙木司令, 洩弱元神, 專用庚金爲用, 辛金次**
> 이월계수 불강불유 을목사령 설약원신 전용경금위용 신금차
> **之, 庚辛俱透, 無丁出干者, 貴由科甲, 無庚辛者常人.**
> 지 경신구투 무정출간자 귀유과갑 무경신자상인

二月 癸水는 剛하지도 柔하지도 않다. 乙木이 司令하니 元神를 洩氣하여 弱하게 되니 오직 庚金으로 用神을 삼고 辛金을 그 다음으로 쓴다. 庚辛金이 모두 透干하고 丁火의 出干이 없으면 貴하므로 科甲을 하지만 庚辛金이 없으면 平常人이다.

二月의 癸水는 氣勢가 休囚에 처하였는데 더해서 乙木에게 洩氣되어 弱해지므로 꺼린다. 그러므로 반드시 庚辛金으로 水의 根源을 삼아야 한다. 먼저 庚金을 쓰고 다음으로 辛金을 쓰는 경우에 乙木이 보이면 庚金이 情을 주어 相合하게 되니 비록 化하는 것을 꺼리지만 쓰게 되면 貴는 얻을 수 있다.

庚金이 없으면 辛金을 쓰니 의미는 正月과 같다. 庚辛金이 더불어 透干하고 丁火가 出干하여 剋함이 없으면 科甲으로 貴하게 된다. 그러므로 庚辛金이 없으면 下格이다.

> 或庚透辛藏, 榮封有准, 庚藏辛透, 亦有衣衿, 庚辛兩藏, 富中取貴,
> 혹경투신장 영봉유준 경장신투 역유의금 경신량장 부중취귀
> 或刀筆揚名, 或庚辛重見, 有己丁出干者亦貴.
> 혹도필양명 혹경신중견 유기정출간자역귀

或 庚金이 透干하고 辛金이 숨으면 榮封이 따라다니고 庚金이 숨고 辛金이 透干하면 亦是 衣衿은 있다.
庚辛金이 모두 숨으면 富 中에 貴를 取하며 또는 刀筆로 이름을 얻는다. 或 庚辛金이 重複되어 나타나고 己土와 丁火가 出干해도 亦是 貴하다.

庚辛金이 반드시 함께 나타나야 貴하게 된다. 金이 寅卯月에 이르면 氣勢가 休囚되니 힘이 부족하다. 혹 숨거나 또는 透干하면 모두 貴하게 될 徵兆이다. 앞글은 庚辛金이 더불어 透干한 것을 말한 것으로 科甲하여 貴하게 된다 하였고, 이 글은 庚辛金이 함께 감추어진 것을 말한 것으로 異途로 貴하게 된다. 丁火가 出干하면 모름지기 己土도 나란히 透干하여야 庚辛金이 損傷되지 않아 貴하게 된다.

> 或支成木局, 月時又見木者, 爲洩水太過, 定主貧困多災, 卽運入西
> 혹지성목국 월시우견목자 위설수태과 정주빈곤다재 즉운입서
> 方, 亦屬無用.
> 방 역속무용

或 支에 木局을 이루고 月과 時에 또 木이 나타나면 水를 洩하는 것이 지나치므로 貧困하며 災殃이 많다. 運이 西方으로 들어가도 역시 쓸모 없는 사람에 屬한다.

446

支에 木局을 이루고 庚辛金이 보이지 않으면 局을 따라 從兒가 된다. 한 女子의 命造가 甲寅, 丁卯, 癸卯, 乙卯 인데 알려지기를 一品에 封해졌다고 한다. 그러나 사람됨이 幼弱하고 懦弱하여 능력이 없다. 運이 西方으로 들어가서 죽었다. 女子의 命造는 幼弱하고 懦弱함이 오히려 좋고 害가 없다. 만약 男子의 命造라면 貧困하고 災殃이 많은 것을 면하지 못하였을 것이다.

| 癸 | 癸 | 癸 | 丁 | 水木傷官, 又名飛天祿馬格, 方伯 |
| 丑 | 亥 | 卯 | 未 | |

水木傷官格에 才를 쓴다. 飛天祿馬의 경우는 亥水로 巳火를 沖하고 丑土로 巳火를 合한다. 그러므로 巳火 中에 戊土 官星을 用神으로 삼는다. 아직은 이리저리 구부러지는 것을 면하지 못하였으나 癸水가 亥水에 앉았고 亥卯未가 合局하였다. 그러나 年에 丁火가 透干하여 水木傷官이 才를 쓰는 것을 지나치게 洩氣를 하므로 丑土 中 辛金을 쓴다. 運이 北方으로 가므로 몸을 도와주니 貴하게 되었다.

| 癸 | 癸 | 癸 | 丁 | 用丑中辛金, 又丁火出干, 侍郎 |
| 丑 | 卯 | 卯 | 亥 | |

앞의 命造와 거의 같다.

| 庚 | 癸 | 己 | 庚 | 庚辛兩透, 位至閣老 |
| 申 | 酉 | 卯 | 子 | |

庚辛金이 나란히 보이고 煞의 情이 印을 生하니 오로지 卯木을 用神으로 삼는다. 運이 東南으로 가니 貴하게 된 것이 마땅하다. 이는 明代의 嚴嵩의 命造이다.

三月癸水, 要分清明穀雨, 清明後, 火氣未熾, 專用丙火, 爲陰陽合
삼 월 계 수　요 분 청 명 곡 우　청 명 후　화 기 미 치　전 용 병 화　위 음 양 합
諧, 穀雨後, 雖用丙火, 尙宜辛甲佐之, 如辛卯, 壬辰, 癸未, 丙辰
해　곡 우 후　수 용 병 화　상 의 신 갑 좌 지　여 신 묘　임 진　계 미　병 진
生上半月, 用丙火, 顯達, 生下半月, 必無傷辛金癸水, 方妙, 然丙亦
생 상 반 월　용 병 화　현 달　생 하 반 월　필 무 상 신 금 계 수　방 묘　연 병 역
不可少, 用丙, 木妻水子.
불 가 소　용 병　목 처 수 자

三月癸水는 重要한 것은 淸明과 穀雨로 區分해야 한다. 淸明 後는 火
氣가 아직 熾熱하지 않으니 火를 專用하여 陰陽을 合和하고, 穀雨 後
는 비록 丙火를 쓰더라도 辛金과 甲木으로 補佐해주는 것이 가장 마땅
하다. 例로 辛卯, 壬辰, 癸未, 丙辰이 上半月에 生했으면 丙火를 用해
야 顯達하게 되며, 下半月에 生했으면 반드시 辛金과 癸水를 傷함이
없어야 비로소 妙해진다. 丙火 亦是 不足하면 안 된다. 丙火를 쓰면 木
을 妻로 보고 水를 子息으로 본다.

보통 四季月에 生하면 반드시 氣勢의 進退와 旺衰를 살펴야 한다.
上半月에는 火氣가 아직은 식지 않고 辰土 中에 癸水가 權勢를 부린
다. 그러므로 丙火를 써야 陰陽이 고르게 된다. 下半月에는 土가 旺
하여 權勢를 잡으니 비록 丙火를 쓰더라도 거듭 辛金으로 癸水를 북
돋고 甲木으로 土를 制剋해야 한다. 그러므로 上半月에 生하면 오로
지 丙火를 써야만 顯達이 가능하다. 下半月에 生하면 반드시 辛金을
兼해서 돌아봐야 한다.
　만약 壬水가 透干하여 救해주는 것이 없으면 貴하게 될 수가 없다
(혹시 戊土가 透干하면 반드시 甲木이 出干하여 救해주어야 한다).
그러나 丙火가 적어서는 안 된다. 丙火가 없으면 陰陽이 고르지 못
하니 역시 貴를 取할 수 없다. 이것은 辛金과 壬水가 도와야 만들 수
있다. 傷官으로 才를 生하면 才를 쓰는 것이니 傷官을 妻로 보고 才
를 子息으로 본다.

448

三月癸水, 從化者多, 得化者榮祿, 不化者平常.
삼 월 계 수 종 화 자 다 득 화 자 영 록 불 화 자 평 상

三月 癸水는 從化하는 境遇가 많다. 從化를 얻으면 榮華로운 俸祿이 있고 從化가 안되면 平常人이다.

十干 中에 癸水는 戊土를 보면 가장 從化하기 쉽다(乙木이 庚金을 봐도 그렇다). 生한 것이 三月이니 龍이 運을 만나고 丙火의 氣勢가 前進하니 다시금 쉽게 化合한다. 만약 化氣가 이루어지지 않고 戊土가 透干하면 官을 써야 하는데 반드시 아름답게 되지 않으니 月令에 傷官의 氣가 아직 남아있기 때문이다.

或支成水局, 又見己土, 無木, 乃假殺格, 有甲出者, 常人.
혹 지 성 수 국 우 견 기 토 무 목 내 가 살 격 유 갑 출 자 상 인

或 支에 水局을 이루고 또한 己土를 보고 木이 없으면 이것은 假殺格으로 甲木이 나타난다 해도 平常人이다.

支에 水局을 이루고 己土를 보면 身旺하므로 殺을 쓴다. 그러므로 假煞이 權勢를 부리니 반드시 才로 殺을 북돋아줘야 한다. 甲木 食神이 制煞하지 않아야 비로소 빼어나게 되므로 甲木을 보면 破格이 된다.

或支坐四庫, 又得甲透, 可謂顯達名揚, 無甲者僧道孤苦.
혹 지 좌 사 고 우 득 갑 투 가 위 현 달 명 양 무 갑 자 승 도 고 고

或 支에 四庫가 자리를 잡고 甲木의 透干을 얻으면 顯達名揚한다 할 수 있고 甲木을 얻지 못하면 僧道의 命으로 孤苦하다.

앞글에서 己土를 보면 木이 없어야 한다는 意味를 이은 것이다.

만약 支에 四庫가 모이면 七煞이 지나치게 旺한 것이니 制剋이 없으면 안 된다. 그러므로 制剋하면 貴하게 되고 制剋이 없으면 賤하게 된다.

> 或支成木局, 無金, 名傷官生才格, 主聰明博學, 衣祿充饒.
> 혹지성목국 무금 명상관생재격 주총명박학 의록충요

或 支에 木局을 이루고 金이 없으면 이르기를 傷官生財格이라 하여 聰明博學하며 衣祿이 넉넉하다.

支에 木局을 이루고 丙火가 透干하면 傷官生才格이라 한다. 水木傷官은 반드시 聰明하고 博學하다. 또한 金이 없으면 格局이 純粹하여 貴하게 된다.

> 三月癸水, 辛甲皆酌用, 下半月, 土妻金子.
> 삼월계수 신갑개작용 하반월 토처금자

三月의 癸水는 辛金과 甲木 모두를 參酌하여 써야 한다. 下半月은 土를 妻로 보고 金을 子息으로 본다.

三月의 癸水는 上半月은 丙火만을 쓰므로 木을 妻로 보고 火를 子息으로 본다. 下半月은 辛金과 甲木을 모두 參酌하여 쓰니 辛金을 쓰는 경우는 官煞을 妻로 보고 印을 子息으로 본다.

> 辛　癸　甲　丁　用辛無丙, 辛金得所, 倖人
> 酉　亥　辰　酉

木火가 旺함을 願한다. 그러므로 辛金을 쓴다. 기쁜 것은 丙火의 合이 없는 것이다.

甲	癸	壬	丙	上半月生, 官至總兵, 下半月武擧
寅	巳	辰	寅	

上半月에는 丙火를 用神으로 삼고 甲木으로 輔佐하며, 下半月에
生하였으나 辛金이 없어서 格이 다소 낮아졌다.

辛	癸	丙	戊	生下半月, 出將入相
酉	丑	辰	午	

오로지 辛金을 쓴다.

丙	癸	壬	丙	才資弱殺, 駙馬
辰	丑	辰	寅	

辰土와 丑土가 모두 축축한 土라 오로지 丙火 才星을 쓴다. 妻로
인해 貴하게 된 것이 마땅한 것이다.

2) 三夏癸水

四月癸水, 喜辛金爲用, 無辛用庚, 若辛高透, 不見丁火, 加以壬透,
主科名榮貴, 聲播四夷, 若有丁破格, 貧無立錐, 有壬可免, 辛藏無
丁, 貢監衣衿.

四月 癸水는 기쁜 것은 辛金을 쓰는 것이나 辛金이 없으면 庚金을 쓴
다. 萬若 辛金이 높게 透出하고 丁火가 나타나지 않고 壬水가 透干하
면 科擧에 이름이 나서 榮華롭고 貴하게 되며 名聲이 四海에 뻗친다.
만약 丁火가 있어 破格이 되면 貧困하여 송곳 세울 곳도 없으며 壬水
가 있어야 免할 수 있다. 辛金이 숨고 丁火가 없으면 貢監은 할 수 있
고 衣衿도 있다.

四月의 癸水는 身이 死絶地에 臨하니 極度로 弱한 水가 된다. 印과 劫이 함께 透干하여 돕지 않으면 榮華가 드러나기에 부족하다. 그러므로 丁火가 나타나 辛金을 剋하면 반드시 壬水로 구해야 한다. 만약 辛金이 숨고 丁火도 없으면 비록 力量은 부족하지만 丁火가 金을 깨지 않는 것이 기쁘다. 그러므로 衣衿은 있게 된다.

或一派火土乏辛, 卽有己庚, 亦不能生水, 又無比肩羊刃, 必至熬乾
혹일파화토핍신　즉유기경　역불능생수　우무비견양인　필지오건

癸水, 損目無疑, 若庚壬兩透, 洩制火土, 名劫印化晉, 極貴之造, 有
계수　손목무의　약경임량투　설제화토　명겁인화진　극귀지조　유

丁見干者, 則否, 如有庚無壬, 亦無丁破金者, 堪入儒林, 有庚無辛
정견간자　칙부　여유경무임　역무정파금자　감입유림　유경무신

者, 異路功名, 總之四月癸水, 專用辛金方妙.
자　이로공명　총지사월계수　전용신금방묘

或 한 무리의 火土가 있고 辛金이 窮乏하면 己土와 庚金이 있다 하여도 역시 水를 生하지 못하며 또한 比肩 陽刃이 없으면 반드시 癸水가 끓어올라 말라버리게 되니 눈을 傷하게 됨을 疑心하지 않는다.
만약 庚金과 壬水가 더불어 透干하면 火土를 洩氣하고 剋制하니 이르기를 劫印이 晉을 바꾼다 하여 極貴하게 만드는데, 丁火가 透干하면 그렇지 못하다. 庚金은 있고 壬水가 없으면서 丁火가 金을 破剋하지 않으면 儒林은 들어갈 수 있다.
庚金 은 있고 辛金이 없으면 異路로 功名한다. 總論하면 四月 癸水는 전적으로 辛金을 써야 비로소 빼어나게 된다.

巳火 中에 庚金이 長生하나 火土가 뜨겁고 乾燥하니 金이 水를 生할 수 없다. 만약 한 무리의 火土인데 四柱에서 印綬와 劫刃의 도움이 없으면 반드시 癸水가 끓어올라 말라버리게 된다. 水는 눈(目)이 되니 눈을 損傷하게 된다.
윗글에 劫刃化晉이라는 것은, 「晉」은 卦의 이름으로 易에서 "火地

452

晋"을 말한다. 離爲火와 坤爲地로 離卦가 坤卦 위에 있는 것을 말하니 晉卦란 火와 土를 말하는 것이다. 辛金과 壬水가 함께 透干하는 것을 좋아하니 火와 土를 洩氣하고 剋制한다. 그러므로 이른바 劫刃化晉은 지극히 貴하게 되는 命造이다.

丁火가 出干하여 庚辛金을 剋制하면 破格이 된다. 만약 庚辛金의 生함이 있으나 壬水의 도움이 없고 丁火가 金을 剋하지 않는 경우는 비록 힘은 부족하나 格이 맑고 純粹하니 앞글에 辛金이 숨고 丁火가 없는 경우와 같으므로 儒林에는 들어간다. 庚金은 있고 辛金이 없으면 貴함이 異路에 있게 된다.

四月의 癸水를 總論하면 辛金의 救助를 얻으면 劫刃化晉格이라 한다. 그러나 말하기를 庚金과 壬水가 더불어 透干하고 辛金이 감추어져야 비로소 至極히 貴하게 될 수 있다 하였다.

| 辛 | 癸 | 己 | 甲 | 辛透庚藏, 身强殺旺, 方伯 |
| 酉 | 酉 | 巳 | 辰 | |

| 辛 | 癸 | 己 | 甲 | 財旺生官, 尙書 |
| 癸 | 酉 | 巳 | 寅 | |

이 두 命造는 모두 身도 强하고 煞도 旺하다. 그러므로 制煞하는 것을 用神으로 삼는다.

五月癸水, 至弱無根, 必須庚辛爲生身之本, 但丁火司權, 金難敵火,
오월계수 지약무근 필수경신위생신지본 단정화사권 금난적화
安能滋養癸水, 宜見比劫, 方得辛金之用, 五月癸水, 庚辛壬參酌並
안능자양계수 의견비겁 방득신금지용 오월계수 경신임참작병
用可也.
용가야

五月 癸水는 至極히 弱하고 뿌리가 없으니 반드시 庚辛으로 生身의 根本으로 삼는다. 단 丁火가 司令하니 金이 火를 對敵하여 安定되게 癸水를 滋養하기가 어려우므로 마땅히 比肩을 보아야 하니 비로소 辛金을 얻어 쓸 수 있게 된다. 五月 癸水는 庚辛金과 壬水를 參酌하여 並用하여야 한다.

五月의 癸水는 丁火가 權勢를 부리니 印劫이 함께 透干하여야 아름답게 된다. 하나의 庚辛金이 보이고 壬癸水가 없으면 印이 才에 破剋된다. 그러므로 반드시 比劫이 있어야 비로소 庚辛金을 쓸 수 있게 된다.

四月은 丙火가 權勢를 부리므로 辛金으로 丙火를 合化하는데 써야 하므로 辛金을 먼저 쓰고 庚金을 나중에 썼다. 그러나 五月도 庚辛金의 쓰임은 같으나 재차 劫으로 才를 剋制하여 印을 保護하여야 한다. 그러므로 庚辛金과 壬癸水를 參酌하여 함께 써야 한다.

如庚辛透干, 又見壬癸者, 定主鐘鼎名家, 或有金透, 支見申子辰者,
亦主金榜掛名, 或無水出干, 支只一水, 雖有庚辛, 一富之造, 故曰,
水源會, 富重貴輕, 又曰, 金水會夏天, 富貴永無邊, 運行火土地, 快
樂似神仙.

庚辛金이 透干하고 또 壬癸水를 보면 반드시 이름이 나고 名文家가 된다. 或 金이 透干하여 있고 地支에 申子辰을 보면 亦是 金榜에 이름이 걸린다. 或 水가 出干하지 않고 地支에 다만 하나의 水가 있으면 비록 庚辛金이 있다 해도 하나의 富만 이룰 수 있다. 그러므로 말하기를 水의 源泉이 모이면 富는 重하여도 貴는 輕하다고 한다.
또한 말하기를 金水가 여름에 모이면 富貴가 永遠하여 그 끝이 없고

行運이 火土地로 가면 快樂함이 마치 神仙과 같다고 한다.

印과 劫을 함께 써야 하는 意味를 부연 설명한 것이다. 庚辛金이 透干하고 또한 壬癸水가 나타나거나 또는 金이 透干하고 支에 水局을 이루면 모두 金水가 다 같이 旺한 것이다. 그러므로 月令은 才官이 權勢를 잡으니 眞神이 쓰임을 얻은 것으로 運이 火土地로 가면 富貴를 어찌 의심하겠는가. 그러나 比劫이 支에 숨고 出干하지 않으면 비록 庚辛金이 있다 해도 일개 富者의 命局에 지나지 않게 된다.

그러므로 대개 五月은 才가 旺하므로 庚辛金으로 반드시 用神을 삼고 比劫으로 保護해야 한다. 그렇지 않으면 才가 旺한 運으로 가면 庚辛金이 반드시 損傷을 입게 된다.

水源이란 申子辰을 말하니 숨어서 透干하지 않으면 富는 重하나 貴는 가볍다. 金水가 여름에 모인다는 것은 이른바 여름에 金水가 모여 局을 이루어 旺하게 되는 것으로 이는 才官 眞神을 用神으로 쓴다.

或支成火局, 無壬出干, 定主僧道, 或二壬一庚同透, 衣錦腰金.
혹지성화국 무임출간 정주승도 혹이임일경동투 의금요금

或 支에 火局을 이루며 壬水가 出干하면 빈드시 僧道의 命이고 或 두 개의 壬水와 하나의 庚金이 같이 透干하면 비단옷에 金帶를 두른다.

이는 火가 지나치게 旺한 것을 말한 것으로 金水를 用神으로 삼는다. 支에 火局을 이루면 반드시 壬水가 出干하여 金을 救助해야 한다. 만약 겨우 한 두 개의 水가 支에 감추어지면 火土가 끓어올라 마르게 되니 반드시 僧道의 命이 된다. 만약 庚金과 壬水가 出干하여 救助하고 運이 金水地로 가면 貴하고 顯達하게 된다.

或一派己土, 無甲出制, 此作從殺而論, 又主大貴, 凡從殺者, 切不
혹일파기토 무갑출제 차작종살이론 우주대귀 범종살자 절불
可破格方吉.
가파격방길

或 한 무리의 己土를 보고 甲木이 出干하여 剋制함이 없으면 이는 從
殺格으로 論하며 亦是 크게 貴하게 된다.
從殺格은 絶對로 破格이 되지 않아야 비로소 吉하다.

이는 土가 지나치게 旺한 것을 말한 것으로 한 무리의 己土가 있
고 四柱 中에 金水가 없으면 癸水의 뿌리가 없으니 從煞이 된다. 甲
乙木이 出干하여 煞을 制剋하면 破格이 되고 癸水의 뿌리가 있어도
破格이 된다.
그러므로 五月의 癸水를 總論하면 지극히 弱하고 뿌리가 없으니
火가 旺하면 火를 따르고 土가 旺하면 土를 따르므로 原局에 格을
깨는 것이 없으면 자연히 富貴하게 된다.

六月癸水, 有上下月之分, 下半月庚辛有氣, 上半月庚辛休囚, 凡六
륙월계수 유상하월지분 하반월경신유기 상반월경신휴수 범륙
癸日, 多不驗者, 何也, 俗士不知此理, 因未中有乙己同宮, 破而不
계일 다불험자 하야 속사부지차리 인미중유을기동궁 파이불
破, 故癸水不能從殺, 所以專用庚辛, 如上半月金神衰弱, 火氣炎烈
파 고계수불능종살 소이전용경신 여상반월금신쇠약 화기염렬
宜比劫助身, 可云富貴, 與五月一理, 下半月庚辛有氣, 卽無比劫亦
의비겁조신 가운부귀 여오월일리 하반월경신유기 즉무비겁역
可, 又忌丁透, 卽丁在支亦不吉, 其生剋制化, 與五月略同.
가 우기정투 즉정재지역불길 기생극제화 여오월략동

六月 癸水는 上下月로 區分하니 下半月은 庚辛金이 有氣하고 上半月
은 庚辛金이 休囚되니 무릇 六癸의 日干이 證驗하지 않는 境遇가 많
다. 어찌하여 그런가?
理由는 未土 中에는 乙木과 己土가 同宮에 있기 때문에 破해도 破가

안 된다. 그러므로 癸水는 從殺할 수 없으니, 오로지 庚辛金을 쓴다. 俗士들이 이와 같은 理致를 알지 못하기 때문이다.

上半月에는 金神이 衰弱하고 火氣가 炎烈하니 마땅히 比劫으로 몸을 도우면 可히 富貴하므로 五月과 理致가 같다. 下半月에는 庚辛金이 有氣하니 비겁이 없어도 되나 꺼리는 것은 丁火가 透出하는 것이다. 卽 丁火가 地支에 있어도 亦是 吉하지 않으니 그 生剋制化가 五月과 거의 같다.

六月 癸水는 오로지 庚辛金을 쓰고 比劫으로 輔佐해야 하니 五月과 같은 理致다. 특히 五月은 土가 많으니 從煞이 가하나 六月은 從煞이 不可하다. 未土宮에 乙木과 己土가 같이 있기 때문에 이미 從煞이 불가능하니 金水를 써야 하는 것이다.

上半月에는 庚辛金을 쓰고 반드시 比劫으로 도와야 하고, 下半月에는 庚辛金이 得氣하니 比劫의 도움이 없이 庚辛金만 써도 富貴를 取할 수 있게 된다.

단 생각할 것은 金水가 나란히 보이면 아름답게 된다. 꺼리는 것은 丁火가 透干하는 것이니 金을 損傷하기 때문이다.

庚	癸	癸	乙	下半月庚辛得地, 宰輔
申	未	未	酉	

비록 이르기를 下半月에 庚辛金이 進氣라 하나 생각해 볼 것은 時에 庚辛金을 만나서 庚金이 得地한 것으로, 癸水의 根源이 通하여 弱한 것이 變하여 强하게 되었다. 그러므로 未土 中에 才와 官을 쓸 수 있게 되어 마땅히 貴하게 되었다.

丙	癸	辛	己	上半月, 庚辛尚弱, 知州
辰	未	未	未	

癸水가 비록 辰土 水庫에 通根하였으나 그 세력이 弱함을 싫어하

는 것이다. 그러므로 辛金으로 煞을 化하는 用神으로 삼아야 한다.
그러나 辛金이 酉金을 만나지 못하였으니 得地를 하지 못하여 弱하
다. 그러므로 두 命造의 格局이 상당히 차이가 난다.

3) 三秋癸水

七月癸水, 正母旺子相之時, 癸雖死申, 殊不知申中有庚生之, 名死
칠월계수 정모왕자상지시 계수사신 수불지신중유경생지 명사
處逢生, 弱中復彊, 卽運行西北, 亦不死也, 但庚司令, 剛銳極矣, 必
처봉생 약중부강 즉운행서북 역불사야 단경사령 강예극의 필
取丁火爲用, 或丁透有甲, 名有焰之火, 必主科甲, 或丁透無甲, 又
취정화위용 혹정투유갑 명유염지화 필주과갑 혹정투무갑 우
無壬癸, 卽有一二庚金, 亦有生監, 有二丁更妙, 或金多乏丁制者,
무임계 즉유일이경금 역유생감 유이정경묘 혹금다핍정제자
貧困之人.
빈곤지인

七月 癸水는 母旺子旺의 때이니 癸水가 비록 申金에 死하나 申金 中에
庚金이 生해줌이 있는 것을 알지 못하는 것이다. 그러므로 이르기를
死하는 곳에서 生을 만난다고 하여 弱한 중에 다시 强하게 되니 運이
西北으로 行하면 역시 죽지 않는 것이다. 그러므로 庚金이 司令하면
剛하고 銳利함이 極에 다다르니 반드시 丁火를 取하여 用神으로 삼아
야 한다. 만약 丁火가 透出하고 甲木이 있으면 이르기를 타오르는 불
이라 하니 반드시 科甲을 한다. 或 丁火가 透出하고 甲木도 없고 또한
壬癸水도 없으나 한 두 個의 庚金이 있으면 生監은 한다.
두개의 丁火가 있으면 다시 빼어나게 된다. 或 金이 많고 丁火의 剋制
가 없으면 貧困한 사람이다.

生旺死絶은 오로지 五行의 理論으로 陽干을 위주로 하는 것이다.
그러므로 祿刃은 모두 陽干으로 陰干을 論하는 것이다. 특히 萬物의
理致는 陽에도 있지만 반드시 陰에도 있는 것이니 陽이 節하면 陰이

生하고 陰이 節하면 陽이 生하는 것이다. 그러므로 이는 循環의 理致이지 旺衰의 作用을 分別하는데 執着하고 拘束되어서는 안 된다.

예를 들어 申金宮은 水의 生地로 陰陽의 구분이 없다. 그러므로 어미가 旺한 때면 子息의 氣勢도 자연히 싹터 올라오는 것이 일정한 法則인 것이다. 그러나 十干의 生旺死絶의 論理로는 申金宮이 癸水의 死地가 된다. 그러므로 이와 같은 것에 執着하고 拘礙되어서는 안 된다는 것이다. 특히 庚金이 權勢를 잡는 때이니 丁火를 보아야만 上格이 된다.

丁火의 用法에는 두 가지가 있으니 첫째는 甲木이 있는 경우로, 傷官으로 才를 生할 수 있다. 특히 甲木과 丁火는 庚金과 위치에 間隔이 있어야만 才와 印이 서로 障礙가 없게 되므로 水와 木이 맑고 華麗하게 되어 반드시 科甲하여 貴를 取할 수 있게 된다. 둘째로는 甲木이 없는 경우인데 才인 丁火로 印을 剋하여 金이 지나치게 旺한 것을 덜어주어야 아름답게 된다. 그러려면 반드시 壬癸水가 없는 조건이어야 한다. 壬癸水가 있으면 才가 比劫에 의해 分奪을 당하여 印을 剋制할 수 없게 된다. 金이 많은데 丁火가 窮乏하면 旺한 氣運이 몸에서 그치게 되므로 겨우 貧困만 면하게 되고 後嗣를 두기 어렵게 된다.

或一丁坐午, 名獨才格, 主金玉滿堂, 富中取貴, 若在未戌, 則是常人,
혹일정좌오 명독재격 주금옥만당 부중취귀 약재미술 칙시상인
或柱見二戌二未, 又得丙丁藏支, 干見甲出, 無水, 亦作富貴而推.
혹주견이술이미 우득병정장지 간견갑출 무수 역작부귀이추

或 하나의 丁火가 午火에 앉으면 이르기를 獨才格이라 하는데 金玉滿堂하며 富한 中에 貴를 取한다. 만약 未土와 戌土가 있으면 平常人이 된다. 或 命局에 두 개의 戌土와 두 개의 未土가 있고 또한 丙丁火가 支藏에 숨고 干에 甲木이 出干함을 보고 水가 없으면 亦是 富貴하다고

볼 수 있다.

才가 하나인데 食神의 生助가 없으면 반드시 午火宮에 뿌리가 있어야만 才星이 氣勢가 있게 되어 비로소 쓸 수 있게 된다. 만약 未土나 戌土의 墓庫에 감추어지면 力量이 微弱하게 된다.

만약 두 개의 戌土나 혹은 두 개의 未土가 보이고 또한 巳午火가 支에 보이면 丙丁火가 모여 合하게 되고, 다시 甲木이 出干하여 土를 制剋하고 火를 이끌어주면 역시 傷官生才로 論한다. 그러나 역시 比劫이 才를 剋하는 것이 없어야 한다.

| 甲 | 癸 | 戊 | 丁 | 傷官生才格, 丁甲兩透, 位至尙書 |
| 寅 | 卯 | 申 | 酉 | |

戊土 官星과 甲木 食傷이 나란히 透干하였으므로 甲木을 써서 戊土를 制剋하고 丁火를 生하는 用神으로 삼는다. 그러므로 傷官을 써서 官을 除去하는 것이지 官과 傷官이 交叉되었다고 論하지 않는다.

| 乙 | 癸 | 庚 | 戊 | 丁火得位, 大富壽考, 子貴 |
| 卯 | 未 | 申 | 午 | |

食神生才格으로 天干에 土金水木이 相生하고 障礙가 없다. 年과 日의 干支가 合을 하고 月干과 時干이 合을 하여 마땅히 富貴와 長壽를 한 것이다.

| 辛 | 癸 | 丙 | 癸 | 火無力, 又被辛合, 身旺無依, 貧僧 |
| 酉 | 酉 | 申 | 酉 | |

丙火가 合으로 除去당하고 身은 旺하나 洩氣하는 것이 없으니 僧侶는 되지 않았으나 後嗣가 없었다. 氣勢가 寒冷하여 貧困한 象이다.

八月癸水, 辛金虛靈, 非頑金可比, 正金白水淸, 故取辛金爲用, 丙
팔월계수 신금허령 비완금가비 정금백수청 고취신금위용 병
火佐之, 名水暖金溫, 如丙與辛隔位同透, 主科甲功名, 或丙透辛藏,
화좌지 명수난금온 여병여신격위동투 주과갑공명 혹병투신장
一榜之士, 或土多剋水, 生意中心, 八月癸水, 丙辛怕用.
일방지사 혹토다극수 생의중심 팔월계수 병신파용

八月 癸水는 辛金이 虛靈하니 무딘 金과는 비교할 수는 없지만 金白水
淸하다. 그러므로 辛金으로 用神을 삼으며 丙火로 輔佐한다. 丙火가
도우면 이르기를 水暖金溫이라 한다. 丙火와 辛金이 사이를 두고 같이
透干하면 科甲 功名하며 或 丙火가 透出하고 辛金이 숨으면 一榜之士
는 된다. 或 土가 많고 水를 剋하면 生意와 中心이 잡혀 있다. 八月 癸
水는 丙火와 辛金이 合하는 것을 두려워 한다.

八月의 癸水는 丙火와 辛金이 나란히 透干하면 辛金을 쓰는데 丙
火를 크게 꺼리니, 合하여 둘 다 쓸모없게 되기 때문이다. 그러므로
透干한다 하여도 자리가 떨어져 있어야 한다. 만약 하나는 天干에
透干하고 하나는 支에 감추어지면 이는 才와 印을 함께 쓸 수 있는
秘訣이 된다. 그러나 土가 나타나서는 안 된다. 戊己土를 모두 꺼리
니 癸水의 氣運이 맑고 가볍기 때문이다. 壬水가 넘쳐 올라 戊土로
堤防을 삼는 것이 필요한 경우와 比較해서는 안 된다. 그러므로 土
의 剋을 보면 반드시 장사하는 부류가 된다.

| 丙 | 癸 | 乙 | 庚 | 乙庚化金以助身, 太守 |
| 辰 | 亥 | 酉 | 寅 | |

乙木과 庚金이 合하여 金으로 化하고 辛金이 도와주며, 또한 寅木
과 亥水가 모여 木을 이루고 丙火를 生하며, 丙火 또한 長生을 얻어
氣勢가 中和를 이루었다. 그러므로 貴하게 되었다.

癸 癸 丁 辛　金水多, 丁透丙藏, 四柱不雜, 福壽綿長
亥 巳 酉 酉

丁火 才를 用神으로 삼는다. 기쁜 것은 丙火가 巳火 中에 감추어
지고 도움을 받는 것이다. 그러나 亥水가 冲을 하여 丙火가 制剋을
당하니 力量이 부족하다. 福은 있고 長壽는 하였으나 貴하게는 되지
못하였다. 대개 八月의 癸水가 丙火를 쓰는 것은 調候를 取하는 것
이다.

九月癸水, 失令無根, 戊土司權, 剋制太過, 專用辛金發水之源, 要
구월계수 실령무근 무토사권 극제태과 전용신금발수지원 요
比肩滋甲制戊方妙.
비견자갑제무방묘

九月 癸水는 失令하여 뿌리가 없는데 戊土가 司權하여 剋制가 太過하
다. 專的으로 辛金을 發水의 根源으로 삼는다. 重要한 것은 比肩으로
甲木을 滋潤하여 戊土를 剋制하면 비로소 빼어나게 된다.

癸水가 맑고 가벼우니 戊土로 剋하는 것은 적당하지 않다. 그러므
로 甲木으로 土를 剋制해야 한다. 오직 九月에 癸水가 때를 잃은 것
이니 甲木 역시 마르게 된다. 甲木을 써서 戊土를 制剋하면 반드시
比肩으로 滋潤해야 비로소 戊土를 剋制하는 功을 이룰 수 있다. 그
러나 중요한 점은 辛金이 있어서 水의 根源이 되어야 한다. 그러므
로 辛金을 쓰면 甲木과 癸水로 도와야 한다.

或辛甲兩透, 支見子癸, 定主平步清雲, 或癸甲兩透, 富貴成名, 或
혹신갑량투 지견자계 정주평보청운 혹계갑량투 부귀성명 혹
有甲辛無癸者, 亦有恩封, 或有甲癸無辛者, 富大貴小, 有甲無癸辛
유갑신무계자 역유은봉 혹유갑계무신자 부대귀소 유갑무계신
者, 常人, 二者俱無, 貧賤之格.
자 상인 이자구무 빈천지격

462

或 辛金과 甲木이 더불어 透干하고 地支에 子水와 癸水를 보면 平步로
靑雲에 오른다. 또는 癸水와 甲木이 더불어 透干하여도 富貴하고 이름
을 이룬다. 萬若 甲木과 辛金이 있으면 癸水가 없어도 亦是 恩封을 얻
을 수 있다. 그러나 甲木과 癸水는 있고 辛金이 없으면 富는 크나 貴는
작다. 甲木은 있고 癸水와 辛金이 없으면 平常人이며 두 개가 모두 없
으면 貧賤하다.

辛金과 甲木이 더불어 透干하면 辛金으로 水를 發하는 根源으로
삼아야 貴하게 된다. 그러므로 甲木으로 戊土를 剋制하여 救助해야
한다. 癸水와 甲木이 더불어 透干하고 辛金이 支에 숨어도 그 쓰임
은 같다.

癸水로 甲木을 도우면 甲木이 뿌리가 있게 되나 癸水가 없으면 論
할 것이 없다. 그러므로 甲木과 癸水가 있고 辛金이 없으면 겨우 富
만 取할 수 있다. 甲木은 있고 癸水와 辛金이 없는 경우는 水가 弱하
니 木이 마르게 되어 平常人이 된다. 三者가 모두 갖추어지지 않으
면 下格이 된다.

或有甲見壬者, 頗許衣衿.
혹 유 갑 견 임 자   파 허 의 금

或 甲木이 있고 壬水도 있으면 衣衿은 있다.

九月의 癸水는 辛金과 甲木과 癸水를 필요로 한다. 그러므로 辛金
과 癸水가 없으면 水가 弱하여 木이 마른다. 부득이 壬水를 쓰면 衣
衿은 어느 정도 있다.

九月癸水, 辛甲並用.
구 월 계 수   신 갑 병 용

九月癸水는 辛金과 甲木을 並用한다.

九月의 癸水는 辛金을 主로 쓰고 甲木으로 輔佐를 삼는다. 月令에 土가 旺하므로 甲木이 없으면 안 된다.

甲	癸	丙	癸	食神生才格, 總督
寅	卯	戌	亥	

食神으로 才를 生하는 用神으로 삼는다. 좋은 것은 年에 癸亥를 만난 것으로 日元이 도움을 얻어 弱하던 것이 强하게 바뀌었다.

癸	癸	庚	壬	甲辛俱無, 爲人奴僕
亥	丑	戌	辰	

下等한 사람의 命造이다. 대저 이런 부류의 명조를 雜氣才官이라 이르는데 辰土와 戌土가 冲하고 丑土와 戌土가 刑을 하여 才官이 모두 쓸모가 없게 되고 말았다. 俗說에 雜氣는 冲을 보아야 貴하게 된다하였는데 이것을 參考로 깨달아야 할 것이다.

4) 三冬癸水

十月癸水, 旺中有弱, 何也, 因亥搖木, 洩散元神, 宜用庚辛爲妙, 得
십월계수 왕중유약 하야 인해요목 설산원신 의용경신위묘 득
庚辛兩透, 不見丁傷者, 功名有准.
경신량투 불견정상자 공명유준

十月 癸水는 旺 中에 弱함이 있으니 어째서 그런가? 亥中에 甲木이 搖動하여 元神을 洩氣하여 흩어지게 하기 때문이다. 마땅히 庚辛金을 써야 빼어나게 된다. 庚辛金이 더불어 透干하고 丁火로 因해 傷하지 않으면 功名을 견줄 수 있다.

壬水가 十月에 있으면 極度로 旺하게 된다. 그러나 癸水는 旺한 中에 弱한 것이니 이것은 陰干의 特殊性 때문이다. 水는 申金에 生

464

하여 亥水에 이르러 祿이 되니 旺함을 향하여 간다. 그러나 癸水의
長生은 卯木에 있고 祿은 子水에 있다. 亥水에서 戌土, 酉金으로 旺
함의 반대로 간다. 그러므로 旺한 중에 弱함이 있다는 것이다.

이것은 乙木이 寅木에 있고 丁火는 巳火에 있고 辛金은 申金에 있
는 것과 같은 理致이다. 그러므로 癸水가 弱하니 마땅히 庚辛金으로
生하여 도와야 한다. 印을 쓰면 才가 나타나 깨는 것을 꺼린다. 그러
므로 庚辛金이 더불어 透干하면 丁火가 나타나 損傷하지 않아야 빼
어나게 된다.

或支成木局, 有丁出干, 爲木旺火相, 制住庚辛不生水, 必主淸寒,
혹지성목국 유정출간 위목왕화상 제주경신불생수 필주청한
或成木局, 干見丙丁, 異路之榮.
혹성목국 간견병정 이로지영

或 地支에 木局을 이루고 丁火가 出干하면 木旺火相하니 庚辛金을 剋
制하여 水를 生할 수 없게 되어 반드시 淸寒하다. 或 木局을 이루고 丙
丁火가 天干에 나타나면 異路로 榮達한다.

이 글은 才와 印을 함께 쓰는 것을 말한 것으로 서로 障礙가 없어
야 貴하게 된다. 十月은 小陽春이라 하니 木火의 氣가 發動한다. 만
약 支에 木局을 이루고 丁火가 透干하면 庚辛金 印을 剋制하니 반드
시 淸寒하게 된다.

만약 庚辛金과 丙丁火가 떨어진 자리에 있거나 혹은 하나는 透干
하고 하나는 감추어지면 才와 印이 서로 障礙가 없으니 異路의 榮華
가 있다. 그러나 原文에 빠진 句節이 있는 것 같다.

或一派壬水, 不見戊制, 名冬水汪洋, 奔波到老, 若得戊透, 淸貴堪誇.
혹일파임수 불견무제 명동수왕양 분파도로 약득무투 청귀감과

或 한 무리의 壬水에 戊土의 剋制가 없으면 이르기를 冬水汪洋이라 하니 늙도록 奔走하고 波瀾이 많다.

萬若 戊土의 透干함을 보면 淸貴를 자랑할 만하다.

水가 亥水宮에 이르면 본래가 旺地이다. 그러나 癸水가 陰干이니 旺함 中에도 弱함이 있다(앞글을 보라). 만약 壬水가 서로 도와주면 汪洋한 象이 되니 물이 세차게 솟아오르게 되므로 반드시 戊土를 얻어 堤防을 삼아야 한다. 그와 같으면 水가 바른 軌道에 이르게 되어 맑고 貴함을 誇示한다.

> 或一派庚辛, 得丁出制, 主名利雙全, 若不見丁, 又主貧薄.
> 혹 일 파 경 신 득 정 출 제 주 명 리 쌍 전 약 불 견 정 우 주 빈 박

或 한 무리의 庚辛金에 丁火가 出干하고 剋制함이 있으면 名利雙全하며, 萬若 丁火를 얻지 못하면 貧薄하다.

앞글에서는 劫이 旺한 것을 말하였고 여기서는 印이 旺한 것을 말한 것이다. 印綬가 지나치게 旺하면 金이 많아 水가 껄끄럽게 된다. 그러므로 모름지기 才를 써서 印綬를 덜어줘야 하니 되레 生하는 功이 있게 되어 名利가 모두 완전하게 된다. 따라서 만약 才가 剋하지 않으면 貧困하게 된다. 이것은 七月의 癸水와 같이 金이 많고 丁火의 剋制가 窮乏할 때와 理致가 같다.

> 或四柱火多, 名才多身弱, 富屋貧人.
> 혹 사 주 화 다 명 재 다 신 약 부 옥 빈 인

或 命局에 火가 많으면 이르기를 財多身弱이라 하니 富屋貧人이다.

四柱에 火가 많으면 才가 旺하여 身이 弱하게 된다. 마땅히 劫刃

을 써야 한다. 만약 壬水의 도움이 없으면 비록 才가 있어도 누릴 수 없게 된다.

癸	癸	癸	癸	天元一氣格, 惜無火土
亥	丑	亥	卯	

局에 火와 土가 없는데 運이 庚辛, 辛酉로 가니 金水의 氣가 차갑다. 또한 日元이 癸丑이니 도랑의 물이라 한다.

壬	癸	辛	壬	飛天祿馬格, 進士
子	亥	亥	申	

두 命造가 같은 것은 亥水 中에 甲木이 있는 것이다. 이 命造는 運이 甲寅, 乙卯로 가니 飛天祿馬格으로 進士가 되었다.

十一月癸水, 値氷凍之時, 金水無交歡之象, 專用丙火解凍, 庶不致
십일월계수 치빙동지시 금수무교환지상 전용병화해동 서불치
成氷, 又要辛金滋扶, 無丙有辛, 不妙, 凡冬季癸水, 有丙透解凍, 則
성빙 우요신금자부 무병유신 불묘 범동계계수 유병투해동 칙
金溫水暖, 兩兩相生, 要不見壬透, 自然登科及第, 紫誥金章.
금온수난 량량상생 요불견임투 자연등과급제 자고금장

十一月 癸水는 얼음이 어는 時節에 놓여 있으니 金水가 사귀며 기뻐하는 모습이 없다. 그러므로 오로지 丙火를 써서 解凍해주어야 얼음이 얼지 않는다. 또한 중요한 것은 辛金으로 滋扶해주어야 한다.
丙火가 없고 辛金만 있으면 빼어나게 되지 못하니 모든 겨울의 癸水는 丙火가 透出하여 解凍해주어야 金도 따뜻하고 水도 따뜻하여 지니 서로 서로 相生하게 된다. 重要한 것은 壬水가 透出하여 나타나지 않아야 하니 그와 같으면 자연히 登科及第하여 紫誥金章한다.

癸水가 十一月에 生하면 추위에 어는 때이니 氣候의 調和가 急하므로 오로지 丙火를 쓰고 官煞과 印綬를 論하지 않으니 모두가 공연

히 論하는 것이다. 癸水가 비록 旺하다 해도 거듭 印劫이 도와 부축해야 하니 理致는 十月과 같다. 단 支에 감추어지는 것이 마땅하고 透干하는 것은 마땅하지 않으니 丙火를 合하는 것을 막고 制剋하는 것을 꺼리기 때문이다.

丙火가 없으면 비록 辛金이 있다 해도 역시 金은 차고 水는 얼게 되니 맑고 추운 象이 된다. 만약 壬水가 透干하면 丙火를 損傷하고 癸水를 도와 泛濫하여 奔波하는 象이 된다.

或一派壬水, 無丙出干, 寒困之士, 一派癸水, 孤賤之流, 或支成水
혹일파임수 무병출간 한곤지사 일파계수 고천지류 혹지성수
局, 得丙火重出干者, 又主 蟒袍玉帶之榮.
국 득병화중출간자 우주 망포옥대지영

한 무리의 壬水가 있고 丙火가 出干하지 않으면 寒困한 선비가 되지만 한 무리의 癸水가 있으면 孤賤한 사람이다.
或 支에 水局을 이루고 丙火가 重하게 出干하면 또한 蟒袍에 玉帶를 두르는 榮華를 얻는다.

한 무리의 壬癸水에 丙火가 出干하지 않으면 마찬가지로 춥고 곤란하게 된다. 支에 水局을 이루는 경우는 壬癸水가 支에 있는 것이다. 支에 水가 旺하고 天干에 丙火가 透干하면 오로지 才星을 써서 格을 이루니 至極히 富하고 至極히 貴한 象이다.

그러나 丙火가 반드시 寅木과 午火에 뿌리를 두어야 하니 火가 重하여야 비로소 쓸 수가 있게 된다. 運이 東南으로 가면 자연히 顯達하게 된다.

망포(蟒袍) : 明淸時代에 大臣들이 입던 禮服으로 黃金色의 이무기를 수놓은 것을 말한다. 망의(蟒衣), 망복(蟒服), 화포자(花袍子), 화의(花衣)라고도 본다.

468

或支成金局, 丙火無蹤者, 芒鞋革履之流.
혹 지 성 금 국 병 화 무 종 자 망 혜 혁 리 지 류

만약 支에 金局을 이루고 丙火의 자취가 없으면 貧賤하게 된다.

支에 金局을 이루고 丙火가 없는 경우 金은 차고 水도 차니 맑고
차가운 것이 너무 極度에 이르니 僧道 부류가 된다.

芒鞋 : 삼이나 노 따위로 짚신처럼 삼은 신발로 미투리라고 한다.
革履 : 가죽으로 지은 신으로 높이가 낮은 신발을 말한다.

如辛年, 丙月, 癸日, 有火者, 主恩榮寵錫, 繞膝芝蘭, 無火者, 損資
여 신 년 병 월 계 일 유 화 자 주 은 영 총 석 요 슬 지 란 무 화 자 손 자
得貴, 位重當朝.
득 귀 위 중 당 조

辛年 丙月 癸日에 火가 있으면 恩榮과 寵愛를 받고 膝下에 똑똑하고
영리한 子息을 두게 된다. 그러나 火가 없으면 돈을 소비하여 貴를 얻
으며 威勢가 重해도 그날 아침과 같다.

辛年 丙月 癸日에 火가 있는 경우 머리글처럼 丙火가 얼음을 풀고
또한 辛金이 있어서 부축하고 도와야한다. 火가 있으면 당연히 이것
은 支에 巳午火가 있는 것이다. 그와 같으면 오로지 才星을 쓴다. 만
약 支에도 火가 없고 丙火와 辛金이 合을 하면 格이 潤下를 이루니
才星이 暗暗리에 化하니 富中에 貴를 얻는다.

총석(寵錫) : 임금이 특별히 총애하는 신하에게 선물을 내려주는 것을 말한다.
지란(芝蘭) : 똑똑하고 영리한 남의 아들을 이르는 말이다.

或一派戊己, 名殺重身輕, 非貧卽夭.
혹 일 파 무 기 명 살 중 신 경 비 빈 즉 요

或 한 무리의 戊己土가 있으면 이르기를 殺重身輕이라 하니 貧困하지 않으면 夭折한다.

癸水가 至極히 弱하니 四柱에 壬水가 있으면 戊己土로 癸水를 制剋해서는 안 된다. 辛金과 壬水가 없는데 戊己土가 많으면 煞重身輕이라 한다.

用火者, 木妻火子, 用辛者, 土妻金子.
용 화 자 목 처 화 자 용 신 자 토 처 금 자

火를 쓰면 木을 妻로 보고 火를 子息으로 보며, 辛金을 쓰면 土를 妻로 보고 金을 子息으로 본다.

十一月 癸水는 대부분 丙火를 用神으로 삼는다. 그러므로 木을 妻로 보고 火를 子息으로 본다. 혹시 丙火가 지나치게 旺하면 辛金을 써서 돕고 부축해야 한다. 그러므로 才가 旺하면 印을 用神으로 삼으니 土를 妻로 보고 金을 子息으로 본다.

十二月癸水, 寒極成冰, 萬物不能舒泰, 宜丙火解凍, 或丙透年時,
십 이 월 계 수 한 극 성 빙 만 물 불 능 서 태 의 병 화 해 동 혹 병 투 년 시
加以壬透, 支中多戊, 名水輔陽光, 主顯達名臣, 無戊者, 異途之職.
가 이 임 투 지 중 다 무 명 수 보 양 광 주 현 달 명 신 무 무 자 이 도 지 직
若有丙無壬, 黌門之客, 有壬無丙, 戊又出干者, 皂隸之流.
약 유 병 무 임 횡 문 지 객 유 임 무 병 무 우 출 간 자 조 례 지 류

十二月 癸水는 寒氣가 極에 達하니 얼음이 얼어 만물이 커가지 못하므로 마땅히 丙火로 解凍해주어야 한다.
或 丙火가 年時에 透出하고 더하여 壬水가 透出하고 地支 中에 戊土가 많으면 이르기를 水輔陽光이라 하니 顯達하여 이름 있는 臣下가 된다.
戊土가 없으면 異途로 職業을 가진다. 萬若 丙火는 있으나 壬水가 없

으면 글방의 손님에 지나지 않는다. 壬水는 있고 丙火가 없고 戊土가 出干하면 마굿간지기나 한다.

三冬의 癸水는 寒氣가 至極하여 萬物이 얼게 되니 丙火를 중요한 用神으로 삼는다. 丙火의 調候가 없으면 어떤 것이든 論할 것이 없이 쓸 수가 없다.

水가 陽光을 돕고 支에 戊土가 감추어져 있으면 水의 泛濫을 制剋하니 반드시 臣下로 名聲을 얻고 官僚로 顯達한다. 戊土가 없으면 오로지 丙火 才星을 쓰니 異途의 직업을 갖는다. 이른바 日元이 得氣하고 才星을 만난다는 것이 이것을 말하는 것이다.

丙火가 있고 壬水가 없으면 土도 따뜻하고 水도 따뜻하니 역시 빼어난 氣勢는 있으나 格局이 작을 뿐이다. 丙火가 없고 壬水와 戊土가 나란히 透干하면 水가 旺하고 制剋도 있으니 能力이 있는듯하나 차가운 土에 차가운 얼음이니 陽和와 元氣가 없으니 皂隸의 부류일 뿐이다.

> 或支見子丑, 比肩出干, 即有丙透, 不能解凍, 此屬平常, 或無癸水,
> 혹 지 견 자 축 비 견 출 간 즉 유 병 투 불 능 해 동 차 속 평 상 혹 무 계 수
> 有辛與合, 亦不爲美, 有丁出, 頗吉.
> 유 신 여 합 역 불 위 미 유 정 출 파 길

或 地支에 子丑을 보고 比肩이 出干하면 丙火가 透出하여도 解凍하지 못하니 이는 平常人에 屬하며 或 癸水가 없어도 辛金이 있어 더불어 合을 이루면 亦是 아름답게 된 것이 아니다. 丁火가 透出하면 어느 定度는 吉하게 된다.

大寒 前後로 支에 子水와 丑土가 合하고 天干에 比肩이 透干하고 丙火가 보이면 역시 解凍이 불가능하다. "比肩出干"이 네 글자가

매우 중요하다.

月垣의 丑土가 子水를 보면 서로 合하게 되니 연못과 저수지가 얼어붙는다. 또한 亥水와 酉金을 봐도 역시 추위에 얼게 된다. 만약 支에 卯木이 있다 해도 역시 얼어붙은 나무이니 火를 生하는 것이 불가능하다. 그러므로 丙火는 寅木과 巳午火로 뿌리를 삼지 않으면 언 것을 풀고 추운 기운을 除去하지 못한다.

만약 比劫이 出干하여 丙火를 剋制함이 없고 辛金이 있어 丙火를 相合하면 마찬가지로 언 것을 풀지 못한다. 丁火가 출간하여 있고 丙火가 함께 보여도 支에 뿌리인 巳午火가 있어야 비로소 빼어나게 된다. 丁火는 본래 甲木에 依支하여 짝을 이루지만 大寒의 시절에 있으니 얼어붙은 나무가 火를 生하지 못한다. 이 理論에 맞는 命造인데 甲辰, 丁丑, 癸亥, 癸酉로 比肩이 出干하여 年에 甲木과 月에 丁火를 쓸 수 없고 도리어 金水가 아름다우니 그 氣勢를 따라야 한다.

或一片癸己會黨, 年透丁火, 名雪後燈光, 夜生者貴, 日生者否, 若
혹일편계기회당 년투정화 명설후등광 야생자귀 일생자부 약
無丁火, 又主孤貧.
무정화 우주고빈

或 한 片의 癸水와 己土가 모여 무리를 이루고 年에 丁火가 透出하면 이르기를 눈 온 뒤에 등불의 빛이라 하여 밤에 出生하면 貴하게 되나 낮에 出生하면 그렇지 않다. 萬若 丁火가 없으면 주로 孤貧하다.

丑土 中의 己土와 癸水가 함께 透干하고 丁火가 보이면 五行의 常識的인 理論에서 벗어난 특별한 格局이다. 譚院長延闓의 命造가

乙	癸	丁	己
卯	丑	丑	卯 이다.

大寒 節候라 日出이 辰時 初인데 生한 時가 卯時이니 하늘이 아직
은 밝지 않았으므로 貴할 징조이다. 五行의 常識的인 理論으로는 헤
아릴 수 없다.

> 或支成水局, 無丙者, 四海爲家, 一生勞苦.
> 혹지성수국 무병자 사해위가 일생로고

或 地支에 水局을 이루고 丙火가 없으면 四海를 집처럼 떠돌며 一生
努力은 하나 苦生이 많다.

支에 水局을 이루면 水가 泛濫하는 象이니 丙火로 따뜻하게 함이
없으면 戊土로 制剋하여야 한다. 그러나 勢力은 반드시 끊임없이 세
차게 흐르게 된다.

> 或支成火局, 有庚辛透者, 衣食充足, 無金出, 孤苦零丁.
> 혹지성화국 유경신투자 의식충족 무금출 고고령정

或 地支에 火局을 이루고 庚辛金이 透出하면 衣食이 充足하며 金이 出
干하지 않으면 외롭고 의지할 때가 없다.

支에 火局을 이루면 才가 旺하므로 印을 쓴다. 기쁜 것은 月垣에
丑土를 얻어 金의 墓庫가 된다. 庚辛金이 透出하면 煞印相生하므로
반드시 衣食의 餘裕는 있다.

> 或支成金局, 丙透得地, 名金溫水暖, 彼此相生, 定許光大門閭, 聲
> 혹지성금국 병투득지 명금온수난 피차상생 정허광대문려 성
> 馳翰苑, 乏丙者, 卽文章駭世, 總爲孫山.
> 치한원 핍병자 즉문장해세 총위손산

或 支에 金局을 이루고 丙火가 透出하여 得地하면 이르기를 金溫水暖

이라 하여 彼此 相生하니 定히 富貴와 名聲이 높다. 丙火가 끊어지면 文章으로 世上을 놀라게 하지만 科擧及第는 어렵다.

支에 金局을 이루면 癸水의 水源이 있게 되므로 丙火가 透干하면 뿌리가 있어야 한다. 그러므로 寅木과 巳火에 뿌리를 두면 金도 따뜻하고 水도 따뜻하게 되니 金水가 相生하고 木火가 相生하므로 반드시 貴하게 顯達한다.

丙火가 窮乏한 경우는 融和의 氣가 부족하게 되어 비록 學文과 文章이 世俗에서 尊重을 받고 富貴하여도 전체적으로 빛나게 되지 않는다. 格局이 비록 높고 낮음이 하나같지 않으니 완전히 아름다우려면 역시 하늘이 내려야 尊貴하게 되는 것이다.

| 庚 | 癸 | 乙 | 戊 | 章太炎炳麟 命造인데 |
| 申 | 卯 | 丑 | 辰 | |

乙木과 庚金이 合化하고 卯木과 申金이 相合하니 國學이라 稱誦하는 樸學한 大師이다.

孫山 : 孫山之外의 줄임말이다. '孫山의 밖에 있다.'는 뜻으로 科學試驗에서 落榜한 것을 뜻한다.

《過庭錄》에서 유래한 이야기로 선비인 孫山은 고향 친구와 함께 科擧를 보러 갔다. 鄕試를 치르고 난 뒤 방이 붙었는데, 孫山의 이름은 맨 마지막에 씌어 있어서 합격하였으나 동행한 孫山의 친구는 落榜하였다. 혼자 고향에 돌아온 孫山은 마을 사람들의 축하를 받았는데, 함께 간 친구의 아버지가 자기 子息의 과거 소식을 묻자 孫山은 익살스럽게 "科擧及第한 명단의 맨 마지막이 孫山이고 아드님은 孫山 밖에 있습니다.(解名盡處是孫山 賢郞更在孫山外)"라고 대답하였다고 한다.

或支成木局, 洩水太過, 主殘病呻吟, 得金出干輔救, 技藝之流.
혹지성목국 설수태과 주잔병신음 득금출간보구 기예지류

474

或 支에 木局을 이루면 水를 洩氣함이 太過하니 殘病으로 呻吟하며 金이 出干하면 輔救는 되는데 技藝의 무리가 된다.

支에 木局을 이루면 水의 氣勢를 洩하니 사람됨이 반드시 聰明하다. 水木傷官은 모름지기 才官이 나타나면 丙火 才星을 더 願하니 그래야만 富貴하게 된다. 戊土 官星은 參酌하여 쓴다. 만약 水의 洩氣가 지나치면 殘病으로 신음하게 되나 金의 輔佐를 얻게 되면 救助가 되어 성품이 聰明하고 技藝가 반드시 무리 中에 뛰어나게 높다. 그러므로 才官을 보지 못하면 富貴를 말하기가 어렵다.

凡冬月用丙, 須丙火得地方妙, 不然, 卽重重丙火出干, 安能輕許富
범 동 월 용 병　수 병 화 득 지 방 묘　불 연　즉 중 중 병 화 출 간　안 능 경 허 부
貴哉.
귀 재

무릇 冬月에는 丙火를 쓰니 오직 丙火가 得地해야 비로소 妙하며 그렇지 않고 丙火가 重重이 天干에만 透出하면 가벼운 것이니 어찌 능히 富貴할 수 있겠는가?

거듭 말하니 丙火만으로는 얼어붙은 것을 풀지 못한다. 得地란 뿌리를 두는 것으로 寅木과 巳火가 있는 것을 말한다. 그렇지 않으면 丙火가 出干하여 있어도 반드시 쓸 수 있는 것은 아니다.
天干에 甲乙木이 透干하고 支에 卯木이 보여도 추위에 얼어붙고 축축해진 木이 어찌 火를 生할 수 있겠는가. 그러므로 支에 卯木과 未土가 모여 局을 이루거나 혹은 卯木과 戌土가 六合을 이루고 丙火가 透干하여야 쓸 수 있게 된다. 대개 戌土와 未土는 火土이니 地氣가 따뜻하게 되므로 木이 生의 뜻이 있게 되어 火를 生할 수 있게 된다. 이것은 소식이 이를 徵兆이니 세밀히 분별하지 않으면 알 수가 없다.

神算六爻
이것이 귀신도 곡하는 점술이다

입문에서 완성까지

神算 金用淵 敎授

어려운 육효, 이 책 한권이면 혼자서도 3개월이면 쉽게 끝낸다

육효의 事案별로 예단하는 단시점의 놀라운 정확성은 만물과 중생의 흥망성쇠와 수요장단을 마치 거울 속을 들여다 보듯이 연월일시까지 정확하게 알 수 있는 학문이다.

육효는 자연의 순환 이치를 응용하여 과거와 현재를 확인하고 미래를 예측할 수 있는 대표적인 점술이다. 그러나 보통 사람이 배우기는 매우 어렵다. 육효에 대해 알기 쉽게 소개한 책이 드물기 때문이다. 현재 시중에 몇몇 육효 책이 나와 있지만 대부분 고전을 단순 번역 해석한 애매모호한 설명과 내용으로 초학자에게는 오히려 혼란만 주고 있기 때문에 혼자 이치를 터득하기란 쉽지 않다. 神算六爻는 예부터 전해 내려오는 복서학에다 50여 년에 이르는 저자의 연구와 경험을 더해 육효학의 기본 원리와 함께 육효점의 기초 설명과 이론·점사·득괘·괘 풀이법에서부터 육효점을 적용할 수 있는 사례를 분야별로 소개한 입문서이다. 특히 이 책에서 저자의 피나는 연구와 실증적 사례에 의한 풍부한 예문과 쉽고도 명쾌한 설명은 다른 어떤 육효 책에서도 볼 수 없는 이 책 만의 특징이라 할 수 있으며 초보자도 쉽게 배울 수 있도록 엮었다.

육효에 관한 초 베스트 셀러 – 지금까지 이 책을 능가한 책은 없었다!

어렵다고 하는 육효, 이처럼 쉽게 쓰여진 책은 처음 보았다는 찬사와 격려! – 참 많이 받았습니다.

실전 육효 최고급 종결편
神算 金用淵의 六육爻효秘비傳전要요訣결

전문가로 안내하는 실전 종합응용편 신산육효 상담 실전 요람

실전육효 최고급편

저자로서 지금까지 펴낸 「이것이 귀신도 곡하는 점술이다」가 육효점의 입문에서부터 기초와 이론에 바탕하여 육효점을 적용할 수 있는 사례를 분야별로 소개한 입문서라면, 「신산육효정해」는 좀 더 깊이 있게 실전에서 연구, 응용할 수 있는 종합응용편이라 할 것이다.

육효학에 대해서는 이상으로 모든 것을 널리 소개, 밝혔다고 생각하고 더 이상의 책 출간은 생각지 않았으나 수 많은 독자와 강호 제현들의 격려와 성화를 거절할 수 없었고, 또 세상에서 흔히 비전이라 쉬쉬하며 특별히 전수하는 양 하며 자행되는 금전갈취와 비행을 모르는체 할 수 없어 저자로서 필생동안 연구, 임상하였던 흔치 않은 모든 비술을 여기에 모두 밝혔음을 알린다.

지금까지 저자의 앞서 발행된 2권의 책을 숙지한 독자라면 이 책마저 통달하고 나면 육효학에 관한 한 특출한 일가견을 이루었다고 확신하는 바이며 역학계에서 우뚝하리라 믿는다.

이 冊으로 後學들이 六爻學을 공부하는 데, 또 실제 상담실전에 보다 유용하고 효과적으로 한치의 오차도 없이 정확하게 판단하는 데 조금이라도 도움이 된다면 필자로서는 더 없는 기쁨이라 하겠다.

天命四柱-人間設計圖
巨林天明四主學 (上)
음양오행 정통천명사주 입문에서 완성까지

한국 미래예측연구소 소장
노 병 한 박사

인간의 선천적인 천명과 후천적인 운명의
패러다임을 통쾌하게 분석하는 평생각본분석의 지침서

天命四柱는 인간이 세상에 태어날 때에 조물주로부터 부여받은 음양오행의 질량을 세밀하게 분석하고 밝힌 명세서이기 때문에 이를 분석하면 당사자의 정신·육신·오장육부·사지오체·이목구비의 왕쇠강약은 물론이고 선천적인 체질·기질·성질·심성·능력·육친관계·주위환경·인생관·성기능 등 모든 것들을 일목요연하게 관찰·판단할 수 있는 人間設計圖이며 생의 운명을 명세하고 있는 평생각본이다.

천명사주분석법의 공부를 통해서 자신의 선천적인 천명과 후천적인 운명을 이해한다는 것은 그 무엇보다도 소중한 것이다. 자신이 가야할 길을 알면 헛되이 방황하거나 갈팡질팡 당황하지도 않을 뿐만 아니라 부질없는 허욕을 부리고 시간과 정력을 낭비하지 않기 때문이다.

그리고 정확한 대운분석방법과 신수분석방법도 천명사주학 상권에서 명쾌한 논리로 제시되고 있으므로 이 분야에 종사하거나 또는 관심있는 많은 독자들에게 올바른 공부의 지침서가 될 것이라 확신한다.

天命四柱-人間設計圖
巨林天明四主學 (下)
천명사주 사례별 임상비교분석실전응용편

한국 미래예측연구소 소장
노 병 한 박사

인간의 선천적인 천명과 후천적인 운명의
패러다임을 통쾌하게 분석하는 평생각본분석의 지침서

인간의 천명을 분석감정한다는 것은 결코 쉬운 일이 아니다.

격국용신신살론은 중국명리학의 기본이고 중추인 셈이다. 그러나 이러한 분석방법은 추상적인 길흉화복을 점치는 방법일 뿐이므로 분석결과가 적중하는 경우보다는 오판하는 경우가 훨씬 더 많다. 즉 인간의 천명을 분석감정함에 있어서 음양오행이 아닌 격국용신신살 등의 격식·형태·귀신 등을 위주로 분석하여왔던 것이다.

천지 만물이 음양오행으로 창조되고 구성되어 있음이 자연율이다. 이렇게 음양오행위주로 창조된 인간의 천명을 음양오행이 아닌 술수만으로 분석 감정함에는 한계가 있다.

천명분석에서 음양오행의 기본원리는 태양의 발생·성장·석숙·갈무리의 과정과 변화의 상생법칙으로서 자연·금수의 법칙인 상극원리와는 전혀 다른 것이다.

즉 음양오행의 이치로서 음양오행의 기상을 분석해 내야만 그것이 진리인 것이다.